한 권으로 읽는
자치통감

한 권으로 읽는

자치통감

사마광 지음 · 푸챵 편역
나진희 옮김

현대
지성

독서의 범람과 쓸쓸함, 문화의 소통 부족과 빈곤함이라는 아이러니에서 우리는 어쩌면 벗어날 수 없을지도 모른다.

　　하지만 여기 안정적으로 자신을 돌볼 수 있는 지름길이 있다.

　　젊은 시절 편안한 마음으로 선정된 고전을 읽는 것이 바로 그것이다.

- 위추위餘秋雨

(중국 문화사학자이자 예술이론가)

『자치통감』은 북송 시대에 등장한 역사서로 저명한 역사학자이자 문학가인 사마광이 편찬했습니다.

사마광은 관리 집안에서 태어나 어려서부터 훌륭한 교육을 받았습니다. 책을 두루 읽었는데 역사서에 특히 관심이 많아 역사서인 『춘추좌씨전春秋左氏傳』을 평생토록 가장 아끼면서 읽었습니다. 사마광은 20세가 채 되기도 전에 진사에 합격해 조정에 들어가 관리를 지냈습니다.

북송의 영종英宗이 통치할 때 사마광은 여가 시간을 활용해 『자치통감』을 편찬했습니다. 『자치통감』의 첫 제목인 『통지通志』 8권을 완성한 뒤 원고를 영종에게 보여주자 영종의 입에서 칭찬이 끊이지 않았습니다. 사마광의 역사서 완성을 지원하기 위해 영종은 특별히 그를 위해 서국書局을 설치하고 그에게 필요한 모든 인적·물적 지원을 해주었습니다. 영종이 죽은 뒤 그의 아들 신종神宗이 즉위했는데 신종 역시 사마광의 『자치통감』 편찬을 지속적으로 지원했습니다.

신종은 통치 기간에 왕안석王安石이 국내에서 변법變法을 실시하는 것을 지지했습니다. 당시 북송에는 내우외환이 지속되고 있었습니다. 이에 왕안석은 대대적인 개혁만이 나라를 부강하게 만들 수 있을 것이라고 생각했습니다. 하지만 사마광의 생각은 달랐습니다.

개혁이 너무 급진적이라고 생각해 강력하게 반대하고 나섰던 것입니다. 그러자 개혁으로 마음이 기운 신종의 진노를 사게 되었습니다. 사마광은 조정에 설 자리가 없다는 판단을 하고 당시의 수도에서 벗어나 낙양洛陽에서 관리로 있겠다고 적극적으로 요청합니다. 낙양이라는 임지로 갈 때 그는 자신이 역사서를 편찬할 때 협조했던 서국도 함께 옮겨갔습니다. 그 뒤로 15년 동안 그는 계속 낙양에서 지내느라 정치적 다툼과는 멀찌감치 떨어져 있었습니다. 모든 힘을 『자치통감』 편찬에 기울였던 것입니다.

사마광은 총 19년이라는 시간을 들여 마침내 역사 대작을 완성해냈습니다. 그 기간 동안 서국의 많은 사람들이 그의 옆에서 도움을 주었습니다. 하지만 그들은 사마광을 도와 원고를 교정해주는 인원에 불과했고 구체적인 편찬 작업은 오로지 사마광 개인의 몫이었습니다. 책 속의 한 글자 한 구절 모두 그가 심혈을 기울인 결정체였습니다. 낙양에서의 15년 동안 그는 더더욱 편찬 작업에 매진했습니다. 그 기간에 그의 경제적 여건은 무척이나 열악해졌습니다. 아내가 세상을 떠날 때 장례를 치를 돈도 없을 정도였습니다. 그래서 그는 유일하게 남은 약간의 농경지를 팔아 돈으로 바꿔 사용해야 했습니다. 오랜 세월 동안 지속된 험난한 일과 생활로 인해 그의 몸은 쇠약해지고 말았습니다. 그의 '몸은 수척해지고 눈도 멀고 치아도 거의 남지 않고 정신도 쇠약해'졌습니다. 그렇게 『자치통감』이 완성되고 얼마 지나지 않아 그는 병으로 세상을 떠났습니다.

사마광이 심혈을 기울여 완성한 『자치통감』은 모두 약 300만 자, 총 294권으로 이루어져 있습니다. 『자치통감』은 중국 최초의 편년체 통사로 연대순으로 집필, 완성되었습니다. 전국 시대 초기에서부터 당말唐末 송초宋初의 오대五代 말기에 이르기까지 16개의 왕조와 1,300여 년을 아우르고 있습니다. 그 속에 등장하는 각 왕조가 차지한 분량은 분명 차별적입니다. 당唐 왕조가 차지한 분량이 가장 많은데, 무려 81권에 달합니다.

책 속에는 역사적 사실뿐만 아니라 막대한 평론까지 가미되어 있습니다. 사마광은 이를 통해 '옛날의 흥함과 쇠함을 거울삼아 지금의 득과 실을 알 수 있다'는 취지에 도달하기를 바랐습니다. 또한 역사를 교훈삼아 황제에게 간언하여 슬기로운 통치를 실행하기를 바랐습니다.

실제로 '자치통감'이라는 책의 명칭 자체가 창작의 목적을 선명하게 드러내고 있습니다. 『자치통감』은 정치, 군사, 민족 관계를 위주로 함과 동시에 경제, 문화, 역사적 인물에 대한 평가까지 담고 있습니다. 그 목적은 나라와 민족이 번창하고 쇠퇴했던 때의 통치계급이 펼쳤던 정책을 서술하여 후손들에게 경종을 울리기 위함입니다. 처음에 사마광은 이 역사서의 이름을 『통지通志』라고 지었습니다. 그러다가 후에 북송 신종이 이 책은 '지난 일을 비추어 나라를 다스리는 도리로 삼아야겠다'라고 생각해 특별히 『자치통감』으로 제목을 고치게 되었습니다.

『자치통감』은 중국 역대 황제들의 필독서였고 민간에도 널리 퍼졌습니다. 청清나라 사학자인 왕명성王鳴盛은 이런 말을 했습니다. "지금 세상에 없어서는 안 되는 책이니 학자들은 반드시 읽어야 한다." 이처럼 중국 역사에서 『자치통감』은 사마천司馬遷의 『사기史記』와 필적할 만한 유일한 역사 대작입니다.

【 목차 】

1장

한韓, 조趙, 위魏 세 가문이 진晉나라를 나눠가지다

춘추 말기에는 전란이 끊임없이 일어났다. 나라와 나라 간의 분쟁뿐만 아니라 각 나라 내부에서도 변혁이 일어나 통치권이 남의 손에 넘어가기도 했다. 당시 진晉나라는 중원의 맹주였으나 이미 군주의 권력도 쇠락해 실권은 몇몇의 대부大夫*가 독점하고 있었다. 주周나라 위열왕威烈王 23년, 주나라 왕실은 위사魏斯, 조적趙籍, 한건韓虔을 제후로 봉했다. 이 세 사람은 원래 진나라의 가신家臣으로 당시의 원칙대로 한다면 제후로 봉해질 수 없었다. 하지만 주나라 왕실은 이들을 제후로 봉했고 그 뒤로 세 제후가 진나라를 분할하면서 화근을 남기게 되었다.

　당시 한韓씨, 조趙씨, 위魏씨, 지智씨, 범範씨, 중행中行씨의 육경六卿은 진나라 정권을 장악하고 있었다. 이들 6족에게는 각자의 세력과 군대가 있어 서로 공격을 일삼았다. 이후에 범씨와 중행씨는 지씨가 한씨, 조씨, 위씨의 3족과 연합해 멸망시켰다. 이때부터 육경에는 지씨, 조씨, 한씨, 위씨 4족만 남았는데 그중 지씨의 세력이 가장 강성했다.

---

* **대부大夫**: 고대의 관직 명칭. 세습되고 봉지가 있다.

지요智瑤는 지씨 일족의 수장인 지선자智宣子의 장자였다. 처음에 지선자는 지요를 후계자로 세우려고 했으나 일족인 지과智果가 이렇게 권고했다. "지요는 공의 다른 아들과 비교하자면 다섯 가지의 장점이 있습니다. 풍채가 늠름하고, 말 타기와 활쏘기에 능하며, 재능과 기예를 겸비했고, 글이 좋고 언변이 뛰어나며, 일처리에 과단성이 있습니다. 하지만 한 가지 치명적인 단점이 있습니다. 도량이 좁아 너그럽게 사람을 대하지 못한다는 점입니다. 만일 그가 세력을 믿고 다른 사람을 업신여긴다면 어느 누가 그와 의좋게 지낼 수 있겠습니까? 그런데도 공께서 그를 기어이 후계자로 세우신다면 분명 지가에 치명적인 재앙을 가져다줄 것입니다. 차라리 서자인 지소智宵를 세우는 편이 낫습니다."

지선자는 지과의 권고를 아예 귀담아듣지 않았다. 그러자 지과는 화를 피하기 위해 성씨를 주관하는 태사太史*에게 성씨를 지씨에서 '보輔'씨로 바꾸기를 요청하고는 지씨와의 관계를 끊었다.

이윽고 지선자가 죽은 뒤 지요가 정권을 잡았다. 그러던 어느날 그는 남대藍台에서 주연을 베풀어 한강자韓康子와 위환자魏桓子를 초청했다. 하지만 주연 석상에서 한강자를 희롱하고 그의 가신家臣인 단규段規를 모욕했다. 지요의 가신 지국智國은 이 일을 듣고 지요에게 경고했다. "한강자를 모욕했으니 그들의 보복을 경계해야 합니다. 그렇지 않으면 머지않아 재앙이 닥칠 것입니다!" 하지만 지요는 그 말을 흘려들어버렸다. "재앙은 오직 나만이 다른 사람에게 가할 수 있는 것이다. 내가 그들에게 재앙을 주지 않으면 되는 일이

---

* **태사太史**: 고대의 관직 명칭. 사서와 역법을 주관했다.

다. 누가 감히 나에게 재앙을 주겠느냐?" 하지만 지국이 다시 입을 열었다. "그렇지 않습니다.《하서夏書》에 이르기를 '한 사람이 여러 차례 잘못을 범했을 때 그 맺힌 원한은 밝은 곳에 드러나지 않는다. 원한이 드러나기 전에 방비해야 한다.'라고 했습니다. 현명한 사람은 사소한 일을 처리할 때도 신중을 기합니다. 그래야 큰 화를 면할 수 있습니다. 지금 공은 주연에서 한씨 족장과 그 중신에게 죄를 지었습니다. 그들을 방비하지도 않으면서 그들이 감히 풍파를 일으키지 않으리라고 생각하는 태도를 취해서는 안 됩니다. 모기, 개미, 꿀벌, 전갈조차도 사람에게 해를 입히는 법입니다. 하물며 저렇게 대단한 가문이 과연 해를 입힐 수 없을까요?" 그래도 지요가 귀를 꽉 닫고 곧이듣지 않자 지국은 입을 닫을 수밖에 없었다.

그런가 하면 지요는 다른 3족의 토지를 점거하려고 한강자에게 말했다. "진나라는 본래 중원의 맹주였지만 이후에는 오吳나라와 월越나라에게 맹주의 지위를 빼앗겼소. 진나라가 강대해지기 위해 모든 일족이 토지를 황제께 내어주었으면 하오." 한강자는 지요의 불량한 심보를 간파했다. 황제라는 명목을 내세워 자신의 토지를 뺏으려고 한다는 사실을 깨닫고 지요의 요구에 응하지 않으려고 했다. 그러자 가신인 단규가 충고했다. "지요라는 사람은 재물과 이익을 탐하는 자인 데다 고집불통입니다. 그런 자의 요구에 응하지 않으면 그는 분명 군사를 보내 우리를 칠 것입니다. 차라리 먼저 그의 요구에 응하십시오. 그는 땅을 얻은 뒤에 분명 오만방자해질 것이고 다른 사람에게 또 요구를 할 것입니다. 다른 사람이 그에 응하지 않으면 그는 필시 군사를 보내 그를 공격할 것입니다. 그렇게 되면 우리는 전쟁의 재난을 피할 수 있고 다시금 기회를 봐서 행동을 취하면 됩니다." 한강자는 그 말에 일리가 있다고 여겨 사신을 보내

지요에게 수많은 백성들이 거주하는 땅을 내어주었다.

이렇게 쉽게 토지를 얻자 지요는 무척 흡족했다. 그리고 예측대로 또다시 위환자에게 같은 요구를 했다. 위환자도 처음에는 거절하려고 했지만 가신인 임장任章이 그에게 질문을 던졌다. "어째서 거절하시려는 겁니까?" 이에 위환자가 대답했다. "아무 이유도 없이 토지를 요구하니 당연히 거절하는 것이다." 임장이 말했다. "이유 없이 다른 사람의 토지를 강요했기 때문에 다른 일족들은 분명 그의 방식에 대해 불만을 가질 것입니다. 일단 우리가 그에게 토지를 주면 그는 분명 더욱 오만방자해지겠지요. 우리는 이런 기회를 이용해 협력할 필요가 있습니다. 한마음으로 힘을 모아 시건방진 지요를 대적해야 합니다. 그러면 지가는 분명 멸망할 것입니다. 《주서周書》에 이르기를, '적을 치려면 먼저 그를 돕고, 적의 물건을 빼앗으려면 반드시 먼저 물건을 조금 내어주어라.'라고 했습니다. 그러니 공께서 먼저 지요의 요구에 응하면 표적이 되는 것을 면할수 있습니다." 위환자 역시 그 말에 일리가 있다고 여겨 지요에게 수많은 백성들이 거주하는 봉지를 내주었다.

지요는 쉽게 위와 한 두 일족의 토지를 얻자 더욱 오만방자해졌다. 그는 또다시 조양자趙襄子에게 채화蔡和와 고랑皐狼 두 지역을 요구했다. 조양자는 단호히 거절했다. "토지는 선조께서 물려준 것인데 어찌 마음대로 다른 이에게 내어주겠소?" 지요는 그 말에 벌컥 화를 내면서 즉각 한과 위 두 일족과 연합해 출병해서 조씨를 공격했다. 그러고는 조씨 가문이 멸망한 뒤에 세 일족이 그 영지를 균등하게 나눌 것을 수락했다.

조양자는 세 일족의 공격을 견디지 못하고 도망칠 생각을 하다가 시종에게 물었다. "내가 어디로 가야 하겠느냐?" 그러자 시종이 그는 또다시 조양자趙襄子에게 채화蔡和와 고랑皐狼 두 지역을 요구했다. 조양자는 단호히 거절했다. "토지는 선조께서 물려준 것인데 어찌 마음대로 다른 이에게 떼어주겠소?" 지요는 그 말에 벌컥 화를 버면서 즉각 한과 위 두 일족과 연합해 출병해서 조씨를 공격했다. 그러고는 조씨 가문이 멸망한 뒤에 세 일족이 그 영지를 균등하게 나눌 것을 수락했다.

대답했다. "우리에게서 가장 가까운 곳은 장안성長安城입니다. 그곳의 성벽은 견고하고 완전무결합니다." 조양자가 말했다. "백성들이 성벽을 수리하느라 분명 기력이 다했을 것이다. 그런 이들에게 죽음을 불사하고 나를 위해 성을 지키라고 하면 누구도 나와 한마음일 수 없을 것이다." 그러자 시종이 다시 대답했다. "한단성邯鄲城의 곡물 창고는 풍족합니다." 조양자가 다시 말했다. "곡물 창고가 풍족하다는 것은 백성의 고혈을 착취했기 때문이다. 이제 그들에게 나를 위해 또 목숨을 내놓고 싸우라고 하면 역시 아무도 나와 뜻을 같이하지 않을 것이다. 내가 진양晉陽에 몸을 의탁하면 어떠할까? 그곳은 선왕의 근거지인 데다 윤탁尹鐸은 백성을 너그럽고 후하게 대하니 분명 모두가 우리와 한마음으로 협력할 것이다."

지요가 세 일족의 연합군을 거느리고 진양을 겹겹이 에워싼 뒤 강물을 끌어 진양성을 침몰시키려 했다. 거의 6척尺 높이에 달하는 강물로 성벽을 침몰시키려 했지만 이런 전략에도 불구하고 백성들은 전혀 투항하지 않았다. 지요는 성 밖 높은 곳에서 진양성의 상황을 살펴보았다. 이때 위환자와 한강자가 옆에서 호위를 하고 있었다. 지요는 이제 곧 수몰될 성을 지켜보면서 탄식했다. "나는 오늘에야 비로소 물로도 한 나라를 멸망시킬 수 있다는 점을 깨닫는구나!" 이 말을 들은 위환자가 팔꿈치로 한강자를 살짝 툭 치자 한강자도 위환자의 발을 살짝 밟았다. 두 사람은 눈빛을 교환하면서 속으로 생각했다. '분수汾水도 위나라의 수도인 안읍安邑을 침몰시킬 수 있겠구나!' '강수絳水도 한나라의 수도인 평양平陽을 침몰시킬 수 있겠구나!' 생각이 여기에까지 미치자 두 사람은 두렵기 그지없었다. 이들의 생각은 지씨의 책사인 자疵에게 간파당하고 말았다. 참으로 상상치도 못한 일이었다. 자가 지요에게 일렀다. "한과 위 두 일족은 분명 반역을 꾀할 것입니다. 공께서는 미리 준비를 해두셔야 합니다." 그러자 지요가 물었다. "너는 그 사실을 어떻게 알았느냐?" 자가 대답했다. "상식적으로 봤을 때 공이 한과 위 두 일족의 군대를 소집시켜 조씨를 포위 공격했습니다. 조씨가 멸망한 뒤에 공의 목적은 한과 위 두 일족일 것입니다. 게다가 이전에 공은 조씨를 멸망시키고 나면 세 일족이 그 영지를 나누어가지는 것을 수락하셨지요. 이제 진양성이 함락되는 것은 시간문제입니다. 하지만 제가 방금 한강자와 위환자 두 사람의 얼굴을 살펴보니 기뻐하는 기색이 전혀 없었습니다. 도리어 근심하는 모양새였지요. 그 이유가 분명하지 않습니까?"

이튿날, 지요는 자의 말을 한과 위 두 사람에게 꺼냈다. 그러자 두 사람은 변명을 내놓기 급급했다. "조씨의 이간질이 분명합니다. 공이 우리 두 일족을 의심해 조씨에 대한 공격을 늦추게 하려는 겁니다. 우리가 어떻게 곧 얻을 토지를 포기하고 강력한 공과 대적할 수 있겠습니까?" 그 말에 지요는 속으로 무척 흡족했다. 두 사람이 떠나고 나자 자가 들어와 어째서 자신의 말을 한과 위 두 사람에게 알려주었는지 물었다. 그러자 지요는 자가 그 사실을 어떻게 알았는지 의아해했고 자가 곧바로 대답했다. "방금 그들을 문 앞에서 만났는데 그들이 저를 한 번 쳐다보고는 이내 서둘러 갔습니다. 분명 제가 그들의 속내를 꿰뚫어봤다는 사실을 안 것입니다." 하지만 지요는 그렇게 생각하지 않았다. 자는 지요가 자신의 제안을 곧이듣지 않자 자신을 제齊나라에 사신으로 보내달라고 청했다.

이때 진양성 내부에는 이미 군량과 마초가 차단된 상태였다. 조양자는 하는 수 없이 장맹담張孟談을 사자로 삼아 비밀리에 성을 나서서 한과 위 두 사람을 만나게 했다. 장맹담은 한과 위 두 사람을 만나 설득하기 시작했다. "공께서는 순망치한脣亡齒寒의 이치를 알고 계십니까? 지금 지요가 한과 위 두 일족을 통솔해 조나라를 포위 공격하고 있지만 조씨 일족이 망한 뒤에는 곧바로 한과 위 두 일족 순서가 될 것입니다."

한강자와 위환자도 말했다. "우리도 잘 알고 있다. 다만 일을 이루기 전에 비밀이 새어나갔다가는 큰 재앙이 닥칠까 두려운 것이다." 그러자 장맹담이 다시 입을 열었다. "지금 두 분께서 하신 말씀은 저 혼자만 들은 것입니다. 아무 걱정 마십시오." 이렇게 세 사람은 비밀스러운 논의를 하여 군사를 일으킬 날짜를 정한 뒤 장맹담을 성으로 돌려보냈다.

정해진 날 밤이 되자 조양자는 사람을 보내 비밀리에 제방을 수비하는 관리를 죽이고 제방에 구멍을 하나 뚫어 놓았다. 그러자 구멍을 통해 큰물이 역으로 지요의 진영으로 들이닥쳤다. 지요의 군대는 수몰당하는 것을 피하려다 아예 아수라장이 되고 말았다. 이때 한강자와 위환자는 군대를 통솔해 기회를 엿봐 좌우 양쪽에서 협공해 들어갔다. 조양자 역시 친히 군대를 이끌고 정면 공격을 했다. 지요의 군대는 참패를 당했고 지요 역시 생포되어 죽임을 당했다. 그 뒤로 세 일족은 또다시 지씨의 봉지로 가서 전체 지씨 일족을 멸망시켰다. 이때 성씨를 바꾼 지과만이 다행히 죽음을 면할 수 있었다.

지씨가 멸망한 뒤 한씨와 조씨와 위씨 세 일족은 기회를 틈타 지씨의 토지를 분배해 한나라, 조나라, 위나라 삼국을 건설했다. 이렇게 해서 진나라는 멸망하게 되었다.

2장

소진蘇秦이 합종合縱으로 진秦나라에 맞서다

전국시대에는 제齊, 연燕, 조趙, 한韓, 위魏, 진秦, 초楚의 7웅이 세력을 나란히 하고 있었다. 당시 각 나라 간에 이따금 대치 상황이 발생하기도 하고 연합하기도 하는 등 외교 활동이 무척 빈번했다.

이때 낙양洛陽에 소진蘇秦이라는 사람이 살았는데 그는 진秦나라 왕에게 천하를 통일할 전략을 내놓았지만 진왕은 그 전략을 채택하지 않았다. 이윽고 소진은 진나라를 떠나 여섯 나라를 돌아다니면서 합종合縱*으로 진나라에 맞서 싸우자고 자신의 전략을 설파했다.

소진은 먼저 연나라로 가서 연문공燕文公에게 자신의 생각을 설명했다. "조나라는 병풍처럼 연나라 남쪽에서 가리개가 되고 있습니다. 그래서 연나라가 진나라의 침략을 받지 않는 것입니다. 만일 연나라를 치려면 진나라 군대는 수천 리를 고생스럽게 가야 하지만 조나라 군대는 백 리 정도만 가면 됩니다. 지금 공의 가까이 있는 눈앞의 조나라를 걱정하지 않고 천 리 밖에 있는 진나라를 염려

---

* **합종合縱**: 옛날에는 동서를 횡橫으로 하고, 남북을 종縱으로 했다. 진나라 이외의 여섯 제후국은 모두 동쪽에 위치해 있던 상황이라 여섯 나라의 연합은 실질적으로 남북 연합이었다. 그래서 '합종'이라고 한 것이다.

하는 것은 현명하지 못한 생각입니다. 그러니 공께서 조나라와 동맹을 맺기를 바랍니다. 그렇게 하면 연나라는 그야말로 근심걱정이 싹 사라질 것입니다." 연문공은 그 말에 설득되어 그에게 수레와 말을 내주어 조나라로 유세를 떠나도록 했다.

이어서 소진은 조숙후趙肅侯를 만났다. "지금의 형세를 보건대 효산崤山* 동쪽에서 가장 강력한 나라를 꼽자면 바로 조나라입니다. 그러니 진나라의 눈엣가시이겠지요. 진나라는 줄곧 조나라를 공격할 생각을 품고 있었습니다. 그러면서도 후방의 방비가 허술하고 한나라와 위나라 양국을 염두에 두다 보니 섣불리 행동에 나서지 못하고 차일피일 공격을 미루고 있는 것입니다. 하지만 한나라와 위나라 양국은 그렇게 운이 좋지는 않습니다. 양국은 높은 산과 험한 준령이 보호벽이 되지 못하기 때문입니다. 그래서 진나라가 공격하기 아주 수월합니다. 진나라에게 일부의 영토라도 점령당한다면 양국의 수도는 이내 위협을 받게 됩니다. 한나라와 위나라가 진나라를 저지하지 못하면 진나라에 굴복해 신하가 될 수밖에 없습니다. 그때가 되면 조나라는 거침없이 달려드는 진나라를 직접 대해야 합니다.

그런가 하면 천하의 정세는 어떻습니까? 각국의 토지 면적 총합이 진나라의 다섯 배입니다. 병력은 어쩌면 진나라의 열 배일 것입니다. 만일 여섯 나라가 한마음으로 단결하여 함께 진나라와 맞선다면 진나라는 분명 멸망할 것입니다. 하지만 진나라에 의해 괴

---

* **효산崤山**: 산시성 남부의 산맥인 친링산맥秦嶺山脈 동쪽편의 지맥으로 허난 성 남부에 위치해 있다. 효산은 산이 깊고 높으며 험한 산비탈을 에돌아야 하며 지세가 험해 예로부터 험준하다는 명성이 자자했다. 산시성 웨이허 유역 일대에서 허난성 중원에 이르는 천연 보호 장벽이다. 옛날에는 효산과 함곡관函穀關을 '효함崤函'의 요새라고 불렀다.

롭힘을 당할 것은 아예 생각지도 않고 진나라의 호감을 사서 장래에 진나라가 천하를 통일할 때 벼슬이 높아지고 부귀영화를 누릴 것만 생각하는 이들이 있습니다. 그래서 그들은 스스로 토지를 할양*해 진나라의 비위를 맞추고 진나라의 위세를 과장해 다른 나라를 위협합니다.

대왕께서는 결정을 내리기 전에 곰곰이 생각해봐야 합니다! 대왕 자신을 위해서 제 생각에는 한나라, 위나라, 제나라, 초나라, 연나라와 동맹을 맺고 함께 진나라에 맞서야 합니다. 먼저, 각국은 장군과 재상을 보내 원수洹水에서 회의를 열어 서로 인질을 교환하고 동맹을 맺으십시오. 다음으로, 진나라에 대항할 때 서로 지원하고 마음을 합해 협력한다고 함께 선서를 하십시오. 만일 선서를 지키지 않으면 나머지 다섯 나라가 협력하여 그 나라를 토벌하는 것입니다. 이렇게 하면 진나라는 더 이상 감히 함곡관으로 병사를 보내 효산 동쪽 나라들을 침범하지 못할 것입니다."

소진의 말과 조숙후의 마음이 약속이나 한 듯 일치하자 조숙후는 기꺼이 소진을 귀빈으로 모시고 후한 상을 내주었다. 지속적으로 다른 나라들과 연합하는 데 소진의 도움을 받으려는 것이었다.

이때 위나라는 진나라의 공격을 받고 있는 실정이었다. 4만여 위나라 군대는 장군 서수犀首에게 격파당하고 있었고 위나라 장군 용가龍賈는 생포되었다. 서수가 조음雕陰을 공격, 함락시킨 뒤 계속해서 병사를 이끌고 동쪽으로 진군했다. 소진은 진나라 병사들이 조나라로 들어오면 각국을 연합하려는 계획이 깨질 것을 우려했다.

---

* 할양割讓: 국가 간의 합의에 의해 영토의 일부를 다른 나라에 넘겨주는 일. —편집자 주

그래서 사람을 진나라로 보내 이간책을 쓰기로 결정했다. 이리저리 생각해봐도 누구를 보내는 것이 좋을지 도무지 판단이 서지 않던 차에 문득 장의張儀가 떠올랐다. 장의가 가장 적합한 인물이라는 생각에 약 올리기 수법을 이용해 장의를 자극했다.

위나라 사람 장의는 소진과 마찬가지로 귀곡자鬼穀子의 제자로 나라를 다스리는 방법과 종횡의 기술을 공부했다. 소진은 자신의 재능이 장의만 못하다고 생각했다. 하지만 장의는 각국을 돌면서 여태껏 유세를 했음에도 누구의 인정도 받지 못했다. 가슴에 포부를 안고 있었지만 펼칠 수가 없었던 것이다. 그래서 소진은 초나라에서 유랑 중인 장의를 조나라로 불러들여 일부러 그에게 모욕을 주었다. 당연히 장의는 견디기 힘든 분노에 휩싸였다. 이윽고 장의는 당세에 가장 강력한 진나라만이 조나라를 꺾을 수 있다고 생각해 진나라로 유세를 떠나기로 결심했다.

소진은 장의와 진왕과의 만남이 순조롭지 못할 것을 염려해 사람을 보내 암암리에 장의에게 도움을 주었다.

장의를 만난 진왕은 무척 흡족해하면서 장의를 얻기 힘든 인재라 판단하고 예를 갖춰 장의를 대했다. 암암리에 장의에게 도움을 준 사람은 장의가 이미 진왕의 신임을 얻은 상황을 보았다. 이윽고 소진에게 돌아가 보고를 할 준비를 하고 떠나면서 장의에게 상세한 상황을 설명해주었다. "이 모든 것은 소진께서 계획한 것입니다. 그분은 공의 능력이라면 진왕이 분명 공의 뜻을 들어줄 것이라 생각한 것이지요. 진나라가 조나라를 공격하는 것을 막고 각국이 연합해 진나라에 대항하려는 계획이 파괴되는 것을 막기 위해 자극요법을 동원해 공을 진나라로 오게 한 것입니다. 그리고 저를 보내 남모르게 공을 돕게 한 것이지요."

장의는 탄식할 수밖에 없었다. "아! 나의 능력은 참으로 소진만 못하구나. 남에 의해 좌지우지되고 있으면서도 아무것도 느끼지 못하다니. 자네가 내 대신 그에게 고맙다고 전해주게. 그리고 그가 조나라에 있는 동안에는 조나라가 진나라의 위협을 걱정할 필요가 없을 것이라고 전해주게."

조나라 문제가 해결된 뒤 소진은 또다시 한나라로 가서 한선혜왕韓宣惠王을 만나 설득했다. "한나라는 9백여 리里에 달하는 토지가 있고 수십만 병사가 있습니다. 또한 강한 활과 쇠뇌와 예리한 검을 많이 생산하고 있습니다. 한나라 병사들은 발로 커다란 쇠뇌를 밟고 잇따라 백 발을 지치지 않고 쏠 수 있습니다. 이렇게 용맹무쌍한 병사들이 투구와 갑옷을 단단히 하고 활을 강력히 하며 보검의 끝을 날카롭게 한다면 일당백도 문제없을 것입니다. 만일 진나라가 공격해왔는데 왕께서 전쟁을 하지 않는다면 그것은 투항이나 마찬가지입니다. 그렇게 되면 진나라는 분명 의양宜陽과 성고成皐 두 성을 요구할 것입니다. 왕께서 성을 내어준다 하더라도 진나라는 잠시 만족할 뿐 내년에도 계속해서 다른 땅을 내놓으라고 하지 않으리란 보장이 없습니다. 왕에게 더 이상 내줄 땅이 없어지면 비위를 맞추기 위해 떼어준 땅은 헛된 것이 될 뿐만 아니라 또 진나라와 전쟁을 벌여야 할 것입니다. 결국 대왕의 땅이 많을수록 진나라의 탐욕은 멈추지 않을 것입니다. 유한한 땅으로 진나라의 끝이 없는 탐욕을 언제까지 만족시켜줄 수 있을까요? 강력한 군대가 있으면서도 저항하지 않고 싸움 한 번 해보지 않는다면 땅을 거저 넘겨줘 버리는 꼴이 됩니다. 설마 그런 상황을 자초하시려는 겁니까? 옛말에 '닭의 머리가 될지언정 소의 꼬리는 되지 말라'고 했습니다. 소인의 우두머리가 될지언정 대인의 끄트머리는 되지 말라는 것입니다. 대왕처럼 현명한 분께서 만일 한나라처럼 강력한 군대를 갖고 있으면서도 소국들 사이에서 길을 안내하는 사람이 되지 않고 도리어 진나라를 좇아 소의 꼬리라는 평판을 얻는다면 저조차도 대왕을 부끄럽게 여기게 될 것입니다!" 그러자 한왕은 소진의 권고를 따라 연합의 대오에 합류하게 됐다.

이어서 소진은 위왕에게 설명했다. "대왕의 영지는 표면적으로 고작 천 리里에 불과하여 영토는 넓지 않습니다. 하지만 실상 위나라의 시골 가옥들은 아주 조밀하게 지어져 있어 가축을 방목할 곳도 없을 정도입니다. 백성과 수레와 말이 많아 흡사 천군만마와 같으니 왕래가 밤낮으로 끊이지 않습니다. 저 개인적으로 추산해보건대 위나라와 초나라는 거의 별 차이가 나지 않습니다. 듣기로 대왕께서는 방대한 규모를 자랑하는 군대를 보유하고 있다고 합니다. 20만 무사, 20만 창두군蒼頭軍*, 20만 결사대, 그리고 10만 종복, 6백 량 병거, 5천 필 군마가 그것입니다. 하지만 이렇게 막대한 역량이 있는데 대왕께서는 경망스러운 신하들의 의견만 따르면서 대항을 포기하고 진나라에 굴복하려고 합니다. 우리 조왕께서는 그 사실을 듣고 참으로 안타까워하고 있습니다. 그래서 저를 보내 이렇게 제안을 하는 것입니다. 각국이 동맹을 맺고 함께 진나라에 맞서 싸우자고 말입니다. 대왕께서 지금의 정세를 자세히 분석하고 하루 속히 결단을 내리시기를 바랍니다." 이렇게 해서 위왕 역시 소진에게 설득을 당해 진나라에 대항하는 동맹에 가입했다.

연나라, 조나라, 한나라, 위나라가 모두 성공적으로 연합하자

---

* **창두군蒼頭軍**: 농민군의 일종이다.

소진은 이어서 제나라로 유세를 떠났다. 곧이어 제왕에게 말했다. "제나라의 토지는 한눈에 봐도 2천여 리에 달하고 지세가 험준하여 방어하기는 쉽지만 공격하기가 어렵습니다. 또한 수십만 병사에다 흡사 작은 산처럼 양식이 쌓여 있습니다. 훌륭한 장비를 갖춘 삼군三軍뿐만 아니라 교외 20개 현의 주요 성 5곳에 설치된 군대의 병사들이 있습니다. 이들은 마치 시위를 떠난 예리한 화살처럼 공격하고 흡사 세찬 천둥처럼 떨쳐 일어서며 비바람이 휩쓸고 지나간 듯 해산합니다. 전쟁이 발발하더라도 그들이 있으니 태산泰山이나 청하清河나 발해渤海 일대의 아주 먼 곳까지 징병하러 갈 필요도 없습니다.

임치성臨淄城은 부유하고 성 내부에는 7천 가구의 백성들이 살고 있습니다. 넉넉잡아도 가구마다 최소 세 명의 남자가 있을 것입니다. 길에는 수레와 말이 냇물처럼 끊임없이 오가고 사람의 왕래가 빈번하며 백성들은 한 움큼의 땀을 훔치면 마치 한바탕 비가 내린 듯할 정도입니다. 이런 백성들이 매일 닭싸움 하고 개 경주를 시키며 장기 두고 공을 차는 것을 낙으로 삼고 있습니다. 하지만 정말로 떨쳐 일어서야 할 때가 되면 무기를 들고 용맹한 군사로 돌변할 것입니다. 정말로 그때가 되면 다들 먼 변방의 시골에까지 가서 징병할 필요가 없습니다. 임치성에 사는 사람만으로도 족히 21만이나 되니까요.

한나라와 위나라는 진나라와 인접해 있어서 일단 전쟁이 발발하면 열흘을 못 가고 생사존망에 직면하게 됩니다. 그래서 진나라를 무척 두려워합니다. 이 두 나라가 진나라와 전쟁을 벌이면 요행히 진나라를 이겼다고 해도 절반의 손실을 피할 수 없을 것입니다. 당연히 변방을 수비하기 어려워질 것입니다. 만일 진나라에 패한다면 그 즉시 나라와 집안이 다 망할 것입니다. 이런 지경에 놓여 있기 때문에 한나라와 위나라는 진나라와의 전쟁에 대해 상당히 신중한 입장을 취하고 있습니다. 애써 울분을 참고 있는 것입니다. 하지만 진나라가 제나라를 공격하려고 한다면 상황은 달라질 것입니다. 진나라는 먼저 한나라와 위나라의 영지를 거치고 다시 위나라 양진陽晉을 지나 항보亢父라는 험난한 지역을 통과해야 합니다. 이처럼 먼 길을 고생스럽게 가야 도달할 수 있습니다. 그 길은 험하고 비좁아 기마병과 수레가 나란히 지나가기 어렵습니다. 수비는 쉬우나 공격이 어려운 딱 그런 곳이지요. 게다가 진나라가 병사를 인솔해 공격한다 하더라도 배후에 있는 한나라와 위나라 두 나라가 기회를 틈타 유리한 고지를 점할 수 있다는 점도 간과해서는 안 됩니다. 그러니 진나라의 겉모습만 보고 기세가 높다고 생각하지 마십시오. 실상은 종이호랑이처럼 실속이 없습니다. 감히 경솔하게 제나라에 쳐들어올 수 없습니다.

이렇게 보니 제나라는 진나라의 위협을 전혀 두려워할 필요가 없습니다. 그저 제나라가 자신의 우세를 보지 못하고 도리어 진나라의 위풍과 기세에 놀라 줄곧 진나라에 머리를 숙이고 굴복한 것일 뿐입니다. 이런 점에서 제나라의 수많은 대신들은 다들 잘못된 판단을 하고 있습니다. 이제 대왕께서 저의 제안을 받아들이신다면 제나라는 진정한 강국으로 거듭날 것이고 더 이상 진나라에 굽실거리며 아첨할 필요가 없을 것입니다. 그러니 부디 대왕께서 이해득실을 잘 따져 저의 제안을 받아들이기를 바랍니다!"

제왕은 결국 소진의 제안에 동의해 진나라에 대항하는 연합 동맹에 가입한 또 한 나라가 되었다.

마지막으로 소진은 초나라로 가서 초위왕楚威王을 설득했다. "초

소진은 여섯 나라의 재상을 겸임하면서 여섯 나라 동맹의 종약장縱約長이 되었
다. 그가 북으로 조나라에 보고를 하러 갈 때면 수레와 말이 떼 지어 그를 수행
했다. 그 기세가 흡사 천자와 맞먹을 정도였다.

나라는 명실상부한 강국이지요. 6천여 리에 달하는 땅과 장비를 완비한 수백만 군대와 수천 량의 전차와 수만 필의 군마에다가 10년 동안 먹고도 남을 재고 식량이 있습니다. 진나라가 초나라를 치명적인 화근으로 보는 것은 바로 초나라가 유일하게 진나라에 맞설수 있는 나라이기 때문입니다. 진나라와 초나라 두 나라는 초나라가 강하면 진나라가 약하고 진나라가 강하면 초나라가 약한 상황이라 두 나라는 양립할 수 없습니다. 지금 저는 대왕의 입장에 서서 생각해보건대 다른 나라들과 연합해 진나라를 고립시키는 편이 낫다고 봅니다. 대왕께서 진나라에 맞서겠다는 마음만 먹으면 저는 효산 동쪽 나라에게 매년 대왕께 공물을 바치고 왕실과 국토를 대왕께 의탁하도록 설득하겠습니다. 모든 군대를 훈련시켜 대왕의 지휘를 따르도록 설득하겠습니다. 진나라에 맞서는 합종을 하면 각국은 응당 모두 재물을 내고 초나라에 따를 것입니다. 반면 진나라에 화친하는 연횡을 하면 초나라는 토지를 할양해 진나라의 비위를 맞춰야 할 것입니다. 이 두 상황의 결과는 하늘과 땅 차이를 냅니다. 대왕께서는 어느 쪽을 택하시겠습니까?" 진왕은 깊이 생각을 한 뒤 역시 연합해 진나라에 맞서는 쪽을 선택했다.

이렇게 소진의 분주했던 유세를 통해 여섯 나라는 마침내 동맹을 맺었다. 그리고 소진은 여섯 나라의 재상을 겸임하면서 여섯 나라 동맹의 종약장縱約長*이 되었다. 그가 북으로 조나라에 보고를 하러 갈 때면 수레와 말이 떼 지어 그를 수행했다. 그 기세가 흡사 천자와 맞먹을 정도였다.

---

* **종약장縱約長**: 동맹을 추진하는 수장.

3장

장의張儀의 뛰어난 말재주

장의는 진나라의 재상을 두 번 역임했던 인물이다. 그는 제나라, 초나라, 연나라, 한나라, 조나라 등을 왕래하면서 유세를 벌였다. 나라 간의 갈등을 이용해 진나라 쪽으로 포섭하거나 연맹을 해체해 놓거나 나라들의 힘을 약화시켰다. 그렇게 하면서 진나라가 강력해지고 이후 여섯 나라의 통일을 이루는 데 큰 공을 세웠다.

기원전 311년, 진혜왕秦惠王은 초회왕楚懷王에게 사람을 보내 진나라 무관武關 밖의 지역을 초나라 검중黔中* 일대와 바꿔 가질 생각이라고 통보했다. 장의가 초왕을 속인 적이 있던 터라 초왕은 속으로 의심을 품었다. "검중 지역은 내어줄 수 있다. 하지만 바꾸는 대상을 지역이 아닌 장의로 하고 싶다."

그 말을 들은 장의는 두려워하지 않고 적극적으로 진왕에게 동의를 구했다. 진왕이 물었다. "초나라는 너를 죽여야 단념할 텐데 너는 어찌하여 그곳으로 가려 하는 것이냐?" 장의가 대답했다. "지금의 천하 정세는 진나라가 초나라보다 강합니다. 대왕만 계신다면 초나라도 저를 감히 어쩌지는 못할 것으로 생각됩니다. 게다가

---

* **검중黔中**: 전국시대에 초나라가 검중군을 설치했다. 지금의 후난성 서부 지역과 서로 연결돼 있는 쓰촨성, 구이저우성 일대 지역을 말한다.

저와 근상斬尙은 사이가 좋습니다. 그는 초나라의 총애를 받는 신하이자 지금은 또 초왕의 애첩인 정수鄭袖를 모시고 있습니다. 초왕은 정수의 말이라면 다 들어줍니다." 그렇게 장의는 기꺼이 초나라로 향했다.

장의가 막 초나라에 도착했을 때 초왕은 그를 감옥에 가두고 죽이려고 했다. 그러자 근상이 정수에게 말했다. "진왕은 장의를 무척 총애합니다. 그를 되찾기 위해 진나라 상용上庸 등 여섯 개 현縣과 수많은 진나라 미인들을 대동해 교환하려고 할 것입니다. 땅은 원래 대왕께서 중요하게 생각하는 것입니다. 거기에다 진나라에 대한 두려움까지 가중될 것이니 거절하는 것도 쉽지 않을 것입니다. 또한 교환의 대상인 미인이 오면 대왕께서는 미인들을 총애하셔서 어쩌면 당신을 푸대접할지도 모릅니다."

정수는 차마 자신이 냉대 받는 상황을 상상할 수조차 없었다. 그래서 매일 초왕 앞에서 울며 애원했다. "장의는 그저 모시는 주군을 위해 온 힘을 다한 것일 뿐입니다. 지금은 진왕이 장의를 무척 아끼니 만일 폐하께서 그를 죽여 버린다면 진나라는 필시 그대로 넘어가지 않을 것입니다. 차라리 저는 아이를 데리고 먼저 강남江南으로 거처를 옮겨 몸을 피해야겠습니다! 이후에 진나라의 도마 위에 오른 생선 신세가 되는 것을 면해야 하니까요." 그렇게 해서 초왕은 장의를 방면했고 또 장의에게 예를 다했다.

한편 장의는 그 기회를 틈타 초왕을 설득했다. "지금 각국이 연합하여 진나라에 맞서자고 들고 일어서고 있습니다. 그야말로 양 떼를 몰아 사나운 범을 공격하는 형세입니다. 하지만 양이 아무리 많아도 소용없는 일입니다. 지금 대왕께서 진나라에 복종하지 않아 진나라가 진노하게 되면 한나라와 위나라 두 나라를 연합하도록 하여 초나라를 공격하도록 압박할 것입니다. 그러면 초나라는 무척 위급해집니다. 진나라 서쪽에는 파巴와 촉蜀 두 지방이 있는데 그곳에서 전함을 준비하고 군량과 마초를 매점해놓고 민강岷江을 따르기만 하면 거침이 없어집니다. 전함은 매일 약 5백 리를 갈 수 있습니다. 그러면 열흘 이내에 무관武關*에 도달합니다. 무관이 일단 시끄러워지면 무관 동쪽의 각 성에 사는 백성들도 불안에 떨게 됩니다. 그런 상황이 되면 대왕께서도 검중과 무군巫郡 두 지역을 통제할 수 없게 됩니다. 한편 진나라가 전쟁도 불사하고 무관을 공격한다면 초나라 북방은 더 이상 지킬 수가 없게 됩니다. 만일 진나라가 이때 다시 출병해 남쪽에서부터 초나라를 공격한다면 초나라가 버틸 수 있는 기한은 기껏해야 3개월입니다. 다른 나라의 지원을 기다릴 수조차 없습니다. 약소국의 지원에 기대를 걸면서 도리어 강대국인 진나라의 위협을 무시하는 지금과 같은 방법은 참으로 걱정스러울 따름입니다! 저에게 생각이 있습니다. 만일 대왕께서 진심을 다해 귀를 기울인다면 제가 진나라를 설득해보겠습니다. 진나라와 초나라가 영원한 형제국의 인연을 맺도록 말입니다. 그러면 더 이상 서로 공격하지 않게 됩니다."

그렇게 해서 초왕은 검중 일대의 지역을 장의와 교환했다. 원래는 순간 화가 나서 벌인 행동이었는데 이제는 장의를 풀어주고 또 그의 제안을 받아들여 진나라에 저항하는 동맹에서 탈퇴한 것이다.

초나라를 떠난 뒤 장의는 다시 한나라로 가서 한왕을 설득했다.

---

* **무관武關**: 춘추시대에 세워졌고 '소습관少習關'이라 불리다가 전국시대에 '무관'이라고 바꿔 불렸다. 단봉丹鳳현 동쪽 무관강의 북쪽 연안에 위치해 있다. 함곡관, 소관蕭關, 대산관大散關과 함께 '진나라의 4대 요새'라 불렸다.

"한나라의 지형상 산이 많아 씨를 뿌리기에 적합지 않아 수확한 양식은 콩이 아닌 자잘한 밀입니다. 국고 안에 저장해놓은 양식도 적어 2년을 버티기도 어렵습니다. 한나라의 군대도 20만에 불과해 훌륭한 무장을 갖춘 진나라의 약 100만 병사와는 아예 비교 대상도 못 됩니다. 게다가 효산 동쪽의 사람들은 투구와 갑옷을 걸치지 않으면 참전하기도 어렵습니다. 반면 진나라 사람들은 모두 웃통을 벗어부치고 적진에 나설 정도로 담력과 지혜를 모두 겸비했습니다. 복종하기 원치 않는 약소국에 대해 진나라는 맹분孟賁*과 오획烏獲** 두 용사로 공격할 것입니다. 이는 흡사 3만 근이나 되는 어마어마한 바위로 새알을 내리누르는 것과 같습니다. 그러니 어느 나라가 재앙을 면할 수 있겠습니까? 대왕께서 진나라의 명령을 복종하지 않으려 하시니 만일 진나라가 출병해 의양宜陽을 점거하고 다시 성고成皋를 굳게 지키면 그때 대왕의 나라가 과연 온전할 수 있을까요? 대왕의 궁궐과 후원은 모두 더 이상 대왕의 것이 아니겠지요? 제가 대왕의 입장에서 생각해보건대 차라리 진나라와 연합해 초나라를 치는 것이 낫습니다. 이렇게 하면 화근을 초나라로 넘길 수 있을 뿐만 아니라 진나라의 환심을 살 수 있습니다. 일거양득입니다. 그야말로 이보다 더 완벽한 것은 없습니다!" 한왕은 장의의 의견을 따라 진나라에 대항하는 동맹에서 탈퇴하기로 결정했다.

장의는 진나라로 돌아갔고 진왕은 그의 또 한 번의 성과를 높이

---

* **맹분孟賁**: 전국시대 위衛나라 사람으로 고대의 유명한 용사다. 제齊나라 사람이라는 말도 있다.

** **오획烏獲**: 전국시대의 장사로 진나라 사람이다. 맹자에 따르면 그는 3천 근斤을 들 수 있다고 한다.

평가하고 그를 무신군武信君에 봉했다. 또한 그에게 6곳의 성을 하사하고 다시 계속해서 동쪽 제나라 왕에게 보내 유세를 하도록 했다.

이에 장의는 제왕을 만났다. "대왕께 연합하여 진나라에 대항하자고 설득한 사람은 분명 이렇게 말했을 겁니다. '제나라는 삼진三晉*이 천연 장벽 역할을 하고 있습니다. 땅도 넓고 사람도 많으며 양식과 병사와 강한 장수도 무수히 많습니다. 설령 100개의 진나라가 있다 하더라도 제나라에는 어찌할 수가 없을 것입니다.'라고 말입니다. 하지만 대왕께서는 한쪽 말만 곧이듣고 실제 형세를 고려하지 않았습니다. 지금 진나라와 초나라가 이미 형제국의 연을 맺어 서로 혼인도 하고 침범하지도 않습니다. 한나라는 의양을 진나라에 바쳤습니다. 위나라도 하외河外를 진나라에 할양했습니다. 조왕은 친히 진나라로 가서 진왕을 알현했을 뿐만 아니라 진나라의 환심을 사기 위해 하간河間 일대를 할양했습니다. 대왕께서 만일 이후에도 계속 진나라에 복종하지 않는다면 진나라는 분명 한나라와 위나라의 군대를 부추겨 제나라를 공격할 것입니다. 일단 이 두 나라의 연합군이 제나라 남부를 공격하면 진나라가 다시 조나라를 압박해 군대를 총동원할 것입니다. 청하淸河만 건너면 박관博關으로 곧장 달려갈 수 있습니다. 그때가 되면 임치와 즉묵即墨 등 제나라의 요충지대는 더 이상 대왕의 것이 아닐 것입니다. 나라가 곧 멸망할 지경에까지 이른 상황에서 대왕께서 그때 다시 진나라의 환심을 사려고 해도 때는 이미 늦을 것입니다!" 이렇게 제왕도 장의의 제안을 받아들였다.

---

* **삼진三晉**: 한나라와 위나라와 조나라를 뜻한다.

에 장의는 제왕을 만났다. "대왕께 연합하여 진나라에 대
하자고 설득한 사람은 분명 이렇게 말했을 겁니다. '제나
는 삼진三晉이 천연 장벽 역할을 하고 있습니다. 땅도 넓고
람도 많으며 양식과 병사와 강한 장수도 무수히 많습니다.

령 100개의 진나라가 있다 하더라도 제나라에는 어찌할
가 없을 것입니다.'라고 말입니다."

제왕을 설득한 뒤 장의는 다시 서쪽으로 조나라 왕에게 유세를 하러 갔다. "대왕께서 가장 먼저 나서서 각국이 연합해 진나라에 대항하자고 했습니다. 그래서 진나라 병사들은 15년 동안 함곡관函谷關*을 넘지 못하고 다른 나라를 침범하지도 못했습니다. 대왕의 위엄과 명망은 효산 동쪽으로까지 아주 멀리 전해졌습니다. 우리 진나라는 이에 무척 두려워하고 있고 매 순간 대왕이 군대를 일으켜 죄를 추궁할까 걱정하고 있습니다. 이에 하는 수 없이 전쟁을 준비하면서 군량과 마초를 비축하고 늘 경계 태세를 취하면서 잠시도 감히 긴장을 풀지 못합니다. 이제 대왕 덕분에 파巴, 촉蜀, 한중漢中의 세 지역은 이미 우리 진나라에 함락됐고 양주兩周도 포위했으며 군대도 이미 백마진白馬津에 도달했습니다. 우리 진나라는 외진 곳에 위치해 있지만 조나라에 대한 원망의 심정이 일찌감치 있던 터였습니다. 지금 진나라의 쇠약한 군대 한 부대가 민지澠池에 진을 쳤습니다. 황하를 건너고 장수漳水를 넘어 번오番吾를 근거지로 하여 대왕과 한단성邯鄲城에서 만나고자 합니다. 진나라는 마치 그 옛날의 무왕벌주武王伐紂**와 마찬가지로 갑자일甲子日에 조나라와 대전을 벌이려고 합니다. 이 일을 놓고 진왕이 일부러 저를 사신으로 보내 대왕께 알리는 것입니다.

지금 진나라와 초나라는 이미 서로 침범하지 않는 형제국의 연을 맺었고 한나라와 위나라도 이미 진나라에게 머리를 숙이고 굴

---

* **함곡관函谷關**: 함곡관에 대한 기록은 춘추전국 시대에 최초로 등장한다. 진나라가 건설했으며 중국에서 건설한 최초의 요새 중 하나다.

** **무왕벌주武王伐紂**: 무왕武王, 즉 주무왕周武王은 서주西周의 개국 군주이고 주紂, 즉 상주왕商紂王은 상商나라 최후의 군주다. 주무왕이 상주왕의 통치를 전복시킴을 이르는 말이다.

복했습니다. 제나라마저도 물고기와 소금이 많이 나는 해안 지역을 헌납했습니다. 이것은 조나라의 오른팔을 끊어버린 것과 같습니다. 오른팔을 잃으면 다른 나라의 지지도 없어지고 또 다른 이와 다투면서 고립무원의 지경에 빠지게 됩니다. 그런 상황에서 어찌 멸망하지 않을 수 있겠습니까? 만일 진나라가 제나라, 한나라, 위나라 삼국과 연합해 함께 조나라를 치기로 약속하여 실제로 조나라를 함락시키고 나면 네 나라가 조나라의 토지를 분할하게 될 것입니다. 게다가 다시 세 갈래로 대군을 보내 제나라 군대는 청하를 건너 한단 동쪽에서 주둔하면서 오도午道*를 지키게 됩니다. 한나라와 위나라 연합군은 하외로 진군하여 성고成皐를 지키게 됩니다. 한편 진나라 군대는 민지澠池를 지키게 됩니다. 상황이 이러한데 대왕께서는 여전히 저항을 고집하시겠습니까? 대왕의 입장에서 생각해보건대 대왕은 친히 진왕에게 가서 진나라와 동맹을 맺는 것이 가장 좋습니다. 그렇게 해야만 조나라와 진나라는 평화롭게 공존할 수 있습니다." 장의의 분석에 조왕은 놀라고 당황해 하는 수 없이 그의 충고에 동의하고 진나라와 동맹을 맺었다.

이제 남은 것은 연나라뿐이었다. 장의가 연왕에게 말했다. "지금 조왕은 이미 진왕을 알현했습니다. 진왕의 환심을 사기 위해 그는 하간河間을 진나라에 바쳤습니다. 대왕께서 진나라와 시급히 친교를 맺지 않으면 진나라가 군대를 이끌고 운중雲中과 구원九原 두 지역으로 들어가고 조나라를 몰아세워 연나라를 공격하도록 할 것입니다. 그렇게 되면 역수易水와 장성長城은 더 이상 대왕의 소유가

---

* **오도午道**: 종횡이 서로 교통하는 길.

아닐 것입니다! 제나라와 조나라까지도 이미 진나라에 항복해 진나라의 부속국처럼 되어 아예 진나라에 대해 군대를 일으켜 공격할 엄두도 못 내고 있습니다. 만일 대왕께서 진나라에 항복해 신하가 된다면 진나라의 비호를 받아 더 이상 제나라와 조나라의 위협을 걱정하지 않아도 됩니다." 연왕은 항산恒山 아래의 5개 성을 진나라에 바치면서 화해를 청했다.

이렇게 장의는 교묘한 말로 제나라, 초나라, 연나라, 한나라, 조나라의 합종을 깼다. 그리고 더 이상 연합하지 못하도록 했으며 잇따라 땅을 할양해 진나라의 환심을 사게 했다.

4장

전단田單의 꾀로 연燕나라를 물리치다

전단田單은 제나라 임치의 하급 관리였다. 그가 안평성安平城에 있을 때 마침 연나라가 제나라를 공격하는 상황이 됐다. 그러자 그는 사람을 시켜 수레바퀴 연결축을 철판으로 잘 감싸게 해서 안평성이 공격당할 때 잘 도망칠 수 있도록 했다. 사전에 준비를 잘해 놓았기 때문에 성이 공격당할 때 전단의 수레는 혼란 속에서도 충돌을 피해 순조롭게 즉묵卽墨*으로 도망칠 수 있었다. 반면 성 안에 있던 대부분의 백성들은 혼란 와중에 수레 축이 부러지는 바람에 수레가 더 이상 앞으로 굴러가지 않아 연나라 군대의 포로가 됐다.

당시 군대를 통솔해 성을 공격하고 땅을 빼앗은 이는 연나라 장군 악의樂毅였다. 그는 용맹스럽고 싸움을 잘했다. 제나라 70여개의 성을 잇따라 함락시키고 마지막에는 거성莒城**과 즉묵만 함락당하지 않았다. 제나라의 왕 제민왕齊湣王은 죽임을 당했지만 그의 아들 법장法章은 거성에서 제왕으로 책봉됐다. 거성과 즉묵을 집중 공격하기 위해 악의는 대군을 두 갈래로 나누어 우측과 전측 군대는 거

---

* **즉묵卽墨**: 지금의 산둥반도 서남부에 위치해 있다. 묵수墨水에 근접해 있어서 붙여진 이름이다.
** **거성莒城**: 거주莒州라고도 불린다. 지금의 산둥성 동남부에 위치해 있다.

성을 포위하고 좌측과 후측 군대는 즉묵을 포위하도록 했다.

즉묵은 풍요로운 교동膠東 지역에 위치한, 제나라에서 꽤 큰 성이었다. 즉묵성 내에는 물자가 넉넉하고 인구도 많아 일정한 방어 조건을 갖추고 있었다. 그러나 포위된 지 얼마 지나지 않아 성을 지키던 장수들이 전사하고 말았다. 이윽고 성 안을 지키던 수비군들도 장수를 잃자 오합지졸이 되어 성은 더욱 위태로워졌다. 당시 성 안에 식견을 갖추고 있던 사람들이 나서서 말했다. "전단은 지혜와 계략이 뛰어나 철판으로 수레축을 에워싸는 방법으로 가족들이 함락된 안평에서 도망쳐 난리를 피하도록 했소. 이는 그 사람에게 행군하면서도 싸울 수 있는 능력이 있다는 말이 되오." 그러자 성 안의 백성들도 전단이 수비를 맡을 장수라고 추천했고 그의 인솔 하에 연나라 군대를 방어하게 됐다.

한편 악의는 1년이 다 되도록 거성과 즉묵을 함락시키지 못하다가 연나라 군대를 9리里 밖으로 철수시킬 수밖에 없었다. 그리고 이 두 성 밖에 숙영지를 설치하고 지형을 이용해 보루를 세워 두 성과 대치 국면을 형성했다. 악의는 심리전을 이용해 승리를 거머쥐려고 했다. 점령지의 백성들이 안심할 수 있도록 하기 위해 연나라 군대가 성 안에서 나오는 백성을 체포하지 못하도록 한 것이다. 또한 연나라 군대에게 생활에 특별히 어려움을 겪고 있는 백성들에게 도움을 주라고 명령을 내리기도 했다. 동시에 성 안의 백성들이 이전처럼 생활할 수 있도록 하면서 간섭받지 않도록 배려했다.

한편 전단은 양측 군대가 대립하고 있는 때를 이용해 7천여 병사를 집결시켜 군대를 정비하고 확충했다. 또한 사람을 보내 성벽을 수리하여 방비를 강화시켰다. 그는 백성과 군대와 동고동락했을 뿐만 아니라 늘 직접 성의 사방을 두루 살폈다. 거기에다 자신의 아내와 첩과 가족들도 군대에 편입시켰고 재산까지도 병사들에게 나누어주었다. 그러자 성 안의 백성과 병사들도 전단에 대해 깊이 신복했다.

이렇게 시간은 어느덧 3년이 흘렀다. 악의는 여전히 거성과 즉묵을 함락시키지 못했다. 그러자 연나라의 소인들은 악의를 질투하여 연소왕燕昭王에게 악의를 모함하는 말을 건넸다. "악의는 매우 총명한 인물입니다. 그런 인물이 3년 동안 두 성을 함락시키지 못한 것은 빼앗을 수 없어서가 아닙니다. 사람의 마음을 굴복시켜 스스로 왕이 되려는 것입니다. 아직도 연나라에 있는 아내와 아들이 걱정되어 행동을 아직 취하지 못한 것입니다. 지금 제나라에 미녀가 많으니 그가 자신의 아내와 자식을 버리는 상황을 대왕께서 미리 대비하셔야 합니다."

그 말을 들은 연소왕은 꿈쩍도 안 했을 뿐만 아니라 도리어 사람들 앞에서 그런 말을 한 사람을 이간질하지 못하도록 꾸짖고 죽이기까지 했다. 그러고는 악의의 아내에게 왕후에 준하는 후한 상을 내렸다. 또한 재상에게 명령을 내려 군왕만이 탈 수 있는 거마와 수백 대의 시종을 거느린 수레를 가지고 가서 악의에게 제나라 왕이 되기를 청하도록 했다. 연소왕의 이와 같은 조처에 악의는 놀라고도 불안해 연신 머리를 조아리며 감사를 표하면서도 연왕이 내린 상을 끝까지 받아들이지 않았다. 그러고는 글을 써서 평생 연왕에게 충성하겠다는 맹세를 했다. 그 뒤로 악의의 덕행과 신의가 널리 칭송되면서 제나라 사람들도 그에 대해 탄복했을 뿐만 아니라 다른 나라도 그를 무척 두려워해 섣불리 연나라를 침범하지 못했다.

기원전 279년, 연소왕이 죽고 태자가 즉위하여 연혜왕燕惠王이라 칭하게 됐다. 이때까지도 거성과 즉묵은 함락당하지 않은 상태였다. 전단은 연혜왕이 태자일 때부터 악의와 사이가 좋지 않다는 말을 들었다. 악의라는 대적하기 어려운 적을 없애기 위해 전단은 내부를 안정시킴과 동시에 악의와 연혜왕의 사이를 멀어지게 하는 이간책을 생각해냈다. 그는 사람을 보내 연나라에 유언비어를 퍼뜨렸다. "악의가 겉으로는 제나라를 공격하려고 하지만 실상은 자신이 제나라에서 왕으로 불리고 싶은 것이다. 지금 제나라는 왕도 없는 상태인 데다 거성과 즉묵 이외의 성은 모두 점령됐다. 이제 두 성만 남았는데 악의는 아직도 함락을 차일피일 미루고 있다. 사실 악의는 때를 기다렸다가 왕이라고 불릴 대업을 이루려고 일부러 이렇게 하는 것이다. 만일 연왕이 다른 이를 보내 즉묵을 공격한다면 분명 빠른 시일 내에 함락될 것이다."

연혜왕은 그렇지 않아도 악의가 거성과 즉묵의 함락을 미루는 것을 보고 불만을 품고 있었다. 그런 와중에 이런 유언비어를 들으니 속아 넘어갈 수밖에 없었다. 이윽고 그는 악의의 병권을 회수하고 그를 연나라로 불러들였다. 그리고 기겁騎劫이라는 다른 장군을 보내 악의의 직위를 대체하도록 했다. 악의는 자신과 연혜왕이 사이가 좋지 않으니 연왕이 자신을 연나라로 불러들인 것에는 어떤 말 못할 의도가 숨겨져 있을 수도 있다고 판단했다.

그래서 악의는 조나라로 달아나버렸다. 연나라에 대한 악의의 충심은 지극했고 또 전쟁에서 큰 공도 세웠지만 결국에는 축출되는 말로를 맞게 되었다. 연나라 군대의 장병들은 악의의 처지에 대해 분통을 터트리면서 조정의 조처에 불복했다. 그러다 보니 군대 내부에도 갈등이 일어날 수밖에 없었다.

악의의 직위를 대체한 기겁의 작전 방식은 악의와 완전히 달랐다. 그는 강공 정책을 썼다. 하지만 그렇게 했는데도 즉묵을 함락시키지는 못했다. 그래서 기겁은 사람의 마음에 두려움을 가하는 수단을 이용해 제나라 군대를 굴복시키려고 했다. 전단은 상대방의 계략을 역이용해서 연나라 군대가 폭력적인 수단을 사용하도록 하기 위해 사람을 보내 정보를 퍼뜨렸다. "내가 가장 두려운 것은 연나라 군대가 제나라 포로의 코를 자르고 그 포로들이 가장 전면에서 돌진하도록 하는 것이다. 그렇게 하면 즉묵은 분명 함락될 것이다!" 연나라의 장수는 그 정보를 듣고 그대로 믿고 제나라 포로의 코를 잘랐다. 성을 지키던 병사들은 자신의 동포가 연나라 군대에게 코를 잘린 모습을 보고 완전히 분노에 치를 떨었다. 그리고 자신도 포로가 되면 같은 처지를 당할까봐 덜컥 겁이 났다. 그러자 병사들은 반드시 성을 지켜내고 절대로 투항하지 않겠다는 결심을 하게 됐다.

전단은 여기에 만족하지 않고 또다시 사람을 보내 정보를 흘렸다. "제나라 사람의 무덤은 성 밖에 있는데 정말 걱정스럽기 짝이 없다. 만일 무덤이 연나라 군대로 인해 훼손당한다면 병사들은 분명 괴로워할 것이다. 그런 이유 때문에 더 이상 저항하지 않으려고 하면 참으로 큰일이다." 연나라 군대는 또 그 계략에 말려들어 정말로 성 밖의 모든 무덤을 파헤치고 시체를 불살랐다. 제나라 사람들은 연나라 병사들이 자신들 조상의 무덤을 파내는 것을 성에서 멀찌감치 지켜보면서 이를 부득부득 갈았다. 그리고 전단에게 연나라 군대와 결사의 항전을 벌이자고 잇따라 요청했다.

전단은 제나라 군대의 고양된 투지를 보고 이제 반격의 시기가 도래했음을 느꼈다. 연나라 군대의 경각심을 늦추기 위해 전단은 건장한 병사들에게 완전 군장을 하고 성 아래에서 잠복해 있도록 명령했다. 그리고 늙고 약한 여성과 아이들이 성벽을 지키게 했다.

동시에 그는 사람을 보내 연나라 군대에 거짓 항복을 하면서 성 내부의 부호들에게는 거금을 연나라 장군에게 보내도록 했다. 즉묵이 곧 투항할 것처럼 위장해 자신의 아내와 자식들을 보호하기 바라는 마음을 드러내도록 한 것이다. 연나라 병사들은 성을 포위한 지 몇 년이 지난 상황이라 이미 집으로 돌아가고 싶은 마음이 굴뚝같았다. 그런 와중에 곧 투항할 것이라는 소식을 접하니 모두들 좋아 어쩔 줄을 몰랐다. 또 연나라의 장군은 금과 은을 받으니 좋아서 입을 다물지도 못할 지경이었다.

연나라 군대는 제나라 군대가 이미 투지를 상실했다고 보고 제나라 군대의 투항만을 기다리면서 서서히 경계를 늦췄다. 이때 전단은 연나라 군대에 반격을 가하기 위해 적극적으로 준비를 하고 있었다. 그는 사람을 보내 성벽에 수십 개의 큰 구멍을 파고 또 성 내부에는 천여 마리의 소를 모아놓도록 했다. 그리고 그는 쇠뿔에 끝이 날카로운 칼을 묶고 쇠꼬리에는 기름으로 흠뻑 젖은 건초를 매달도록 했다. 거기에다 소에 다채로운 빛깔의 용무늬가 그려진 천을 걸치게 했다. 이윽고 밤이 되자 제나라 군대는 쇠꼬리의 건초에 불을 붙여 소를 사전에 파놓은 성벽 동굴에서 밖으로 몰아냈다. 5천 명의 건장한 병사들이 소 떼의 뒤에 바짝 따라붙고 성 안의 백성들은 북을 치고 그릇을 두드리면서 함성을 질러 기세를 북돋웠다. 소는 꼬리에 불이 붙어 고통스러운 나머지 미친 듯이 연나라 군대 진영을 향해 내달렸다.

연나라 군대는 아무런 방비도 하지 못했고 또 날이 어두워 주위를 제대로 볼 수조차 없었다. 다만 불빛 속에서 뿔에 칼이 있고 몸체 뒤에 불이 뿜어 나오는 수없이 많은 괴물이 곧바로 돌진해오는 것을 보고는 당황해 어쩔 줄을 몰라 했다. 소 떼 뒤에 따라오던 5천

그는 쇠뿔에 끝이 날카로운 칼을 묶고 쇠꼬리에는 기름으로 흠뻑 젖
은 건초를 매달도록 했다. 거기에다 소에 다채로운 빛깔의 용무늬가
그려진 천을 걸치게 했다. 이윽고 밤이 되자 제나라 군대는 쇠꼬리의
건초에 불을 붙여 소를 사전에
파놓은 성벽 동굴에서
밖으로 몰아냈다.

명의 제나라 용사는 기세를 몰아 돌격했다. 반면 연나라 군대는 뛰쳐나가 도망치느라 서로 짓밟아 무수한 사상자를 냈다. 혼란 속에서 제나라 군대는 연나라 군대의 장군 기겁을 죽였다.

장군을 잃은 연나라 군대는 그대로 패했고 전단은 군대를 통솔해 승세를 몰아 추격했다. 도중에 각 성과 읍의 제나라 백성들도 잇따라 무기를 들고 군대에 들어갔다. 이때 제나라가 잃은 70여 개의 성도 모두 되찾았다.

그 뒤에 전단은 거성에서 제나라의 수도 임치로 와서 제민왕의 아들 법장을 영접했다. 법장은 임치에서 정식으로 왕위에 올라 제양왕齊襄王이라고 불리게 됐고 전단은 안평군安平君에 봉해졌다.

5장

모수자천 毛遂自薦

전국시대 말기에 강력한 세력을 자랑했던 진나라는 끊임없이 전쟁을 치르면서 다른 제후국들을 통일했다. 주난왕周赧王 53년기원전 262년, 진나라는 군대를 보내 조나라 장평長平을 공격했고 조왕은 노장 염파廉頗를 보내 요새를 지키도록 했다. 이때 진나라 군대는 자신의 영토와 거리가 먼 곳에서 전쟁을 벌였기 때문에 속전속결하려고 했다. 하지만 염파가 성 안에서 지키고 있으면서 성에서 나와 응전을 하지 않았다.

진나라 군대가 신속히 승리를 거둘 수 없게 되자 진나라는 조왕 측에서 염파를 갈아치우도록 하기 위해 염파가 반란을 꾸민다고 유언비어를 퍼뜨렸다.

역시 조왕은 속임수에 빠져 용맹스럽게 싸우는 염파를 제거하고 조괄趙括에게 장평을 지키도록 했다. 조괄은 탁상공론만 할 줄 알았지 실전 경험이 별로 없었다. 그래서 조나라의 40만 대군이 전부 진나라 장군 백기白起로 인해 생매장을 당하고 말았다. 정예 군대를 거의 잃은 것이다.

이듬해, 백기는 승세를 타고 군대를 이끌어 조나라의 수도인 한단을 포위했다. 조나라의 형세가 매우 위급해진 것이다. 조왕과 평원군平原君*은 적을 물리칠 계책을 논의했고 이때 평원군이 의견을 제시했다. "지금의 상황에서는 다른 나라에 지원을 요청할 수밖에 없습니다. 위나라와 우리는 인척 관계를 맺고 있어 사이가 내내 좋았습니다. 사람을 보내 간청하면 분명 군대를 보낼 것입니다. 초나라는 강력한 나라이고 조나라와는 거리가 먼 편입니다. 그들과 동맹을 맺기만 하면 우리를 곤경에서 벗어나게 해줄 것입니다." 이렇게 조왕은 평원군을 사신으로 초나라에 보냈다.

평원군은 집에 돌아와 함께 초나라로 떠날 20명을 고르려고 했다. 그가 데리고 가려는 사람들은 모두 문무를 두루 겸비하고 있어야 했다. 하지만 수많은 식객들 중 학문을 갖춘 사람은 무예가 부족했고 무예를 갖춘 사람은 학문을 몰랐다. 평원군은 고심하여 사람들을 골랐지만 마지막 한 명이 부족했다. 이때 모수毛遂라는 사람이 평원군을 만나기를 청하고 그와 함께 길을 떠나기를 적극적으로 요구했다.

그러자 평원군이 물었다. "선생께서 이곳에 계신 지 몇 년이나 되었습니까?" 모수가 대답했다. "3년입니다." 평원군이 말했다. "주머니 속에 있는 송곳은 분명 주머니를 찔러 뚫고 나와 송곳 끝의 날카로운 부분을 드러냅니다. 능력이 탁월한 사람도 송곳과 같습니다. 생각과 행동이 뚫고 나오기 마련이지요. 선생께서 저 조승趙勝 문하에 이미 3년 동안 있었는데도 저는 주위에서 선생을 칭찬하는 말을 들은 적이 없고 선생이 누군가에게 칭찬 받을 만한 행동을 한 것을

---

* **평원군平原君**: 조승趙勝이라 불렸고 조나라 사람이다. 제나라의 맹상군孟嘗君 전문田文, 위나라의 신릉군信陵君 위무기魏無忌, 초나라의 춘신군春申君 황헐黃歇과 함께 전국시대 사공자라고 불렸다.

들은 적도 없습니다. 이번에 우리는 막중한 책임을 짊어지고 초나라로 가게 됩니다. 조나라의 존망과 관련돼 있기에 반드시 신중을 기해야 합니다. 만일 선생께 탁월한 점이 없다면 그냥 여기 남아주십시오!"

이에 모수가 대답했다. "저를 송곳에 비유하시니 저는 오늘에야 비로소 주머니에 든 송곳이 되고자 할 뿐입니다. 제가 일찌감치 주머니 속에 있었다면 그만큼 일찍 능력을 크게 펼쳤을 것입니다. 송곳의 날카로움만 드러내는 데 그치지 않았을 것입니다!"

결국 평원군은 모수와 함께 초나라로 떠났다. 나머지 19명은 모두 모수가 자신을 과대평가하고 있다면서 비웃었다.

초나라에 도착한 평원군은 경계를 늦추지 않았다. 이튿날 아침 해가 뜨자 그는 초왕과 동맹을 상의하기 위해 조정으로 나섰다. 초왕은 이전에 여섯 나라와 몇 차례 동맹을 맺었는데 결국 그 나라들 모두 신의를 저버려 동맹이 실패로 돌아갔다고 생각하고 있었다. 이제 진나라는 갈수록 강력해져 나머지 여섯 나라 모두 진나라에 저항할 수도 없을 정도였다.

게다가 동맹도 흩어진 모래알과 같을 뿐이어서 차라리 스스로를 보호하는 게 나았다. 또한 초나라는 가까운 시일 안에 진나라와 친교를 맺기로 해서 적극적으로 전쟁을 일으킬 생각이 없었다. 그렇게 해서 조나라에 대한 진나라의 불같은 분노가 초나라로까지 번지는 것을 막고자 했다. 그래도 평원군은 초왕에게 반복적으로 동맹을 통해 진나라에 저항해야 하는 필요성을 설명했다. 하지만 초왕은 진나라가 두려워 주저하고 있었다.

그때 모수 등 함께 초나라로 갔던 사람들은 대전 밖에서 기다리고 있었다. 정오가 되어도 평원군이 나오지 않자 동맹이 성사되기 어려울 것임을 직감했다. 이때 모수는 아무 말도 하지 않고 보검을 뽑아 계단을 따라 대전을 향해 걸어갔다. 모수는 대전에 들어서면서 평원군에게 말했다. "진나라에 대항하는 동맹의 이로움과 폐해는 몇 마디 말이면 분명히 설명할 수 있습니다. 지금 오전 내내 논의를 했는데도 어째서 결단이 나지 않은 것입니까?"

초왕은 모수의 행동을 보고 매우 화가 나 큰 소리로 꾸짖었다. "어디서 온 오만방자한 것이냐? 나와 너의 주인이 대화를 나누고 있거늘 어디서 말참견이냐? 썩 물러나지 못할까!"

모수는 조금도 두려워하는 기색이 없이 도리어 검을 들어 앞으로 몇 보 더 걸어갔다.

"대왕께서 저를 꾸짖는 것은 그저 초나라의 백성도 많고 세력도 크기 때문입니다. 지금 저와 대왕의 사이가 이만큼 가까워졌으니 만일 제가 대왕을 해하려고 마음먹는다면 아무리 많은 사람이 있어도 저를 막지 못할 것입니다. 대왕의 목숨은 지금 제 손에 달려 있습니다. 그런데도 오만을 부리시겠습니까? 무슨 이유로 저의 주인 앞에서 저를 큰 소리로 꾸짖는 것입니까? 예전 상商나라 탕왕湯王이 70리里 땅을 가지고 천하를 통치했고 주周나라 문왕文王이 100리 땅에 주나라를 세웠습니다. 이 일을 가지고 어느 누가 세력을 믿고 남을 업신여긴다고 할 수 있겠습니까? 이는 그저 유리한 형세를 이용해 자신의 위세를 드러낸 것뿐입니다.

지금 초나라에는 5천 리 땅이 있고 수백만 정예 병사가 있습니다. 이것들은 모두 천하를 제패할 수 있는 자본입니다. 초나라의 강력함에 저항할 나라는 없습니다. 이렇게 대단한 기백을 자랑하는 초나라가 백기라는 언급할 가치도 없는 변변찮은 사람이 이끄는 수만 군대를 앞에 두고 연신 좌절하고 있습니다. 첫 번째 전쟁에서

초왕은 모수의 행동을 보고 매우 화
가 나 큰 소리로 꾸짖었다. "어디서 온
오만방자한 것이냐? 나와 너의 주인
이 대화를 나누고 있거늘 어디서 말
참견이냐? 썩 물러나지 못할까!"

는 언鄢과 영郢 두 성을 잃었고, 두 번째 전쟁에서는 이릉夷陵이 불태워졌습니다. 세 번째 전쟁에서 백기는 초나라의 종묘를 훼손했고 대왕의 선조를 모욕했습니다. 이렇게 절대 공존할 수 없는 큰 원수에 대해 우리 조나라조차도 치욕을 느낍니다. 그런데 대왕께서는 복수는 생각지도 않고 그저 조그만 영토에만 만족하고 구차하게 살아가고 있습니다. 우리가 진나라에 대적하는 동맹을 제안하는 것은 조나라를 위함이 결코 아닙니다. 초나라의 입장에서 보면 이득이 있으면 있지 해는 절대로 없는 일입니다! 제가 할 말은 다 했습니다. 저의 주인이 여기 계시는데 저를 또 꾸짖으시겠습니까?"

초왕은 모수의 말을 다 듣고 얼른 입을 열었다. "아니요. 그럴리가 있겠소. 선생의 말에 따라 나는 초나라의 모든 힘을 다해 조나라와 함께 진나라에 대항해야겠소." 그러자 모수가 다시 물었다. "동맹을 확정하신 겁니까?" 초왕이 대답했다. "그렇소."

이윽고 모수는 초왕의 측근들에게 닭과 개와 말의 피를 구리 쟁반에 담아오도록 했다. 그는 두 손으로 구리 쟁반을 받쳐 들고 초왕 앞에 무릎을 꿇었다. "대왕께서 삽혈歃血*로 성의를 보여주시기를 청합니다. 그 다음은 저의 주인께서 따르고, 그 뒤에 저도 따르겠습니다." 그렇게 세 사람은 대전에서 삽혈로 맹세를 해 진나라에 대항하는 초나라와 조나라 두 나라의 동맹을 맺었다.

모수는 왼손으로 구리 쟁반을 받쳐 들고 오른손으로는 동행하던 열아홉 사람을 불렀다. "당신들도 대전 밖에서 함께 삽혈로 맹세하십시오! 당신들은 무능하고 아무 해놓은 것도 없이 그저 다른 사

---

* **삽혈歃血**: 옛날 맹세를 할 때 말, 소, 개, 닭 등 가축을 죽여 그 피를 입술에 묻혀 굳은 마음을 표시하는 것을 말한다.

람의 능력에 기대 일을 성사시켰을 뿐입니다. 그렇지 않습니까?"

평원군은 초나라와 동맹을 맺는 사명을 완수하고 조나라로 돌아와서는 탄식을 금치 못했다. "나는 줄곧 천하의 뛰어난 인재를 알아볼 수 있고 사람을 잘못 봐서 푸대접하지 않는다고 자부해왔다. 하지만 모 선생은 내 문하에서 3년을 있었는데 그분의 뛰어난 능력을 알아보지 못했다. 모 선생이 초나라 조당에서 펼쳤던 대단한 말주변과 하늘을 찌를 듯한 호기로 인해 동맹을 성사시켰을 뿐만 아니라 조나라의 위엄도 섰다. 그분의 뛰어난 말재주는 백만 대군보다 훌륭하다. 이후로 조승은 더 이상 섣불리 '천하의 인재를 알아볼 수 있다'고 자처하지 않겠다."

그렇게 그는 모수를 상객上客으로 삼았다.

6장

홍문鴻門에서의 회동

진나라 말년에 각지에서 잇따라 봉기가 일어났다. 진승陳勝과 오광吳廣이 실패한 뒤 항우와 유방이 이끄는 두 군대가 진나라에 반항하는 주력이 되었다.

한漢나라 원년기원전 206년, 패공沛公이라 불리던 유방은 부하를 이끌고 함곡관에 쳐들어가 군대를 파상灞上*에 주둔시켰다. 그리고 진나라 왕자 영嬰이 유방에게 투항했다. 그런 뒤 유방은 다시 군대를 이끌고 서쪽 함양鹹陽으로 들어갔다. 함양으로 들어간 유방은 진나라의 황궁이 웅장하고 화려한 것을 보고 궁에서 머무르고 싶어졌다. 하지만 번쾌와 장량張良**이 만류하여 다시 군대를 이끌고 파상으로 되돌아갔다.

항우가 이전에 여러 지방의 제후들과 약속하기를 먼저 함곡관에 들어간 사람을 왕이라 부르겠다고 했기 때문에 유방은 관중關中의 왕이라 불리게 됐다. 유방이 각 현에서 명망 있는 백성을 불러

---

* **파상灞上**: 지금의 시안西安시 동쪽으로 파수灞水의 서쪽 고원에 있어서 붙여진 이름이다.
** **장량張良**: 생몰 연대는 대략 기원전 250-186년이다. 자는 자방子房이고 영천潁川군 성보城父현(지금의 허난성 바오펑현 리좡향 구청촌) 사람이다. 한신韓信, 소하蕭何와 함께 '한초삼걸漢初三傑'로 꼽힌다.

그들과 함께 세 조항의 간단한 약속을 하고 현과 향과 읍을 순시했는데 그때 백성의 재물과 양식을 받지 않아 백성의 환대를 받았다. 풍요로운 관중 지역을 점거하기 위해 유방은 부하의 말을 받아들여 한편으로는 군대를 보내 함곡관을 지키고 다른 제후의 군대가 들어오는 것을 저지했으며, 또 한편으로는 관중에서 병사를 모집해 자신의 세력을 증강시켰다.

당시 항우는 거록대전巨鹿之戰의 승리를 쟁취하고 진나라 군대의 주력을 몰살시켜 각 제후군 가운데서 상당히 높은 위신을 세우고 있었다. 그런 항우는 황하黃河 북쪽 지역을 평정한 뒤 각 제후군을 통솔해 관중으로 진입하고 싶었다. 이윽고 함곡관에 도달했으나 관문이 굳게 닫힌 것을 보고 항우는 비로소 유방이 이미 관중을 함락시켰음을 알게 됐다. 그 일로 항우는 화가 극에 달해 경포黥布* 등을 보내 함곡관을 공격하게 하고 군대를 신풍新豊 지역의 홍문鴻門에 주둔시키도록 했다.

유방은 파상에 군대를 주둔시키고 있으면서 아직 항우와 만나지 못한 상황이었다. 그때 그의 좌사마左司馬로 있던 조무상曹無傷은 항우가 하사하는 상을 받을 속셈으로 사람을 보내 항우에게 말했다. "유방은 진나라의 모든 진귀한 보물을 가졌습니다. 그는 관중에서 왕으로 자처하려 하고 자영子嬰을 재상으로 삼으려고 합니다." 이말에 항우는 왈칵 화를 내면서 명령했다. "오늘 병사들은 술과 음식

---

* **경포黥布**: 진나라 말 한나라 초기의 명장이다. 육현六縣(지금의 안후이성 루안시) 사람으로 원래 이름은 영포英布다. 진나라의 규율에 따라 경형黥刑(이마에 먹줄로 죄명을 써넣는 형벌)을 받아 경포라고 불리게 됐다. 항우 휘하 오대 장군 중 한 명이며 구강왕九江王에 봉해졌다.

을 마음껏 먹고 내일은 유방의 군대를 이기도록 하라." 당시의 형세를 보면 항우는 40만 군대를 보유하고 있었고 신풍 홍문에 주둔해 있었다. 한편 유방의 군대는 고작 10만으로 파상에 주둔해 있었다.

이때 항우에게 아부亞父*라는 존칭을 받는 인물인 범증範增이 항우에게 말했다. "유방이 효산 동쪽에 있을 때 재물을 탐하고 미녀를 좋아했습니다. 지금 관중에 들어가서는 재물을 약탈하지도 않고 여색을 밝히지도 않습니다. 이는 그에게 아주 큰 포부가 있다는 뜻입니다. 저는 일찌감치 사람을 시켜 유방 쪽의 운수를 살펴보게 했습니다. 그랬더니 다채로운 빛이 흡사 용과 호랑이의 형상을 하면서 비추고 있었습니다. 이는 천자의 운입니다! 그러니 우리는 시기를 놓치지 말고 어서 그를 공격해야 합니다."

그런가 하면 항우의 숙부 항백項伯은 초나라의 좌윤左尹 벼슬을 지낸 사람으로 장량과 좋은 관계를 유지하고 있었는데, 이때 장량은 유방을 따르고 있었다. 항백은 항우가 유방을 공격할 것이라는 정보를 접하고 밤새 말을 달려 유방의 진영으로 가서 몰래 장량을 만났다. 항백은 자신이 들은 일을 상세하게 장량에게 알려주면서 장량에게 자신과 함께 떠나자고 했다. 이렇게 있다가 유방과 한데 묶여 죽임을 당하지 말라고 권할 참이었던 것이다. 장량은 자신은 한왕韓王**이 유방에게 보낸 사람으로 유방이 어려움에 처했을 때 도망쳐버린다면 그것은 도리에 어긋난다고 여겼다. 그래서 장량은 항백의 제안을 거부하고 곧장 유방에게 가서 상황을 낱낱이 알렸다.

---

* **아부亞父**: 아버지처럼 존경하는 인물.
** **한왕韓王**: 한신을 말함.

장량의 말에 크게 놀란 유방이 물었다. "그럼 어떻게 해야겠습니까?" 장량은 유방에게 유방의 군대가 항우의 공격을 막아낼 수 있을지 예측해보도록 했다. 유방은 한 마디도 하지 않다가 한참이 지난 뒤에야 입을 열었다. "절대 막을 수 없습니다!" 그러자 장량은 자신이 항백에게 가서 유방은 절대로 감히 항우를 배신하지 않을 것이라고 말하게 해달라고 간청했다.

유방은 장량이 어떻게 항백과 친구가 되었는지에 대해 궁금해했다. 그러자 장량이 말했다. "항백과 저는 진나라에 있을 때 서로 알고 지냈습니다. 그가 사람을 죽인 적이 있는데 제가 그의 목숨을 살려줬던 것입니다. 지금의 급박한 상황을 다행히 그가 저에게 알려줬습니다."

유방은 또다시 장량에게 두 사람 중 누가 더 연장자인지 물었다. 그러자 장량은 항백이 더 연장자라고 대답했다. 이윽고 유방은 장량에게 항백을 모시고 오면 형님의 예로 항백을 대접하겠다고 했다.

그러자 장량은 나가서 항백을 초대했고 항백은 들어와 유방과 만나게 됐다. 유방은 술잔을 두 손으로 받쳐 들고 항백에게 술을 권하면서 복을 기원하고 항백과 사돈의 인연을 맺자고 제안했다. "저는 관중으로 들어와서 어떠한 물건도 감히 제 소유로 차지하지 않았습니다. 다만 관리와 백성을 꼼꼼히 기록하고 곳간을 닫아둔 채로 항우 장군이 오시기를 기다리고 있었을 뿐입니다. 도적이 쳐들어와 봉변을 당할 것을 방비하기 위해 사람을 보내 함곡관을 지킨 것입니다. 저는 매일 장군이 오기를 기다렸습니다. 그런데 반역이라니요? 선생께서 항우 장군에게 제가 절대로 감히 장군의 은혜를 잊거나 신의를 저버리지 않는다는 점을 알려주기를 바랍니다."

항백이 그렇게 하겠다는 약속을 하면서 다음 날 아침 유방이 직접 항우에게 가서 사죄하기를 부탁하자 유방이 동의했다.

항백은 그날 밤 홍문으로 급히 돌아가 곧바로 군영으로 들어가서 항우를 만나기를 청했다. 그러고는 유방의 말을 세세하게 항우에게 전하고 그 기회를 타서 항우를 설득했다. "공께서 대담하게도 관중으로 들어가려는 것이 설마 유방이 먼저 공격할까 그런 것입니까? 그것은 곧 인의를 저버리고 큰 공을 세운 유방을 공격하는 것입니다. 차라리 지금부터 유방을 잘 대접해주는 게 낫습니다." 항우는 항백의 말을 따랐다.

그리고 유방은 이튿날 일찌감치 홍문으로 와서 항우를 만났는데 백여 명의 수행원만 대동했다. 홍문에 도착한 유방이 항우에게 사죄했다. "장군이 황하 북쪽에서 진나라 군대와 전투를 하고, 저는 황하 남쪽에서 진나라 군대와 전투를 벌였습니다. 지금 우리 모두는 진나라를 공격했습니다. 저조차도 제가 먼저 관중으로 들어서서 진나라를 멸망시키고 이렇게 장군과 여기에서 만나게 될 줄은 상각지도 못했습니다. 지금 장군과 저 사이에 오해가 있는데 그것은 모두 몇몇 소인들이 시비를 부추긴 것입니다."

그러자 항우가 대답했다. "만일 패공沛公의 좌사마 조무상이 한 말이 아니었다면 나 역시도 이렇게는 하지 않았을 것이오!" 그렇게 항우는 유방을 남게 하고 함께 술을 마셨다.

술을 마실 때 항우와 항백은 동쪽에 앉았고 범증은 남쪽에 앉았으며 유방은 북쪽에 앉았고 장량은 서쪽에 앉아 유방을 모셨다. 술자리에서 범증은 끊임없이 항우에게 눈짓을 했다. 자신의 몸에 달고 있던 옥결玉玦*을 수차례 들면서 항우더러 유방을 죽이라고 신호를 보낸 것이었다. 하지만 항우는 침묵만 지킬 뿐 아무런 반응을 보이지 않았다. 그러자 범증이 일어서서 항장項莊을 불러들여 유방에게 술을 권하고 그런 다음 검무를 춘 뒤에 기회를 엿봐 유방을 그자리에서 죽이라고 명령했다.

항장은 안으로 들어서서 술잔을 들고 유방에게 술을 권했다. 그런 다음 항장이 말했다. "장군과 패공께서 술을 드시는데 병영 안에 즐길 만한 것이 없으니 제가 검무로 여러분의 흥을 돋우겠습니다!" 항우가 승낙하자 항장이 검을 뽑아 덩실덩실 춤을 추었다. 항장의 검무를 본 항백은 항장이 기회를 엿보아 유방을 죽일 것임을 직감했다. 그래서 항백도 덩달아 일어서서 검을 뽑고 춤을 추었다. 항장이 유방을 찌르려 할 때마다 항백은 자신의 몸으로 유방을 엄호해 유방을 죽이지 못하도록 했다.

이때 장량이 병영 입구로 와서 번쾌를 찾았다. 번쾌는 장량에게 상황이 어떻게 흘러가는지 물었다. "몹시 다급합니다! 지금 항장이 안에서 검을 뽑아 춤을 추는데 패공을 죽이려는 속셈입니다." 그러자 번쾌가 말했다. "너무 위험합니다. 제가 들어가서 패공을 보호해야겠습니다. 그분과 생사를 같이하겠습니다!"

이윽고 번쾌가 한 손에는 검을 들고 한 손에는 방패를 든 채 안으로 쳐들어가려고 했다. 병영 입구를 지키던 병사가 그를 저지하려고 했으나 번쾌가 방패를 한쪽으로 기울여 한 번 부딪혔더니 병사는 그대로 바닥에 부딪쳐 넘어지고 말았다. 그리고 번쾌는 그대로 안으로 들어갔다.

번쾌는 안으로 들어가 휘장을 젖히고 서 있다가 성난 눈으로 쏘

---

* **옥결玉玦**: 옥으로 만들어 허리에 차는 고리.

항장의 검무를 본 항백은 항장이 기회를
엿보아 유방을 죽일 것임을 직감했다. 그러자
항백도 덩달아 일어서서 검을 뽑고 춤을 추었다. 항장이 유방을 찌르려 할
때마다 항백은 자신의 몸으로 유방을 엄호해 유방을 죽이지 못하도록 했다.

아보는 항우를 대면하게 됐다. 항우가 검을 들고 서서 물었다. "들어온 자는 누구냐?"

장량은 패공의 호위병 번쾌라고 대답했다. 항우는 번쾌가 장사라고 칭찬하고는 그에게 술 한 잔을 마시도록 했다. 이에 번쾌는 감사를 표한 뒤 선 채로 시종이 들고 온 술 한 잔을 마셨다. 항우는 또다시 번쾌에게 돼지 다리를 먹도록 하사했다. 그러자 시종들은 그에게 삶지 않은 돼지 다리 하나를 건넸다. 그러자 번쾌는 방패를 땅에 내려놓고 돼지 다리를 방패 위에 놓고는 검을 뽑아 고기를 썰면서 먹었다. 항우가 또 그에게 술을 마실 수 있겠냐고 묻자 번쾌가 대답했다.

"저는 죽음도 두렵지 않습니다. 그런데 술 한 잔을 사양할 리 있겠습니까? 세상 사람들이 진나라 황제에게 반역한 이유는 그에게 악인과 같은 마음이 있어서입니다. 그는 사람을 죽이면서도 그저 사람이 완전히 죽지 않을까만 걱정했습니다. 사람을 벌하면서도 그저 모든 가혹한 형벌을 한 번에 사용하지 못할까만 걱정했습니다. 초회왕楚懷王은 각 장군들과 약조를 한 바 있습니다. 먼저 진나라 군대를 쳐서 물리치고 함양에 들어온 사람이 관중에서 왕이 되기로 말입니다. 지금 패공이 가장 먼저 진나라 군대를 물리치고 함양으로 들어왔습니다. 그리고 어떠한 물건도 함부로 사용하지 않고 군대를 통솔해 파상으로 되돌아와 장군께서 오시기를 기다렸습니다. 패공의 공로가 이렇게 큰 데도 상은 받지 못할지언정 장군께서는 소인배의 이간질만 듣고는 그분을 죽이려고 하고 있습니다. 저는 장군께서 이런 방법을 취해서는 안 된다고 생각합니다. 그렇지 않으면 진나라가 멸망했던 옛길을 걸을 수밖에 없습니다!"

항우는 어떻게 대답해야 할지 몰라 그저 번쾌에게 손짓하여 장량 옆에 앉도록 할 수밖에 없었다.

그런 뒤 얼마 지나지 않아 유방은 변소에 가겠다고 하면서 번쾌에게 함께 가자고 했다. 유방이 나가자 항우는 도위都尉* 진평陳平을 보내 유방을 불러오도록 했다. 이때 유방이 번쾌에게 말했다. "나는 지금 작별을 고하지도 않고 나왔소. 어떻게 하는 것이 좋겠소?" 번쾌가 대답했다. "우리는 지금 흡사 항우의 도마 위에 오른 물고기와 같습니다. 그런데 작별이 다 무슨 말입니까!"

이렇게 두 사람은 자리를 떠나기로 결정했다. 홍문은 유방이 주둔하고 있는 파상과 40여 리 정도의 거리를 두고 있었다. 유방은 수레와 수행원들을 남겨둔 채 번쾌, 하후영夏侯嬰, 근강靳強, 기신紀信 네 사람만 데리고 몸을 피했다. 유방이 말을 타고 앞서고 번쾌 등 네 명이 검과 방패를 들고 뒤따라 달려갔다. 그들은 여산驪山 아래를 지나 지양芷陽을 경유하는 지름길로 갔다.

유방은 떠나기 전 장량을 남겨 두고 항우에게 대신 사죄드리도록 하면서 항우에게는 옥벽玉璧** 한 쌍을 바치고 범증에게는 옥배玉杯*** 한 쌍을 주라고 했다. 또한 장량에게 지름길에서 자기네 병영까지는 20리밖에 되지 않으니 시간을 잘 계산해서 다시 들어가라고 타일렀다.

장량은 유방이 파상으로 돌아갈 때를 계산한 뒤에야 다시 들어가 항우에게 사죄했다. "패공은 주량을 이기지 못해 장군께 작별인사를 하지 못했습니다. 저에게 옥벽 한 쌍을 장군께 드리도록 하고

---

* **도위都尉**: 직책상 장군 다음가는 무관이다.
** **옥벽玉璧**: 옥으로 만든 원반.
*** **옥배玉杯**: 옥으로 만든 잔.

아부 범증께는 옥배 한 쌍을 드리라고 했습니다."

　그러자 항우가 지금 유방이 어디 있느냐고 물었고, 장량은 유방이 이미 병영으로 돌아갔다고 대답했다. 항우는 옥벽을 받아들고 그것을 자리에 놓았다. 범증은 옥배를 받아들고 땅에 놓고는 검을 뽑아 옥배를 부수면서 말했다. "아! 당신 같은 인물과는 큰일을 도모할 가치조차 없다! 이제 유방은 분명 당신의 천하를 빼앗을 것이다. 그리고 우리들은 모두 그의 포로가 될 것이다!"

　유방은 자신의 병영으로 돌아와 즉시 조무상을 죽였다. 그런 뒤 항우와 유방은 4년 동안 전투를 벌였고 결국 항우가 패전했다. 항우는 오강烏江에서 스스로 목을 베어 자결했고 유방은 한漢나라를 세워 한고조漢高祖라 불리게 됐다.

7장

한신韓信이 두각을 나타내다

한신韓信*은 어려서 집이 가난하고 버릇없는 성격에 예의가 없었다. 그래서 한신이 어렸을 때 많은 사람들이 그를 싫어했다. 그는 관리로 추천받을 수도 없거니와 장사를 해서 돈을 벌 줄도 몰라 매번 다른 사람에게 의지해야만 겨우겨우 생활을 유지했다.

한신은 성 안에서 물고기를 잡았지만 잡은 물고기는 그가 배불리 먹기에 부족했다. 그러던 어느 날 물가에서 풀솜을 빨고 있던 어느 할머니가 한신이 너무 배고파하는 것을 보고는 자신이 가져온 식사를 그에게 나눠주었고 수십일 동안 그렇게 했다. 한신은 너무 고마워 할머니에게 말했다. "나중에 제가 반드시 어르신께 후하게 보답하겠습니다." 할머니가 한신에게 먹을 것을 나눠준 것은 바란 것 없이 한 일이었다. 그랬기에 한신의 말을 듣고는 불같이 화를 냈다. "내가 너에게 먹을 것을 준 것은 다 큰 사내대장부가 자기 한 몸도 먹여 살리지 못하니 그저 불쌍해서 그런 것이다. 그런데 내가 무슨 보답을 바라겠느냐!"

---

* **한신韓信**: 생몰 연대는 대략 기원전 231-196년이고 회음淮陰(지금의 장쑤성 화이안) 사람으로 서한西漢의 개국공신이다. 뛰어난 전술가로 소하蕭何, 장량과 함께 '한초삼걸漢初三傑'로 불린다.

당시에 회음淮陰현에 한 청년이 있었는데·돼지를 도살해 살던 백정이었다. 그는 줄곧 한신을 깔보면서 한신을 모욕했다. "자네는 키도 크고 용맹스럽게 생겼고 검도 몸에 지니고 다니기 좋아하면서 실상은 참 배짱도 없는 사람이야." 그런 뒤 일부러 시장에 사람이 많아질 때를 기다렸다가 사람들을 앞에 두고 한신에게 말했다. "만일 자네가 검을 들고 나를 찌를 용기가 있다면 한신 자네는 배짱이 있는 사람으로 증명되겠지. 그런데 자네가 비겁하게 죽음을 두려워해서 그렇게 하지 못한다면 내 가랑이 밑을 기어가게!"

한신은 그 사람을 한동안 쳐다본 뒤 서서히 몸을 숙여 그 사람의 사타구니 밑을 기어갔다. 그때 시장에 있던 사람들은 다들 한신이 배짱이 없고 비겁하다며 그를 비웃었다.

한편 진승陳勝과 오광吳廣의 봉기가 있은 후 항량項梁이 회하淮河를 건너 북상하자 한신은 보검을 가지고 항량을 찾아갔다. 한신은 항량의 부대에 머물렀지만 내내 이름 없이 지냈다. 그러다 항량이 전사한 뒤 한신은 항우의 부대로 가서 낭중郎中*이 되었다. 그는 수차례 항우에게 가서 계책을 내놓으며 중용되고자 했지만 항우는 한 번도 그의 계책을 채택하지 않았다.

한신은 초나라 군대에 머물러서는 포부를 펼칠 수 없다고 판단하고 그곳을 떠나려고 했다. 이윽고 유방이 촉중蜀中으로 들어서자 한신은 유방에게 의탁했다. 한신은 유방 수하에서도 낮은 관직을 지내면서 여전히 사람들에게 이름이 알려지지 않았다. 시간이 흘러 한신은 13명의 사람들과 함께 죽을죄를 짓고 말았다. 다른 사람

---

* **낭중郎中**: 고대의 관직 명칭. 군주를 호위하고 수행하는 시종 관직이다.

들은 모두 참수를 당하고 한신 차례가 되자 그는 고개를 들고 등공滕公 하후영夏侯嬰을 향해 큰 소리로 말했다. "한왕은 천하를 얻을 생각이 없단 말입니까? 어찌하여 저와 같은 용사들을 죽이려는 것입니까?" 하후영은 그의 당당함을 보고 그의 말이 범상치 않다고 여겨 그를 풀어주었다. 그런 뒤 하후영은 한신과 이야기를 나누면서 그를 마음에 들어 했다. 그리고 그를 한왕 유방에게 천거했다. 유방은 한신을 군량과 마초를 관리하는 관직에 봉했다. 하지만 그에게서 뛰어난 점을 발견하지는 못했다.

그런가 하면 한신은 여러 차례 승상 소하蕭何와 대화를 나누었고 소하도 그를 높이 평가하게 됐다. 그 뒤로 유방이 군대를 통솔해 장안長安에서 남정南鄭*으로 가는 도중에 수많은 장병들이 고향을 그리워하다 도망가버리는 사태가 발생했다. 그때 한신도 도망가버렸다. 분명 소하 같은 사람들이 여러 차례 유방에게 자신을 천거했을 것으로 추측됐지만 유방이 단 한 번도 그를 중용하지 않았음에 불만을 품었기 때문이다. 소하는 한신이 도망갔다는 말을 듣고는 유방에게 미처 보고하지 못한 채 즉각 말을 타고 그를 뒤쫓았다. 군에 있던 사람은 어떤 상황인지도 모르고 유방에게 승상 소하가 도망쳤다고 보고했다. 당시 유방은 소하를 가장 유능한 조력자로 여겼기 때문에 소하가 도망쳤다는 말에 크게 화를 냄과 동시에 망연자실해졌다.

그렇게 하루 이틀이 흐르고 소하가 유방을 만나러 왔다. 유방은 기뻐하면서도 화를 내면서 소하에게 왜 도망친 것인지를 물었다.

---

* **남정南鄭**: 지금의 산시성 한중시 서남쪽에 위치해 있다.

그러자 소하는 도망친 것이 아니라 도망친 사람을 쫓아간 것뿐이라고 대답했다. 유방은 소하에게 누구를 쫓았냐고 물었고 소하는 한신이라고 대답했다. 유방이 다시 꾸짖었다. "그렇게 많은 장군들이 도망쳤어도 그대가 쫓아간 것을 본 적이 없소. 그런데 한신을 쫓아갔다고 하니 누가 그 말을 믿겠소?" 소하가 대답했다. "보통의 장군들은 쉽게 얻을 수 있지만 한신과 같은 인재는 구하려고 해도 구할 수가 없습니다. 그 사람은 대왕께서 한중에서만 왕이 되시겠다면 큰 힘은 되지 못하겠지만 대왕께서 천하를 쟁취할 때는 도움이 될 것입니다. 지금은 대왕의 마음이 어떠한지만 보십시오!"

유방은 한중 지역에서만 왕이 된다는 것이 만족스럽지 않고 동쪽으로 확장해 천하 전체를 쟁취하고 싶다고 밝혔다. 그러자 소하가 대답했다. "대왕께서 천하를 도모하고자 하시니 한신을 중용하시지요. 그렇게 해야 그가 남아서 대왕을 도울 것입니다. 만일 그를 중용하지 않으시면 그는 조만간 떠날 것입니다."

유방은 소하의 체면을 봐서 한신을 장군에 임명하는 데 동의했다. 하지만 소하는 장군이라는 직책은 아직도 한신을 남기기에 부족하다고 여겼다. 그래서 유방은 다시 한신을 대장군에 임명하겠다고 했다. 소하는 대장군이라는 직책이라면 한신을 남게 하기에 충분할 것이라 생각했고 유방은 한신을 불러 대장군에게 임명하려고 했다.

그러자 소하가 말했다. "대왕께서는 내내 그에게 무례하게 대했습니다. 지금 그를 대장군이라는 중신에 임명한다고 하더라도 만일 대왕께서 한신을 어린아이 부르는 것처럼 함부로 하면 남으려고 하지 않을 것입니다. 그러니 대왕께서는 중신에 임명하는 제단과 식장을 마련한 뒤 좋은 날을 택해 목욕재계하고 다시 대장군을 임명하는 의식을 거행해야 합니다. 그렇게 해야 대왕의 진심을 보일 수 있습니다!"

유방은 소하의 요구에 동의했다. 많은 장군들은 의식을 거행해 대장군을 임명할 것이라는 말을 듣고 모두 자신이 대장군이 될 것이라는 생각에 그 날을 간절히 기다렸다. 하지만 한신이 대장군에 봉해지자 장군들은 놀라움을 금치 못했다.

한신이 대장군으로 임명된 뒤에 유방은 한신에게 나라를 안정시키고 공고히 할 좋은 계책이 있는지 물었다. 한신은 기회를 놓치지 않고 유방에게 병력의 뛰어남과 용맹스러움에서 항우 측과 비교했을 때 어느 면에서 더 뛰어나다고 자부하는지를 물었다. 유방은 한참을 침묵하더니 여러 면에서 항우보다 못하다고 말했다. 이윽고 한신이 유방에게 두 번 절을 한 뒤 말했다.

"대왕께서 생각하는 것처럼 저도 그렇게 생각합니다. 그 부분에서 대왕은 분명 항우만 못합니다. 하지만 저는 이전에 항우 밑에서 관리를 지낸 적이 있으면서 그의 인품을 조금 압니다. 먼저, 항우는 객기만 있을 뿐입니다. 물론 그가 노해서 호통을 치면 수천 명의 사람들이 놀라서 옴짝달싹도 못할 지경이 됩니다. 하지만 수하의 능력 있는 장군을 그는 중용하지 않습니다. 다음으로, 항우는 일 처리가 우유부단하고 중요한 이치를 모릅니다. 물론 그는 다른 사람을 아끼면서 따뜻하고 예의 있게 대하고 병에 걸린 사람을 보면 눈물도 흘리고 자신의 음식을 그들에게 나누어줍니다. 하지만 부하가 공을 세워 작위를 요구하면 사용하던 도장의 모서리를 반들반들하게 갈아버릴 정도로 다른 사람에게 관직 하나 내주기 아까워합니다.

항우에게는 네 가지 약점이 있습니다. 항우는 제후들을 신하

한신이 대장군으로 임명된 뒤에 유방은 한신에
게 나라를 안정시키고 공고히 할 좋은 계책이
있는지 물었다.

로 삼았고 명성과 위세가 드높습니다. 하지만 그는 풍요로우면서도 지세가 험준한 관중을 점거하지 않고 도리어 팽성彭城으로 달려가 수도를 세웠습니다. 이것이 그 하나입니다. 항우는 자신의 심복과 편애하는 사람을 왕으로 봉했다가 의제義帝 초회왕楚懷王과의 약속을 배신해 각 제후의 불만과 분노를 샀습니다. 이것이 두 번째입니다. 항우는 의제를 강남으로 축출하고 또 각 제후국의 장군들이 자신들 원래의 군주를 축출하고 스스로 왕위에 오르도록 했습니다. 대체로 항우의 군대가 지나간 곳은 모두 유린과 파괴를 당했습니다. 이것이 세 번째입니다. 백성들은 모두 항우를 원망하고 있지만 그의 세도 아래서 그에게 마지못해 굴복하고 있습니다. 이것이 네 번째입니다. 위의 네 가지 면을 종합해보면 알 수 있는 지점이 있습니다. 항우는 명목상으로는 천하의 영수이지만 실제로는 이미 민심을 잃었다는 점입니다. 그래서 그의 강력함은 빠르게 쇠약해질 것입니다.

지금 대왕이 만일 항우와 상반된 방법으로 일을 처리한다면 천하의 용감하고 싸움 잘하는 사람을 대왕의 휘하에 모을 수 있습니다. 그렇게 되면 모든 적을 섬멸할 수 있습니다. 천하의 땅을 공을 세운 대신들에게 나누어주고 제후로 봉하면 그들은 대왕에게 충심을 다해 복종할 것입니다. 장군과 병사들이 고향을 그리워하는 마음을 헤아려 그들을 이끌어 모두 고향으로 반격해 되찾아오도록 한다면 무너뜨리지 못할 적이 없을 것입니다. 더군다나 진秦나라 땅에서 왕으로 봉해진 장한章邯, 동예董翳, 사마흔司馬欣 세 사람은 과거에 진나라의 장군이었습니다. 이들이 진나라의 청년들을 이끌고 전쟁을 벌인 지 이미 수년째가 되면서 전사하고 도망친 사람은 부지기수입니다. 그러다가 이들은 또 자신의 부하와 장군을 기만하고 항우에게 투항해버렸습니다. 그 결과 신안성新安城에 있던 수하 20만 병사를 항우가 모두 생매장시켰고 이들 세 사람만 무사했습니다. 진나라 땅의 백성들은 이 세 사람에 대해 이미 뼈에 사무치는 증오를 품고 있습니다. 지금 항우는 현실적 상황을 고려하지 않고 무력으로 이 세 사람을 왕으로 무리하게 봉해 놓았으니 진나라 땅의 백성들은 그들을 전혀 왕으로 받들지 않고 있습니다.

대왕께서는 무관으로 입성하면서 백성의 이익을 전혀 침범하지 않았습니다. 진나라의 모질고 잔혹한 형벌을 폐기했을 뿐더러 백성들과 3가지의 약조도 했습니다. 그러니 진나라 백성들은 대왕을 추대하고 싶을 것입니다. 또한 관중의 백성들도 원래 각 제후의 약속에 따라 대왕이 관중에서 왕이 되는 것이 당연한 일이라고 알고 있습니다. 대왕께서 관중에서 왕이 되어야 하는데 도리어 한중으로 보내졌으니 진나라의 백성들은 항우를 무척 원망하고 있습니다. 이제 대왕께서 군사를 일으켜 동쪽으로 향해 삼진三秦의 땅을 정벌하는 것은 호령 한 번이면 충분합니다.”

이 말을 들은 유방은 기뻐하며 한신을 너무 늦게 중용한 데 대해 스스로를 원망할 뿐이었다. 이윽고 유방은 한신을 각별히 신임하면서 즉각 장군들을 소집해 출정 임무를 배정했다. 그리고 소하를 남겨 군대의 군량과 마초를 조달하도록 하고 파巴와 촉蜀 두 지역의 세금을 거둬들이도록 했다. 한신의 의견은 유방이 동쪽을 정벌하여 천하를 쟁탈하는 전략이 되었다.

8장

초패왕楚覇王이 오강烏江에서 스스로 목을 베다

한漢나라 5년기원전 202년, 한왕 유방은 군대를 통솔해 항우를 치고 곧장 고릉固陵*에 도착했다. 유방과 제왕 한신과 위나라의 재상 팽월彭越은 초나라 군대를 함께 격퇴시키기로 약속했다. 그런데 정해진 날이 왔는데도 한신과 팽월의 군대가 도착하지 않는 것이었다. 그러자 유방은 장량의 의견을 듣고 사자를 보내 한신과 팽월과 연락을 취한 뒤 이후에 그들과 천하를 나누어 갖자고 약속했다. 또한 휴양睢陽 북쪽 지역을 팽월에게 하사하고, 진현陳縣 동쪽에서 연해沿海 지역까지를 한신에게 나누어주기로 했다. 그러자 한신과 팽월이 군대를 이끌고 왔다. 유방의 사촌 형님인 유가劉賈가 초나라의 대사마인 주은周殷에게 투항을 권고하면서 경포黥布와 함께 유방과 회합했다.

이렇게 해서 각지의 제후들은 함께 출병했고 한신의 30만 병사와 군마는 제나라에서 남쪽으로 향해 항우가 팽월에게 가는 길을 차단했다. 팽월은 수만의 병마를 이끌고 유방과 고릉에서 합류해 주공격을 맡았다. 한편 유가는 경포와 함께 수춘壽春에서부터 병

---

* **고릉固陵**: 옛날 지명으로 지금의 허난성 타이캉太康현 남쪽에 위치해 있다.

력을 이끌고 북진해 항우가 남쪽으로 도망가는 길을 차단했다. 이렇게 항우의 군대는 끊임없이 규모가 축소되면서 해하垓下*로 후퇴했다.

항우의 군대는 해하에서 진을 치고 주둔했지만 병사의 수는 점점 줄어들고 식량도 갈수록 바닥을 드러냈다. 한나라 군대와 몇 차례 전투를 벌였지만 승리를 거두지 못하다가 결국 진영 안으로 퇴각할 수밖에 없었다. 그렇게 방어에만 의존해 진지를 구축하고 지키고만 있었다. 반면 유방과 제후들의 군대는 또다시 나아가 항우의 진영을 겹겹이 포위했다. 그날 밤 간간이 서풍에 노랫소리가 섞여 들려왔는데 항우가 그 소리를 자세히 들어보았더니 한나라 군대의 진영에서 흘러나온 것으로 초나라 땅의 민가였다.

항우는 사방에서 초나라 노래가 흘러나오는 것을 듣고 크게 놀랐다. "초나라 땅이 전부 한나라 군대에게 점령당해버렸단 말인가? 그렇지 않다면 어째서 한나라 군대에 이렇게 많은 초나라 사람이 있는 것인가?" 항우는 슬퍼하면서 밤새 깨어 병영에서 술을 마셨다. 술을 마시면서 과거를 회상하다 보니 슬프고 애절한 노래가 절로 나왔다. "힘은 산을 뽑을 만하고 기개는 천하를 덮었으나, 시운이 따라주지 않고 오추마烏騅馬도 달리지 않는구나. 오추마도 달리지 않으니 이를 어찌한단 말인가?" 노래를 부르고 있노라니 흐르는 눈물을 멈출 수 없었다. 옆에 있던 시종도 가슴이 아픈 나머지 고개를 떨구고 펑펑 눈물을 흘렸다.

그날 밤, 항우는 자신의 말 오추마를 타고 8백여 장병을 데리고

---

* **해하垓下**: 옛날 지명으로 지금의 안후이성 링비靈璧현 동남쪽에 위치해 있다.

남쪽에서 겹겹이 에워싼 포위망을 뚫고 정신없이 도망쳤다. 이튿날 날이 밝은 후에야 한나라 군대는 항우가 이미 포위망을 뚫었다는 사실을 발견하고 서둘러 기마병 장수 관영灌嬰에게 5천의 기마병을 인솔해 추격하도록 했다. 항우는 잠시도 쉬지 않고 길을 재촉해 회하를 건넜는데 그를 따르는 사람은 고작 백여 명밖에 없었다. 항우 일행은 또다시 길을 달려 음릉陰陵에 도달했는데 그곳에서 결국 길을 잃고 말았다.

항우는 세 갈래 길에서 한 농부를 보고 어느 길이 팽성彭城으로 통하는 길인지 물었다. 농부는 그가 서초패왕西楚霸王임을 알아보고는 길을 알려주기 싫어 왼쪽으로 돌아가라고 거짓말을 했다. 항우는 부하들을 이끌고 왼쪽 길을 따라 가다가 늪지대에 빠지고 말았다. 말 머리를 돌려 늪지대를 벗어나자 한나라 군대가 이미 그들을 바짝 추격해오고 있었다.

항우는 또다시 부하를 이끌고 동쪽으로 달렸다. 그 과정에서 수행하던 장병들 중 죽은 사람도 있고 부상을 당한 사람도 있었다. 동쪽 성에 도착해 항우가 사람 수를 세어보니 남은 장병은 고작 28명이었다. 반면 수천 명의 한나라 추격 부대가 촘촘하게 이들을 조여오고 있었다. 항우는 더 이상 도망갈 수 없다고 판단하고 따르던 병사들에게 말했다.

"나는 군대를 일으키면서부터 지금까지 8년을 지내면서 70여 차례 전투를 치렀지만 한 번도 패배한 적이 없었다. 그렇게 나는 천하를 제패했다. 하지만 이제 마침내 이곳에서 포위를 당하니 이는 내 용병술에 잘못이 있어서가 아니라 하늘이 나를 망하게 하려는 것이로다! 오늘은 분명 생사를 건 마지막 승부가 될 것이다. 나는 그대들을 위해 통쾌한 전투를 치르겠다. 우리는 반드시 포위망을 뚫고 한나라 장수를 참수하고 사령 깃발을 베어 넘어뜨려야 한다. 연속 3번의 승리로 모두에게 알리자. 이는 하늘이 나를 망하게 하려는 것이지 내 용병술과 싸움의 착오가 아니라는 점을 말이다."

항우는 고작 28명을 4개 부대로 나눠 사방으로 돌격하게 했다. 한나라 군대가 그들을 겹겹이 포위하자 항우는 장병들에게 네 군데에서 산 아래로 질주하도록 했다. 그리고 그들과 산의 동쪽 면 세 곳에서 나누어 모이자고 약조하면서 말했다. "내가 먼저 저들의 대장을 베는 것을 지켜봐라!"

항우가 큰 소리를 치며 한나라 군대를 향해 돌진했다. 한나라 군대는 미처 막지 못하고 도망쳐 뿔뿔이 흩어졌고, 정말로 항우는 대장 한 명을 베어버렸다. 이때 기마병의 장군인 양희楊喜가 항우를 추격했다. 항우가 눈을 부릅뜨고 그에게 호통을 치자 놀란 나머지 양희도 말도 혼비백산해 몇 리里를 물러서고 말았다. 한나라 군대는 항우가 그의 장병들과 만나기로 약속한 세 곳 중 항우가 어느 곳에 있을지 몰라 일단 군대를 세 길로 나누어 다시 포위해 들어갔다. 항우는 돌격하면서 또다시 한나라 군대의 장군과 수백 명의 병사를 죽였다. 항우가 세 곳으로 분산돼 있던 장병들과 말을 한데로 모으자 희생된 사람은 단 2명뿐이었다. "내 말이 어떠하냐?" 장병들은 탄복해 마지않았다. "대왕께서 하신 말씀은 조금의 틀림도 없습니다."

항우는 한나라 군대의 겹겹의 포위망을 뚫고 26명을 데리고 오강에 도달했다. 오강의 정장亭長*은 상앗대로 배를 저어 배를 강가에

---

* **정장亭長**: 시골 관리의 명칭. 전국시대에 처음 다른 나라와 인접한 곳에 정亭을 두고 거기에 정장을 배치해 방어하도록 했다.

대놓고 항우를 기다리다가 항우에게 말했다. "강동江東*은 작지만 천 리나 되는 땅이 있고 수십만 명의 백성이 있습니다. 대왕께서 시급히 강을 건너기만 하면 그곳에서 왕이 되실 수 있습니다. 지금 저의 배 이외에 이곳에 다른 배는 없습니다. 한나라 군대가 설령 이곳까지 추격해오더라도 강을 건널 수는 없습니다."

하지만 항우는 쓴웃음을 지었다. "하늘이 나를 망하게 하려고 하는데 내가 강을 건넌들 무슨 소용이겠나? 더구나 내가 회계會稽에서 군사를 일으킨 뒤로 8천의 강동江東 젊은이들을 데리고 강을 건너 서쪽으로 정벌을 갔지만 이제는 그들 중 누구도 돌아갈 수가 없게 되었네. 그러니 강동의 부모형제가 나를 동정하고 여전히 내가 왕이 되기를 바라더라도 내가 무슨 낯으로 그들을 다시 보겠는가?" 그러면서 항우는 오추마를 정장에게 주고는 장병들에게 말에서 내려 걷도록 했다.

항우와 26명의 장병들은 단검을 들고 추격해오는 한나라 군대와 교전을 벌였다. 항우는 십여 군데 상처를 입었으나 그 혼자서 수백 명의 한나라 병사를 죽였다. 그러더니 돌연 고개를 돌려 자신의 오랜 친구인 여마동呂馬童을 쳐다보았다. 여마동은 한나라의 기마병 사마司馬**였다. 그러자 여마동은 항우를 등지면서 왕예王翳에게 항우를 손가락으로 가리켰다. 그 모습을 본 항우가 말했다. "듣기로 내 머리를 벤 사람에게 한왕이 상금 천 냥을 주고 일만 호의 봉후를 하사한다고 했다더군. 나를 그대에게 넘겨주면 조금 도움이 되

---

* **강동江東**: 지금의 안후이성 퉁링銅陵시 동쪽 일대를 말한다. 또한 우후蕪湖시를 중심으로 한 양쯔강 하류의 연안 지역을 뜻하기도 한다.
** **사마司馬**: 병졸이나 관원을 통솔한 무관武官.

겠구나!" 말을 마친 항우는 자결해 죽었다.

왕예는 항우의 머리를 베었고 다른 사람들은 항우의 육체를 빼앗기 위해 서로 잔인하게 죽였다. 그렇게 수십 명이 죽은 뒤에 양희, 여마동, 낭중郎中 여승呂勝과 양무楊武 네 사람이 항우 몸의 한 부분씩을 얻었다. 다섯 사람은 항우의 몸을 한데 모아 한 구의 시체로 만들어놓았다. 그래서 유방은 원래 상으로 내리기로 한 봉지를 다섯으로 나눠 다섯 사람을 제후로 봉했다.

"듣기로 네 머리를 벤 사람에게 한왕이
상금 천 냥을 주고 일만 호의 봉후를
하사한다고 했다더군. 나를 그대에게
넘겨주면 조금 도움이 되겠구나!" 말을
마친 항우는 자결해 죽었다.

9장

한문제漢文帝가 제위에 오르다

한고조 유방이 죽고 나자 혜제惠帝 유영劉盈이 제위에 올랐다. 유영
이 어리다 보니 대권은 그의 모친인 여치呂雉*의 수중에 놓여 있었
다. 혜제가 병으로 죽자 여치는 유공劉恭과 유홍劉弘을 차례로 소제
少帝**로 세워 8년 동안 정권을 장악했다. 여치는 정권을 장악하면
서 유씨 종친 세력을 내치고 여씨 가문의 세력을 키웠다. 하지만 여
치가 죽자 태위太尉 주발周勃과 승상 진평陳平 등 대신들은 손을 잡고
여씨 세력을 죽여 없앴다. 당시 소제로 있던 유홍은 혜제의 후대가
아니어서 황위를 계승하는 법적 정통성에 맞지 않았다. 그래서 대
신들은 상의를 거쳐 적합한 인물을 찾아 대체하기로 했다.

　대신들은 한데 모여 의견을 나누었는데 혜제는 친아들이 없었
기 때문에 제후들 중에서 한 명을 선택해 황제에 올리기로 했다. 이
때 누군가 고조의 장손인 제왕齊王을 언급했다. 하지만 그의 모계
쪽 세력이 너무 강력해 두 번째로 권력을 독점하는 외척外戚***이 될

---

* 　**여치呂雉**: 유방의 부인. 중국 역사에 기록된 첫 번째 황후이자 황태후다. 또한 봉건왕
　조에서 첫 번째로 국정을 맡아보면서 섭정을 했던 여성으로 한나라 정권을 장장 16
　년 동안 장악했다.
** 　**소제少帝**: 어린 황제.
*** **외척外戚**: 황제의 모계 쪽이나 부인 쪽을 이른다. 즉 황제의 어머니나 부인의 친정 쪽

까 염려해 부결됐다. 결국 대신들은 너그럽고 인자한 대왕代王 유항劉恒을 내정하고 암암리에 사자를 보내 유항에게 접근해 장안으로 와서 황위를 계승하도록 했다.

사자를 만난 유항은 어떻게 결정해야 할지 몰라 가까이에 있는 대신을 불러 상의했다. 낭중령郎中令* 장무張武 등은 조정 내의 대신들이 지금의 권력과 지위에 불만을 품고 준비한 음모일 것이라고 생각했다. 그래서 유항에게 일단 병을 핑계 삼아 거절했다가 정세의 변화를 냉정하게 관찰하라고 권했다. 하지만 중위中尉 송창宋昌이 반대하고 나섰다.

"대신들의 의견은 받아들일 만한 가치가 전혀 없습니다. 첫째, 이전에 진나라의 통치가 전복되면서 각지의 제후와 호걸들이 몰려들어 천자의 지위를 쟁취하려고 했습니다. 하지만 결국 유씨가 두각을 드러내 제위에 오르면서 천하의 군웅들이 황제가 되려던 욕망을 단절했습니다. 둘째, 고조 황제가 유씨 자제를 제후로 봉해 봉지가 천하에 널리 퍼져 있고 서로 뒤얽혀 있습니다. 그로 인해 유씨 일족의 기반은 반석처럼 공고해져 천하가 믿고 따릅니다. 셋째, 한나라가 수립될 때 진나라의 가혹한 정치를 근절하고 법을 제정하며 어질고 바른 정치를 펴서 백성들은 안정된 생활을 하며 즐겁게 지낼 수 있게 되었고 민심은 동요하지 않게 되었습니다. 이 세 가지 때문에 여태후의 위엄으로 여씨 3명을 각각 왕에 올리고 조정과 군정 대권을 장악했지만 결국에는 망했던 것입니다. 태위는 그저 위임장 하나로 북군北軍에서 호소했을 뿐인데 병사들은 전부 떨쳐 일

사람들을 이른다.
* **낭중령郎中令**: 궁중 시위를 총관장하는 관직.

어나 여씨에 대항하고 유씨를 지지했습니다. 그러다 결국 여씨를 소멸시켰습니다. 이는 유씨의 황위는 하늘이 내린 것이지 누군가 뺏어가려 해도 뺏어갈 수 있는 것이 아니라는 것입니다. 지금 대신들이 다른 생각을 품고 있고 내부적으로도 분명 다른 생각이 있을 테지만 백성의 추대는 얻지 못합니다. 게다가 그들은 안으로는 조정의 주허후朱虛侯나 동모후東牟侯와 같은 종실의 대신을 염두에 두어야 하고, 또 밖으로는 강력한 오吳, 초楚, 회양淮陽, 낭야琅邪, 제齊, 대代 등 왕족 나라들을 고려해야 합니다. 지금 각 제후들 중 고조 황제의 아들은 회남왕淮南王과 대왕뿐입니다. 대왕께서는 연장자인 데다가 평소 어질고 덕망이 높다는 명성을 얻고 있으니 대신들은 민심에 따라 대왕을 황위로 계승시켜야 합니다. 대왕은 다른 걱정을 할 필요가 없습니다!"

유항은 이 일을 자신의 어머니인 박희薄姬에게 알려 두 사람은 서로 상의를 해보았지만 아무런 결론도 내지 못했다. 그래서 유항은 결국 거북점을 치기로 했다. 거북점이란 거북의 등딱지를 불에 태워서 그 갈라지는 틈을 보고 길흉을 판단하는 것이었다. 점괘에서는 '대횡大橫', 즉 가로로 갈라진 무늬가 나왔다. 머지않아 천왕이 될 괘로 옛날 아들 계啓가 부친 우禹를 계승한 것처럼 유항이 부친의 위업을 더욱 확대 발전시켜야 한다는 의미였다. 그러자 유항이 말했다. "내가 이미 제후왕인데 또 무슨 왕이란 말인가?"

그러자 점을 친 사람이 해석해주기를 천왕이란 천제가 된다는 것을 의미하고 제후보다 더욱 높은 지위라고 알려주었다. 만일의 사태를 대비하기 위해 유항은 자신의 외숙 박소薄昭를 보내 먼저 장안에 도착해서 상황을 염탐해보도록 했다. 박소는 장안성에 도착한 뒤 강후絳侯를 만나러 갔다. 강후 등이 박소에게 말했다. "대왕代王을 불러 입경하게 한 것은 대왕을 옹립해 황위를 계승하도록 하려는 것입니다." 박소는 돌아와 상황을 유항에게 보고했고 대신들은 유항이 황제로 받들어질 것임을 확신하면서 더 이상 의심을 품지 않았다. 유항은 웃으면서 송창宋昌의 추측이 정확했음을 칭찬했다.

이렇게 유항은 장안으로 행차하기로 결정했다. 유항은 송창에게 자신과 함께 수레를 타도록 하고 장무張武 등 6명은 관아의 수레를 타고 뒤따라오도록 하면서 함께 장안으로 향했다. 일행은 고릉현에 도착해 멈춰서 잠깐 휴식을 취하고 있었다.

이때 유항은 다시 송창에게 먼저 말을 타고 성의 상황을 살펴보도록 했다. 송창은 위교渭橋*에 도착해 승상과 이하 백관들이 영접하러 나와 있는 것을 보고는 다시 되돌아가 유항에게 보고했다. 비로소 유항은 수레를 타고 계속 전진했다. 유항이 위교에 다다르자 대신들이 모두 땅에 무릎을 꿇고 유항을 알현했고 유항도 수레에서 내려 예를 갖췄다.

이때 태위 주발이 유항 앞으로 와서 비공식적으로 유항과 대화 나누기를 청했다. 그러자 옆에 공손히 서 있던 송창이 얼른 나섰다. "공무를 논하려거든 공개적으로 이야기하시지요. 사적인 일이라면 대왕은 공과 이야기 나눌 일이 없습니다."

그러자 주발은 무안해하면서 군신의 예에 따라 무릎을 꿇고 절하고 천자만이 사용할 수 있는 옥새와 부절符節**을 드리고는 유항에게 제위를 이어받기를 청했다. 하지만 유항은 대왕 관저에 도착하면 다시 그 일을 논하자면서 사양했다.

---

* **위교渭橋**: 장안성의 위수에 놓여 있던 다리.
** **부절符節**: 군사권을 상징하는 징표.

이때 태위 주발이 유항 앞으로 와서 비공식적으로 유항과 대화 나누기를 청했다. 그러자 옆에 공손히 서 있던 송창이 얼른 나섰다. "공무를 논하려거든 공개적으로 이야기하시지요. 사적인 일이라면 대왕은 공과 이야기 나눌 일이 없습니다."

대왕 유항 일행은 조정 신하들의 호위를 받으면서 윤달 9월의 29일에 수도 장안에 도착해 장안성 안의 대왕 관저에서 지내게 됐다. 승상 진평 등은 재차 꿇어 엎드려 유항이 제위에 오르기를 간청했다. "유홍 등은 모두 효혜제孝惠帝의 친아들이 아니어서 황위를 계승해서는 안 됩니다. 대왕께서는 고조 황제의 적자이시니 황위를 계승하는 것이 당연합니다. 대왕께서 황위에 오르기를 간청하나이다." 그래도 유항이 재차 거절하자 대신들의 간청이 빗발쳤고 결국 유항은 수락하게 됐다. 그렇게 해서 신하들은 양측으로 도열하여 황제를 알현하는 예의에 따라 관직의 등급에 맞추어 시립했다.

동모후東牟侯 유흥거劉興居는 여씨를 죽일 때 공을 세우지 못했기 때문에 유항을 위해 미리 황궁을 청소할 수 있도록 해달라고 청했다. 그래서 유흥거는 태복太僕의 직에 있던 등공滕公 여음후汝陰侯와 하후영夏侯嬰과 함께 입궁해 소제에게 이미 폐위되었음을 알렸다. 그러고는 대왕 유항이 황제로 등극했다면서 소제를 궁에서 내보내고 좌우의 호위병에게 명령해 무기를 내려놓고 황궁에서 물러나도록 했다. 소제가 자신이 어디로 보내질지도 모른 채 두려움에 떨자 등공이 말했다. "황궁 밖에서 지내게 될 것입니다." 이윽고 궁 밖에 소부少府*를 설치해 유홍을 그곳에서 지내도록 했다.

황궁 청소를 끝내고 유흥거와 하후영은 천자의 수레를 마련하여 대왕 관저로 와서 유항이 황궁에 입궁하는 것을 영접했다. 그날 밤 유항이 미앙궁未央宮으로 들어서려는데 10명의 수비병이 단문

---

* **소부少府**: 9개의 고위 관직인 구경九卿의 하나로 산, 바다, 땅의 소득을 관장하고 황실의 수공업 제조를 관장했다.

端門*에서 가로막고 있었다. 그래서 유항은 사람을 보내 태위 주발에게 알릴 수밖에 없었다. 수비병은 주발이 도착한 뒤에서야 새로운 황제가 옹립되었다는 사실을 알고는 병기를 내려놓고 떠나갔다. 그리고 유항은 마침내 미앙궁으로 들어섰다.

이렇게 대왕 유항이 황제로 등극해 한문제漢文帝로 불리게 됐다. 한문제는 즉위하자마자 송창을 남군과 북군을 통솔하는 위장군 衛將軍**으로 봉하고, 장무를 황궁의 사무를 책임지고 주관하는 낭중령에 임명했다. 또한 양왕梁王, 회양왕淮陽王, 항산왕恒山王, 소제를 죽임과 동시에 조서詔書의 초안을 잡고 전국적으로 대사면을 실시했다.

---

* **단문端門**: 궁궐의 남쪽 문.
** **위장군衛將軍**: 군대에서의 직책으로 이 직책에 임명된 사람은 대개 군권을 장악했다.

10장

장석지張釋之의 일화

한문제 때 남양南陽에 장석지張釋之라는 사람이 살고 있었다. 그는 10년 동안 기랑騎郎이라는 관직을 지냈다. 그쯤이 되자 장석지는 승진에 대한 희망은 버리고 관직을 사직해 고향으로 돌아가려고 했다. 하지만 원앙袁盎은 장석지가 인품과 능력을 겸비한 인물임을 알고 한문제에게 그를 추천했다. 그렇게 한문제는 장석지에게 알자복야謁者僕射*의 벼슬을 내렸다.

어느 날 한문제는 호랑이를 키우는 금원禁苑**의 호랑이 우리를 시찰할 때 장석지와 동행을 하게 됐다. 그때 한문제가 금원의 책임자에게 등록된 각종 동물이 얼마나 되는지 묻자 책임자는 멀뚱거리고만 있을 뿐 얼른 대답을 하지 못했다. 주위에 있던 십여 명의 관리들도 모두 적절한 대답을 내놓지 못했다. 그러자 옆에 서 있던 어느 말단 관리가 허둥지둥하는 책임자의 모습을 보고는 한문제의 물음에 얼른 대답해 책임자를 곤경에서 구해주었다. 한문제는 말단 관리가 막힘없이 대답을 하자 다시 그에게 금원의 동물 등록 상황을 물어보았다. 그렇게 그의 재능을 살펴보았고 그때에도 말단 관

---

* **알자복야謁者僕射**: 관직 명칭. 조정의 의례를 주관하고 명령을 전달했다.

** **금원禁苑**: 궁월 안의 후원.

리의 대답은 막힘이 없었다. 한문제는 대답을 들은 뒤 관리라면 응당 그 말단 관리 같아야 한다고 여기고 궁궐 후원의 책임자는 신뢰할 수 없다는 판단을 내렸다. 이윽고 한문제는 조서를 내려 말단 관리를 금원을 관리하는 책임자로 발탁하고 장석지에게 그 일을 집행하도록 했다.

그러자 장석지가 한문제에게 말했다. "강후絳侯 주발周勃은 폐하께서 보시기에 어떤 사람입니까?" 한문제는 주발은 덕망이 높은 사람이라고 대답했다. 장석지는 또다시 한문제에게 동양후東陽侯 장상여張相如는 어떻게 생각하느냐고 물었다. 그러자 한문제는 역시나 덕망이 높은 사람이라고 대답했다.

그러자 장석지가 말했다. "주발과 장상여는 덕망이 높은 사람이라고 불립니다. 하지만 그들처럼 덕망 높은 이들도 제대로 설명을 못하는 때가 있습니다. 그런데 어찌 이 말단 관리의 번지르르한 말재주를 본받으라 하시는 것입니까? 진나라 왕조가 철저하게 무너지는 길을 걷게 된 이유는 거짓말을 능숙하게 해대는 사람을 즐겨 중용했기 때문입니다. 이런 사람의 말은 대개 내실이 없습니다. 황제가 듣기 좋아하는 말만 해서 황제가 조정의 과실을 해결하지 못하게 하고 결국 나라를 멸망으로 이끕니다. 지금 폐하께서 파격적으로 이 말단 관리를 발탁한 것은 그저 그가 말솜씨가 좋았기 때문입니다. 세상 사람들이 이 일을 듣고 그대로 따라 진정한 능력을 무시하고 언변만 연습해서 발탁될 기회를 얻으려 할까 걱정됩니다. 그리고 말단 관리들이 그대로 따른다면 이런 좋지 않은 기풍이 조정에 만연하게 될 것입니다. 그러니 폐하께서는 군주로서 말과 행동 하나하나에 반드시 신중을 기하기를 바랍니다!"

한문제는 장석지의 말에 일리가 있다 여기고 말단 관리를 발탁하려고 했던 생각을 접었다. 황궁으로 돌아올 때 한문제는 장석지와 같은 수레를 타면서 장석지에게 진나라 정치의 폐단에 대해 물었고 장석지는 질문에 대답을 했다. 궁으로 돌아온 뒤 한문제는 조서를 내려 장석지를 공거령公車令*에 등용하겠다고 밝혔다.

장석지가 공거령을 지내고 있을 때 태자와 양왕梁王이 같은 수레를 타고 조정에 들어섰다. 이들은 사마문司馬門으로 들어설 때 수레에서 내려 예를 갖추지 않고 곧장 수레를 타고 대전 앞으로 갔다. 황제의 아들이지만 장석지는 그들을 내버려 두지 않았다. 그는 대전 입구로 가서 태자와 양왕 두 사람이 대전에 들어서는 것을 막으면서 그 죄를 고발하며 말했다. "궁문을 지나면서 수레에서 내리지 않는 것은 큰 무례를 범한 것입니다."

이 일이 박태후薄太後의 귀에 들어갔고 한문제는 자신이 엄격하게 자식 교육을 하지 않은 것을 인정하면서 황제의 관을 벗고 태후에게 사죄하면서 태후의 용서를 구했다. 그러자 박태후는 사람을 보내 조서를 전달해 태자와 양왕의 불경죄를 사면해주었다. 그 일을 겪으면서 장석지의 담력과 식견이 한문제의 눈에 띄었고 높은 평가를 받으면서 다시 한 번 중대부中大夫**에 등용되었다. 그런 뒤 얼마 지나지 않아 또다시 중랑장中郎將***에 임명되었다.

그 뒤로 군신들이 한문제를 따라 패릉霸陵을 순시할 때 한문제가 말했다. "북산北山의 암석으로 왕릉의 외각外殼을 짓고 잘게 자른 거

---

* **공거령公車令**: 관직 명칭. 황궁의 문을 경비하고 손님을 맞이하며 명령을 전달하는 등의 임무를 맡았다.
** **중대부中大夫**: 관직 명칭. 황제를 도와 계책을 세우고 의견을 내는 역할을 맡았다.
*** **중랑장中郎將**: 관직 명칭. 황제의 호위를 통솔하는 임무를 맡았다.

그는 대전 입구로 가서 태자와 양왕 두 사람이 대전에 들어서는 것을 막으면서 그 죄를 고발하며 말했다. "궁문을 지나면서 수레에서 내리지 않는 것은 큰 무례를 범한 것입니다."

친 풀솜으로 틈새를 채우고 또 옻칠을 해서 왕릉 암석 사이사이를 잘 붙여놓는다면 무척 견고하겠구나. 이렇게 하면 누가 왕릉을 깨뜨려 열 수 있겠는가?" 군신들은 잇따라 고개를 끄덕이면서 동의를 표했다.

하지만 단 한 사람 장석지만은 또다시 반대 의견을 냈다. "만일 그 속에 사람의 탐심을 불러일으키는 진기한 보물이 있다면 설령 전체 남산南山을 녹은 금속으로 막아버리더라도 누군가는 갖은 방법을 생각해내 그곳을 열어버릴 것입니다. 만일 사람의 탐심을 일으키는 것이 아무것도 없다면 굳이 돌로 막지 않아도 그곳을 열려고 하는 사람이 아무도 없을 것입니다." 한문제는 장석지가 주관이 있고 남이 말하는 대로 부화뇌동하지 않는다며 또 한 번 칭찬했다.

장석지가 정위廷尉*를 맡고 있던 해에 한문제가 중위교中渭橋로 순행을 갈 때였다. 누군가 다리 밑에서 뛰쳐나오는 바람에 한문제가 탄 말이 놀라고 말았다. 한문제는 기마병에게 그 사람을 체포하라고 시키고 또 정위에게 인계해 처벌하도록 했다. 장석지는 그 사람이 '황제가 출행할 때 일과 관계없는 사람은 물러나 피해 있어야 한다'는 규정을 위반했기 때문에 죄를 범했으므로 4냥의 벌금형을 내렸다. 하지만 한문제는 판결이 너무 가볍다고 여겨 화를 냈다. "저자는 나의 말을 놀라게 했다. 만일 이 말의 기질이 온순하지 않았다면 어쩌면 내가 해를 입었을지도 모른다. 그런데도 정위는 어째서 이 일을 벌금으로만 다스리느냐?"

장석지가 해명에 나섰다. "조정이 법을 제정했고 세상 사람들은

---

* **정위廷尉**: 관직 명칭. 사법을 책임지는 최고 관리다.

모두 법을 따라야 합니다. 이 사건을 벌금 4냥으로 처벌한 것은 지금의 법에 따라 정한 것입니다. 만일 마음대로 가중 처벌한다면 법은 백성들의 신뢰를 얻을 수 없습니다. 폐하께서 말이 놀랐을 때 그를 죽이셨다면 어쩔 수 없습니다. 하지만 일단 정위에게 처리를 맡기셨으니 정위는 세상 백성들 마음속에 존재하는 공정하고 엄격한 조정의 인상을 지키고 보호해야 합니다. 만일 조금이라도 치우침이 있다면 법을 적용하는 기준을 잃고 맙니다. 그러면 백성들이 어떻게 법을 믿고 따를 수 있겠습니까? 폐하께서 심사숙고해주시기를 바랍니다!" 한문제는 깊은 생각을 한 뒤 결국 장석지의 판결에 동의했다.

말이 놀란 사건 처리를 한 뒤 얼마 지나지 않아 조정에 또 한 건의 중대한 사건이 벌어졌다. 누군가 겁도 없이 고조의 묘에서 신위 앞에 놓인 옥환玉環*을 도둑질한 것이다. 한문제는 선왕의 묘에 도둑이 든 사건에 화가 솟구쳐 엄중히 취조하고 빠르게 도둑을 잡아들이라고 명령을 내렸다. 또한 한문제는 체포한 도둑을 정위에게 인계해 엄중하게 처리하도록 했다. 장석지는 '종묘의 진귀한 보물, 의복과 장신구, 집기 절도'와 관련된 법 조항에 근거해 도둑을 참수해 대중에게 내보이라는 판결을 내렸다.

한문제는 또다시 벌컥 화를 냈다. "그자는 감히 선왕의 기물을 훔쳤다. 명백히 대역무도한 자다. 짐이 정위에게 죄인을 맡긴 이유는 바로 그자의 일족을 모두 죽이라는 판결을 내릴 것이라 생각했기 때문이다. 그런데 그대는 종묘를 높이 받드는 나의 생각을 위반

---

* **옥환玉環**: 옥으로 만든 고리.

하고 법에만 근거해 그에게 참수를 적용했다. 이는 나를 실망시킨 것이다!"

장석지는 황제의 진노를 보고 관모를 벗어 머리를 조아리고 절을 하며 사죄했다. "법에 따라 이렇게 처리한 것이면 충분합니다. 설령 죽을 죄를 지었더라도 죄의 내용과 경위에 대해 경중을 나눠야 합니다. 만일 오늘 이 죄인의 가족이 멸족을 당한 것이 오로지 종묘의 기물을 훔쳤기 때문이라면 이후에 누군가 무덤의 흙을 한 움큼이라도 훔치면 폐하께서는 또 일족을 멸하시렵니까?"

한문제는 장석지의 간언을 들은 뒤 바로 자신의 의견을 밝히지 못했다. 그는 그 일을 태후에게 말한 뒤 결국 장석지의 판결을 따르기로 했다.

11장

한무제漢武帝의 사냥

한무제漢武帝*는 젊었을 적에 종종 평복을 하고 출행했다. 북으로는 지양池陽현, 서로는 황산궁黃山宮, 남으로는 장양궁長楊宮, 동으로는 의춘궁宜春宮 등이 그가 출행한 범위였다.

한무제는 출궁해서 사냥하는 것을 즐겼다. 그러던 어느 날 그는 자신을 평양후平陽侯라고 하면서 말 타기와 활쏘기를 할 줄 아는 좌우 측근을 대동해 밤에 종남산終南山 아래로 사냥을 갔다. 한무제와 측근들이 종남산 아래에 도착하자 날이 막 밝아오고 있었다. 그들은 한껏 흥에 취해 말을 채찍질하면서 사냥감을 죽였고 백성의 농작물을 사정없이 짓밟고 말았다. 이에 백성들은 화가 나서 큰 소리로 호통을 치면서 현의 관아로 가서 상황을 일러바쳤다. 현령은 관아의 하인들을 이끌고 한무제 등을 포위하고 그들을 체포해 수감시키려고 했다. 한무제는 하는 수 없이 측근들에게 소지하고 있던 물건들을 현령에게 보여주라고 했다. 살펴보니 그 물건들은 죄다 황제가 사용하는 물품이었다. 현령은 물품을 보고 비로소 바로 앞에서 평양왕이라고 불리는 사람이 사실은 지금의 황제임을 알고는

---

* **한무제漢武帝**: 한나라의 7대 황제인 유철劉徹(기원전 156-87년)은 뛰어난 정치가이자 전략가로 한무성세漢武盛世 시대를 열었다.

얼른 풀어주었다.

또 한번은 한무제 일행이 밤에 여관에서 투숙한 적이 있었다. 그때 여관 주인에게 술을 마시겠다고 했다가 냉대를 받았다. 게다가 한무제 일행의 인원이 많아 기세가 만만찮으니 주인은 그들이 도둑이 아닐까 의심해 일손을 불러 모아 그들에게 맞서려고 했다. 하지만 주인의 부인은 한무제의 자태와 기품이 일반인과 다르다고 느끼고는 남편을 말리면서 남편이 불러온 일꾼을 해산시켰을 뿐만 아니라 한무제 일행에게 극진한 대접을 했다. 한무제는 궁에 돌아온 뒤 그 부인에게 푸짐한 물품을 상으로 내렸을 뿐만 아니라 부인의 남편을 우림랑羽林郎*에 봉했다.

그 뒤로 한무제는 바깥으로 순행을 나가는 것을 불편하게 느껴 선곡궁宣曲宮에서 남쪽으로 향하는 곳에 총 12개의 비밀 휴식처를 설치했다. 그러고는 밤이면 장양궁長楊宮과 오작궁五柞宮에서 잠들곤 했다.

한무제는 출행을 좀 더 수월하게 하고 백성들에게 피해를 주지 않기 위해 상림원上林苑**을 건설하기로 결정했다. 아성阿城 남쪽과 동쪽 및 의춘宜春 서쪽 일대의 지역은 종남산과 한데로 이을 수 있어서 한무제의 마음에 들었다. 한무제는 태중대부太中大夫 오구수왕吾丘壽王을 보내 등록된 토지 면적과 가격을 계산하도록 한 뒤 강제로 농민을 이주시켰다. 동시에 중위中尉와 좌우내사左右內史에게 소

---

* **우림랑羽林郎**: 한漢나라 때 설치된 근위대. 황제를 호위하기 위한 것으로 동한東漢 시대에 우림랑이라고 불렸다.
** **상림원上林苑**: 진秦나라 때의 오래된 동산으로 한무제 시기에 증축했다. 진한秦漢 시기 궁정 건축의 본보기였다.

속된 현의 황폐한 경작지 수를 보고하도록 했다. 토지를 잃은 농민들이 황폐한 땅을 개간하도록 하려는 것이었다. 오구수왕이 지시에 따라 일처리를 마치자 한무제가 그의 노고를 치하했다.

이때 한무제 옆에 서 있던 동방삭東方朔*이 나서서 한무제에게 간언했다. "종남산은 장안에 있어 천연의 보호 장벽입니다. 패수와 산수滻水 서쪽, 경하涇河와 위하渭河의 남쪽은 풍요로운 지역이라 한나라 때는 이곳에 수도를 세웠습니다. 진나라 때는 서쪽 변방의 오랑캐를 물리치고 효산 동쪽 지역을 합병하는 데에도 그 풍부한 산물에 의지했습니다. 백성들이 수입을 얻는 수공업의 중요한 원료인 옥, 돌, 금, 은, 동, 철, 우수한 목재 등도 모두 이 일대의 산에서 생산되었습니다. 백성들이 굶주림과 추위에서 벗어나 배불리 먹고 따뜻한 옷을 입는 것도 모두 그 일대 논밭에서 벼, 배, 밤, 뽕나무, 마, 대나무 등 농산물이 풍부하게 생산되기 때문입니다. 뿐만 아니라 고구마를 심기에도 적합하고 물속에는 수많은 개구리와 어류가 살고 있습니다. 이 모든 것들은 사람들을 위해 제공되는 음식물입니다. 비옥하기로 이름난 풍수酆水와 호수鎬水 사이의 땅은 한 묘畝 당 금 한 근의 가치가 있습니다. 그런데 이런 땅을 상림원으로 귀속시키면 백성들은 삶의 근거지를 잃게 됩니다.

먼저, 상림원을 건설하면 농업과 양잠업이 어려워져 백성의 수입이 줄어들고 그로 인해 직접적으로 국가 재정 수입이 감소됩니다. 다음으로, 짐승들의 활동 범위를 확대하려면 백성들의 집과 무덤을 부숴야 합니다. 그렇게 되면 민심을 잃게 될 것입니다. 게다

---

* **동방삭東方朔**: 성은 장張이고 자字는 만천曼倩이다. 서한西漢 시대의 뛰어난 문인이다.

가 상림원을 지으려면 주변에 도랑을 파고 울타리를 세워야 합니다. 그러다가 자칫 대왕께서 타격을 입게 되실 수도 있습니다. 역대 왕조를 다시 한번 살펴보면 상商나라 말에 제후들이 반란을 일으켰습니다. 그것은 상나라 주왕紂王이 내부에 시가市街가 딸린 호화 궁전을 고집스럽게 지었기 때문입니다. 또 초나라 백성들이 도망친 것은 초영왕楚靈王이 집요하게 사치스러운 장화대章華臺를 세웠기 때문입니다. 진나라 말에 군웅이 들고 일어난 것은 진시황秦始皇이 집요하게 아방궁阿房宮을 건축했기 때문입니다. 신하의 신분으로 비천한 제가 무례하게 폐하께 귀에 거슬리는 말씀을 드렸으니 죽어 마땅합니다!"

한무제는 동방삭의 간언을 전혀 받아들이지 않고 그대로 대규모 토목공사를 진행해 상림원을 지었다. 하지만 용감하게 직언한 동방삭의 용기를 크게 샀다. 그래서 그를 태중대부太中大夫에 임명하고 급사중給事中의 관직을 수여했다. 또한 금 100근을 하사했다.

사마상여司馬相如* 역시나 주소奏疏**를 올려 한무제가 직접 말을 타고 짐승을 쫓고 죽이기를 즐기는 행동에 대해 간언했다. "오획烏獲은 힘센 장사이고 경기慶忌는 행동이 민첩하며 맹분孟賁과 하육夏育은 용맹합니다. 이는 곧 사람마다 각자 다른 능력이 있다는 뜻입니다. 사실 짐승도 마찬가지입니다. 지금 폐하께서는 직접 짐승을 쏘아 죽여 쾌감을 얻고 계십니다. 하지만 그러다 어느 날 겹겹이 포위당한 짐승이 궁지에 몰려 극도로 사나워져 필사적으로 폐하의

* **사마상여**司馬相如: 생몰 연대는 대략 기원전 179-127년이다. 자는 장경長卿이고 서한西漢 시대의 유명한 사부가辭賦家였다.
** **주소**奏疏: 신하가 황제에게 의견을 올리거나 문제점을 설명한 글이다.

한무제는 동방삭의 간언을 전혀 받아
들이지 않고 그대로 대규모 토목공사
를 진행해 상림원을 지었다. 하지
만 용감하게 직언한 동방삭의
용기를 크게 샀다.

수행 수레에 돌진할 수 있습니다. 이런 위급한 상황에서 고목이나 썩은 나무 하나라도 수레가 가는 길을 가로막는 장애물이 될 수 있습니다. 그런 위급한 순간에 수레가 미처 방향을 돌리지 못하면 아무리 훌륭한 기예나 방법이 있더라도 그 능력을 발휘할 시간이 없습니다. 그 위험성은 흡사 수도에 호인胡人과 월인越人의 군대가 갑자기 들이닥친 상황에서 또 폐하의 수레가 강인羌人과 이인夷人에게 겹겹이 포위된 것만큼이나 심각합니다. 설령 만반의 준비를 갖추어 놓았고 아무 장애물도 없다고 확신하더라도 폐하께서는 자신을 이런 위험한 지경에 두어서는 안 되는 것입니다.

폐하께서는 출행을 할 때마다 신중하게 거리의 상황을 경계하지만 그렇게 하더라도 수레가 넓고 평탄한 큰 길을 질주하다가 철로 된 재갈이 끊어지거나 수레바퀴가 빠지는 예상치 못하는 상황이 발생할 수도 있습니다. 하물며 온통 사냥감을 사냥할 생각만 하시고 대비할 생각이나 준비는 전혀 하지 않고 말을 채찍질해 무성한 잡초 사이를 빈번하게 오가시지 않습니까? 그러니 들짐승이 끼칠 해는 보지 않아도 충분히 알 수 있습니다. 폐하께서는 위험이 잠복해 있는 놀이를 즐기면서 자극을 좇고 있습니다. 그러면서 한 나라의 천자임은 망각합니다. 폐하의 안전을 염두에 두지 않습니다. 신이 보기에 이는 취해서는 안 될 방법입니다.

재앙은 대부분 아주 사소한 곳에 숨어 있습니다. 하지만 사람들은 종종 그 점을 발견하지 못합니다. 그 사실을 소홀히 할 때 재앙이 드러납니다. 하지만 현명한 사람은 아직 싹트지 않은 문제를 예견할 줄 알고 지혜로운 사람은 사전에 아직 완전히 형성되지 않은 재앙을 피할 줄 압니다. 그래서 예로부터 이런 말이 있습니다. '집안에 천금의 재물이 있으면 앉을 때 집 안채의 가장자리에도 기대지 않는다.' 이는 부유한 사람은 처마 밑에도 앉지 않는다는 그저 소소한 일을 언급한 것에 불과합니다. 하지만 실상은 스스로 위험을 피하라는 큰 이치를 훈계하고 있습니다."

한무제는 사마상여의 말에 크게 동의하면서 자신의 위험한 행동을 삼가게 됐다.

12장

곽거병霍去病의 일생

곽거병霍去病은 위청衛靑*의 누이인 위소아衛少兒와 평양현의 말단 관리 곽중유霍仲孺의 아들이다. 곽거병은 위청의 영향을 받아 어려서부터 말 타기와 활 쏘는 기술에 정통했다. 그리고 18세에는 시중侍中에 봉해졌다.

위청이 두 번째로 흉노족에게 출격할 때 18세였던 곽거병도 위청을 따라 출정했다. 한무제는 곽거병을 표요교위驃姚校尉로 특별히 임명하고 8백 명의 기마병을 통솔하도록 했다. 전투를 벌일 때 곽거병은 대군에서 수백 리를 이탈해 아득히 넓은 사막에서 흉노족을 기습해 흉노족 2천여 명을 베어 죽이거나 포로로 잡았다. 흉노족의 재상과 당호當戶를 생포하고 흉노족 선우單于**의 할아버지뻘되는 자약후籍若侯 산산産을 죽이고 선우의 막내 숙부 나고비羅姑比를 사로잡았다. 곽거병의 공을 치하하기 위해 한무제는 곽거병을 '관군후冠軍侯'로 봉하고 그가 군에서 으뜸의 공을 세웠다고 찬탄했다.

원수元狩 2년기원전 121년, 한무제는 곽거병을 표기장군驃騎將軍으로 임명해 단독으로 일만 기마병을 이끌고 흉노족과 싸우도록 했다. 곽거병은 부대를 이끌고 농서隴西에서 출발해 6일 동안 흉노족의 5개 부락을 옮겨가며 싸웠다. 또한 천여 리나 되는 언지산焉支山을 넘으면서 흉노족 절란왕折蘭王과 노후왕盧侯王을 베어 죽였다. 혼사왕자渾邪王子와 재상과 도위 역시 포로로 잡혔다. 이 전쟁에서 곽거병이 베어 죽인 흉노 군사는 무려 8천9백여 명에 달했다. 뿐만 아니라 흉노 휴도왕休屠王이 하늘에 제사를 지낼 때 사용했던 금인金人*도 한나라 군대의 전리품이 되었다. 이로 인해 한무제는 조서를 내려 곽거병의 식읍食邑**에 2천 호戶를 더했다.

같은 해 여름, 한무제는 승세를 몰아 추격을 하기로 결정하고 곽거병과 합기후合騎侯 공손오公孫敖에게 수만 명의 기마병을 통솔해 북쪽에서 두 갈래 길로 나누어 출정하도록 했다. 위위衛尉*** 장건張騫과 낭중령郎中令 이광李廣도 군을 이끌고 우북평右北平에서 출격했다. 이때 이광이 통솔한 4천의 선봉대는 흉노족 우현왕이 통솔한 4만 명의 기마병에게 포위당하고 말았다. 그러자 이광은 장병들을 이끌고 흉노족 병사들과 이틀 동안의 격전을 치렀고 뒤따르던 장건의 대군이 추격해와 결국 흉노군의 포위를 풀고 나왔다. 장건과 이광이 통솔한 부대는 쉼 없이 행군하면서 치열한 전투를 벌이느라 모두 완전히 지쳐버렸고 더 이상 흉노군을 추격할 힘이 없어 군대를 철수해 돌아올 수밖에 없었다. 동시에 곽거병의 인솔 부대와

---

* **금인金人**: 금으로 만든 동상.
** **식읍食邑**: 옛날 국가에서 왕족이나 공신들에게 내려 주어 조세를 받아 쓰게 한 마을.
*** **위위衛尉**: 구경九卿 중 하나. 호위병을 통솔해 궁궐 수비를 담당했다.

한무제는 곽거병을 표기장군驃騎將軍으로
임명해 단독으로 일만 기마병을 이끌고
흉노족과 싸우도록 했다.

함께 작전을 벌이던 공손오의 인솔 부대는 중도에 지체를 하는 바람에 흉노의 근거지 안으로 2천여 리까지 깊숙하게 침투한 곽거병의 부대와 연락이 두절되어 공손오의 부대가 수행해야 할 공조 역할을 해내지 못했다. 곽거병의 병사들은 그대로 고립되고 말았다. 하지만 곽거병은 부대를 인솔해 거연해居延海를 건너고 소월지小月氏를 지나 기련산祁連山에 도착했다. 기련산에서 곽거병의 인솔 부대는 흉노의 수장인 단환왕單桓王과 서도왕酋塗王을 생포했다. 또한 적 3만여 명을 베어 죽였으며 흉노의 왕자 70여 명을 포로로 잡았다. 흉노의 재상과 도위는 2천5백 명을 이끌고 투항했다. 한무제는 다시 곽거병의 식읍에 5천 호를 더하고 휘하에 공이 있는 장수들에게도 상을 내렸다.

당시 곽거병이 통솔했던 장병과 무기와 마필은 모두 엄선된 것들로 한나라 군대 내에서 고참들이 사용했던 것들보다 훨씬 우수했다. 곽거병은 종종 건장한 기마병을 통솔해 대규모 부대의 선두에 서서 용감하게 적군 깊숙이 침투해 전쟁을 벌인 데다 흡사 하늘의 총애를 얻은 듯 단 한 번도 곤경에 빠진 적이 없었기 때문에 매번 공을 세울 수 있었다. 그래서 곽거병의 지위가 갈수록 높아지면서 점차 대장군 위청을 따라잡게 됐다.

가을이 되자 흉노 선우는 패전을 거듭하고 있는 혼야왕渾邪王과 휴도왕休屠王을 조정에 불러들여 사형시키려고 했다. 그러자 혼야왕과 휴도왕은 두려운 나머지 한나라에 투항할 계획을 세웠다. 한무제는 그 소식을 접했지만 흉노의 두 왕의 투항이 진짜인지 가짜인지 가늠하기가 어려워 이내 곽거병을 황하 쪽으로 보내 항복을 받아들이도록 했다. 혼야왕은 휴도왕이 한나라에 투항하는 것에 대해 후회를 하자 이내 휴도왕을 죽이고 휴도왕의 부하들을 흡수해버렸다. 곽거병이 부대를 이끌고 황하를 건널 때 혼야왕의 부하 장수들 대부분이 투항을 거부하고 잇따라 달아나는 사태가 발생했다. 상황이 이렇게 되자 곽거병은 빠르게 말을 달려 혼야왕의 진영으로 들어가 도망치려고 했던 부하 8천 명을 죽였다.

한편 혼야왕 일행에게는 지정한 수레를 타고 가서 한무제를 알현하도록 했다. 그와 함께 곽거병은 혼야왕의 부하들에게 하나도 빠짐없이 황하를 건너라고 명령했다. 혼야왕이 장안에 도착하자 한무제는 그를 탑음후漯陰侯에 봉하고 식읍 1만 호를 주었으며 수십만에 달하는 재물을 상으로 하사했다. 혼야왕의 부하 호독니呼毒尼 등 4명의 왕자도 모두 제후에 봉해졌다. 투항과 관련된 문제를 해결한 연고로 곽거병의 식읍에는 또다시 식읍 1천7백 호가 더해졌다.

원수元狩 4년기원전 119년에 흉노의 주력을 철저히 토벌하기 위해 한무제는 전례 없는 규모의 '막북지전漠北之戰'이라는 어마어마한 전쟁을 일으켰다. 거기에는 10만 명의 기마병에 4만 필의 행장을 실어 나르는 말에다 수십만 보병과 군수품을 수송할 인부가 동원됐다. 한무제는 위청과 곽거병에게 각각 5만 기마병을 인솔해 출정하도록 했고 작전에 침투할 용맹한 병사를 표기장군 곽거병에게 귀속시켜 곽거병이 흉노 선우를 정면 공격하도록 했다. 그 뒤로 포로들의 입에서 흉노 선우가 동쪽에 있다는 정보를 접하고 한무제는 곽거병에게 대군代郡에서 출정하고 위청은 정양定襄에서 출정하도록 명령을 다시 내렸지만, 흉노 선우가 군수품을 이미 북쪽으로 수송해놓은 것을 모르고 정예 군대에게 사막 북쪽에서 한나라 군대를 기다리라고 지시했다.

곽거병은 기마병을 통솔해 대군과 우북평군에서 출정해 2천여 리를 달려 흉노의 주력을 급습했다. 대사막을 지난 뒤 곽거병의 인솔부대와 흉노 좌측 군대가 맞닥뜨렸다. 곽거병은 1만5천의 손실을 입은 대신 7만여 적을 몰살시키고 흉노족의 왕 3명과 장군, 재상, 당호, 도위 83명을 포로로 사로잡았다. 곽거병은 쉬지 않고 뒤쫓아 적을 죽이면서 낭거서산狼居胥山 일대에 이르게 됐다. 그곳에서 곽거병은 잠시 멈추었다가 대군을 이끌고 낭거서산에서 제천의식을 거행했고 고연산姑衍山에서 땅에 대한 제사의식을 거행했다. 하늘과 땅에 의식을 거행한 뒤 곽거병은 계속해서 군을 이끌고 흉노군을 추격하기 위해 깊숙이 들어갔다. 그렇게 곧장 한해翰海에 도달해 흉노 70,443명을 포로로 잡았다. 대규모 전투를 치른 뒤 한무제는 곽거병의 식읍에 5천8백 호를 더했다.

위청과 곽거병 두 부대가 흉노를 정벌하러 드나들 때 국경의 요새에서는 공적이거나 사적인 말의 수를 검열했다. 그러면서 한무제는 대사마大司馬라는 직책을 증설하고 대장군 위청과 표기장군 곽거병 모두에게 대사마의 관직을 겸하도록 했다. 동시에 한무제는 표기장군의 봉록이 대장군과 동일하도록 지시했다. 이렇게 곽거병은 갈수록 직위가 높아진 반면 위청의 위상은 점차 쇠락해져 위청의 수많은 친구들과 식객들이 곽거병에게 의탁하는 형세가 벌어졌다.

곽거병은 신중하고 말수가 적으며 기백이 있고 책임감이 있는 사람이었다. 한무제는 일찍이 곽거병에게 손무孫武와 오기吳起의 병법을 배우고 싶었는데 그에 대해 곽거병이 이렇게 말했다. "작전을 할 때에는 옛날의 병법이 필요치 않습니다. 책략이 중요할 뿐입니다." 한무제가 곽거병에게 곽거병을 위해 짓고 있는 관저를 보러 오라고 하자 곽거병이 또 말했다. "흉노의 위협이 완전히 해소되지 않았는데 저의 집을 먼저 지을 수는 없습니다." 한무제는 이 일로 곽거병을 더욱 신임하게 됐다.

곽거병은 어린 나이에 출세하고 위상이 높아졌기 때문에 부하에게 관심을 기울일 줄 몰랐다. 그가 군을 통솔해 출정할 때 한무제는 사람을 보내 수십 수레에 담은 식량을 그에게 보냈다. 하지만 회군하여 돌아올 때 병사들은 굶주린 반면 수레에는 남은 식량과 육류가 가득했다. 변방에 있을 때 곽거병은 군대에 식량이 부족해 사기가 저하되는 것은 전혀 고려치 않고 도리어 공을 차는 공간을 만들어 자신의 재미를 즐기곤 했다.

원수 6년기원전 117년, 낭중령 이감李敢이 부친 이광이 원한을 품고 죽은 일로 대장군 위청을 원망해 위청을 때려 상해를 입힌 일이 있었다. 하지만 위청은 그 일을 숨기고 있었다. 그 일이 있은 뒤 곽거병은 한무제를 수행해 옹지雍地 감천궁甘泉宮으로 가서 사냥을 하던 이감을 화살로 쏘아 죽였다. 당시 한무제는 곽거병을 신임하고 있었기 때문에 그 일의 진상을 은폐했다. 미친 듯이 뛰어오던 사슴이 이감을 들이받아 죽게 했다고 밝힌 것이다.

같은 해 9월, 24세의 관군후 곽거병은 병으로 세상을 떠났다. 한무제는 곽거병의 죽음에 비통해하면서 곽거병의 묘를 기련산祁連山 모양으로 세워 그가 흉노족에게 필사적으로 싸워 이겼던 뛰어난 공로를 분명히 드러내도록 했다.

13장

양을 친 소무蘇武

위청과 곽거병이 군을 통솔해 대사막을 지나 흉노를 물리친 뒤에도 흉노는 이따금씩 한나라에 침입했고 여러 차례 사신을 한나라로 보내 화친을 청하기도 했다. 하지만 흉노는 진심으로 화해를 청한 것이 아니었고 또 한나라가 흉노로 보낸 사신 노충국路充國 등을 억류시키기도 했다. 이 일로 한나라에서도 일부 흉노 사신을 억류했다. 이때 흉노 선우가 죽자 아우인 좌대도위左大都尉 저제후且鞮侯가 선우로 세워졌다. 갓 즉위한 저제후 선우는 한나라 군대가 습격할 것을 두려워해 사신을 한나라로 보내 공물을 바쳤고 또 한나라의 사신을 풀어주었다. 한무제는 저제후의 호의에 사례하기 위해 후한 선물과 함께 중랑장中郎將 소무蘇武를 보냈고 한나라에 머무르고 있는 흉노 사신을 흉노에 돌려보냈다.

소무와 부사副使 장승張勝 및 수행원 상혜常惠는 흉노에 도착한 뒤 선우에게 예물을 바쳤다. 그 과정에서 저제후 선우가 전임 선우보다 훨씬 거만하고 횡포하다는 점을 발견했다. 한나라가 바라는 모습이 결코 아니었던 것이다. 당시 흉노에는 위율衛律이라 불리는 사람이 있었는데 원래는 한나라 사신이었다가 후에 흉노에 투항해 왕으로 봉해졌다. 위율에게는 우상虞常이라는 부하가 있었는데 그는 부사 장승과 친구였던지라 장승과 암암리에 상의를 나누고는 위율을 죽이고 선우의 모친을 납치해 한나라로 도주하려고 했다. 하지만 계획이 발각되자 장승은 그 일에 말려들까 두려워 소무에게 사실을 고했다. 소무는 조정의 기대를 저버리지 않기 위해 검으로 자결하려고 했지만 장승과 상혜에게 저지당했다.

그 뒤로 우상이 장승을 선우에게 일러바쳤고 크게 화가 난 선우는 한나라의 사신을 죽이려고 했지만 대신들의 충고로 그만두었다. 이윽고 선우는 다시 위율을 불러 소무에게 투항하라는 말을 전하라고 했다. 소무는 절개를 잃지 않으려고 검을 뽑아 자신의 몸을 찔렀고 황급히 구조되어 서서히 의식을 회복했다. 선우는 소무의 절개에 탄복해 매일 사람을 보내 소무의 안부를 물었다. 소무의 병이 완쾌되자 선우는 또다시 소무를 투항시키려고 하면서 우상과 장승을 심문하는 상황을 옆에서 지켜보도록 했다.

우상은 죽어 마땅한 죄로 판결이 나서 참수되었고 장승은 비겁하게 죽음을 두려워해 흉노에 투항했다. 위율이 소무에게 소무도 연좌될 것이라고 하자 소무가 반박하고 나섰다. 위율은 검을 들고 소무를 위협했지만 소무는 꿈쩍도 하지 않았다. 위율은 다시 한 번 인내심을 가지고 소무를 설득했지만 소무한테 꾸짖음만 들을 뿐이었다.

위율은 소무에게 단칼에 거절당한 일을 선우에게 보고할 수밖에 없었다. 그럴수록 선우는 더더욱 소무를 투항시키고 싶었다. 그래서 소무를 토굴로 보내면서 그에게 먹을 것과 마실 것을 전혀 주지 않았다. 소무를 굴복시킬 심산이었다. 당시는 마침 겨울이라 밖에는 대설이 내리고 있었다. 소무는 땅에 엎드려 눈을 한 움큼 쥐어 해갈했고 배가 고프면 옷의 외피를 뜯어내 허기를 채웠다. 그렇게 며칠이 지났는데도 죽지 않았다. 이렇게 소무를 괴롭혔는데도 소용이 없자 선우는 그를 인적 없고 황량한 북해北海*로 추방해 양을 방목하도록 하고 숫양이 우유를 생산하면 그를 고국으로 돌려보내주겠다고 했다. 아예 돌려보낼 생각이 없었던 것이다. 또 상혜 등 사절단 가운데 투항하려는 관리가 없자 그들 모두를 다른 지방으로 나누어 억류시켰다.

소무는 북해로 추방된 뒤 식량이 될 만한 것이 없자 들쥐가 숨겨둔 풀씨를 캐내 먹을 수밖에 없었다. 북해 주변에는 그야말로 인적이 전혀 없었다. 그나마 있는 것은 한나라의 위임장뿐이었다. 그래서 그는 낮에도 위임장을 들고 양을 방목하고 밤에도 위임장을 품고 잠을 잤다. 하루 24시간 위임장을 손에서 놓지 않았다. 위임장의 실과 끈은 이미 오랜 시간 비바람을 맞고 햇볕을 쬐어 완전히 떨어져나가버렸다.

한편 소무가 한나라에서 시중을 지낼 때 이릉李陵**이라는 동료가 있었다. 이릉의 관직은 소무와 같았는데 그는 후에 흉노에 투항했다. 이릉은 자신과 소무를 비교해보고는 부끄러운 마음에 소무를 만나러 갈 용기를 내지 못했다. 그렇게 눈 깜짝할 사이에 소무가 북해로 가서 양을 방목한 지 오랜 세월이 흘러버렸다.

이릉과 소무가 일찍이 같은 조정에서 관리로 지냈다는 이유로 흉노 선우는 이릉을 북해로 보냈다. 소무가 투항하도록 설득시키려고 한 것이었다. 이릉은 북해에 도착한 당일 밤 주연을 열도록 명령을 내리고는 직접 소무의 참석을 요청했다. 거기에다 악대를 동원

---

* **북해北海**: 지금의 산둥성 웨이팡시 창러현 남쪽을 일컫는다.
** **이릉李陵**: 자는 소경少卿이고 농서隴西 성기成紀(지금의 간쑤성 징닝현 남쪽) 사람이다. 서한西漢 때의 장군 이광李廣의 손자다.

그래서 그는 낮에도 위임장을 들고
양을 방목하고 밤에도 위임장을 품고
잠을 잤다. 하루 24시간 위임장을 손에서 놓지
않았다. 위임장의 실파 끈은 이미 오
랜 시간 비바람을 맞고 햇볕
을 쬐어 완전히 떨어져
나가버렸다.

해 춤과 노래로 흥을 돋우도록 했다.

이윽고 술자리에서 이릉이 소무를 설득했다. "선우는 우리 두 사람이 같은 조정에서 관리를 지낸 데다 우의가 두터웠다는 점을 듣고 나더러 자네를 설득하라고 했네. 자네가 투항하기로 하면 자네에게 예를 다해 대할 걸세. 자네가 이렇게 인적 없는 황량한 곳에서 아무리 마음을 졸이면서 참고 기다린다고 해도 한나라로 돌아가지는 못하네. 한나라에 대한 자네의 신의는 하늘만 알 뿐 아무도 보지 못했네. 자네의 두 형제는 이미 죄를 저질러 자결했어. 내가 장안을 떠날 때 자네 모친도 돌아가셨네. 자네의 젊은 부인은 일찌감치 재가했네. 자네 집안에는 이제 두 누이동생과 딸 둘과 아들 하나뿐이지. 이제 또다시 수십 년이 지나면 생사도 모르게 될 것이네. 이렇게 인생이란 아침이슬처럼 찰나에 불과하다네. 그런데도 어째서 자네는 오랫동안 스스로를 괴롭히는 것인가? 내가 이전에 흉노에 투항할 때 스스로 한나라를 저버리고 늙은 어머니도 연루되어 감옥에 갇히는 고초를 겪은 일을 생각하면서 종일 멍한 정신으로 미치광이처럼 지냈다네. 그래서 나는 투항을 원치 않는 자네의 심정을 훨씬 잘 이해한다네. 게다가 이렇게 여러 해가 지나버렸으니 황제께서도 연로하실 테지. 법도 세월 따라 변해 수십 명 대신들의 온 일가가 몰살된 지경이니 안위를 예상할 수조차 없네. 설령 자네가 풀려나 돌아가더라도 자네의 앞길을 예측할 수조차 없네. 그런데도 굳이 애써 절개를 지키려고 하는가?"

그러자 소무가 말했다. "폐하의 돌보심이 없었더라면 우리 부자와 형제들은 그저 별 볼 일 없이 하루하루를 살아가는 보통사람에 불과했을 것이네. 지금 내가 고위 관직에 올라 폐하를 가까이 모시는 신하가 될 수 있었던 것은 어디까지나 폐하의 은덕 때문이지. 그러니 내 모든 것을 희생해서라도 나는 그분의 은덕에 보답해야 하네. 이제 나를 희생해서 폐하께 충성을 다할 기회가 생겼으니 목이 잘리고 국솥에서 삶아지더라도 나는 기꺼이 사지로 향할 것이네! 군주는 아비이고 신하는 자식이니 대신들이 왕께 충성을 다하는 것은 아들이 부친께 효를 다하는 것과 같네. 아들이 부친을 위해 죽는 것은 죽어도 여한이 없는 것이지. 그러니 자네는 헛되이 입만 아프게 하지 말게!"

이릉은 소무와 그렇게 며칠 동안 함께 마시면서 단념하지 않고 다시금 소무를 설득하려고 했다. 하지만 소무는 이릉이 하려는 말을 가로막았다. "죽음은 이미 내가 예상했던 바이네. 나는 전혀 두렵지 않으이. 내게 계속해서 투항을 권유하려거든 오늘 이 유쾌한 자리가 파한 뒤 그대의 앞에서 나를 죽게 하게!"

소무의 진정어린 마음에 이릉은 깊이 탄복하면서 장탄식을 했다. "아! 나와 위율이 조정을 저버린 것은 결코 용서받을 수 없는 죄로구나. 오직 자네만이 진정 의로운 사람일세!" 이렇게 말하면서 이릉은 눈물을 줄줄 흘렸다. 결국 이릉도 그곳에 온 목적을 달성하지 못하고 소무에게 수십 마리의 소와 양을 준 뒤 북해를 떠났다.

다시 시간이 흐른 뒤 이릉은 북해로 와서 소무에게 한무제가 죽었다는 소식을 전했다. 그 말을 들은 소무는 남쪽을 향해 피가 토하도록 목 놓아 울었다. 그렇게 매일 아침저녁으로 애통해하면서 울기를 몇 개월 동안 지속했다. 또다시 시간이 흘러 저제후 선우가 죽자 호연壺衍 선우가 즉위했다. 이때 흉노에 내란이 발생해 나라가 사분오열됐다. 새로운 선우는 한나라가 군대를 보내 공격할 것을 늘 걱정했고 위율은 선우에게 한나라와 화친을 맺자고 제안했다. 그렇게 해서 한소제漢昭帝는 흉노와 평화 협정을 체결했고 흉노로 사신을 보내 소무 등 한나라 사람들을 돌려보내달라고 선우에게 요구했다. 하지만 흉노는 소무가 이미 죽었다고 거짓말을 했다.

또다시 시간이 흘러 한나라 사신이 두 번째로 흉노에 도착했다. 소무의 수행원 상혜는 몰래 한나라 사신을 찾아가 당시 흉노에 있던 소무의 상황을 설명하면서 선우에게 다음과 같이 말하라고 가르쳐주었다. "천자께서 상림원에서 사냥을 해 기러기 한 마리를 쏘아 맞힌 적이 있었습니다. 그런데 그 기러기의 다리에 비단 서신이 매여 있지 뭡니까. 거기에는 소무 등이 아직 북해에 있다는 내용이 적혀 있었습니다."

한나라 사신은 소무가 아직 살아 있다는 소식을 접하고 기뻐하면서 상혜가 자신에게 알려준 말대로 선우에게 따졌다. 선우는 흠칫 놀라 주위를 한 번 둘러보고는 한나라 사신에게 사과할 수밖에 없었다. "소무는 분명 살아 있소." 한나라에 화의를 청하는 진심을 표시하기 위해 흉노는 하는 수 없이 소무 등을 풀어줄 수밖에 없었다.

이릉은 소무가 마침내 한나라로 돌아갈 수 있게 됐다는 소식을 접하고는 기뻐하면서 주연을 열어 소무를 축하했다. "이제 자네는 한나라로 돌아가게 됐네. 결국은 사명을 완수하게 됐구먼. 굴복하지 않은 자네의 절개는 흉노에서 길이 칭송되고 자네의 공적은 한나라에서도 찬란하게 빛날 걸세. 사서에 기록되어 대대로 전해져 내려오는 초상화 속 인물을 뛰어넘게 될 것이네. 나 이릉은 어리석고 소심하지만 만일 당시 한나라에서 나의 죄를 너그러이 용서하고 내 노모를 풀어주었다면 나 역시 큰일을 위해 치욕을 참고 춘추시대의 조귀曹劌처럼 기회를 엿보아 행동에 옮겼을 걸세. 하지만 한나라는 내 가족을 체포하고 살육했지. 그 일로 내가 깊고 큰 원한을 품게 된 것이라네. 그런 내가 더 이상 무엇을 생각할 수 있었겠는가? 됐네! 이제 다 지나간 일이네. 말하자니 자네가 내 심정을 이해해 달라는 것밖에 되지 않는구려!" 이릉은 하염없이 눈물을 흘리면서 소무와 작별했다.

선우는 소무가 사신으로 떠나올 때의 부하를 불러 모았는데 이미 투항하거나 죽은 사람을 제외하고 모두 9명이었다. 그들에게 소무를 데리고 조국으로 돌아가도록 했다. 소무가 장안으로 돌아온 뒤 한소제는 조서를 내려 소무에게 태뢰太牢*를 받들어 무제의 묘를 배알하게 했다. 이렇게 소무는 가장 성대한 의식으로 무제의 왕릉과 사당을 참배했다. 동시에 소무를 전속국典屬國에 봉하고 중이천석中二千石의 품계를 내렸다. 또한 돈 2백만, 전답 2경頃, 저택 한 채를 하사했다. 흉노에 사신으로 갈 적의 소무는 한창 때의 나이로 패기가 만만했다. 하지만 흉노에 억류되어 19년 뒤에 돌아온 소무는 백발이 성성해 있었다.

이릉의 절친했던 친구인 곽광霍光과 상관걸上官桀은 소무가 조정에 복귀한 것을 보고 임립정任立政 등 세 명을 흉노로 특파해 이릉을 설득했다. 돌아오게 하고 싶었던 것이다. 하지만 이릉은 세 사람에게 이렇게 말했다. "돌아가는 것은 어렵지 않겠지. 하지만 나는 이미 흉노에 굴욕적으로 투항했네. 다시 또 굴욕적으로 돌아가고 싶지는 않네." 그렇게 이릉은 내내 흉노에 죽을 때까지 머물렀다.

---

* **태뢰太牢**: 소, 양, 돼지 세 동물을 큰 그릇에 담아 제사를 지냄.

14장

동한東漢 때 충성으로 직책을 다한 관리들

뇌물을 받고 법을 어긴 관리들을 적발하고 훌륭한 인품과 직무에
충성을 다한 지방 관리를 표창하기 위해 동한東漢 순제順帝는 광록대
부光祿大夫* 장강張綱과 두교杜喬 등을 각 주州와 군郡으로 파견해 감찰
하도록 했다. 이때 3천 석 이상 품계의 관리는 모두 조사 범위 안에
들어갔다. 일단 뇌물을 받고 법을 어긴 행위가 적발되면 현령 이하
의 지방 말단 관리는 파견된 관리가 직접 그들을 체포해 법으로 처
벌할 수 있었다. 지방 장관인 경우에는 그 명단을 문서에 기록해 황
제에게 제출해 황제가 처리를 결정했다.

　장강은 조정의 명령이 떨어지자 자신이 타고 갈 수레의 바퀴가
진흙에 빠져 갈 수가 없다고 했다. 조정에서 사람을 보내 그를 재촉
하자 그가 말했다. "조정에서는 우리에게 정작 세력을 믿고 제멋대
로 날뛰는 승냥이는 잡지도 못하게 합니다. 그러면서 여우는 잡아
내라고 합니다. 이렇게 해서야 무슨 소용이겠습니까?"

　그러고는 관리를 탄핵하는 상소문을 써서 황제에게 올렸다. 상
소문에는 이렇게 적혀 있었다. "폐하께서는 나라의 조정 대권을 대

---

* **광록대부光祿大夫**: 한무제 때 설치한 관직. 황제의 고문에 준하는 관직으로 3천 석의
봉록을 받았다.

장군 양기梁冀와 하남윤河南尹 불의不疑와 같은 자에게 넘겨주었습니다. 그들은 폐하께서 조정을 다스리는 데 도움이 되지도 않을 뿐더러 도리어 폐하께서 그들에게 준 권력을 이용해 아무 거리낌 없이 뇌물을 받고 법을 어기면서 사치와 욕망을 채우고 있습니다. 신하된 자로서 저희는 상황을 직접 목격하면서 고통스러워하고 있습니다. 저는 지금 그들이 윗사람을 기만하고 아랫사람을 속이며 재산을 긁어모은 열다섯 건의 큰 일을 열거하고자 합니다. 이는 다른 이들이 그들의 진면목을 보게 하려 함입니다."

대장군 양기와 하남윤 불의는 당시 조정과 백성에까지 막강한 권력이 미쳤던 양씨 가문의 대표적 인물이었다. 그들은 당시 황제의 엄청난 총애를 받고 있던 양황후梁皇后의 가족으로 평소에 조당에서 제멋대로 설치면서 오만하게 굴었다. 자신의 친척을 마음대로 요직에 앉히고 직책을 멋대로 승진 혹은 강등시켰다. 하지만 다른 대신들은 화가 나도 섣불리 발언하지 못했다. 그런 마당에 장강이 대담하게도 상소문을 써서 그들의 죄상을 폭로하자 수도 낙양洛陽이 온통 충격에 휩싸이고 말았다. 순제는 상소문을 보고 장강이 한 말이 모두 진실임을 알았지만 양황후의 화를 돋우고 싶지 않아 상소문을 방치해놓았다.

한편 두교杜喬는 명령에 따라 연주兗州에 왔다가 연주의 인정이 순박하고 백성들도 평안하게 살면서 즐겁게 일하고 강도가 드는 일이 드물게 발생한다는 점을 발견했다. 관리들도 뇌물을 받고 법을 어기는 일을 저지른 적이 없었다.

그래서 두교는 조정에 아뢰기를 현지의 군태수郡太守 이고李固가 통치를 잘하고 있고 정치적 업적도 훌륭하다고 했다. 이윽고 순제는 이고를 수도 낙양으로 불러 장작대장將作大匠*으로 세워 수도에 남게 했다.

지방에 파견된 다른 사자들도 직책을 수행하면서 청렴하고 공정한 유능한 관리를 치하했고 탐관오리들은 탄핵시켰다. 하지만 탄핵된 지방 관리들 대다수가 든든한 배경을 갖추고 있었는데, 외척이 든든했거나 아니면 환관의 한 패거리이거나 했다. 외척과 환관들은 대권을 손에 쥐고 있으면서 서로 비호했다. 그래서 모든 탄핵안이 방치되었고 탄핵된 사람들도 계속해서 법적 제재에서 벗어났다. 장강 등의 입장에서 이런 상황은 개탄할 만한 일이었다. 그래서 장강은 재차 고발을 했다. 정위廷尉 오웅吳雄과 갓 장작대장에 오른 이고 역시나 글을 올려 요청했다. "8명의 사자가 고발한 탐관오리를 신속히 엄벌에 처해주소서."

순제는 이렇게 많은 사람이 상소문을 올려 탐관을 엄벌해달라는 요청을 보고는 재차 8명의 사자가 올린 탄핵 상소문을 들고 일일이 심사하고 죄를 언도할 수밖에 없었다.

장강이 여러 차례 외척 집단을 난처하게 만들자 양기梁冀 등은 장강에 대해 원한을 품고 갓은 방법을 동원해 그를 모함하려고 했다. 당시 광릉군廣陵郡에는 맹위를 떨치는 도적 떼가 있었는데 그들은 양주揚州와 서주徐州 일대에서 수십 년 동안 반란을 일으켰다. 역대 군태수들도 그들에 대해서는 속수무책이었다. 양기는 여기에서 장강을 모함할 방법을 고안해냈다. 황제에게 장강을 광릉군 태수로 임명하도록 요청한 것이다. 그리고 장강이 부임한 뒤에는 장강의 통치력이 부족하다고 모함하려고 했다. 조정에서도 이미 그 도

---

* **장작대장將作大匠**: 궁궐 건설을 담당하는 관직이다.

적 떼가 만만치 않다는 것을 알고 있었다. 그래서 이전의 광릉군 태수가 부임했을 때 조정에서는 상당수의 병사와 군마를 그에게 보내 도적 떼를 진압하도록 했다. 이번에도 조정에서 그렇게 하려고 했지만 장강은 조정의 호의를 거절하고 신임하는 측근 몇 명만 데리고 갔다.

광릉에 도달한 장강은 도적 떼의 수령 이름이 장영張嬰이라는 정보를 알아냈다. 그리고 그 사람이 본래는 일개 평민이었는데 현지 관리의 억압과 착취가 너무 가혹해 사람을 모아 반란을 일으켰다는 말도 들었다. 이윽고 장강은 장영의 산채 입구로 가서 장영과 만나기를 요구했다. 장영은 장강의 침착한 모습을 보고 그의 배후에 조정의 군대가 있을지도 모른다고 생각하고는 겁을 먹고 부하에게 산채의 입구를 단단히 닫도록 분부했다. 그 상황을 목도한 장강은 함께 온 다른 관리와 백성을 보내고 옆에 측근 십여 명만 남겨놓았다. 그런 뒤 편지 한 통을 써서 도적의 부하들더러 장영을 데려오도록 해서 만나기를 청했다. 장영은 장강 주위에 십여 명만 남은 것을 보고는 산채에서 나왔고 두 사람은 드디어 얼굴을 마주하게 됐다.

장영을 본 장강이 입을 열었다. "나도 그대가 어쩔 수 없이 반란을 일으켰다는 사실을 알고 있소. 과거의 수많은 군태수들은 뇌물을 받고 법을 어기고 무능하고 포학했으며 백성을 착취할 줄만 알았소. 그래서 그대들의 생활이 어려워지자 분노를 품어 많은 사람들이 모여 군대를 일으킨 것이오. 잘못은 조정에 있소. 하지만 많은 사람이 모여 무장 반란을 일으킨 것도 대의에 어긋나오. 지금 폐하께서는 이미 그대들을 너그러이 용서하고 은덕을 베풀어 다시금 편안하게 살면서 즐겁게 일하도록 하기로 결정했소. 나는 황제의 명을 받고 이곳에 왔소. 그대들을 토벌해 섬멸하려고 이곳에 온 것이 아니오. 그대들에게 관직을 주어 그대들이 조상을 빛내도록 하려 함이오. 오늘은 그대들이 화를 복으로 바꿀 날이오. 만일 오늘 투항을 원치 않으면 때가 되어 형주荊州, 양주揚州, 연주兗州, 예주豫州의 대군을 이곳으로 집결시키게 될 것이오. 그러면 그대들이 투항하려고 해도 때는 늦소. 조상을 빛내는 것도 더 말할 필요도 없겠소. 두 가지 선택의 이해관계에 대해 나는 정확히 설명했소. 신중하게 고민해보시오."

장영은 본래 사리에 밝은 사람이었던지라 장강의 말에 큰 감명을 받았다. "우리에게는 무식하게 힘만 있을 뿐 진정한 능력을 갖춘 사람이 없습니다. 공의 말대로 우리는 착취와 억압 때문에 하는 수 없이 모인 것입니다. 하지만 이는 영구적인 해법도 아니라는 점을 저도 스스로 잘 알고 있고 또 언젠가는 조정을 위해 헌신할 생각이었습니다. 이제 공이 와서 우리가 투항하도록 하니 공은 우리의 생명의 은인입니다!"

이튿날, 장영은 군대와 백성들을 이끌고 장강에게 와서 투항했다. 장강은 주연을 성대하게 열도록 하고 장영 등을 정성껏 대접했다. 주연이 끝난 뒤 장강은 장영이 이끄는 사람들을 해산시켰다. 집이 있는 사람은 집으로 돌아가고 집이 없는 사람은 다른 살길을 찾도록 했다. 또한 장강은 장영에게 집과 논밭을 주고 장영의 자손들을 지방 관리로 임명했다.

이로써 광릉군에는 더 이상 대규모 도적 떼가 나타나지 않았다. 바른 정치가 실현되고 화목한 분위기가 이어졌다. 조정에 관리의 재직 기간 중 업적을 책임지고 심사하는 관리는 장강이 마땅히 후작에 봉해져야 한다고 여겼다. 하지만 양기 등은 순제 앞에서 장강에 대한 험담을 수도 없이 늘어놓았다. 그 말을 들은 순제는 장강에 대한 작위를 취소했다.

1년 뒤 장강이 병에 걸려 죽자 광릉군의 수많은 백성들이 상복을 입고 장강의 죽음을 애도했다. 장영 등은 모두 함께 장강의 관이 장강의 고향에 돌아가도록 호송했고 그를 위한 무덤도 쌓았다. 순제는 이 소식을 듣고 비통해하면서 장강의 아들 장속張續을 낭중郎中에 봉하도록 명을 내리고 장속에게 돈 1백만을 보냈다.

당시 2천 석의 녹을 받은 관리 중 치하를 가장 많이 받은 사람은 기주冀州 자사刺史 소장蘇章과 교동국膠東國 정승 오출吳出이었다. 소장은 사람의 능력을 잘 파악해 적재적소에 사용하고 세세한 부분까지 살펴봤으며 과도한 관용을 베풀지 않았다. 그는 관할 구역을 순시하던 중 태수를 지내고 있는 친한 벗이 뇌물을 받고 법을 어기는 정황을 적발하게 됐다. 그러자 그는 친구에게 술자리를 권했고 두 사람은 마음을 열고 실컷 술을 마시면서 담소를 나누었다. 친구는 소장이 자신을 초대해 술을 대접했으니 분명 옛정을 생각해 그의 죄를 추궁하지 않을 것이라고 생각하고 기쁘게 말했다.

"다른 사람의 머리 위에는 오로지 하나의 하늘만 있을 뿐이지만 내 머리 위에는 두 개의 하늘이 있네. 자네가 바로 나의 하늘이라네!"

소장은 그 말을 듣고 살짝 미소를 지었다. "오늘 밤, 나와 자네가 이렇게 실컷 술을 마시는 것은 우리가 친구이기 때문이라네. 하지만 내일이 되면 나는 기주의 자사이고 자네는 군의 태수가 되어 우리는 법에 따라 일을 처리해야 한다네."

다음 날 소장은 친구를 고발했고 그에게 죄를 언도했다. 그 결정에 기주의 백성들과 관리들은 고개를 숙이며 존경을 표했다. 그 뒤로 소장은 또다시 외척이나 환관과 관계가 아주 긴밀한 수많은

그는 관할 구역을 순시하던 중 태수를 지내고
있는 친한 벗이 뇌물을 받고 법을 어기는 정황을
적발하게 됐다. 그러자 그는 친구에게 술자리를
권했고 두 사람은 마음을 열고 실컷
술을 마시면서 담소를 나누었다.

관리를 공격했다가 결국 악인들에게 모함을 당해 관직에서 해임됐다.

오출은 교동국 정승에 있는 기간 동안 백성을 사랑하고 관용을 베풀었으며 생산을 장려해 백성들은 그를 우러러 모셨다. 그때 어느 향색부鄉薔夫* 한 명이 백성의 세금을 남몰래 사용해 자신의 아버지에게 옷을 사준 일이 있었다. 그의 아버지는 그 일을 알고는 크게 화를 내면서 그에게 말했다. "네가 이런 짓을 하면 오 정승에게 면목이 서겠느냐? 너는 어떻게 이렇게 어진 관리를 박정하게도 속이느냐?"

말을 마친 뒤 오출에게 가서 자수하여 죄를 인정하라고 아들을 타일렀다. 향색부는 하는 수 없이 아버지의 말씀에 따라 옷을 가지고 관청으로 가서 죄를 인정했다. 오출은 두려워 벌벌 떨면서 오는 향색부를 보고는 주위를 물리고 차를 따라주었다. 향색부가 좀 진정이 되자 무슨 일인지 물었다. 향색부는 자신이 온 이유를 말한 뒤 아버지의 말씀을 한 번 더 전했다. 오출은 그 말을 다 듣고는 그를 탓하지 않고 도리어 아버지에게 가서 배우라고 하면서 옷을 그의 아버지에게 돌려보냈다.

---

* **향색부鄉薔夫**: 옛날 시골 관리의 일종으로 주로 세금 수납을 관할했다.

15장

반초班超가 서역西域에 사자로 가다

영평永平 16년기원후 73년 봄, 동한의 명제明帝는 황문시랑黃門侍郞 제융祭肜과 봉거도위奉車都尉 두고竇固 등에게 군사를 네 갈래로 나누어 북흉노의 잔여 세력을 철저히 섬멸하도록 했다.

제융은 한나라를 섬기는 남흉노의 수령인 좌현왕左賢王과 한 조가 되었다. 두 사람은 함께 군대를 지휘해 고궐새高闕塞에서 적군을 토벌하러 출병했다. 산언덕에 도착한 뒤 남흉노 수령 좌현왕은 제융에게 거짓말을 했다. "더 이상 전진할 필요는 없겠습니다. 여기는 북흉노의 소굴이라 여기에서 기다리면 됩니다." 제융은 그 말을 그대로 믿고 장병들에게 진을 치고 주둔하면서 산언덕에서 북흉노 군대를 기다리도록 했다. 하지만 아무리 기다려도 북흉노 군대가 오지 않자 공을 세우지 못하고 돌아올 수밖에 없었다.

한편 한 조가 된 두고와 경충耿忠 두 사람은 군대를 이끌고 북흉노의 호연왕呼衍王을 추격해 천여 명을 죽였다. 호연왕은 군대를 이끌고 도주했고 두고는 군대를 통솔해 곧장 그들을 추격해 포류해蒲類海에서 그들을 죽이고 이오로伊吾盧 지역을 점령했다. 경충이 서둘러 도착하자 두고가 이오로 지역에 의도위宜都尉를 설치하고 싶다고 했다. 경충은 마땅히 그래야 한다고 생각해 일부 장병을 남겨 두어 그곳에서 지키도록 했다.

그런가 하면 경병耿秉과 진팽秦彭이 대군을 이끌고 북흉노의 흉림왕匈林王을 토벌하러 오자 세력이 약한 흉림왕의 부대는 멀리서 한나라 군대를 보고는 달아나기 시작했다. 그러자 경병과 진팽은 군대를 이끌고 삼목루산三木樓山까지 추격한 뒤 더 이상 추격이 어렵거니와 적이 험한 곳에 매복을 둘 것도 염려해 군대를 이끌고 되돌아왔다.

한편 래묘來苗와 문목文穆이 이끄는 대군은 북흉노의 약하디 약한 오합지졸들을 만났다. 그래서 용맹한 두 사람이었지만 큰 공을 세우지는 못했다.

이렇게 제융이 조정으로 복귀했는데 제융이 적을 두려워해 전진하지 못하고 군을 통솔해 작은 산언덕에서 수일간 머무르느라 승리의 기회를 놓쳤다고 말한 대신이 있었다. 명제는 그 모략의 말을 믿고 제융을 파면하고 수감시켰다. 그러고 나서 얼마 지나지 않아 명제는 진상을 파악하고 제융을 사면했다. 하지만 제융은 자신이 소인에 의해 기만당했다는 사실에 분노가 치밀어 오른 데다 옥고까지 치러서 그 후 병으로 자리에 눕더니 며칠 지나지 않아 피를 토하며 죽고 말았다.

죽기 직전 제융은 아들에게 이렇게 말했다. "폐하께서는 줄곧 나를 신임했지만 나는 그분의 신임을 저버렸다. 공로 없이 봉록을 받는 것은 마땅치 않으니 내가 죽고 나면 너는 폐하께서 나에게 내려주신 하사품을 전부 장부에 기록해두었다가 조정에 반납하도록 해라. 내가 나라에 보답하고자 하는 바람은 오직 너만이 실현해줄 수 있겠구나."

제융이 세상을 떠난 뒤 그의 아들은 상소문의 형식으로 제융의 유언을 명제에게 올렸다. 그리고 명제가 제융에게 내린 하사품을 전부 반납했다. 제융을 다시 기용하려던 참이었던 명제는 제융의 유언을 보고 뼈저리게 뉘우쳤다.

한편 북흉노를 토벌한 전투에서 혁혁한 전공을 세운 두고는 치하를 받고 벼슬이 더욱 높아져 서역의 업무를 주관하게 됐다. 두고가 출병해 흉노를 공격할 때 군 내부에 대리사마代理司馬의 관직에 있던 반초班超라는 사람이 있었다. 그는 본래 글을 짓던 선비였으나 형 반고班固 때문에 붓을 내던지고 종군하여 군대 생활을 시작하게 되었다. 그렇게 흉노를 공격할 때 반초는 뛰어난 능력을 선보였다. 당시 그는 병사를 이끌고 이오伊吾현을 공격하면서 처음부터 한나라에게 승리를 안겨주었다. 두고는 그의 군사적 재능을 아낌없이 칭찬하면서 서역 업무를 주관한 뒤로 반초를 종사從事 곽순郭恂과 함께 서역에 사신으로 보내기로 결정했다.

반초는 30여 명의 인원을 이끌고 먼저 서역의 선선국鄯善國에 도착해 선선왕鄯善王에게 한나라에 복종하기를 권고했다. 그러자 선선왕은 열정적이면서도 예의바르게 그들을 대접하면서 매일 맛있는 음식과 술을 보내 그들이 먹고 마실 수 있도록 했다. 하지만 얼마 지나지 않아 선선왕의 태도가 돌변했다. 맛있는 음식과 술을 보내지도 않을 뿐더러 인사조차도 번거로워하는 것이었다. 반초는 선선왕의 태도를 파악하고 부하에게 말했다. "우리에 대한 선선왕의 태도가 변했다. 이유가 무엇이라고 생각하는가?" 다들 한 입으로 대답했다. "호인胡人*들은 이렇습니다. 이랬다저랬다 하지요."

하지만 반초는 그렇게 생각하지 않고 선선왕의 태도를 분석했다.

---

* **호인胡人**: 흉노 등 북방과 서방의 이민족.

"분명 흉노의 사자가 선선국에 왔을 것이다. 그러니 선선왕이 이렇게 머뭇거리면서 어느 편과 가까이할지 모르는 것이다. 하지만 이는 우리의 추측일 뿐이니 진상을 알려면 사람을 물색해 물어봐야 한다."

이윽고 선선왕의 시종이 음식을 가지고 오자 반초는 실상을 아는 것처럼 꾸며 아주 그럴 듯하게 물었다. "흉노의 사자가 왔는데 어째서 우리에게 소개해주지 않는 것이냐? 나에게 그들이 어디에 묵고 있는지 알려줄 수 있겠는가?" 시종은 그 말을 듣고 반초 일행이 이미 상황을 알고 있다고 여기고는 그대로 알려주고 말았다. "그들은 지금 이곳에서 30리 떨어진 곳에 묵고 있습니다. 온 지는 사흘 됐습니다."

시종이 자신들과 나눈 대화를 다른 곳에 흘리지 않게 하기 위해 반초는 사람을 시켜 잠시 그를 가둬두도록 했다. 그런 뒤 그는 자신이 데려온 부하들을 불러 모았다. 모두 합해 36명이었다. 그런데 종사 곽순만은 부르지 않았다. 반초는 그들과 함께 술을 마시면서 술이 세 순번 돌기를 기다렸다가 격앙된 어조로 말했다.

"여러분들도 봤겠지만 북흉노의 사자가 온 지 이미 사흘이나 됐고 선선왕은 이렇게 우리를 대하기 시작했소. 우리가 머나먼 고향을 떠나 서역에 온 것은 공을 세우기 위함이지 남의 눈치를 보려는 것이 아니오. 만일 선선왕이 북흉노와의 화친을 결정한다면 우리를 위험에 빠뜨릴 것이오. 승냥이와 이리의 입으로 들어가는 식량이 되기를 기다릴 바에는 차라리 방법을 강구해 주도권을 되찾는 게 낫소. 혹시 무슨 좋은 방법이 없겠소?"

다들 딱히 좋은 방법은 떠오르지 않았지만 모두들 목숨의 위협을 무릅쓰고라도 반초의 처분을 따를 의향을 표시했다. 반초는 사람들의 태도를 듣고 반가운 마음으로 말했다. "사실 나는 이미 여러분이 입신양명할 수 있는 방법 하나를 생각해냈소. 바로 한밤중에 불로 흉노의 사자를 공격하는 것이오. 큰 불이 난 뒤에 그들은 분명 놀라 허둥지둥할 것이오. 어두운 밤이기 때문에 그들은 우리가 몇 명이나 되는지 정확히 알 수 없을 것이오. 그러면 우리는 사자들을 남김없이 죽일 수 있을 것이오. 우리가 선선왕의 세력 범위에서 흉노의 사자를 모조리 죽였으니 흉노는 필시 선선왕에게 원한을 품을 것이고 선선왕은 어쩔 수 없이 우리와 협력할 수밖에 없을 것이오."

이때 부하 한 명이 질문을 던졌다. "곽순은 어떻게 합니까? 그와도 상의를 해야 하지 않을까요? 그도 우리와 함께하는 사람이니까요." 그러자 반초가 해명했다. "곽순은 나약한 서생이라 일처리가 우유부단하오. 오늘 밤 우리가 진행할 일은 목숨을 건 전쟁이오. 만일 그가 우리의 계획을 안다면 쉽게 다른 이들에게 발각될 것이오. 그렇게 되면 큰일이 그르치게 될 게 뻔하지 않겠소? 여러분은 소리 소문 없이 죽겠소, 아니면 영웅호걸이 되겠소?" 그러자 다들 소리를 높였다. "영웅호걸이 되겠습니다!"

하늘의 도움으로 그날 밤은 바람이 거세게 불었다. 반초는 화구를 가지고 갔고, 따라간 사람 중 어떤 이는 전쟁 때 쓰던 북을 들고, 또 어떤 이는 무기를 들고 북흉노 사자가 거처하는 곳으로 곧장 달려갔다. 반초는 북을 들고 있던 십여 명에게 흉노 사자의 임시 숙소 뒤편에 숨어 있게 했다. 그러면서 반초는 그들에게 일단 불빛이 보이면 모두 고함을 지르고 북을 치라고 일렀다. 다른 사람들은 대문의 양편에 숨어 있다가 무기로 적을 죽일 준비를 하라고 일렀다. 점화를 맡은 반초가 불을 붙이자 불은 바람을 타고 흉노족 숙소를 순식간에 불바다로 만들어버렸다. 사방에서 전투의 북소리가 울리고 병사들의 함성소리가 들려왔다.

상황을 본 흉노족은 적의 대부대가 온 것으로 여기고 잇따라 문을 박차고 뛰쳐나갔다. 아수라장이 따로 없었다. 이때 반초는 사람들을 이끌고 기세를 몰아 흉노족을 죽였다. 결국 북흉노의 사절단은 몰살됐다. 그중 대다수의 사람들은 불에 타 죽었고 30여 명은 칼로 베여 죽었다. 또 어떤 이들은 자기편에 의해 밟혀 죽기도 했다. 반초는 용맹스럽게 싸우면서 3명의 흉노족을 직접 죽이기까지 했다.

북흉노 사자를 전멸시킨 뒤 반초는 사람들을 이끌고 숙소로 돌아가 상황의 전 과정을 곽순에게 알렸다. 곽순은 그 말을 듣고는 먼저 두려워하는 모습을 보이다가 나중에는 실망의 기색을 내비쳤다. 반초가 자신을 형제로 대하지 않은 것 같았기 때문이다. 반초는 곽순의 생각을 눈치 채고 이내 그를 위로했다. "물론 그대가 어젯밤 거행에 참여하지는 못했지만 공은 우리 모두가 세운 것이라네. 내가 형제의 정을 저버릴 리가 없지 않은가." 곽순은 입으로는 자신이 공을 전혀 염두에 두지 않는다고 했지만 반초의 말에 금세 화색이 돌았다.

이튿날 날이 밝자 반초는 선선왕을 알현했다. 어젯밤의 일을 고하고는 베어 온 흉노 사자의 목을 선선왕에게 보여주었다. 그러자 선선왕과 수많은 대신들은 겁에 질렸다. 반초는 때를 놓치지 않고 한나라의 정책과 은덕을 선선왕에게 말하면서 선선왕이 한나라에 항복해야만 북흉노 사자를 죽인 일이 한나라의 책임이 될 것임을 알렸다. 그러면서 반초가 말을 덧붙였다. "선선국이 더 이상 북흉노와 왕래하지 않기를 바라옵니다." 선선왕은 북흉노와 가깝게 지내

상황을 본 흉노족은 적의 대
부대가 온 것으로 여기고 잇따라
문을 박차고 뛰쳐나갔다. 아수라장이
따로 없었다. 이때 반초는 사람들을 이끌
고 기세를 몰아 흉노족을 죽였다.

는 것이 불가능한 일임을 깨닫고는 바로 반초 앞에 꿇어 엎드렸다. "선선국은 한나라에 복종하기 원하오. 지금부터 북흉노와는 적이 되겠소." 당시의 관례에 따라 반초는 선선왕의 아들을 인질 삼아 한나라로 데리고 갔다.

반초는 서역에서 돌아온 뒤 선선국에 다녀온 과정을 두고에게 설명했다. 두고는 또 그 과정을 명제에게 보고했고 반초 등의 공로를 강조했다. 그 일로 반초는 직위가 올랐고 많은 하사품도 받았다. 그런 뒤 얼마 지나지 않아 조정에서는 다시 한 번 서역 남도의 우전국於闐國에 사자를 보낼 준비를 하고 있었다. 명제가 두고에게 어명을 내렸다. "이번에 서역으로 갈 사자는 따로 사람을 고를 필요가 없겠다. 반초 같은 인재를 아낌없이 써야 마땅하지 않겠는가? 짐은 반초를 군사마軍司馬의 직위에 임명하고 즉시 서역으로 가도록 하겠다."

두고는 우전국이 선선국보다 더 먼 데다 항복을 받아내기가 훨씬 어렵다는 것을 알고 반초를 위해 수행 인원을 더 증가시키려고 했다. 하지만 반초는 두고에게 이렇게 말했다. "이번 우전국에 가는 길은 멀고 멉니다. 물론 수행하는 사람이 많으면 제가 한나라의 강력함을 드러낼 수는 있으나 만일 뜻밖의 상황이 발생하면 도리어 그 많은 사람들이 일사불란하게 행동하고 철수하기에 불리합니다." 그렇게 그는 이전에 함께했던 오래된 부하들만 데리고 갔다.

서역 남도의 우전국은 본래 북흉노의 부속국으로 흉노의 감독과 보호를 받고 있었다. 반초가 우전국에 도착하자 우전왕은 반초 등에게 냉담하게 대했다. 무술巫術을 신봉하던 우전국이었던 터라 반초가 도착하자마자 두 명의 무당이 우전왕 광덕廣德에게 말했다. "천신께서 우리에게 묻고 있습니다. 이미 흉노에게 복종하고 있으면서 왜 또 한나라에 복종하려고 하는지 말입니다. 이는 불충한 태도입니다. 한나라의 사절단 중에 검은 입술을 한 황색 말이 한 필 있습니다. 얼른 그 말의 머리를 베어 제가 그것을 제물로 천신께 바치면 천신께서 우리를 용서해주실 것입니다."

그렇게 해서 우전왕은 반초에게 사람을 보내 그 말 한 필을 요구했다. 반초는 이유를 물은 뒤 바로 승낙함과 동시에 상응하는 요구를 했다. 반드시 무당 본인이 직접 말을 가져가라고 한 것이다. 우전왕은 무당에게 말을 가져오도록 했고 무당이 오자 반초가 그 앞으로 가서 단칼에 무당의 머리를 베어버렸다. 동행하던 우전국 재상 사래비私來比 역시 반초에게 잡혀 초주검이 되도록 매질을 당했다. 반초는 무당의 머리를 들고 우전왕 광덕에게 가서 보여주고는 그의 행동을 질책했다.

일찍이 우전왕은 반초가 선선국에서 흉노 사자를 몰살시킨 일을 들은 바 있었다. 지금 반초의 대범한 행동거지를 보고는 속으로 깊이 감탄해 곧바로 흉노의 사자를 죽이고 한나라에 복종하기로 결심했다. 그러자 반초는 그들에게 상당한 양의 하사품을 내려 한나라 군주의 넓고 큰 은혜를 드러내보였다.

그 일이 있은 뒤로 서역의 나라들은 모두 한나라 신하 중에 용맹하고 전투에 뛰어난 반초라는 인물이 있다는 것을 알게 됐다. 그러면서 잇따라 한나라를 섬기겠다는 뜻을 내비치면서 적극적으로 왕자를 한나라에 인질로 보냈다. 이렇듯 반초가 서역에 사자로 감으로써 65년 동안 중단됐던 서역과 한나라의 관계가 다시 회복하게 되었다.

16장

외척에게 작위 내리기를 거부한 마태후馬太后

한장제漢章帝는 황위를 계승한 뒤에도 그의 외숙의 도움에서 벗어나지 못했다. 늘 도움을 받던 황제는 자신의 외숙에게 상을 내리려고 했다. 하지만 계속 마태후馬太后의 방해를 받았다.

건초建初 2년기원후 77년 봄, 온 나라가 큰 가뭄에 몸살을 앓자 누군가 한장제에게 글을 올렸다. "폐하께서 장기간 외척에게 상을 내리지 않아 지금 하늘이 우리를 벌하려는 것입니다. 폐하께서 관례에 따라 조속히 외척에게 상을 내리소서."

한장제는 대신들의 말을 듣고 외척에게 상을 내리려고 했다. 하지만 그 일을 알게 된 마태후는 또다시 저지를 시작하면서 의지懿旨*를 내렸다.

"대신들은 외척 관리에게 아첨하고 개인의 이익을 도모하기 위해 비 오기를 기원한다는 명목으로 외척에게 상을 내리라고 폐하께 요구하고 있소. 외척에게 상을 내린다고 해서 비를 내리게 할 수 있겠는가? 그렇다면 한성제漢成帝 때는 하루 만에 다섯 외숙을 후작으로 봉했는데 어째서 비 한 방울 내리지 않았는가? 그 일 이후 결

---

* **의지懿旨**: 황태후나 황후의 조령 또는 명령이다.

국 외척의 권세가 갈수록 강력해져 나라의 안정과 단결에 직접적인 영향을 미쳤소. 선왕께서는 이런 이치를 아셔서 한 번도 외숙을 요직에 임명하지 않으셨소. 지금 우리 마가馬家의 후대는 고귀한 외척이오. 하지만 예전 음가陰家*와 어찌 비교할 수 있겠소? 음가는 모두 성품이 고결하고 능력이 탁월한 인물들이었소. 위위衛尉 음흥陰興은 성품이 고결하여 천하의 모든 사람들에게 칭송을 받았소. 황궁의 사신이 그분의 집으로 가서 황제의 유서를 전달하니 음흥은 버선발로 나와 맞이했소. 신양후新陽侯 음취陰就는 사소한 일에 얽매임이 없었던 분으로 대신들 가운데 가장 총명한 인물이었소. 원록정후原鹿貞侯 음식陰識의 충성스러움과 용맹함은 세상 사람들의 칭송을 받았소. 음가 사람들은 이렇듯 모두 위에 열거한 세 분처럼 탁월했소. 우리 마가의 사람들은 음가 사람들과 아예 비교 대상이 안 되오. 마가 사람들은 지나치게 사치스럽소. 장례를 치를 때 규모가 너무 크고 평상시 먹고 입고 자는 데 사용하는 것들이 모두 사치스럽소. 만일 그들이 자신의 이런 잘못을 보았다면 응당 고쳐야 맞소. 하지만 유감스럽게도 그들은 자신의 모습을 보지 못했소.

나는 한 나라의 어머니로서 응당 천하의 사람들에게 모범이 되어야 하오. 그래서 나는 근검절약을 숭상해 한 번도 비단 옷을 입어본 적이 없고 맛있는 음식으로 가득 찬 성찬을 먹어본 적이 없소. 게다가 귀중한 장신구를 몸에 지니지도 않는다오. 나는 본래 나의 처가 식구가 나의 이런 모습을 보고 따라 배우기를 바랐소. 하지만

---

* **음가陰家**: 남양南陽 음씨陰氏를 말한다. 동한東漢 때 음씨 가문은 최상위의 외척세가였다. 한광무제漢光武帝 유수劉秀가 음려화陰麗華를 총애해 음려화를 황후로 봉했다. 음흥陰興이나 음취陰就 등도 모두 음씨 가문의 구성원이었다.

"나는 한 나라의 어머니로서 응당 천하의 사람들
에게 모범이 되어야 하오. 그래서 나는 근검절약을 숭상해 한 번도
비단 옷을 입어본 적이 없고 맛있는 음식으로 가득 찬 성찬을 먹어
본 적이 없소. 게다가 귀중한 장신구를 몸에 지니지도 않는다오."

그들은 그것을 대수롭지 않게 여길 뿐더러 함께 모여 나를 조롱하며 이렇게 말했소. '그저 태후께서 내내 그렇게 '근검절약'하시기를 바라옵니다.' 한 번은 탁룡문濯龍門을 지나다가 마가의 대문에 수레가 끊임없이 왕래하고 그곳에 예를 갖춰 도착한 사람들이 길을 막고 있는 광경을 보았소. 마가의 하인들은 저마다 비단옷을 입고 있었는데 내 복장보다 더 화려했소. 그러니 내 하인들의 옷은 더 이상 말할 것도 없었소. 나는 그들에게 권고를 해도 소용없다는 것을 알고 내 스스로 최대한 근검절약해 그들을 대신해 속죄할 생각이었소. 하지만 그들은 지금껏 내 마음을 헤아리지 못하고 있는 대로 사치를 하고 있소. 나보다 외숙들을 더 잘 알고 있는 사람은 아무도 없소. 그들이 내 가족이기 때문이오. 만일 그들이 대권을 장악한다면 선왕과 폐하의 고심을 저버릴 뿐만 아니라 과거 왕조와 같이 외척이 가하는 혼란의 국면을 조장할 것이오."

한장제는 그 글을 다 본 뒤 이렇게 변명했다. "어마마마의 말씀이 지나치시옵니다. 외숙을 제후로 봉하는 것은 그저 제가 관례에 따라 일을 처리하려는 것일 뿐입니다. 한나라가 건립된 이래로 외척을 제후에 봉하는 관례는 다 있었습니다. 우리는 그것을 따르는 것이 마땅합니다. 저는 외척이 혼란을 조장할까 걱정하는 어마마마의 심정을 알고 있고, 또 어마마마께서 겸양의 마음을 갖고 있다는 점도 알고 있사옵니다. 하지만 외숙 위위衛尉 마료馬廖는 나이가 많고, 성문교위城門校尉 마방馬防과 월기교위越騎校尉 마광馬光은 중병을 앓고 있습니다. 그분들은 혼란을 조장하고 싶어도 조장할 힘이 없습니다. 만일 지금 제가 그분들을 제후에 봉하지 않았다가 그분들이 갑자기 명을 달리하시면 저는 천하 백성들의 질책을 받을 것입니다. 그러니 더 이상 미루지 말고 시급히 제후에 봉해야 합니다."

그러자 마태후가 또다시 의지를 내렸다. "나는 우리 마가에 대한 황상의 배려에 황송할 따름이오. 하지만 황제의 외숙들을 제후로 봉하는 것은 나라와 백성들에게 좋은 일이 아니오. 우리 마가역시 그로 인해 해를 입을 수 있소. 이전에 두태후竇太后*가 왕황후王皇后**의 오라버니를 제후로 봉하려고 했었소. 그러자 승상 주아부周亞夫***가 '선조의 규정에 전공을 세우지 않은 사람은 제후로 봉할수 없다'는 이유로 만류했소. 한나라 건무建武 중흥 시기의 외척 음가와 곽가郭家가 대거 작위를 받았던 것은 음가와 곽가의 인재들이뛰어나고 전공이 혁혁했기 때문이오. 하지만 마가의 사람들은 문인이고 누구도 전공을 세우지 않았소. 그런데 어떻게 제후로 봉할 수있겠소?

역사적으로 아무 전공이 없으면서 여러 차례 상을 받아 부귀를누린 가문은 끝이 좋지 않았소. 여러 차례 작위를 내리는 것은 나무가 일 년에 여러 차례 과실을 맺는 것과 같소. 그렇게 되면 분명 나무의 뿌리가 상하게 돼 있소. 지금 사람들이 제후로 봉해지기를 바라는 이유는 조상을 빛내고 봉록을 받아 일상생활의 필요를 만족시키려는 것뿐이오. 지금 우리 마가는 이미 그 모든 것들을 갖추었고 황상께서 우리에게 준 것으로 충분하오. 거기에 봉지를 더해서무얼 하겠소? 그러니 황상께서는 더 이상 외숙에게 상을 내리지 마시오.

---

* **두태후竇太后**: 서한 때 한문제 유항劉恒의 황후로 한경제漢景帝의 어머니다.
** **왕황후王皇后**: 성은 왕王이고 이름은 지娡이다. 한경제의 두 번째 황후로 한무제漢武帝의 생모다.
*** **주아부周亞夫**: 서한의 명장으로 '오초칠국의 난'을 평정했다.

지금 전국적으로 큰 가뭄이 들어 백성들이 편안하게 살 수가 없소. 황상께서 생각해야 하는 것은 민생대계이지 외척에게 작위를 내리는 것이 아니오. 물론 황상은 성인이고 또 일국의 군왕이니 이런 일은 당연히 마음대로 정할 수 있소. 하지만 지금 선왕께서 붕어하신 지 3년이 안 되어 황상은 지금도 복상 중이오. 게다가 외척에게 작위를 내리는 일은 내 친정 사람과 관련되어 있으니 이 일은 응당 내가 맡아서 결정하겠소. 만일 지금부터 나라와 백성이 평안하고 비바람이 순조로워 풍년이 들면 그 뒤로 나는 더 이상 정사에 관여하지 않고 완전히 황상께서 결정하도록 하겠소. 그때가 되면 나는 몸과 마음을 보양하면서 천수를 누리기만을 고대하겠소."

태후의 말을 듣고 한장제는 결국 외척에게 작위를 내리려는 생각을 접었다.

자신과 자신의 가족들에 대한 요구가 무척 높았던 마태후는 세 명의 보정대신輔政大臣에게 이렇게 말한 적이 있었다. "만일 마씨 일가 및 그 인척 중에 지방의 정사에 간여하고 혼란을 조장하는 사람이 있다면 그대로 두지 말고 법에 따라 처벌하시오."

마태후의 모친이 죽었을 때 하관한 뒤 위위 마료 등이 무덤의 봉토를 높게 올리자 마태후는 즉시 봉토의 높이를 낮추게 했다. 또한 마태후는 마씨 일가 중 누군가 잘못을 저지르면 아주 사소한 잘못이더라도 직접 그 사람을 찾아 훈계했다. 만일 잘못이 크면 마태후는 직접 그 사람을 고향으로 돌려보내고 영원히 임용하지 않았다. 마태후는 한장제에게서 광평왕廣平王 유선劉羨, 거록왕鉅鹿王 유공劉恭, 낙성왕樂成王 유당劉黨 등의 생활이 매우 검소하고 수레와 말에 장식을 하지 않으며 무명옷을 입는다는 말을 전해 듣고는 그들에게 각각 돈 5백만 냥을 하사했다.

마태후는 직접 실천으로 모범을 보이고 검박하고 겸허한 사람에게 상을 내리고 낭비가 심한 사람에게 벌을 내렸다. 그래서 황족이든 외척이든 모두 스스로를 엄격히 절제하기 시작했고 황제의 친척들의 소양도 높아졌다. 그런 이유로 당시의 기풍은 명제가 살아 있을 때보다 더욱 훌륭했다.

17장

환관이 권력을 독점한 한漢나라

오호십육국 시대에 한나라의 황제 유총劉聰은 비빈이 거처하는 궁궐인 후궁에서 놀고 향락을 즐기는 데 여념이 없었다. 그래서 조정은 심각한 혼란에 빠졌고 나라의 대권은 환관들의 수중에 빠져 있었다. 간혹 유총은 후궁에서 며칠 동안 곯아떨어졌는데 장장 백여 일 동안 후궁에서 나오지 않은 적도 있었다. 그가 이렇게 오랫동안 조정에 등정하지 않으니 정사가 온통 그의 아들인 승상 유찬劉粲에게 맡겨졌다. 유총은 큰일이 벌어질 때에만 후궁 내부의 환관 상시常侍*인 왕침王沈과 선회宣懷 등을 입궁시켜 유찬의 보고를 듣도록 했다. 한편 환관들은 종종 윗사람을 기만하고 아랫사람을 속였으며 자신의 기호에 따라 시비를 가렸다. 아첨할 줄만 아는 간사한 소인배들을 등용했고 공로가 큰 연로한 신하들은 등용에서 배제했다.

오호십육국 시대에는 전쟁이 빈번히 발생했는데 피 흘려 싸운 한나라의 장병들은 전선에서 밥조차도 제대로 먹지 못했다. 하지만 후궁에서 시중드는 소년들이나 하인들은 멋대로 정보를 날조해 돈 수천수만 냥을 얻을 수 있었다. 왕침 등이 생활하면서 사치를 부

---

* **상시常侍**: 뒤이어 등장하는 복야仆射와 함께 진한秦漢 시대부터 황궁에서 자주 볼 수 있는 관직이다. 주요 책임자에 해당하며 오호십육국 시대에는 대부분 환관이 맡았다.

리는 정도는 일반 대신들의 수준을 한참이나 넘어섰다. 그들의 관저는 친왕들보다 훨씬 호화로웠다. 그리고 그들의 친척과 양자들은 모두 관운이 트였다.

그때 태제太弟* 유의劉義는 중궁의 환관 대신 곽의郭猗의 미움을 샀다. 그래서 곽의는 재상 유찬을 찾아가서 거짓말을 했다. "전하, 전하께서는 지금 폐하의 적자로 황위는 당연히 전하께 내려질 것입니다. 하지만 폐하께서는 도리어 황위를 태제 유의에게 내리려고 합니다. 태제는 최근 대장군 유기劉驥와 반란을 도모하면서 하루속히 황제가 되려고 합니다. 일단 그가 황제가 되면 대장군 유기는 태자에 봉해질 것이고 또 위장군衛將軍 유매劉勱를 포섭할 것입니다. 이 세 사람이 나라의 병권을 장악하고 그들이 연합해 반란을 일으키면 누구도 저지할 수 없습니다. 게다가 태제 유의와 대장군 유기는 모두 도량이 좁은 인물들입니다. 그들이 일단 목적을 달성하면 분명 전하와 폐하를 제거할 것입니다. 이렇게 봤을 때 전하께서 먼저 기선을 제압하지 않으면 큰 화가 미칠 것이 분명합니다. 이 일을 폐하께서도 이미 들었지만 그분은 형제간의 정을 생각해 애써 믿으려 하지 않습니다. 만일 전하께서 직접 폐하께 몰래 아뢴다면 폐하는 분명 믿을 것입니다. 전혀 의심의 여지가 없는 일입니다. 믿지 못하시겠다면 대장군 종사중랑從事中郞 왕피王皮와 위군사마衛軍司馬 유돈劉惇을 부르십시오. 나리께서 그들에게 스스로 고하면 죄를 사해주겠다고 말씀만 하시면 그들은 사실대로 고할 것입니다." 유찬은 반신반의하면서 왕피를 불러 물어보려고 했다.

---

* **태제太弟**: 여기에서는 황태제의 약칭으로, 이는 정식 황제 계승자의 작호이다. 황제의 계승자는 통상 황제의 친아우가 맡았다.

한편 곽의는 유찬이 있는 곳에서 나온 뒤 곧장 왕피와 유돈을 찾아 그들에게 이렇게 말했다. "태제 유의와 대장군 유기가 역모를 꾸미고 있습니다. 폐하와 재상 유찬은 그 사실을 이미 알고 있습니다. 두 분께서도 거기에 동조했습니까?" 그러자 두 사람은 황급히 고개를 저었다. "아니요!" 그러자 곽의가 말했다. "하지만 폐하께서는 이미 두 분이 역모에 가담했다고 여기고 두 분의 가문을 멸족시키려고 하십니다. 참으로 안타깝게도 두 분과 가족들의 명이 얼마 남지 않았습니다." 두 사람은 놀라 어찌할 바를 모르면서 연신 머리를 땅에 조아리면서 곽의에게 자신들이 살아날 방법을 갈구했다. 그러자 곽의가 말했다.

"방법은 있습니다. 하지만 두 분께서는 반드시 제가 한 말대로 따라야 합니다. 조금이라도 착오가 있어서는 안 됩니다. 만일 재상이 두 분께 물으시면 그냥 인정해 버리십시오. 재상이 두 분께 왜 사전에 보고하지 않았느냐고 질책하면 이렇게 말씀하십시오. '우리는 죄업이 너무 무거워 갈기갈기 찢어 죽어야 마땅함을 깊이 알고 있습니다. 다만 폐하께서는 후덕하고 자애로우며 재상께서는 아래 신하들에 대해서도 애정으로 대하심을 생각했습니다. 하지만 만일 보고했다가 믿어주지 않으시면 모함하고 이간질시켰다는 죄로 죽을 벌에 처하게 될까 감히 나서서 말씀드리지 못했습니다.'라고 말입니다."

그러자 왕피와 유돈은 그렇게 하겠다면서 고개를 끄덕였다. 유찬 역시 사람을 보내 두 사람을 불러와 물어봤다. 또한 그들이 사전에 내통하지 못하도록 하기 위해 그들에게 물어보는 시간을 달리 했다. 하지만 두 사람의 대답은 완전히 일치했다. 이윽고 유찬은 태제 유의가 모반을 꾀하고 있다는 것을 분명한 사실로 인정하게 됐다.

유찬이 행동을 취하도록 독촉하기 위해 곽의는 조정에서 태제

곽의가 말했다. "하지만 폐하께서는 이
미 두 분이 역모에 가담했다고 여기고
두 분의 가문을 멸족시키려고 하십니
다. 참으로 안타깝게도 두 분과 가족
들의 명이 얼마 남지 않았습니다." 두
사람은 놀라 어쩔할 바를 모르면서
연신 머리를 땅에 조아리면서 곽
의에게 자신들이 살아날 방법
을 갈구했다.

에게 원한을 품고 있는 권신 근준斬准을 찾아 그에게 옆에서 부채질 하도록 했다. 그렇게 해서 근준이 유찬에게 말했다. "지금 민간에 는 태제가 올해 3월에 폐하를 제거하고 황위에 앉으려고 하며 대장 군과 위장군을 자신의 양팔로 삼으려고 한다는 소문이 파다합니다. 사실 백성들은 재상이야말로 진정한 황위 계승자라고 여기고 있습 니다. 재상과 같은 인재가 황위를 계승해야 천하의 인재들이 의탁 할 곳을 찾을 수 있습니다. 하지만 일이 뜻대로 되지 않아 재상께서 발붙일 곳이 없어질까 두렵습니다."

그러자 유찬이 말했다. "내가 어떻게 해야 좋겠는가? 지금 아바 마마께 가서 태제를 폭로하란 말인가?"

근준이 말을 이었다. "지금 우리 수중에는 조금의 증거도 없으 니 폐하께서는 믿지 않으실 겁니다. 그러니 일단 동궁東宮*에 대한 감시를 느슨히 해서 빈객들이 자유롭게 출입할 수 있도록 하는 겁 니다. 그러면 태제가 가장 아끼는 벗들이 분명 많이 동궁으로 초청 되어 들어갈 것입니다. 마음에 반역을 품고 있는 사람들은 태제의 뜻을 받기 위해 분명 황위를 찬탈할 반역을 꾀할 것입니다. 그때 가 되면 저는 태제의 죄상을 고발하는 상소문을 쓰고 재상께서는 먼저 태제와 긴밀하게 왕래한 사람들을 체포하고 심문하십시오. 그 들이 실토하기만 하면 폐하께서는 믿을 수밖에 없을 것입니다."

그렇게 유찬은 동궁에 대한 감시를 해제하라는 명령을 내렸다. 조정 관리들은 잇따라 태제를 찾아뵈러 갔고 태제는 매일 주연을 열어 부호들을 초청했다. 얼마 지나지 않아 근준이 사람들을 대동

---

* **동궁東宮**: 태제의 관저.

해 태제와 긴밀히 왕래하는 몇 명의 귀족 관리를 체포했고 가혹한 형벌을 가해 어쩔 수 없이 죄를 인정하게 했다. 유찬은 자백 내용을 유충에게 주었고 유충은 그것을 사실로 믿어 태제 유의를 체포하고 참살에 처하도록 명령했다. 곽의와 왕침 등은 이 기회를 놓치지 않고 자신과 원한 관계에 있던 대신들을 모함해 무려 2만여 명을 연루시켜 죽여버렸다.

한편 소부少府 진휴陳休와 좌위장군左衛將軍 복숭卜崇 등은 정직한 인물들로 왕침 등과 한 패거리가 되기를 거부했다. 그러자 시중侍中 복태卜泰가 그들에게 이렇게 타일렀다. "왕침 등의 막강한 권력이 전체 조정과 나라에 미쳤소이다. 경들은 조심 또 조심해야 하오. 그에게 아첨하지는 않는다 하더라도 그의 미움을 사서는 아니 되오." 그러자 진휴와 복숭이 그 말에 반박했다. "우리 나이가 이렇게 많이 들어 이제 살고 죽는 것은 의미가 없소이다. 만일 우리더러 환관에게 굴복하라면 우리는 차라리 죽는 편이 낫겠소."

이 말이 왕침의 귀에 들어갔고 왕침은 이윽고 황제 앞에서 엄청난 중상모략을 했다. 그러자 황제 유충은 곧바로 명령을 내려 진휴와 복숭 등 7명의 어질고 덕망 높은 신하를 체포하도록 명령을 내렸다. 그리고 그들을 전부 죽일 준비를 하고 있었다. 이때 시중 복태는 그 일을 듣고 울면서 유충에게 간언했다. "지금 한나라 주변의 나라들이 모두 우리를 호시탐탐 노리고 있습니다. 지금은 나라가 사람을 써야 할 때인데 폐하께서는 어찌하여 인재를 불러 모으지 않고 도리어 7명의 나라의 기둥을 죽일 수 있단 말입니까? 폐하께서는 좌우 어느 한쪽의 말만 듣고 그들에게 죄가 있다 판단해서는 안 됩니다. 철저하게 조사하셔야 합니다." 할 말을 마친 복태가 연신 머리를 조아려 절을 하자 땅이 온통 피바다가 되었다. 그러자 왕침이 옆에서 냉정하게 말을 했다. "복 시중은 폐하의 명령을 거부하고 따르지 않을 심산이십니까?" 이에 유총은 대단히 화가 나서 복태의 관직을 파면하고 말았다.

이에 태재太宰 하간왕河間王 유이劉易와 대장군 발해왕勃海王 유부劉敷와 어사대부禦史大夫 진원달陳元達 등도 환관들이 온갖 나쁜 짓만 저지르는 것이 눈에 거슬려 함께 상소문을 올려 유총에게 간언했다. "왕침 등의 죄악이 하늘에 사무칠 정도입니다. 이들은 수차례 개인적 기호에 따라 사적으로 황제의 명령을 고치거나 곡해했습니다. 궁 안에서는 폐하께 아첨하고 궁 밖에서는 재상에게 아부했습니다. 이들은 해와 달을 가리고 속이는 죄를 저질렀으며 충신들이 그 죄상을 폭로할까 두려워 충신들을 모함하려고 갖은 수를 다 짜냈고 폐하의 손을 이용해 충신들을 제거했습니다. 진휴 등 정직하고 충성스러운 신하들이 이렇듯 그들에 의해 모함을 당했습니다. 그런데도 폐하께서는 분명하게 관찰하지도 않고 도리어 그들과 함께 나쁜 짓을 벌이고 있습니다. 이를 세상 사람들에게 어떻게 설명하시렵니까? 지금 나라의 정세가 심히 복잡합니다. 진晉나라 세력이 여전히 남아 근절되지 않고 있습니다. 파巴와 촉蜀은 폐하를 알현하지 않고 조의曹嶷는 또 전열을 가다듬어 호시탐탐 노리고 있습니다. 우리 나라는 이미 매우 위험한 지경에 놓여 있습니다. 폐하께서는 이런 상황을 목도하면서 마음이 아프지 않으십니까? 청컨대 폐하께서 강산과 사직을 중히 여기시어 왕침 등을 뿌리 뽑기 바랍니다. 이렇게 해야 다시금 나라를 흥하게 할 수 있습니다. 만일 다시 이대로 시간을 허비하면 나라는 다른 이의 것이 될 것입니다."

상소문을 다 읽은 유총은 여전히 대수롭지 않게 여기고 상소문을 왕침 등에게 건네주었다. 그러고는 웃으면서 왕침 등에게 말했다. "대신들이 진원달에 넘어가서 못쓰게 됐구먼. 분수에도 맞지 않는 소리를 하고 있어." 그러자 왕침 등은 건네받은 글을 보고는 다들 가슴 아파했다. "우리 같은 신분이 비천한 사람들이 폐하의 과분한 사랑을 받아 이렇듯 발탁되었습니다. 그러니 왕공과 조정의 신료들이 우리를 질시하여 폐하께 이런 말을 한 것입니다. 원컨대 폐하께서 지금 우리를 죽이시고 이들의 바람에 따르시지요." 그러자 유총이 대답했다. "나는 이런 얼토당토않은 소리를 믿어본 적이 없다. 너희도 마음에 담지 말라."

한 번은 유총이 유찬에게 왕침 등에 대해 물은 적이 있었다. "왕침 등은 어떤 사람들이냐?" 그러자 유찬이 그들을 입에 침이 마르게 칭찬했다. "왕침 등은 아바마마에 대한 충성심이 지극합니다. 아바마마께서 하루속히 그들을 발탁하기 원하옵니다." 그러자 유총은 그 말에 일리가 있다고 여기고 왕침 등을 열후로 봉했다.

태재 유이는 환관들이 마땅히 받아야 할 벌을 받지도 않고 도리어 관직이 상승한 것을 보고는 다시금 상소문을 올려 애써 간언했다. 하지만 유총은 상소문을 보지도 않고 유이 앞에서 상소문을 갈기갈기 찢어버렸다. 화가 머리끝까지 난 유이는 병을 얻어 몸져누웠다가 얼마 지나지 않아 명을 달리하고 말았다. 유이는 진원달이 의지하는 인물이었다. 그런 유이가 죽자 진원달은 통곡을 했다. 《시경》에 이르기를 어질고 재능 있는 사람이 죽으면 나라는 분명 곤경에 처한다고 했다. 태재께서 돌아가셨으니 내가 살아 있다 한들 무슨 의미가 있을까?" 그렇게 말하고는 집으로 돌아가 자결했다.

18장

서진西晉의 멸망

서진西晉의 개국 황제인 사마의司馬懿는 총명함과 넘치는 기지로 인재들의 능력을 잘 파악해 적재적소에 활용했다. 그렇게 해서 수많은 관리와 백성들의 지지를 받아 진나라를 수립할 수 있었다. 사마의를 뒤이은 두 명의 진나라 황제 역시나 뛰어난 재능과 원대한 계략을 갖고 있었다. 그래서 나라 안의 정무를 잘 처리했을 뿐만 아니라 진나라의 영토를 확장했다.

세조 사마염司馬炎은 등극한 뒤로 통치 영역을 확대했을 뿐만 아니라 백성을 편안하게 하는 정책을 실시해 백성들이 안정을 찾고 번성할 수 있도록 했다.

그로부터 몇 년 지나지 않아 백성들의 가정마다 여유 식량이 생기게 됐다. 그래서 백성들은 모두 민간 가요 속에 '천하무궁인 天下無窮人', 즉 천하에 곤궁한 사람이 없다는 내용을 섞어 노래를 불렀다.

하지만 사마염이 죽자 종실 내부에 분쟁이 끊이지 않았고 왕후장상들은 그저 권력과 이익만을 다툴 뿐이었다.

그래서 국가의 대사가 제대로 관리되지 않았고 국경 관문의 군대가 수도로 자리를 옮겨 권력 분쟁에 참여하느라 관애關隘* 성문이 활짝 열리는 바람에 이민족에게 침입의 기회를 주는 꼴이 되고 말았다. 한편 회제懷帝와 민제愍帝는 권신들이 설치도록 내버려둘 정도로 우매하고 무능했다. 그러고는 매일 향락에만 빠져 나라의 흥망성쇠나 백성들의 사활은 안중에도 없었다. 반면 갈수록 강력해지는 북방의 한나라는 진나라의 이런 상황을 예의주시하고 있었다. 그들은 중원에 군대를 주둔시킬 기회가 왔다고 여기고 대사마 유요劉曜에게 군대를 이끌고 장안을 포위하도록 했다. 그야말로 서진 정권은 뿌리까지 흔들리는 위태로운 지경에 처하게 된 것이다.

이윽고 서진의 장군인 초숭焦嵩, 축회竺恢, 송철宋哲은 군대를 통솔해 적을 맞을 준비를 했다. 산기상시散騎常侍 화집華輯은 경조京兆, 풍익馮翊, 홍농弘農, 상락上洛의 4개 군의 군대를 감독하면서 파상에서 주둔하고 있었다. 하지만 그들은 모두 자신의 세력을 보존할 생각만 하면서 관망적인 태도만 유지하느라 적들의 의도를 제대로 저지하지 못했다. 이때 재상 사마보司馬保는 호숭胡崧에게 성의 서쪽 각 군대를 이끌고 출정하도록 했고 호숭은 영대靈台에서 유요를 격파했다. 하지만 호숭은 민제가 진나라를 부활시키는 데 도움을 주고 싶지 않았다. 일단 진나라가 다시 부흥하면 대도독大都督 국윤麴允**과 표기대장군 색림索綝 등의 세력이 강해지면서 그의 지위를 위협할 것이기 때문이었다. 그래서 호숭은 자신의 군대를 이끌고 위수

渭水 북쪽에 주둔하면서 한나라 군대와 직접적인 교전을 벌이지 않았다.

한편 유요는 진나라 장군들이 섣불리 공격하지 못하는 모양새를 보고 곧장 진나라 수도인 장안을 공격했다. 그러자 국윤과 색림 등은 수도 안쪽의 작은 성으로 퇴각해 자신의 안전만 도모했다. 유요는 장안성을 포위하고 쉬면서 힘을 비축했다가 지친 적을 공격했다. 성 안의 양식은 빠르게 고갈됐고 백성들은 기아에 허덕였다. 배고파 죽는 사람이 허다했고 심지어 인육을 먹는 참상이 벌어지기도 했다. 병사들도 먹을 양식이 바닥나자 성 안에서 죽을 힘을 다해 식량을 구할 뿐 아무것도 하려 들지 않았다. 국윤은 수도의 식량 창고에서 수십 개의 보리떡밖에 찾을 수 없었다. 그는 그것을 먹어버리기가 아까워 보리떡을 잘게 잘라 죽을 끓여 민제에게 먹였고 그에 민제는 깊은 감동을 받았다.

그러다가 장안성 안에 먹을 것이 거의 떨어지자 민제는 울면서 국윤에게 말했다. "이제 성에 머물다가는 아무것도 못 먹겠소. 성 밖에 지원해줄 이도 없으니 나가서 투항하는 게 옳겠소. 수치스럽지만 밥은 먹을 수 있지 않겠소! 백성들이 지금 이렇게 많이 굶어 죽고 있는데 내가 그들을 구해야겠소." 그렇게 말하고는 국윤을 원망했다. "나라가 지금의 이 지경에 이른 것은 전부 그대와 색림 때문이오!" 민제는 사람을 보내 항복 문서를 써서 시중 종창宗敝에게 그것을 가지고 성 밖으로 나가 유요에게 전달하도록 했다.

이 사실을 안 색림은 사람을 보내 종창을 잡아들이고는 대신 자신의 아들을 보내 유요에게 서신을 전달하도록 했다. "지금 성 안에 양식이 충분하고 병사들도 투지가 고양돼 있어 성을 함락하는 것은 하늘에 오르는 것보다 더 어렵다. 우리는 지금 성을 바쳐 투항하

기를 원한다. 다만 투항한 뒤에 색림을 만 호^户의 군공^{郡公}*에 봉해
주었으면 한다."

글을 다 읽은 유요는 냉소를 보였다. 그러고는 색림의 아들을
죽이고 아들의 시신을 돌려보내면서 회신했다. "우리는 제왕의 군
대로 세력에 근거해 천하를 얻으니 공명정대하다. 나는 15년 동안
병사를 이끌었다. 모든 전쟁마다 전 병력을 동원해 이기든 지든 필
사적으로 끝까지 싸웠다. 그 어떤 모략에도 의지하지 않는다. 만일
너희 양식이 아직도 풍족하고 군대도 강성하다면 우리는 전력을
다해 죽기 살기로 싸우겠다. 하지만 만일 양식이 이미 동이 났다면
하루속히 하늘의 뜻에 따르기를 권고한다."

얼마 뒤 서신을 받은 색림은 아들을 잃은 고통을 받음과 동시에
더 이상 섣불리 관직을 요구하지 못했다. 하는 수 없이 종창을 풀어
주고 그에게 민제의 항복 서신을 가지고 가서 유요에게 보여주도
록 했다. 유요는 이튿날 성을 공격했고 민제는 양이 끄는 수레에 앉
아 입에는 옥벽^{玉璧}을 물어 그대로 옥벽을 유요에게 헌납했다. 그를
뒤이어 양이 끄는 수레가 관을 끌고 가고 있었다. 군신들은 좌우 양
편에서 민제를 수행하면서 목 놓아 울었다. 그렇게 하나의 왕조가
막을 내렸다. 이에 어사중승^{御史中丞} 길랑^{吉朗}이 탄식했다. "내 지혜로
능히 나라를 위한 계책을 내놓지 못하고 내 용맹함으로 능히 나라
를 위해 필사적으로 적을 죽이지 못했구나. 이제 군왕과 함께 투항
해 반역자가 되려니 내가 살아 있은들 무슨 의미가 있을까?" 그렇
게 말하고는 자결했다.

---

* **군공^{郡公}**: 성씨가 다른 개국공신에게 부여하는 최고 작위다. 제후국과 식읍이 주어지
며 세습할 수 있다.

유요는 이튿날 성을 공격했고 민쩨는
양이 끄는 수레에 앉아 입에는 옥벽玉璧을
물어 그대로 옥벽을 유요에게 헌납했다. 그를
뒤이어 양이 끄는 수레가 관을 끌고 가고 있었다.

유요는 손을 내밀어 민제의 옥벽을 받고는 명령을 내려 뒤이은 관을 불살랐다. 종창은 정성을 다해 민제가 궁으로 돌아가도록 모셨고 유요도 자신의 병영으로 돌아갔다. 13일, 유요는 민제 및 공경 대신들을 자신의 병영으로 옮기고, 또 얼마 지나지 않아 그들을 평양平陽으로 보냈다. 18일, 민제는 한나라의 수도로 와서 한나라 황제 유총을 알현했다. 국윤은 자신의 군왕이 다른 나라의 대전에서 무릎 꿇고 있는 모습을 보고는 괴로움에 사무친 나머지 대성통곡했다. 주위 사람들이 만류를 했지만 소용이 없었다. 이에 유총은 화가 끓어올라 국윤을 감옥에 수감시켰고 얼마 지나지 않아 국윤은 옥 안에서 자결했다.

한편 유총은 공로에 따라 상을 베풀면서 대사마 유요를 가황월假黃鉞*, 대도독, 도독섬서제군사都督陝西諸軍事, 태재太宰로 임명하고 진왕秦王으로 봉했다. 민제는 광록대부光祿大夫와 회안후懷安侯로 봉해졌다. 국윤은 유총의 기분을 상하게 했지만 충심이 강해 거기장군車騎將軍으로 추서되었고 절민후節湣侯라는 시호를 받았다. 색림은 나라가 위기에 처했을 때 자신만을 생각하여 참수에 처해진 뒤 백성들에게 내보여졌다. 상서尚書 양윤梁允과 시중 양준梁浚 및 각 군의 태수도 참수당했다. 또한 전국적으로 대사면을 실시하고 연호를 인가麟嘉로 바꿨다.

왕조 수립 초기의 정세는 늘 안정적이고 군왕은 신하와 백성의 추대를 받는다. 주周나라는 시조 후직後稷부터 역대 제왕들 모두 뛰어난 능력과 원대한 계략이 있었고 백성을 사랑하고 정치가 청

---

* **가황월假黃鉞**: 황월은 황제가 사용하는 의식적 성질을 띤 황금 장식 도끼다. 위진남북조 시대에 중신들이 출정할 때 종종 '가황월'이라는 칭호를 붙였다.

렴했다. 16대를 이은 뒤의 주무왕周武王 때에도 여전히 나라가 안정적일 수 있었던 것은 이렇듯 토대가 견고했기 때문이었다. 진晉나라 역시 건국 초기에는 토대가 무척 안정적이었지만 3대가 지난 뒤로 간신들이 정권을 장악해 관료의 기풍이 무너지고 덩달아 민속도 나빠졌다. 정확한 도덕 기준도 상실됐다. 관리들은 승진하기 위해 수단과 방법을 가리지 않았고 부정한 길을 걸었다. 그러다 보니 백성들이 배우고 익히는 것도 입신출세뿐이었고 다른 사람들 앞에서 큰소리만 치면서 시비를 가리지 못하고 정무를 소홀히 했다. 그들은 오로지 아첨에 능한 사람만 좋아했다. 매일 온갖 정사를 처리하느라 바쁘고 부지런하며 성실한 사람은 임용하지도 않고 도리어 그들을 조롱했다.

　진나라 후기에 들어서는 조정에서 관리를 선발할 때 오로지 그 사람의 집안 배경만 보았다. 관리를 뽑는 제도는 유명무실했고 황제의 친척 자제들이 파격적으로 임명되었다. 조정의 신하들은 전부 갖은 수단을 다해 명예를 추구했고 나라를 위한 생각은 전혀 없었다. 도덕의 기준이 땅에 떨어졌고 나라의 법도도 심각하게 파괴됐다. 이렇게 혼란스러운 상황에서 현명한 군주 한 명이 등장해 개혁을 하는 것이 한 가닥 희망이었다. 그러나 진나라의 혜제惠帝는 방탕하고 태만한 방식으로 나라를 통치해 나라를 더욱 쇠락하게 만들었다. 회제懷帝가 제위에 오른 뒤에 권력은 이미 권신의 수중에 떨어져 개혁을 하고자 해도 기회가 없었고 민제는 유약하고 무능했으니 더 말할 필요도 없었다. 이렇게 보니 진나라의 멸망은 어쩌면 당연한 수순이었다.

19장

모용외慕容廆가 삼국 연합군을 교묘하게 깨뜨리다

서진 회제 영가永嘉 원년, 요동공遼東公 모용외慕容廆는 진나라를 배신하고 극성棘城에서 스스로를 선비대선우鮮卑大單于라고 불렀다. 모용외는 투명한 정사를 펼치고 인재를 아꼈기 때문에 대다수의 유민들이 그에게 의탁했다. 한편 서진 자사刺史 최비崔毖는 한족漢族 관리로 명을 받고 요동을 관할하고 있었다. 그는 자신의 한족 신분을 이용해 유랑민 중 한족 백성을 불러들이면서 한 지역에서 군림하게 됐다. 모용외는 본래 선비鮮卑족 사람이었지만 지금은 한족 백성들의 신임을 얻고 있어 최비는 그 점이 여간 불만이 아니었다. 그래서 그는 모용외가 고의로 백성들을 억류시키는 것은 아닐까 의심을 품었다.

모용외 세력을 공격하기 위해 그는 암암리에 고구려高句驪*, 단씨段氏**, 우문씨宇文氏***를 만나 연합해 모용외를 공격하자고 설득했다. 그러자 최비의 측근인 고첨高瞻은 그렇게 했다가는 승산이 크지 않

---

* **고구려高句驪**: 기원전 1세기부터 서기 7세기까지 중국 동북 지역과 한반도에 존재했던 민족의 정권이다.

** **단씨段氏**: 동부 선비족의 하나. 진나라 초기에 세력이 갈수록 강해지면서 4세기 초에 동부 선비족에서 가장 강력한 부족이 되었다. 관할 범위는 서쪽으로 어양漁陽에 인접하고 동쪽으로 요수遼水를 경계로 했다.

*** **우문씨宇文氏**: 북방 선비족 우문씨 부락이다.

겠다고 여겨 최비에게 그 일을 중단하라고 간언했지만 최비는 말을 듣지 않고 독단적으로 실행에 옮겼다. 삼국의 약속이 성사되자 이들은 모용외가 관할하고 있는 땅을 분배해 가지려는 야심을 품기 시작했다.

고구려, 단씨, 우문씨 삼국 연합군이 극성에 도달하기 전에 모용외 수하에 있던 많은 장병들이 용감무쌍하게도 끊임없이 전쟁을 벌일 것을 요구했다. 모용외는 장병들의 용맹한 모습을 보면서 내심 기쁘고 위안이 되었지만 지금은 적을 맞이할 최적의 시기가 아니라고 생각했다. 그래서 장병들에게 이렇게 말했다.

"세 나라는 최비의 유혹에 넘어간 것으로 기회를 틈타 이익을 꾀하고 자신의 기반을 확대할 생각밖에 없다. 오합지졸들이라 규율도 없고 통일된 명령을 내려 실행시키기가 어렵다. 하지만 지금 삼국의 힘이 갓 모아진 상태라 사기가 왕성하니 우리는 그 서슬을 피해 먼저 방비를 해야 한다. 오랜 시간 동안 그들을 기다리고 있노라면 사기가 상당히 소모되면서 반드시 서로 간에 질투가 생길 것이다. 그러니 첫째, 그들이 나와 최비가 연합해 속임수를 쓰는 것이 아닐까 염려하게 되면 기회를 노려 그들을 섬멸하면 된다. 둘째, 그들 삼국 사이에 분명 이익 분쟁이 벌어질 것이다. 그들이 서로 의심할 때 우리가 다시 공격하면 그들은 분명 패배할 것이다."

이윽고 모용외는 패기 있게 사자를 우문씨에 파견해 소고기와 맛난 음식을 보냈다. 그 상황을 본 고구려와 단씨는 우문씨가 이미 모용외와 결탁하고 자신들을 음해할 것을 염려해 각자의 군대를 이끌고 퇴각해버렸다. 그러자 우문씨의 우두머리인 실독관悉獨官이 말했다. "그들은 가버렸으나 나 혼자서라도 극성을 공격할 것이다."

우문씨만 홀로 남자 모용외는 움직일 준비를 했다. 우문씨가 전체 병력을 끌고 오니 그 병력은 40리에 걸쳐 연이어 병영을 세울 정도였다. 반면 모용외의 병력은 우문씨에 비해 상대적으로 적어 방어만 할 수 있는 정도였다. 공격을 하려면 도하徒河에 주둔해 있는 아들 모용한慕容翰의 군대를 불러야 했다. 그래서 모용외는 사자를 파견해 모용한을 불러들이려고 했는데 모용한이 사자에게 자신의 생각을 모용외에게 전하도록 했다.

"만일 실독관이 전국의 군대를 통솔해 침범하면 우리는 전 병력을 동원해도 대적하기 어려울 것입니다. 그러니 지략으로 대처할 수밖에 없습니다. 아버님 수중의 군대는 방어만으로도 벅차니 제가 성 밖에서 지키고 있겠습니다. 기회가 왔을 때 우리가 밖에서 공격하면서 협공하면 분명 실독관을 굴복시킬 수 있을 것입니다. 만일 지금 제가 군대를 극성으로 인솔해 그들과 사력을 다해 싸운다면 결국 양측 모두 손실을 입을 수밖에 없고 승리를 얻기 어렵습니다. 게다가 아버님께서는 성 밖에서 병력을 이동시켜 배치해야 하니 백성들은 우리의 병력이 부족하다고 여길 것입니다. 또한 그때가 되어도 전쟁을 시작하지 않으면 아군이 먼저 사기를 잃게 됩니다."

모용외는 아들의 의견에 대해 가타부타 말이 없었다. 그러자 요동 사람 한수韓壽가 모용외에게 말했다. "실독관은 무력을 남용하여 전쟁을 일삼습니다. 그 수하의 장병들도 안하무인입니다. 하지만 병사들은 이미 지칠 대로 지쳐 사기가 흐트러져 있습니다. 만일 우리가 그들의 인내심이 바닥을 칠 때까지 기다렸다가 협공을 하고 허를 찔러 공격한다면 분명 승리할 것입니다." 그러자 모용외는 모용한에게 도하에 계속 머물러 그곳을 지키도록 했다.

실독관은 모용한이 도하에 남아 있다는 점을 알고는 언젠가 협공해올 것을 염려해 장군들에게 말했다. "모용한이 정예 군대를 통솔해 우리 후방에 진을 치고 있다. 그를 제거하지 않으면 적군이 우리에게 협공을 가해올 것이다. 차라리 먼저 그를 쳐버리자. 그를 격파한 뒤에 다시 극성을 공격해도 늦지 않다." 이윽고 수천의 기마병을 골라내 모용한을 공격하게 되었다.

한편 모용한은 지혜와 계략이 많은 인물로 우문씨의 군대가 자신을 공격하러 오고 있다는 사실을 알고도 당황하는 기색을 전혀 보이지 않았다. 태연히 군대를 성 밖으로 배치하고 매복을 시키면서 적군을 맞이할 준비를 했다. 적을 깊숙이 유인하기 위해 모용한은 단씨의 사자로 변장시킨 사람을 보내 실독관의 기마병 우두머리를 만나게 했다. "듣자하니 당신들이 모용한을 공격하려고 한다는데 이는 아주 정확한 선택이오. 우리도 출병해서 당신들을 돕겠소. 당신들은 최대한 빨리 출정하고 우리는 그 뒤를 따르겠소."

모용한 측은 실독관의 기마병을 맞이하기를 기다리면서 단씨의 필체를 본떠 편지를 썼다. "모용한은 우리 공동의 적이오. 당신들이 그를 공격하겠다고 하니 우리도 병력을 보내 돕도록 하겠소. 당신들이 전속력으로 전진하면 우리는 그 뒤를 따르겠소." 실독관이 보낸 기마병은 사자를 보고는 아군이 돕는다고 여겨 매우 흡족해했다. 그러고는 경계를 느슨히 하고 더욱 속도를 내 아주 빠르게 모용한이 매복해 있는 곳으로 들어갔다. 이윽고 모용한의 군대가 사방에서 출격하자 실독관의 기마병은 어디로 가서 적을 맞이해 싸울지도 모르고 진영은 사분오열되어 뿔뿔이 흩어져버렸다.

이때 모용한은 한편으로는 달아나는 기마병을 추격하면서 또 한편으로는 사람을 시급히 극성으로 보내 모용외 쪽에 전황을 알렸다. 황급히 출병해서 우문씨에게 협공을 가하자고 한 것이다. 이윽고 모용외는 그의 또다른 아들인 모용인慕容仁과 장사長史 배억裴嶷에게 정예 병사를 이끌고 실독관의 진영으로 곧장 쳐들어가도록 했다. 그리고 자신은 대군을 이끌고 바로 뒤따라갔다.

실독관은 자신이 공격을 가하는 상황이라고 생각했다. 모용외가 감히 주동적으로 출격할 것이라고는 생각지도 못했다. 그래서 준비가 부족한 탓에 크게 당황한 나머지 황급히 군대를 조직해 어찌어찌 전쟁에 임했다. 실독관이 막 군대를 전선에 배치하자 모용한은 후방에서 실독관의 병영을 모조리 태워버렸다. 병사들은 병영이 불타고 앞뒤로 온통 적군이 진을 치고 있는 것을 보고는 전의를 상실한 채 뿔뿔이 도망치고 말았다. 실독관도 말을 타고 빠르게 도망쳤다. 하지만 그가 몸에 지니고 있던 황제의 3개의 옥새는 모두 모용외에게 노획당하고 말았다. 또한 모용외는 수많은 우문씨 장병들을 포로로 잡아들여 자신의 병력을 강화시켰다.

그런가 하면 최비는 우문씨가 패했다는 사실을 알고는 모용외가 자신에게 책임을 추궁할까 걱정해 시급히 조카 최도崔燾를 극성으로 보내 모용외의 승리를 축하하는 척 가장했다. 고구려, 우문씨, 단씨 삼국도 잇따라 사자를 보내 모용외에게 화친을 요청하면서 다들 변명을 둘러댔다. "이 모든 것은 최비가 도발한 것입니다. 우리는 당신과 절대 적이 되고 싶지 않습니다."

삼국의 사자와 최도가 우연히 만나게 되었는데 다들 칼을 뽑아 최도를 죽이려고 했다. 최도 자신도 상황이 불리함을 알고 하는 수 없이 모용외에게 구조를 요청할 수밖에 없었다. 그러자 모용외는 최도에게 이렇게 말했다. "그렇다면 돌아가 그대의 숙부 최비에게 일러라. 투항하면 살 길이 있겠지만 도망치면 죽음에 이르는 길뿐이라고 말이다."

최비는 모용외가 자신을 그대로 놔두지 않을 것을 알고 있었다.

병사들은 병영이 불타고 앞뒤로
온통 적군이 진을 치고 있는 것을 보
고는 전의를 상실한 채 뿔뿔이 도망치고 말
았다. 실독판도 말을 타고 빠르게 도망쳤다.

그래서 수십 명을 인솔해 고구려로 도주했다. 그러자 그의 백성들은 모두 모용외에게 귀속되었다. 한편 모용외는 자신의 아들 모용인을 요동에 남아 요처를 지키도록 하고 정로장군征虜將軍에 봉했다. 또한 장군 장통張統을 보내 고구려 장군 여노자如奴子를 습격하도록 했다. 그렇게 해서 여노자를 생포하고 하성을 점령해 천여 명의 포로를 잡아들였다.

진나라의 연로한 장수인 최도崔燾, 고잠高瞻, 한항韓恒, 석종石琮 네 명은 스스로 극성으로 와서 투항해 모용외는 그들을 예의로 대했다. 모용외가 고잠을 장군에 봉했지만 고잠은 내내 병을 이유로 고사했다. 그러자 모용외가 수차례 위문을 가서 이렇게 말했다. "나는 그대의 병이 마음의 병이라는 것을 알고 있소. 지금 진나라 왕실의 상황이 급박하니 우리 신하된 자들이 유일하게 할 일은 방법을 고안해 전란을 평정하고 황실을 추대하는 것이오. 그대는 중주中州의 명문귀족이고 덕성과 명망이 높으니 이런 직책이어야 합당하지 않겠소이까? 어째서 화하華夏와 이족夷族의 차별에 얽매이시오? 큰일을 이루려면 원대한 뜻을 세우고 주도면밀하게 계획을 세워야 하오. 이런 작은 데에 연연할 필요가 없소!"

그런데도 고잠이 사양을 하자 모용외는 상심이 컸지만 그 일로 고잠을 난처하게 만들지는 않았다. 용양주부龍驤主簿 송해宋該는 고잠과 사이가 좋지 않아 모용외에게 일찌감치 고잠을 제거하라고 했지만 모용외는 그의 제안을 듣지 않았다. 그렇게 고잠은 홀로 내내 깊은 수심에 잠겨 있다가 결국 죽고 말았다.

한편 후조後趙의 정동대장군征東大將軍 조의曹嶷는 병사들을 이끌고 청주青州로 진격해 원수인 동래태수東萊太守 국팽鞠彭을 만났다. 국팽은 임기 동안 청렴결백해 백성들의 존경을 받은 인물이었다. 그래서 조의의 군대가 상대적으로 아무리 강력하다 하더라도 성 안의 백성들이 협력해 위력을 발휘해 조의를 일거에 퇴각시켰다. 국팽은 백성들이 자신을 위해 죽는 것을 원치 않아 백성들에게 일렀다. "지금은 이기면 충신이 되지만 지면 역적이 되는 시대입니다. 지금 저항할 힘도 없는데 구태여 백성들을 도탄에 빠지게 할 수 있겠습니까? 조의도 동래 사람이니 그가 동래 백성을 잘 대해주기만 한다면 저는 성을 그에게 바쳐도 괜찮겠습니다."

이윽고 국팽은 자신을 따르고자 하는 수천 명의 백성들을 데리고 최비에게 투항하러 요동으로 갔다. 하지만 요동에 가서야 최비가 이미 도주한 상태라는 것을 알았다. 최비의 근거지가 이미 모용외에게 점령당했기 때문에 국팽은 모용외에게 의탁하게 되었다. 그런가 하면 정림鄭林은 국팽의 친한 벗으로 국팽과 함께 모용외에게 투항했다. 모용외는 그들을 깊이 아껴 국팽을 참여용양군사參與龍驤軍事로 봉하고 그에게 재물을 후하게 하사했다. 모용외는 정림에게도 작위를 내리고 싶었지만 정림은 속세의 분쟁에 말려들기를 원치 않아 모든 하사를 거부하고 숲속에 은거했다.

모용외 수하의 주부 송해는 모용외에게 이번 전쟁의 상황을 진나라 왕실에 보고해야 한다고 권고하고 중요하지 않은 포로들을 돌려보내라고 했다. 모용외는 송해에게 상소문을 쓰게 하고 장사 배억에게는 상소문과 3개의 옥새를 가지고 포로 몇 명과 함께 건강建康*성으로 가도록 했다. 진원제晉元帝는 모용외가 자신의 신하 되기를 원한다는 사실을 알고는 뜻밖의 소식에 기뻐하면서 모용외를

---

* **건강建康**: 지금의 난징시에 위치한 곳으로 동진과 남조가 이곳에 수도를 세우면서 건강이라 이름 지었다.

안북장군安北將軍과 평주자사平州刺史로 봉했다. 고구려가 수시로 요동 변방 지역에서 소란을 일으켰기 때문에 모용외는 모용한과 모용인에게 군대를 일으켜 고구려를 토벌하도록 했다. 고구려는 이들에게 대패하고 나서 모용외에게 화친을 요구할 수밖에 없었고 모용한과 모용인은 명령을 받고 철수했다.

20장

내우외환이 닥친 후조後趙

후조後趙의 황제 석호石虎는 병세가 심해지자 자신의 아들 팽성왕彭城王 석준石遵을 대장군으로 임명하라는 조서를 내리고 관우關右*에 군대를 주둔시켜 지키도록 했다. 또한 연왕燕王 석빈石斌을 승상에 임명하도록 하고 상서尚書의 직책을 총괄하도록 했다. 뿐만 아니라 자신이 천하를 공략하는 데 도움을 주었던 장시張豺를 진위대장군鎭衛大將軍, 영군장군領軍將軍, 사부상서吏部尚書로 임명하도록 했다. 이 세 사람은 모두 조령을 정중히 받들고 어린 태자를 보좌해 조정을 다스리겠다고 했다. 하지만 태자의 모친인 유황후劉皇后는 석준과 석빈의 권력이 너무 커서 태자의 지위를 위협할까 염려했다. 그래서 그녀는 장시와 연합해 석준과 석빈을 제거할 계획을 꾸몄다.

이때 석빈은 업성鄴城**에서 꽤 멀리 떨어진 양국襄國에 있었는데 유황후가 먼저 석빈에게 사람을 보냈다. "폐하께서 병이 이미 나았으니 너는 수도에 올 필요 없이 너의 일을 잘 돌보도록 하라." 석빈은 부친의 병이 완쾌되었다는 말을 듣고는 기뻐하면서 술 마시

---

* **관우關右**: 지명. 옛날 사람들은 서쪽을 우右라고 해서 '관서關西'라고 불렀다. 일반적으로 함곡관과 동관潼關 서쪽 지역을 이른다.
** **업성鄴城**: 후조의 수도. 지금의 허베이성 린장臨漳시에 소속돼 있다.

고 사냥하면서 한바탕 축제를 벌였다. 유씨와 장시는 이 기회를 틈타 거짓으로 조령을 전해 석빈이 황제가 병을 앓고 있는 동안에 유흥을 즐기는 불충하고도 불효한 행동거지를 하고 있다면서 석빈을 파면하라는 명령을 내렸다. 그리고 장시의 동생 장웅張雄에게 궁 안의 황실 근위병 5백 명을 이끌고 가서 석빈을 업성에 억류시키고 잘 감시하도록 했다.

그런가 하면 석준이 업성으로 온 뒤로 유씨는 사람을 보내 가짜 성지聖旨를 전달해 석준에게 조당에서 봉지를 받도록 했다. 그리고는 석준에게 고작 3만 황실 근위병을 내어주면서 떠나게 했다. 석준이 떠난 뒤 석호는 병세가 다소 호전되는 느낌을 받고 측근들에게 물었다. "석준은 돌아왔느냐?" 그러자 측근이 대답했다. "돌아왔다가 다시 갔습니다. 그것도 아주 오래전의 일입니다." 석호는 통탄을 금치 못했다. "우리가 마지막까지 한 번도 얼굴을 보지 못하다니. 참으로 유감스럽구나!"

이때 궁 안의 호위 임무를 맡고 있던 용등중랑龍騰中郎 2백여 명이 대열을 짓고 황제를 알현하기를 요청했다. 그러자 석호가 물었다. "무슨 일이냐?" 모든 근위병들이 대답했다. "폐하께서 병에 걸려 궁 안의 병사와 군마를 통솔할 수 없으시니 연왕 석빈께서 입궁해 폐하를 대신해 관리하도록 해주십시오." 또 누군가가 말했다. "폐하께서 연왕을 태자로 세워주십시오." 이에 석호가 물었다. "연왕이 지금 궁 안에 없느냐? 너희는 가서 연왕을 불러오라." 그러자 좌우에서 대답이 쏟아져 나왔다. "연왕께서는 술을 마셨다 하여 형을 받고 입궁할 수 없는 상태입니다." 석호가 대답했다. "내가 그를 용서해 죄를 사할 것이니 너희는 내 수레를 가지고 가서 그를 데려오라. 이 나라를 그에게 물려주겠노라."

근위병들은 서로 얼굴만 쳐다볼 뿐 어찌할 바를 모르고 있었다. 마치 황제의 명령을 듣지 못한 모습을 하고 있었다. 잠시 후 석호가 다시 몸이 불편함을 느끼고 이내 돌아가 휴식을 취했다. 장시는 석호를 염탐하면서 석호가 석빈을 신임하는 것을 보고는 장웅을 보내 가짜 조서를 꾸며 석빈을 죽이게 했다. 유씨는 또다시 조령을 꾸며 장시를 태보太保로 봉하고 궁 안팎의 군대를 관리하고 상서의 직권을 이행하도록 했다. 이렇게 장시는 서한西漢의 최광霍光처럼 한 몸에 조정의 대권을 장악하게 됐다. 이에 시중 서통徐統이 통탄했다. "장시가 권력을 잡았으니 나에게 이제 더 이상 평탄한 세월은 없겠구나. 나도 구차하게 살고 싶은 마음은 없다." 그러면서 자결했다.

23일, 석호가 병으로 죽자 유씨와 장시는 태자를 옹립해 즉위시켰다. 조정의 대권이 완전히 그들 둘의 수중에 들어간 것이다. 유씨는 본래 장시를 승상으로 봉하려고 했지만 병권을 가진 팽성왕 석준과 의양왕義陽王 석감石鑒의 감정을 고려해 석준과 석감을 좌우승상左右丞相으로 봉했다. 한편 장시는 자신의 권력을 이용해 석빈의 옛 부하들을 깨끗이 정리해버렸다. 그는 태위 장거張擧에게 병력을 이끌고 석빈의 통병대장統兵大將 사공司空 이농李農을 제거하라고 명령했다. 장거와 이농은 개인적 교분이 두터운 사람들이어서 장거는 먼저 사람을 보내 이농에게 상황을 알렸다. 그러자 이농은 만여 명의 걸활군乞活軍* 잔여 부대를 통솔해 광종廣宗으로 달아나 상백上白을 굳게 지켰고 장거는 군대를 이끌고 상백을 포위했다. 하지만 장

---

* **걸활군乞活軍**: 오호십육국 시대에 황하 남북 지역에서 활약했던 한족 무장 유민 집단이다. 중국 고대에 가장 사납고 강력했던 농민 부대다.

거는 자신의 오랜 벗을 공격하기를 원하지 않아 쌍방은 서로 대치 상태를 유지하고 있었다.

팽성왕 석준은 부친이 세상을 떠났다는 정보를 듣고 곧장 병력을 일으켜 업성으로 갔다. 군대가 하내河內 이성李城에 도달하자 이내 반신反臣 양독梁犢을 토벌하고 돌아오는 요익중姚弋仲, 포홍蒲洪, 유녕劉寧, 그리고 정로장군征虜將軍 석민石閔과 무위장군武衛將軍 왕란王鸞 등을 만났다. 그들은 모두 석준을 설득했다.

"지금 조정의 대권이 유씨와 장씨의 수중에 떨어졌습니다. 전하야말로 진정한 석씨의 후계자입니다. 응당 전하께서 권력을 장악하셔야 합니다. 선제께서 말년에 병환으로 직접 조서를 작성하지 못해 장시 등이 그 틈새를 파고 들어가 어리고 철이 없는 석세石世가 제위를 물려받은 것입니다. 수도의 군대 대부분이 상백으로 파견되어 성 안의 군력은 상당히 빈약합니다. 전하께서 이때 군대를 통솔해 장시를 친다면 쉽게 승리를 얻을 수 있을 것입니다. 업성의 장병들도 무기를 내려놓고 성문을 열어 전하를 맞이할 것입니다."

석준은 그 말에 일리가 있다고 여기고 속도를 내어 업성으로 힘차게 진격했다. 도중에 낙주자사洛州刺史 유국劉國이 군대를 이끌고 투항하자 석준의 병력은 더욱 강화됐다. 장시는 석준이 군대를 일으켜 업성을 공격할 것이라는 정보를 듣고 황급히 상백을 포위하고 있는 군대를 소환했다.

석준의 군대는 행군하면서 각지의 무장 병력을 끊임없이 수용하고 재편했다. 그러자 낙양으로 행군할 때 병사들의 수는 무려 9만에 달할 정도였다. 장시가 병력을 보내 석준의 군대를 저지했는데 이때 파견된 장군이 병사들에게 말했다. "팽성왕이야말로 정통 황실이다. 장시는 타성바지*일 뿐이다. 우리는 팽성왕에게 의탁해야 한다!"그렇게 잇따라 석준에게 의탁하자 장시는 사람들을 죽이 기까지 했지만 석준에게 투항하는 기세는 좀처럼 수그러들지 않았다. 장시의 심복대신인 장리張離마저도 관문을 돌파하고 2천의 근위병을 이끌고 석준에게 투항했다.

그러자 유씨가 장시를 불러 대성통곡했다. "선왕의 유해가 아직 식지도 않았는데 형제들이 서로 잔인하게 죽이려고 하오. 지금 폐하께서 이렇게 어리니 분명 석준의 적수가 되지도 못할 것이오. 혹시 장군에게 좋은 계책이 있으시오? 정 안 된다면 석준의 작위를 높여줍시다."

장시는 이때에도 상황을 미처 파악하지 못하고 유씨에게 대답했다. "좋습니다! 그렇게 해야지요!"

이윽고 유씨는 조서를 내려 석준을 승상에 봉하고 대사마와 대도독을 겸하도록 하고 상서를 맡도록 했다. 또한 모든 군사와 정치의 대권을 그에게 넘겨 처리하도록 했다. 장시도 성을 나서서 투항하자 석준은 명령을 내려 그를 체포하도록 했다.

15일, 석준은 봉양문鳳陽門에서 업성으로 들어가 장시를 사형시키고 그의 삼족을 멸했다. 이어서 석준은 유씨에게 다음과 같은 조령을 내리도록 압박했다. "태자는 아직 어린데 당초 그를 태자에 올린 것은 선왕께서 어린 아들을 아끼고 귀여워해서다. 하지만 나라의 정무가 주는 압박이 너무 커 태자의 성장에 좋지 않다. 그러니 지금 태자는 스스로 황위를 석준에게 이양하기를 원한다."

이렇게 해서 석준이 제위에 올랐다. 그는 전국적으로 대사면을

---

* **타성바지**他姓-- : 자기와 다른 성씨를 가진 사람. —편집자 주

유씨가 장시를 불러 대성통곡했
다. "선왕의 유해가 아직 식지도
않았는데 형제들이 서로 잔인하
게 죽이려고 하오."

실시하고 상백을 포위한 군대를 소환했다. 석세는 초왕譙王으로 봉하고 유씨는 태비太妃로 강등되었다. 그로부터 얼마 지나지 않아 이들 모자는 죽임을 당했다. 그런가 하면 이농은 업성으로 와서 죄를 자백했지만 석준은 그의 죄를 처벌하지 않고 도리어 그의 관직을 회복시켰다.

한편 석준의 형 패왕沛王 석충石沖은 계성薊城에 군대를 주둔시켜 지키다가 석준이 석세를 죽이고 왕위에 올랐다는 정보를 듣고 그를 보좌하던 수하에게 말했다. "석세가 제위에 오른 것은 선왕의 뜻에 의한 일이다. 지금 석준이 그를 죽인 것은 대역무도한 짓이니 내가 병력을 이끌고 그를 토벌하겠다. 선왕을 대신해 무정하고 의롭지 못한 자를 제거해야겠다." 이렇게 석충이 석준을 토벌하겠다는 글을 써서 연나라와 조나라에 전하자 두 지역의 무장 병력이 잇따라 찾아왔다. 석충의 병력은 본래 5만밖에 되지 않았는데 보름도 채 되지 않아 10만으로 증강되었다.

석충이 원향苑鄉에 도달하자 석준이 전국적으로 대사면을 실시한다는 조서가 군대 안으로 들어왔고 석충은 개탄을 금치 못했다. "석세와 석준 모두 내 아우다. 지금 나는 이미 한 명의 아우를 잃었으니 더 이상 또 다른 아우를 잃고 싶지 않다! 돌아가는 것이 낫겠다."

그러자 석충 수하의 장군인 진섬陳暹이 그를 만류했다. "석준은 왕을 죽이고 제위를 찬탈한 자입니다. 극악무도한 죄를 저질렀습니다! 전하께서는 형제의 정으로 용서해주고 싶겠지만 저는 그대로 두지 못하겠습니다. 제가 대군을 통솔해 석준을 생포하면 그때 전하께서 그를 처리하도록 하십시오. 그때가 되면 전하께서 대국을 책임지십시오."

석충은 정의를 위해 용감하게 나아가려는 부하를 보고 자신도 더 이상 다른 말은 하지 못하고 그저 계속해서 전진할 수밖에 없었다.

한편 석준은 형이 대군을 이끌고 자신을 토벌하러 온다는 것을 알고는 신속하게 중랑장中郎將 왕탁王擢 편에 편지를 보내 석충을 만류했다. 하지만 석충은 만류를 듣지 않았다. 그러자 석준은 무흥공武興公 석민石閔과 이농에게 정예 병사 십만 명을 통솔해 석충에 맞서 싸우도록 보냈다. 쌍방은 평극平棘에서 만나 교전을 벌였다. 석충의 군대는 이제 갓 모인 상태라 장비와 전투 습성이 이농의 군대만하지 못해 빠르게 패했고 석충 본인도 생포되고 말았다. 석준은 그에게 자결할 기회를 주었고 석충 수하의 3만 병사들을 잔인하게 생매장시켰다.

이때 무흥공 석민이 석준에게 간언했다. "도독都督 포홍蒲洪은 야망이 큰 사람인데 지금 그가 관중을 지키고 있습니다. 저는 그가 진주秦州와 옹주雍州를 점거해 왕으로 나설까 염려됩니다. 물론 선왕께서 살아계실 때 포홍에 대한 신임이 두터웠기는 하지만 지금은 폐하께서 정권을 잡고 있는 상황이니 당연히 폐하의 이익이 중심이 돼야 합니다." 석준은 그 말을 듣고 포홍의 도독 관직을 파면시켰다. 포홍은 후조가 자신에 대해 경계심을 품고 있다는 사실을 알고는 방두枋頭로 돌아온 뒤 이내 병력을 통솔해 동진東晉으로 가서 투항했다.

이때 전연前燕의 평적장군平狄將軍 모용패慕容霸는 후조의 상황을 듣고 전연왕인 모용준慕容俊에게 글을 썼다. "석호가 재위할 때 제대로 국가를 통치하지 못해 지금 그의 자손들은 그만 못합니다. 심지어 자신의 형제마저도 봐주지 않습니다. 중원의 백성들은 분명 고통 속에서 살고 있을 것입니다. 그들은 인자한 군주가 와서 그들을 구제해주기를 갈망할 것입니다. 폐하가 적임자입니다. 만일 폐하께서 군을 통솔해 중원에 진주하면 백성들은 길가에 늘어서서 환영할 것입니다." 하지만 모용준은 동의하지 않았다.

얼마 지나지 않아 북평 태수 손흥孫興이 또 글을 올렸다. "석씨의 내란은 우리가 중원에 진주할 좋은 기회입니다. 만일 우리가 이 기회를 놓치면 폐하께서는 언젠가 분명 후회할 것입니다." 그러자 모용준이 말했다. "나도 물론 중원을 차지해 통치하고 싶다. 하지만 선왕모용준의 부친의 상을 지낸 지 얼마 지나지 않았으니 잠시 기다렸다가 다시 논하겠다."

모용패는 모용준이 주저하는 모습을 보고 직접 용성龍城으로 가서 모용준을 대면했다. "이는 우리가 중원을 차지하고 통치할 유일한 기회입니다. 이렇게 있다가는 석씨가 재기하거나 혹은 다른 누군가가 대체해버릴지도 모릅니다. 그러면 우세를 잃어버릴 뿐만 아니라 심지어 그들에 의해 병탄*될 수도 있습니다."

이에 모용준이 말했다. "물론 업성 내부가 큰 혼란에 빠져 있지만 안악安樂의 우두머리인 등환鄧桓은 실력이 강하고 그곳의 양식도 풍족하다. 만일 우리가 지금 조나라를 공격하려면 안악을 우회해 대군이 노룡盧龍에서 출발할 수밖에 없다. 하지만 노룡의 지세가 험준하고 산세가 좁아 적이 험한 지세에 매복해 있으면서 우리가 갈 길을 막아버리면 우리에게는 실패만 기다릴 뿐이다. 너는 그 장애물을 통과할 방법이 있느냐?"

모용패가 대답했다. "등환은 석씨에게 충성을 다하고 있지만 그의 수하에 있는 장병들은 그렇지 않습니다. 우리 병력이 성 아래에

---

* **병탄竝呑/倂呑**: 남의 재물이나 다른 나라의 영토를 한데 아울러서 제 것으로 만듦. — 편집자 주

도달해 그들의 사기를 저하시키면 일 년 내내 바깥으로 출정해 싸우고 가족을 그리워하는 병사들은 분명 우리에게 투항하고자 할 것입니다. 제가 부하를 인솔해 선봉에 서겠습니다. 도하에서 출발해 영지令支를 급습하면 그들이 미처 손쓸 새도 없을 것입니다. 안악의 군대는 그 정보를 입수하고 분명 크게 당황할 것입니다. 이때 그들은 성문을 굳게 닫고 방어할 수밖에 없을 것입니다. 그런 상황에서 우리가 승세를 몰아 추격하면 조급한 나머지 어쩔 수 없이 성을 버리고 도주할 것입니다. 저항할 의지가 전혀 없어지는 겁니다. 이렇게 하면 그들이 어떻게 우리 군을 겹겹이 포위할 수 있겠습니까? 폐하께서는 그저 침착하게 전진하시면 됩니다." 모용준의 근심은 여전히 가시지 않은 상태였지만 대신들의 의견을 구해보기로 했다.

태위太尉 봉혁封奕이 모용준에게 말했다. "제가 듣기로 행군하면서 싸울 때 싸워 이길 수 있으면 싸우고 이길 수 없으면 지략을 취하면 됩니다. 우리 나라는 선왕이 살아계실 때부터 인仁과 의義로 나라를 통치했고 덕으로 사람을 따르게 하는 미덕을 숭상했습니다. 용맹스러운 민속으로 인해 군대는 강력하고 무기도 우수합니다. 조나라의 주군들은 모두 포학무도해 지금의 내란이 폭발한 것입니다. 그들 백성들의 인내심은 일찌감치 바닥났습니다. 백성들은 외적에 대해 저항할 생각이 전혀 없습니다. 도리어 누군가 조나라의 통치를 갈아엎어주기를 밤낮으로 바라고 있습니다. 대왕께서 만일 지금 중원으로 진군하신다면 먼저 계성을 함락시킨 다음 다시 업성을 취해 인과 의를 전파하고 도덕을 발양*하십시오. 망국의 백성들을

---

* **발양發揚**: 마음, 기운 재주 따위를 떨쳐 일으킴. —편집자 주

배려하고 보살피십시오. 그러면 백성들이 어찌 길에 늘어서서 환영하지 않을 수 있겠습니까? 석씨의 남아 있는 패거리들은 모두 오합지졸입니다. 정규군대를 보고 나면 이내 철저히 무너져 내릴 것입니다. 그런 이들이 어찌 저항할 수 있겠습니까?"

종사중랑 황홍黃泓이 이어 대답했다. "저는 밤중에 별자리를 보면서 목성이 북쪽으로 이동하여 태백성* 한가운데 있는 것을 보았습니다. 이는 북쪽의 군주가 중원에 들어서야 함을 설명하는 것입니다. 만일 대왕께서 계속 주저하신다면 하늘의 뜻을 거스르는 것입니다."

절충장군折沖將軍 모여근慕輿根도 말을 덧붙였다. "대왕께서는 마땅히 자신이 아닌 중원의 백성들을 생각하셔야 합니다! 백성들은 석씨가 가하는 환난으로 인해 고통을 받고 있습니다. 백성들은 이미 고통스러운 지경에서 벗어나기를 원하고 있습니다. 지금 오로지 대왕만이 그들을 구제할 수 있습니다. 그러니 대왕께서는 더 이상 주저해서는 안 됩니다. 무선왕武宣王 때부터 우리 나라의 왕은 늘 인재를 우대하고 백성을 굽어 살폈습니다. 농경 생산을 중시하고 병사를 훈련시켜 나라를 강하게 만들었습니다. 이는 언젠가 중원의 주재자가 되기 위해 힘을 비축한 것입니다. 이제 시기가 무르익었는데 대왕께서 차일피일 출병을 허하지 않는 것은 설마 중원의 백성들이 안정된 생활 하기를 원치 않는 것입니까? 아니면 대왕께서 안락을 꾀하는 것입니까?" 모용준은 이 말에 결국 마음을 굳히고 중원으로 군대를 출동시켰다.

---

* **태백성**: 금성의 옛 이름.

모용준은 20만 명에 이르는 정예 병력을 선발하고 자신의 형제 모용각慕容恪을 보국장군輔國將軍으로, 모용평慕容評을 보필장군輔弼將軍으로, 그리고 좌장사左長史 양목陽鶩을 보의장군輔義將軍으로 임명했다. 모용패는 전봉도독前鋒都督과 건봉장군建鋒將軍을 맡아 병사들에게 무예를 가르쳤다. 이렇게 전국이 임전의 상태에 돌입하고 조나라를 공격할 준비를 하여 결국 모용준이 중원의 주인이 되었다.

21장

부견苻堅이 부생苻生을 대신해 왕위에 오르다

전진前秦의 왕 부생苻生은 어려서부터 외눈박이인 데다 성격이 괴팍했다. 그는 즉위한 뒤 주색에 빠지고 포악했으며 천성적으로 의심이 많고 잔인하게 사람을 죽이기를 즐겼다.

한 번은 부생이 장안에서 길을 걷고 있다가 어린아이들이 노래부르는 소리를 들었다. "동해 큰 물고기가 용으로 변하면, 남자는 왕이 되고 여자는 공이 된다네." 밤에 큰 물고기가 부들을 먹는 꿈을 꾼 부생은 광녕공廣寧公 어준魚遵이 언젠가 자신의 자리를 빼앗지는 않을까 의심을 품고 어준 집안의 재산을 몰수하고 참형에 처하라는 명을 내렸다.

한편 금자광록대부金紫光祿大夫 우이牛夷는 언젠가 부생이 소[牛]와 관련된 민가를 듣고 자신의 전 가족을 몰살할까 두려워 수도를 떠나겠다고 요청했다. 부생은 그의 마음을 알아채고 그의 상소문에 반박하면서 관직을 추가했다. "늙은 소는 충성의 상징이다. 느릿하게 걷지만 듬직하고 안정감이 있다." 우이는 그 말을 듣고 속으로 기뻐했다. "그렇다면 저는 대왕을 도와 무거운 짐을 지고 수레를 끌겠습니다. 대왕께서 제게 무거운 책임을 주시기를 바라겠습니다."

그러자 부생이 웃으며 말을 이었다. "그대는 혹시 그대에게 주어진 관직이 너무 작다고 불만을 갖고 있는 것이오? 그렇다면 내가 그대에게 어준의 작위를 봉하면 어떻겠소?" 우이는 소스라치게 놀란 나머지 온몸을 부들부들 떨었다. 집으로 돌아온 뒤 그는 자신의 가족이 연루될 것을 염려해 스스로 목숨을 끊었다.

또한 부생은 밤낮을 가리지 않고 술을 죽어라 퍼마셨다. 때로는 몇 달 동안 술에서 깨어나지 못한 적도 있었다. 심지어 술에 취해 상소문을 처리하기도 했다. 주변 측근들은 그 특징을 이용해 간사하고 사기성이 농후한 나쁜 짓을 수도 없이 저질러 부생이 상과 벌을 잘못 내리도록 해서 법도를 어지럽혔다. 간혹 부생은 술에 취해 아무렇게나 사람을 죽이는 짓도 서슴지 않았다. 그는 신하를 불러 모아 눈에 거슬리는 사람이 있으면 그 자리에서 사형을 집행하도록 했다.

부생 자신에게 장애가 있다 보니 다른 사람이 '결함, 모자람, 한쪽, 단 하나, 부족, 없음, 불완전'과 같은 단어를 사용하는 것을 금기시했다. 누군가 자신도 모르는 사이 부생 앞에서 이런 단어를 발설하면 가차 없이 죽임을 당하기도 했다. 부생에게는 또 흉악한 범죄를 저지르는 괴벽이 있었다. 그래서 그는 시중드는 이들에게 가축과 가금을 산 채로 껍질을 벗겨 튀기도록 했다. 그런 다음 가축과 가금이 고통스럽게 대전에서 이리저리 돌아다니면서 몸부림치는 것을 지켜봤다. 그러고도 부생은 성에 차지 않았는지 백정에게 무용수들의 얼굴의 피부를 벗기게 한 뒤 무용수들이 얼굴에 피범벅이 된 채로 흥겹게 노래하고 춤추도록 했다. 부생은 그런 참혹한 광경을 감상하고 즐겼다.

그러면서 부생은 옆에서 시중을 드는 시종들에게 물었다. "외부 사람들은 나를 어떻게 보느냐?" 어느 시종이 그에게 말했다. "백성들 모두 대왕의 은덕에 감사하고 있고 지금 정무가 공명정대해 천하가 태평하다고 말합니다." 부생은 그 말을 듣고 기뻐하기는커녕 크게 화를 냈다. "내가 너더러 사실을 말하라고 했지 아첨하라고 했느냐? 이자를 당장 끌고 가서 베어버려라." 그렇게 그 사람은 참살당하고 말았다.

며칠이 지나 부생이 또 질문을 하자 시종들은 감히 비위를 맞출 엄두를 못 냈다. "사람들은 대왕께서 내리는 형벌이 다소 매섭다고 생각합니다." 그러자 부생은 그 말을 듣고 또 화를 냈다. "네가 감히 나를 중상모략 하는구나!" 결국 그 사람도 죽임을 당했다.

부생 주변의 오랜 신하들은 그렇게 죽임을 당해 신하의 숫자도 얼마 남지 않을 지경이었다. 새로 부임한 대신들은 살얼음판 위를 걷는 것처럼 하루를 일 년같이 보냈다.

상황이 이렇게 되자 당시의 적잖은 한족 대신들은 부생의 사촌형 부견苻堅이 부생 대신 황제의 자리에 오르기를 바랐다. 그러면서 어느 대신이 부견을 설득했다. "공과 지금의 폐하는 비록 사촌형제 사이이지만 두 분은 천양지차입니다. 그분은 잔인하고 포학해 공도 죽일 것입니다. 반면 공께서는 늘 국정을 생각하고 폐하를 염려하고 계십니다. 이제 연나라와 동진의 병사와 군마가 이미 국경 지역에서 호시탐탐 우리를 노리고 있습니다. 만일 공이 행동을 취하지 않으면 머지않아 나라도 집도 다 망하고 말 것입니다."

그 말을 들은 뒤에도 부견은 얼른 결정을 내리지 못하고 상서 여파루呂婆樓를 찾아가 상의했다. 여파루는 이렇게 말했다. "저도 이제 곧 폐하의 칼날 아래 귀신의 몸이 될 것 같습니다. 저에게는 공을 도와 일을 성사시킬 담력과 식견이 없습니다. 제가 아는 왕맹王猛이라는 동향 사람이 있는데 그는 제가 본 사람 중 가장 뛰어난 책사입니다. 제가 그에게 도움을 청해 보겠습니다." 부견은 그 말에 크게 기뻐하면서 곧장 사람을 보내 왕맹을 청해 산에서 내려오도록 했다. 두 사람은 첫 대면만으로 몹시 친해져서 부견은 자신이 왕맹을 만난 것은 흡사 유비가 제갈량을 만난 것과 같다고 말했다.

이때 특진特進* 겸 어사중승禦史中丞 양평로梁平老가 부견에게 말했다. "지금 사람의 마음이 뿔뿔이 흩어져 있고 백성들도 부생의 통치가 어서 끝나기를 바라고 있습니다. 연나라와 진나라 두 나라는 또 우리를 호시탐탐 노리고 있습니다. 일단 그들이 군대를 일으켜 공격해오면 백성들은 도리어 길에 늘어서서 맞이할 것입니다. 그때가 되면 우리 나라는 망하게 됩니다. 폐하께서 우매하고 잔인해 위로는 왕공대신부터 아래로는 일반 백성에 이르기까지 모두 속으로는 분노하면서 아무 말도 하지 못하고 있습니다. 전하는 좋은 때를 잡아야 합니다. 만일 너무 미뤘다가는 전하께서 후회해도 소용없을 것입니다!" 부견도 즉시 행동에 옮기고 싶지만 부생의 호위 부대 숫자가 너무 많아 실행에 옮길 엄두가 나지 않았다.

그러던 어느 날 밤, 부생이 술에 취한 뒤 시중을 드는 하녀에게 이렇게 말했다. "부견과 부법苻法 두 도둑이 내 황위를 엿본 지 아주 오래되었다. 내일 나는 그들을 제거해야겠다." 하녀는 일찌감치 부생에 대해 뼈에 사무칠 정도로 증오심을 품고 있던 터라 그 길로 부생이 한 말을 부견과 부법에게 전했다. 부견은 더 이상 기다리고만 있을 수 없다는 판단을 내리고 선수를 쳐서 기선을 제압하기로 결정했다.

---

* **특진特進**: 서한 말기에 세워진 관직이다. 열후 중 특별한 지위에 있는 사람에게 수여한 것으로 삼공三公 이하의 직위에 해당한다. 동한에서 남북조까지에 한해서 추가된 관직으로 실무는 없었다.

부법과 양평로와 특진광록대부特進光祿大夫 강왕強汪은 수백 명의 용사들을 모으고 운룡문雲龍門에서 대전으로 들어갔다. 부견과 여파루는 2백 명을 이끌고 북을 두드리면서 뒤따랐다. 왕궁을 호위하던 장병들은 이미 누군가 반란을 일으키기를 바라고 있던 터라 저항도 하지 않고 적극적으로 부견 등을 도왔다.

부견이 병력을 인솔해 들어오자 부생은 비로소 술에서 깨 황급히 시종에게 물었다. "부견이 이렇게 많은 사람을 데리고 온 이유가 무엇이냐?" 시종이 대답했다. "그들은 강도입니다!" 그러자 부생이 말했다. "강도가 왜 나에게 무릎을 꿇고 죽기를 기다리지 않는단 말이냐?" 사람들은 폭군이 보이는 이 우매한 모습을 보고 웃을 수도 울 수도 없을 지경이었다.

그러자 부생이 큰 소리로 호되게 꾸짖었다. "웃지 말라. 모두 무릎을 꿇어라. 그렇지 않으면 가차 없이 죽이겠다!"

이때 부견이 사람을 보내 부생을 결박해 다른 곳으로 데리고 갔다. 그러고는 부생의 황위를 폐위하고 월왕越王으로 강등시켰다. 그런 뒤 얼마 지나지 않아 사람을 보내 그를 죽이고 여왕厲王의 시호를 내렸다.

부생이 폐위된 뒤 부견이 부법을 왕으로 세우자고 제안하자 부법이 말했다. "법도상으로도 그렇고 인정상으로도 그렇고 마땅히 아우께서 대왕의 자리에 올라야 하네. 나는 아우의 신하가 되기를 진심으로 원하네. 오직 아우께서 나라를 잘 통치해주시기만을 바란다네."

그러자 부견이 고개를 흔들었다. "아닙니다. 아닙니다. 형님께서 응당 황위를 계승해야 합니다."

하지만 군신들 모두 부견에게 더 이상 사양하지 말 것을 권고하

부생이 큰 소리로 호되게 꾸짖었다. "웃지 말라. 모두 무릎을 꿇어
라. 그렇지 않으면 가차 없이 죽이겠다!" 이때 부건이 사람을 보내
부생을 결박해 다른 곳으로 데리고 갔다. 그러고는 부생의 황위를
폐위하고 월왕越王으로
강등시켰다.

자 부견은 다수의 의견을 따를 수밖에 없었다.

부견의 모친인 구씨苟氏는 자신의 아들이 나라를 다스릴 인재가 아니어서 이후에 부생과 같은 결말을 맞이할까 두려워 울면서 군신들에게 말했다. "다들 보았겠지만 내 아들이 스스로 왕위를 계승하겠다고 한 것이 아니라 그대들이 압박한 것이오. 나라의 정사는 결코 작은 일이 아니오. 만일 이후에 내 아들이 정사를 제대로 돌보지 못하면 그대들은 후회하게 될 것이오. 그대들이 잘못된 선택을 했기 때문이오. 그러니 책임을 내 아들 개인에게 넘기지 마시오."

그러자 군신들이 머리를 조아리고 구씨의 말에 동의하는 태도를 취했다. 이윽고 부견은 태극전에서 즉위를 하면서 대진천왕大秦天王이라 불리게 되었다.

부견은 즉위한 뒤 조서를 내려 전국적으로 대사면을 실시하고 연호를 영흥永興으로 바꿨다. 부생의 충신 중서감中書監 동영董榮과 좌부사左仆射 조서趙韶 등 20여 명을 제거했고 타지로 좌천된 오랜 신하들을 불러들였다. 이렇게 새로운 정치를 추진하면서 백성들이 부담 없이 안정된 삶을 누리도록 했다.

22장

환온桓溫이 북벌에 실패하다

동진태화東晉太和 4년기원후 369년 6월, 동진의 대사마大司馬 환온桓溫은 군대를 통솔해 연주兗州에서 금향金鄉에 도착해 청수하清水河를 따라 황하黃河로 진입하고 물길을 따라 내려가 전연前燕을 정벌하려고 했다. 하지만 날이 가물어 강줄기의 물이 너무 얕아 배를 띄울 수가 없었다. 그러자 대신 치조郗超가 말했다. "아군의 양식과 사료를 운반하려면 반드시 수로에 의지해야 합니다. 지금 변수汴水가 너무 얕으니 대량 운송이 불가합니다. 후방의 공급에 어려움이 생길까 염려됩니다."

그러자 환온은 사람의 노력으로 대자연을 이길 수 있다고 생각하고는 장군 모호생毛虎生에게 사람을 데리고 거야鉅野현 안에서 3백 리에 달하는 수로를 파라는 명령을 내렸다. 문수汶水를 청수하로 대서 수로를 통하게 하려는 것이었다. 한편 환온은 군대를 인솔해 위풍당당하게 청수하에서 황하로 들어섰다. 그러자 치조가 또다시 간언했다.

"지금 우리에게 양식과 사료는 충분합니다. 이 기회를 타서 공격해 속전속결하도록 해야 합니다. 그렇지 않고 시간을 너무 많이 끌면 장거리를 달려 기습하는 우리 군대에게 좋지 않을 것입니다. 적군은 쉬면서 힘을 비축했다가 피로한 우리를 맞아 싸울 터이니 우리가 불리합니다. 제 생각에 우리는 속히 업성을 공격하는 것이 맞습니다. 업성의 수비군이 기세가 당당한 우리 군을 본다면 분명 성을 버리고 달아날 것입니다. 그렇게 해서 우리가 유리한 고지를 점할 수 있습니다. 만일 그들이 성에서 나와 우리와 맞서 싸운다 해도 우리의 적수가 못 될 것입니다. 그때는 우리가 빠르게 업성을 함락시킬 수 있습니다. 업성은 크지 않고 성 안의 군량과 마초도 그리 많지 않은 데다 지금 날씨가 너무 더우니 그들은 분명 성을 지키기 어려울 것입니다. 만일 공이 장기전을 원한다면 군을 이끌고 황하와 제수濟水를 지킨 뒤 수군에게 양식 운반을 부탁해야 합니다. 양식이 충분히 비축된 다음에야 장기전이 가능할 것입니다. 이렇게 하면 시간이 좀 오래 걸리더라도 승리할 가능성이 훨씬 커집니다. 지금 공은 뜻밖에도 대규모 군대를 통솔해 물을 따라 북상하고 있으니 이는 표면적으로 공이 장기전을 하려는 것처럼 보입니다만 실상 우리의 군량과 마초는 부족합니다! 적군이 이 점을 간파하고 혹여나 고의로 시간을 끌어 가을과 겨울까지 기다린다면 강의 물은 갈수록 적어질 것입니다. 그러면 우리의 식량을 운반할 길도 막혀버릴 것입니다. 게다가 우리 장병들은 본래 추운 날씨에 적응하기 어렵습니다. 그때가 되면 우리 장병들은 싸울 의지가 전혀 없을 것입니다."

치조의 말에 환온은 연신 고개를 저으면서 치조의 말을 전혀 듣지 않았다. 환온은 자기 고집대로 건위장군建威將軍 단현檀玄을 보내 호륙湖陸을 공격하여 함락시키고 영동장군寧東將軍 모용충慕容忠을 포로로 잡았다. 한편 하비왕下邳王 모용려慕容厲는 2만 군대를 이끌고 환온을 저지했지만 환온에게 격퇴당했고 고평태수高平太守 서번徐翻은 이내 군대를 이끌고 환온에 투항했다. 환온은 자신의 군대가 연전연승을 하자 크게 기뻐하면서 자신의 결정이 정확했다고 믿어버렸다.

7월, 환온은 무양武陽으로 왔고 연주자사兗州刺史 손원孫元은 군대를 이끌고 와서 그에게 투항했다. 전연의 왕인 모용외慕容廆는 자신의 무능한 수하들을 보면서 하는 수 없이 사람을 보내 전진에 구원을 요청할 수밖에 없었다. 또한 그는 환온을 두려워했기 때문에 화룡和龍으로 도망갈 계획이었다. 이때 내내 중용되지 못하던 오왕吳王 모용수慕容垂가 마지막 승부수를 내던졌다. "우리가 왜 먼저 성을 나서서 응전하지 않는 것인가? 나아가 맞서 싸울 때의 최악의 결과는 도망치는 것 아니겠는가! 그런데 우리는 어째서 하필 도망치려는 데에만 급급한가?" 그러자 모용외는 모용수를 사지절使持節*과 남토대도독南討大都督으로 봉했다. 또한 정남장군征南將軍 범양왕範陽王 모용덕慕容德 수하의 5만 병사를 모용수에게 내주고 환온을 방어하도록 했다. 모용수는 사도좌장사司徒左長史 신윤申胤과 황문시랑黃門侍郎 봉부封孚와 상서랑尚書郎 실라등悉羅騰 등을 인솔하고 5만 대군을 지휘해 무양으로 출발했다.

얼마 지나지 않아 모용외는 또 사자를 보내 전진에게 도움을 구하도록 했다. 그러면서 전진이 출병해 대항해준다면 승패와 상관없이 호뢰虎牢 서쪽 지역을 전진왕 부견에게 바치겠다고 약속한 것이다. 그러자 부견이 군신을 불러 상의를 했다. 군신들은 잇따라 출병 반대 의사를 표명했다. "동진이 우리를 정벌할 때 연나라는 우리를 도우러 오지 않았습니다. 지금 동진이 연나라를 정벌하는 상황에서

---

* **사지절使持節**: 위진남북조 시대에 황제를 대표해 지방 군사와 정치 권력을 행사했던 관직이다.

우리도 그들을 도와줄 이유가 없습니다! 뿐만 아니라 연나라는 내내 우리 나라에 복종하지 않았습니다. 그런데 우리가 어째서 그를 도와야 합니까?"

하지만 승상 왕맹은 다른 생각을 가지고 있었다. "이번에 대군을 이끈 환온은 기세가 매우 드높습니다. 이런 그가 만일 연나라를 수복하면 우리 진나라는 다음 목표가 될 것입니다. 환온이 전쟁에서 승리하면 효산 동쪽에 둥지를 틀고 들어앉고 병력을 낙읍洛邑에 집중시킬 것입니다. 그렇게 되면 유주幽州와 기주冀州는 군사력을 증강시키는 근거지가 될 것이고 병주並州와 예주豫州는 군량 보급지가 될 것입니다. 그런 상황에서 그와 싸워 승리를 얻기는 무척 어렵습니다. 폐하께서 천하를 통일하기가 매우 곤란해진다는 뜻입니다. 우리가 지금 연나라와 연합하면 환온은 분명 전쟁에서 패할 것입니다. 환온이 퇴각해 돌아간 뒤 연나라 군대는 지칠 대로 지쳐 있을 것입니다. 이때 우리가 연나라의 빈틈을 노려 뚫고 들어가면 그들에게는 분명 반격할 힘이 전혀 없을 것입니다." 부견은 왕맹의 제안이야말로 일거양득의 계책이라면서 칭찬하고 연나라의 원조 요청을 수락했다.

8월, 부견은 왕맹을 상서령으로 임명하고 그에게 전연 지원과 관련된 일의 전권을 맡겨 책임지도록 했다. 그러자 왕맹은 장군 구지苟池와 낙주자사洛州刺史 등강鄧羌에게 2만 정예 병력을 통솔해 낙양에서 출발해 전연을 지원하라고 했다. 군대가 영천潁川까지 전진한 뒤 왕맹은 사자를 통해 전연에 서신을 보내 환온과의 전쟁은 이제 안심하라고 전했다.

한편 전연의 태자태부太子太傅 봉부封孚가 황문시랑黃門侍郎 신윤에게 물었다. "환온의 군대가 이렇게 강력하니 그들이 공격해온다면 우리는 단 한 번의 공격도 견디지 못할 것입니다. 그런데 저들은 어째서 강 상류에서 기다리고만 있을까요?"

신윤이 대답했다. "겉으로 봤을 때 환온의 군대는 분명 강력하고 또 환온의 일처리 능력도 대단히 진중합니다. 하지만 제가 그의 성격을 자세히 연구해보니 고집이 세고 큰 인물이 되기 어렵다는 점을 발견했습니다. 지금 진나라 황실이 쇠락해 대권이 완전히 환온의 수중에 떨어져 있습니다. 하지만 조정 신하들은 겉으로는 그를 따르는 것 같지만 뒤에서는 그가 왕을 속이고 있다고 욕합니다. 그래서 많은 사람들은 환온의 뜻이 이루어지는 것을 원치 않습니다. 그들은 모두 환온이 웃음거리가 되는 꼴을 보기를 기다리고 있습니다. 그렇게 보면 그들은 아마도 환온의 대업에 손해를 입힐 공산이 큽니다. 또한 환온의 병력이 많기는 하지만 환온은 지휘를 잘하지 못하고 융통성이 없습니다. 지금 그는 대군을 이끌고 깊이 침투해 응당 속전속결로 끝내는 것이 맞음에도 쉬면서 힘을 비축했다가 피로한 적군을 맞아 싸워 가만히 앉아서 성과를 누리려고 할 것입니다. 그의 군량 운송은 전부 수로에 의존해야 합니다. 일단 강물이 말라 얕아지면 군대는 충분히 보급품을 받을 수 없습니다. 그러면 인심이 흉흉해질 터이니 정세는 분명 역전될 것입니다. 그렇게 되면 환온은 싸움도 못하고 지게 됩니다."

9월, 제수濟水는 역시나 배가 지날 수 없을 정도로 수심이 얕아졌다. 이윽고 전연은 상서랑 실라등에게 군대를 통솔해 환온을 공격하도록 했다. 환온은 전연의 항장降將 단사段思에게 군대를 이끌고 실라등을 저지하도록 했지만 결국 단사는 전쟁에 져서 사로잡히고 말았다. 환온은 조나라의 오랜 장군인 이술李述을 보내 도움을 주도록 했으나 이술도 실라등에게 죽임을 당했다. 환온의 군대는 연속하여 좌절을 맛보면서 사기가 급격히 떨어졌다.

수로에 의존한 수송을 확보하기 위해 환온은 예주자사 원진袁真에게 초군譙郡과 양국梁國을 공격하도록 명령해서 석문石門의 수로를 열려고 했다. 원진이 초군과 양국을 공격해 함락시켰지만 그들이 석문의 수로를 열어 통하게 하려고 할 때 석문을 지키고 있던 전연의 범양왕 모용덕과 난대시어사蘭臺侍御史 유당덕劉當德이 통솔한 기마병 1만 5천 명과 맞닥뜨리게 되었다. 양 군대는 대치 상태로 접어들면서 좀처럼 승부가 나지 않았다. 석문 수로가 순조롭게 통하지 않자 환온의 군대에 공급이 심각하게 부족해졌다.

장군 모용주慕容宙는 기마병을 통솔해 곧장 환온이 이끄는 군대를 공격했다. 그러면서 모용주가 말했다. "진나라 군대는 양식도 이미 끊겼으니 분명 우리 수중에서 양식을 탈취하려고 갖은 수를 다 쓸 것이다. 도주하는 적을 추격하면서 조금이라도 양식을 노획하려는 것이다. 우리는 이 점을 이용해 미끼를 놓아 함정에 빠뜨리면 된다."

이윽고 먼저 2백 명의 기마병을 보내 도발한 뒤 험준한 곳에 매복을 배치했다. 도발하러 간 기마병은 진나라 병사가 출전한 것을 보고는 이내 포위권 안으로 도주했다. 아니나 다를까 진나라 병사들은 속임수에 빠져 모용주의 매복권 안으로 빠졌고 무수히 많은 병사들이 죽었다.

환온은 자신의 군대가 연패를 당하고 후방의 군량과 마초 공급도 부족한 데다 전진이 또 군대를 보내 연나라를 지원하는 것을 보고는 대세가 이미 기울었음을 직감했다. 그러자 동연의 태수 모호생毛虎生을 남겨두어 동연 등 4개 군郡의 군사 관련 사무를 감독하게 한 뒤 군함을 불사르고 남은 병력을 통솔해 육로에서 군대를 철수시켰다. 환온 등은 동연에서 창원倉垣으로 나와 7백여 리를 걷다가 전연의 군대에게 발각되었다. 전연의 수많은 장군들은 지금이 바로 환온을 없앨 절호의 기회라고 여겼지만 오왕 모용수는 생각이 달랐다.

"안 된다. 환온은 철수할 때 분명 우리가 승세를 몰아 추격할 것이라고 판단할 것이다. 그래서 정예 부대를 후미에 남겨뒀을 가능성이 크다. 만일 우리가 이때 추격하면 그들은 필시 죽을 힘을 다해 저항할 것이니 유리한 고지를 점하기 어려울 수 있다. 일단 그를 따라가다 보면 그가 다급한 나머지 서두르면서 장병들을 재촉하게 될 것이다. 그들이 피로에 지쳤을 때 소규모 군대로 그들에게 충격을 가하면 그들은 이내 참패하게 될 것이다."

이윽고 모용수는 8천의 정예 기마병을 데리고 환온을 뒤쫓았다. 환온은 뒤에 추격 부대가 있는 것을 알고 전군에게 더욱 속도를 내고 밤낮을 가리지 않고 서두르라고 명령했다. 쉬는 것도 허락지 않았다. 그렇게 며칠 뒤 환온 수하의 장병들은 지칠 대로 지쳐버렸다. 그때 모용수가 명령을 내렸다. "지금이 바로 우리가 공격을 시작할 때다!"

그러고는 모용수는 부하들에게 속도를 올려 말을 타라고 명령하고 환온의 앞을 에워쌌다. 모용수는 범양왕 모용덕에게 4천 기마병을 통솔해 환온이 반드시 거쳐 갈 산골짜기에 매복해 있게 했다. 자신은 나머지 4천 명을 통솔해 산골짜기의 다른 쪽 끝에서 환온을 기다렸다. 환온의 군대가 도달하자 모용덕과 모용수가 이끄는 기마병이 환온이 통솔한 피로에 지친 군대에 협공을 가했다. 환온의 군대는 대패했고 3만여 명이 죽임을 당했다. 환온은 잔여 병력을 이끌고 도주하는 과정에서 또다시 전진 사람 구지의 매복을 당해 수

환온은 자신의
군대가 연패를 당하
고 후방의 군량과 마초 공급도 부족한 데다 전진이 또 군대
를 보내 연나라를 지원하는 것을 보고는 대세가 이미 기울었
음을 직감했다. 그러자 동연의 태수 모호생毛虎生을 남겨두어
동연 등 4개 군郡의 군사 관련 사무를 감독하게 한 뒤 군함을
불사르고 남은 병력을 통솔해 육로에서 군대를 철수시켰다.

만의 병사가 전사했다.

환온이 패배한 뒤 연주자사 손원은 군대를 이끌고 무양을 점거했다. 전연의 좌위장군 맹고孟高는 군대를 이끌고 무양에서 전투를 벌이다가 손원을 생포했다.

북벌의 실패로 환온의 위엄과 명망은 바닥을 쳤다. 그는 도망쳐 뿔뿔이 흩어진 병사들을 불러 모아 산양山陽에 주둔했다. 환온은 실패의 주원인을 원진袁真이 석문의 수로를 제대로 통하게 하지 못해 군량과 마초의 공급이 원활하지 못했다는 것으로 결론지었다. 그러고는 상소를 올려 원진을 평민으로 강등시켜야 한다고 했다. 원진은 그에 불복하고 조정에 항의하면서 환온을 엄중히 처벌하라고 요구했다. 조정은 환온을 두려워하고 있었기 때문에 원진을 섣불리 회복시키지 못했다. 그러자 원진은 홧김에 전연에 투항해버렸다.

23장

전연前燕의 전멸

동진태화 5년^{기원후 370년} 7월26일, 전진의 군대가 전연의 수도 업성
鄴成을 포위했다. 그리고 왕맹이 업성 주변에 온 뒤 도적들로 들끓었
던 업성 주변의 상황이 상당히 개선됐다. 왕맹의 군대는 기율이 엄격
했고 백성을 괴롭히지 않았으며 현지의 제도를 간소화하고 정책 강
령을 완화해 백성들에게 부담 없이 안정된 생활을 누릴 수 있는 기회
를 제공했다. 그러자 평안히 살면서 즐겁게 일하는 백성들이 입을
모아 말했다. "태원왕太原王 모용각慕容恪이 오늘 다시 돌아왔구나!"

왕맹은 그 말을 듣고 감개가 무량했다. "백성들이 모용각을 이
렇게 중요하게 생각하는구나. 그야말로 자애로움의 본보기로다!"
그리고 왕맹은 존경의 마음을 표하기 위해 태뢰太牢를 바쳐 모용각
을 추모했다.

또한 왕맹은 전진왕 부견에게 상소문을 올렸다. "우리 군의 이
번 출정은 파죽지세입니다. 신하들이 적군을 대파한 뒤로 6주의 관
리와 백성들 모두 폐하의 군대를 알게 되었고 이내 줄지어 환영하
면서 자원하여 우리나라에 의탁하려고 합니다. 우리 군은 관리와
백성들에게 아무런 해를 끼치지 않습니다. 그저 폐하를 위해 잘못
을 깨닫지 못하고 명령에 거역한 사람만 제거하고 있습니다."

부견은 매우 흡족하여 왕맹에게 말했다. "장군은 귀신과 같은 용병술을 갖고 있소. 그렇게 빨리 업성을 치다니 그야말로 고생하여 세운 공이 크오. 짐은 지금 직접 육군을 통솔해 최대한 빨리 달려가서 장군과 합류하려 하오. 장군은 일단 좀 쉬면서 군대를 정돈하시오. 짐이 도착한 뒤에 함께 업성을 공격해 빼앗도록 해야겠소."

11월, 부견은 좌부사左仆射 이위李威에게 태자를 보좌해 장안을 보위하도록 하고 양평공陽平公 부융苻融은 낙양에 군대를 주둔시켜 지키도록 했다. 7일 뒤, 부견은 안양으로 왔다. 조부와 부친의 오랜 벗이 모두 안양에 있어서 그곳에 머물면서 그들을 초대해 잔치를 베풀려는 것이었다. 그 소식을 접한 왕맹은 안양으로 가서 부견을 만났다. 그러자 부견이 말했다. "예전 한문제가 주아부周亞夫의 병영 입구에 도착했을 때 주아부는 왕명을 띠고 있다는 이유로 병영에서 나와 한문제를 맞이하지도 않았소. 지금 내가 아직 전선에 도착하지도 않았는데 장군은 어찌 전선에서의 일을 생각지 않고 이렇듯 나와서 나를 맞이하는가? 설마 장군에게 다른 급한 일이 있는 것인가?"

왕맹이 대답했다. "주아부가 그렇게 한 이유는 자신을 드러내기 위함이었습니다. 저는 그의 행동이 옳다고 생각하지 않습니다. 폐하께서 기세도 드높게 대군을 이끌고 계시니 제가 그 기세를 타고 전연을 공격하는 것은 아주 사소한 일에 지나지 않습니다. 전선의 일은 걱정하지 마십시오! 하지만 나라 안의 사정은 안심할 만하지 못합니다. 나이 어린 태자께서 어떻게 급박한 일을 처리하실 수 있겠습니까? 만일 일이 발생하면 그때는 후회해도 늦습니다!" 부견은 그 말에 연신 고개를 끄덕였다.

11월 7일 밤, 전연의 산기시랑散騎侍郎 여울餘蔚이 전진에 의탁할 생각으로 사람을 데리고 업성 북문을 열었더니 전진의 군대가 줄줄이 이어 들어왔다. 그런가 하면 전연의 왕 모용위는 상용왕上庸王

모용평慕容評, 정양왕定襄王 모용연慕容淵, 낙안왕樂安王 모용장慕容臧, 전중장군殿中將軍 애랑艾朗, 좌위장군左衛將軍 맹고孟高 등을 이끌고 날이 어두워진 틈을 타서 용성으로 도주했다. 10일, 부견은 업성의 궁으로 왔고 연나라는 이렇게 함락되었다.

결국 모용수는 하는 수 없이 부견에게 투항했지만 마음속으로는 연나라를 부흥시키고 싶었다. 그래서 전연의 공경대부들이 부견에게 투항하는 것을 보고는 그들에게 악담을 퍼부었다. 이윽고 낭중령郎中令을 역임했던 고필高弼이 모용수에게 충고했다.

"장군께서는 결단력이 있고 슬기로우며 능력이 탁월합니다. 그런데 전연에서 배척을 당하고 변방으로 좌천당했습니다. 이제 나라가 이미 망해버렸는데 장군은 어째서 또 대신들을 책망하시는 겁니까? 저는 장군이 응당 넓은 도량으로 나라의 원로들을 대하셨으면 합니다. 그들은 장군의 위로를 얻으면 응당 장군의 명령에 따를 것입니다. 그들은 장군의 조력자들이 되어 장군을 도와 연나라 재건에 혁혁한 공을 세울 것입니다. 하지만 장군이 그들에게 험담을 늘어놓는다면 장군은 부흥의 초석을 잃게 될 것입니다. 제가 봤을 때 장군은 태도를 바꿔야 합니다."

모용수는 그의 말에 이치가 있다고 여기고 그의 의견을 따랐다.

한편 모용외 등은 천여 명의 기마병과 호위병을 이끌고 용성으로 달아나려고 했다. 하지만 성을 막 나서자 모두들 사방으로 도망쳐 흩어져버렸다. 결국에는 고작 십여 명의 기마병만 남아 모용외를 따랐다. 부견은 유격장군遊擊將軍* 곽경郭慶에게 뒤에서 바짝 뒤쫓

---

* **유격장군遊擊將軍**: 금군禁軍의 장군으로 효기장군驍騎將軍과 함께 금군을 나누어 인솔하고 왕의 안전을 보위했다.

아 가도록 했다. 당시의 길은 울퉁불퉁해 행군하기 어려워 좌위장군 맹고는 모용외의 시중을 들고 또 낙안왕 모용장과 정양왕 모용연을 두루 살피면서 느리게 행군했다. 도중에 수차례 강도를 만나 일행은 계속 싸우면서 걸어야 했다.

며칠이 지나 겨우 복록福祿에 도착해 다들 지칠 대로 지쳐 무덤에 기대 쉬고 있었는데 무덤 뒤편에서 갑자기 활과 화살을 든 이십여 명의 강도가 뛰쳐나왔다. 맹고는 검을 휘두르면서 그들과 목숨을 건 싸움을 벌였고 모용외 일행이 달아날 수 있도록 엄호했다. 맹고는 여러 명을 죽이거나 상해를 입히다가 결국에는 기진맥진한 채로 앞으로 나아가 적을 안고 함께 죽었다. 일찌감치 도주했던 애랑은 맹고의 필사적인 전투를 보고 다시 돌아와 맹고를 구하려고 했지만 결과적으로 자신도 화살에 맞아 죽고 말았다.

맹고와 애랑이 죽은 뒤로 모용외 등을 돌봐줄 사람도 없고 말도 사라져 버렸다. 그래서 이들은 비틀비틀 걸으면서 전진할 수밖에 없었다. 한편 곽경郭慶은 고양高陽에서 모용외 일행을 따라잡았다. 부관 거무巨武가 앞으로 가서 모용외를 줄로 묶으려고 하자 모용외가 말했다. "너희 역적들이 감히 천명을 받고 즉위한 나를 묶으려는 것이냐?" 거무는 그 말에 한바탕 크게 웃었다. "지금 당신이 천자라고 했는가? 내 눈에 당신은 그저 도적일 뿐이다."

이윽고 그는 모용외를 묶어 부견이 있는 곳으로 압송했다. 부견은 모용외에게 왜 애초에 곧바로 투항하지 않고 이렇게 고생스럽게 도주하다가 결국에는 잡히는 신세가 되었냐고 물었다. 그러자 모용외가 대답했다. "여우는 곧 죽을 때가 되면 자신의 굴 속으로 다시 달려가려고 한다. 하물며 사람은 어떠할까? 나는 그저 내 근거지에서 죽고 싶을 뿐이다." 부견은 나라도 집도 다 망해버린 모용

"너희 역적들이 감히
천명을 받고 즉위한 나를
묶으려는 것이냐?"

외에 대한 연민을 느끼면서 그를 놓아주고 궁으로 돌아가도록 했다. 그리고 문무백관을 이끌고 투항해 전진에 대한 복종을 표하도록 했다. 모용외는 부견이 시킨 대로 하면서 부견에게 맹고와 애랑 두 사람을 크게 칭송했다. 그러자 부견은 그들 두 사람의 장례를 정중히 치르도록 하고 그들의 아들을 기용했다.

곽경은 그 길로 용성까지 추격했고 태부太傅 모용평慕容評은 고구려로 도주해 도움을 구했다. 하지만 고구려는 전진과 적이 되고 싶지 않아 그를 체포해 전진에 보내버렸다. 달아난 의도왕宜都王 모용환慕容桓은 생존을 위해 진동장군鎭東將軍 발해왕勃海王 모용량慕容亮을 죽였다. 그리고 그의 병력을 가로채 자기 것으로 만든 뒤 세력을 강화하고 요동으로 달아났다. 요동에 도착한 그는 요동태수 한조韓稠가 이미 전진에 투항했다는 것을 알고 병력을 동원해 한조를 공격했으나 결국 공격에 성공하지 못했다. 그러면서 전진 장군 주억朱嶷이 병사들을 이끌어 배후에서 모용환을 공격하자 모용환은 협공을 받는 처지가 되었다. 이윽고 모용환은 많은 수의 병사를 포기하고 홀로 도망가려고 했지만 주억에게 생포되었고 얼마 지나지 않아 죽임을 당했다.

이로써 연나라 각 주의 주목州牧과 태수와 육이六夷의 수장들 모두 전진에 투항했다. 그렇게 해서 전진의 영토는 크게 확대됐고 인구도 그에 따라 증가했다. 부견은 전진의 궁녀와 진귀한 보물들도 자신의 장병들에게 하사하면서 그들의 공로를 치하했다. 또한 전국적으로 대사면을 실시한다는 조서를 내렸다. "짐은 인애의 마음으로 먼 곳의 백성들을 불러 모으기를 희망해왔다. 그들이 평화롭게 살면서 즐겁게 일하고 천하가 승복하도록 말이다. 그래서 전쟁의 방식으로 전연을 점령하니 백성들이 전쟁의 고통을 겪을 대로 겪었다. 이제 전국적으로 대사면을 실시해 백성에 대해 조금이나마 보상을 하고 모든 것을 처음부터 시작하고자 한다."

전쟁이 시작되기 전에 전연의 황문시랑 양침梁琛은 전진에 사신으로 간 적이 있었다. 당시 그의 부하는 시연랑侍輦郞 구순苟純이었다. 양침은 접대를 받을 때마다 대답을 스스로 결정해서 했고 구순과는 상의를 하지 않아 구순의 불만을 샀다. 업성으로 돌아온 뒤 구순은 전연의 왕 모용위慕容暐에게 양침을 모함하는 말을 했다. "양침은 진나라에 사신으로 갈 때 왕맹과 무척 즐겁게 이야기를 나눴습니다. 그때 저는 그들 둘이 전연에 반역할 음모를 꾸민다는 의심을 했습니다." 양침은 돌아온 뒤 자주 모용위 앞에서 전진왕 부견과 왕맹의 품성과 능력을 칭찬하면서 모용위에게 전진이 병력을 일으켜 공격할 것을 미연에 준비해야 한다고 일깨워주었다. 그런 뒤 얼마 지나지 않아 역시 전진은 군대를 일으켜 전연을 정벌하러 왔다. 그러자 모용위는 양침이 정말 적반하장 격으로 나오는 것은 아닐까 의심을 품게 되었다. 전연이 연이어 패하자 모용위는 양침을 체포하고 감옥에 가두었다. 부견은 업성에 진입한 뒤 양침을 석방하고 그를 중서저작랑中書著作郞에 임명했다. 그러고는 부견이 양침에게 말했다. "과거에 상용왕上庸王 모용평慕容評과 오왕 모용수는 모두 재능이 출중한 장수와 재상의 능력을 갖추었소. 그대가 그들 아래에서 직무를 맡았을 때 어째서 그들을 도와 방책을 생각해내지 않고 나라가 한 걸음씩 멸망으로 가는 것을 지켜본 것이오?"

양침이 대답했다. "나라의 운명을 한두 사람이 변화시킬 수는 없는 법입니다. 황제에게 뛰어난 재능과 원대한 계략이 없으니 그 두 분에게 장상의 능력이 있다 한들 무슨 소용이겠습니까?"

이어서 부견이 말했다. "그대가 진나라에 사신으로 왔을 때 연나라의 폐단은 말하지 않고 도리어 연나라의 세력을 허장성세하면서 과장했소. 마치 충성스러운 듯 보였지만 실상은 연나라에 해를 가했던 것이오. 그대가 그렇게 한 것이 옳았다고 보시오?"

양침이 대답했다. "'길흉의 조짐은 미세한 곳에 숨겨져 있다'고 했습니다. 제가 너무 어리석어 아무런 조짐도 보지 못하고 사물의 미세한 표상을 제대로 간파하지 못했습니다. 하지만 신하 된 자로서 응당 군왕에게 충성해야 하고 아들 된 자로서 응당 부모에게 효도해야 한다는 사실을 저는 알고 있습니다. 충성하지 않는 사람은 그의 부하도 그에게 충성하지 않습니다. 효도하지 않는 사람은 그의 아들도 분명 효도를 하지 않을 것입니다. 그래서 고대에 충성과 절개가 있었던 인물들은 위험에 맞닥뜨렸을 때 전혀 두려워하지 않고 충성과 효도의 마음으로 군왕과 부모에게 보답했습니다. 조짐을 사전에 관찰할 수 있는 사람들은 자신을 위해 퇴로를 남겨 놓습니다. 일단 위험이 닥치면 그들은 누구보다 빨리 도망칠 수 있습니다. 나라와 집안은 아예 안중에도 없습니다. 설령 제가 재난을 미리 알았더라도 저는 나라와 일족을 모질게 버려둘 수 없었을 것입니다. 저같이 우둔한 자도 그럴 수 없는 것이지요!"

연나라를 평정한 뒤 부견은 연나라의 지방장관들이 지속적으로 지방의 사무를 주관할 수 있도록 했다. 또한 전연의 상산태수常山太守 신소申紹를 산기시랑散騎侍郎으로 임명하고 산기시랑 위유韋儒와 함께 수의사자繡衣使者로서 관동 지역을 순찰하도록 했다. 신소는 현지에 도착한 뒤 전쟁 중에 죽은 자들을 안장하고 풍속과 민심을 살폈으며 농업 생산을 장려했다. 생활이 어려운 사람을 구제하고 절개와 의리를 지킨 사람에게는 표창을 했다. 전연이 제정한 백성들의 생산 활동에 유익하지 않은 정책 강령을 없앴고 새롭고 간단명료한 정책 강령을 반포했다.

12월, 부견은 전연의 4만여 호에 달하는 선비족을 장안으로 들어와 살도록 명령했다. 그러자 왕맹은 현지 상황에 밝은 양침을 남겨두어 업성의 주부主簿를 맡기고 또 기실독記室督도 겸하도록 하자고 제안했다. 이에 부견도 동의했다.

어느 날, 왕맹이 주연을 열고 대신들을 초청했는데 술이 세 순배 돌자 다들 전연의 사자를 두고 이런저런 소리를 늘어놓았다. 그러자 왕맹이 말했다. "전연의 사자라고 다 같지는 않습니다. 양침은 장안에 사자로 가서 자신의 조정을 칭찬했을 뿐이고, 낙숭樂嵩은 환온의 군대를 과장하고 자신의 위엄을 낮췄을 뿐입니다. 학구郝㟰는 나라의 장점을 말하고 또 암암리에 나라의 폐단도 말했습니다."

그러자 참전했던 풍탄馮誕이 말했다. "지금 이 세 사람은 모두 전진을 신하의 예로 섬기고 있습니다. 만일 공에게 선택권을 준다면 공은 누구를 선택해 사용하시겠습니까?" 왕맹이 말했다. "학구는 미세한 부분까지도 통찰할 줄 알고 생각이 치밀해 전면적으로 문제를 바라볼 줄 압니다. 저라면 우선적으로 학구를 중용하겠습니다."

부견은 업성에서 장안으로 돌아오는 도중에 방두枋頭에서 잠시 머물면서 현지의 노인들을 초대해 잔치를 베풀었다. 그러고는 이 지역의 세금과 강제 노역을 영원히 없애라는 명령을 내리고는 방두의 명칭을 영창永昌으로 바꿨다. 장안으로 돌아온 뒤 부견은 전연의 왕공대신들에게 상을 내리기 시작했다.

24장

비수淝水대전

동진東晉 태원太元 8년기원후 383년 10월, 전진前秦왕 부견은 자신의 아우 양평공 부융苻融 등 몇몇에게 군대를 통솔해 수양壽陽을 공격하도록 했다. 그런 뒤 얼마 지나지 않아 동진 평로平虜의 장군 서원희徐元喜 등이 생포되었고 수양도 함락되었다. 부융은 종군했던 곽포郭褒를 회남淮南 태수로 임명하고 자신은 직접 부대를 이끌어 파죽지세로 쳐들어가 운성鄆城을 함락시켰다. 호빈胡彬은 수양이 함락당했다는 정보를 들은 뒤 물러나 협석硤石을 지켰고 부융은 이내 군대를 통솔해 협석을 포위 공격했다. 호빈이 적에 겹겹이 포위당한 뒤 한동안이 지나자 성 안의 양식이 거의 바닥을 드러냈고 장병들도 버텨내기 힘들 지경이 되었다.

이윽고 호빈은 사자를 보내 낙간洛澗*에 주둔하고 있는 동진 대도독 사석謝石과 연주兗州 자사 사현謝玄에게 도움을 요청했다. "아군의 식량이 이미 소진되었는데 도적들의 기세가 아직도 강하니 우리가 더 이상 버티지 못할 것 같습니다. 도움이 필요합니다!" 사석이 통솔하는 동진의 부대를 저지하기 위해 전진의 위장군衛將軍 양

---

* **낙간洛澗**: 낙수洛水라고도 한다. 지금의 안후이성 화이난시 동쪽 화이허淮河의 지류인 뤄허洛河를 뜻한다.

성梁成 등은 5만에 달하는 군대를 이끌어 낙간에 주둔했고 회하淮河 변방에서 방어진을 쳤다. 사석은 양성이 거느린 장병들이 적지 않음을 보고는 섣불리 나서서 도움을 주지 못하고 있었다.

그런 뒤 얼마 지나지 않아 진秦나라 군대가 협석을 돌파해 호빈胡彬이 생포되었다. 양평공 부융은 호빈이 곤경에 처해 있는 모습을 보고는 승리를 직감했다. 그래서 진秦왕 부견에게 상소문을 썼다. "지금 진晉나라의 군대는 우리의 적수가 전혀 못 됩니다. 그들은 도망가야 목숨을 보전할 수 있을 지경입니다. 대왕께서 병력을 급파해 그들이 도주하는 길을 가로막는다면 일망타진할 수 있을 것입니다." 부견은 그 말을 그대로 듣고 주력 부대를 수도에 남겨두고 신속한 이동이 가능한 8천의 기마병을 친히 이끌고 동진의 이탈자를 '가로막으러' 떠났다.

한편 동진의 항장인 상서 주서朱序는 적극적으로 사석 등에게 투항을 권고하겠다고 요청했고 부견은 흔쾌히 허락했다. 주서가 사석의 병영에 도달하자 그는 큰 소리로 그들에게 말했다. "그대들은 지금 진秦나라의 위풍당당한 기세를 당해낼 수가 없습니다. 저는 그대들이 속히 투항해 더 이상 필요 없는 발버둥을 치지 않기를 권합니다."

실제로 주서는 애초에 어쩔 수 없어서 부견에 투항한 것이라 그의 마음은 여전히 동진을 향하고 있었다. 그래서 사적으로 사석에게 말했다. "진秦나라가 백만의 병력을 통솔해 습격할 것인데 만일 그 숫자가 전부 도착한다면 그대들은 전혀 저항할 수조차 없습니다. 하지만 현재 그들의 군대는 각지에 분산돼 있습니다. 만일 그들이 미처 다 모이지 않은 상태에서 그대들이 속전속결로 각각 격파해 나간다면 분명 승산은 있습니다. 그대들이 그들의 선봉 부대를 격파할 수만 있다면 그들의 사기는 절반으로 줄어들 것입니다. 그렇게 하면 그들의 후방 부대는 우리의 화근이 될 수 없게 됩니다."
당시는 부견이 이미 수양에 도달한 상태라 사석은 두려움에 가득 찬 나머지 주서의 호의를 거부하고 출전하지 않고 시간을 끌고만 싶었다. 그렇게 해서 전진前秦의 군대를 무너뜨릴 요량이었다. 보국 장군 사염謝琰은 주서의 분석이 이치에 맞다고 생각하고는 사석에게 주서의 계책을 취하도록 권고했다. 그럼에도 사석은 한참을 더 주저하다가 결국에는 그에 동의하게 됐다.

11월, 동진東晉은 광릉상廣陵相 유뢰지劉牢之에게 5천의 정예 병사를 통솔해 낙간을 공격하도록 했다. 양성은 자신의 병력을 낙간에서 10리 떨어진 계곡에 배치하고 유리한 정세를 이용해 적군을 맞아 싸울 준비를 하고 있었다. 유뢰지는 조금의 두려움도 없이 군을 통솔해 곧장 양성을 공격하러 나섰다. 그렇게 양성의 군대는 대패했고 양성 자신도 적군에 의해 죽임을 당했다. 또다른 주력 장군인 익양태수弋陽太守 왕영王詠도 적군에게 죽임을 당했다. 나머지 군대는 급히 철수했고 유뢰지는 또 병력을 나눠 그들의 퇴로를 막았다. 그러자 전진의 병사들은 막다른 골목에 빠져 너나 할 것 없이 회수로 뛰어들었고 결국 1만5천 명이 물에 빠져 죽었다. 양주자사揚州刺史 왕현王顯 등도 사로잡혔다. 그들의 양식도 동진의 보급품이 되었다.

낙간 전쟁에서 승리를 거둔 뒤 동진의 각 군대는 잇따라 수로와 육로에서 출발해 수양으로 당당히 나아갔다. 전진왕 부견과 양평공 부융은 함께 성에 올라 멀리 바라보았는데 동진의 군대가 질서정연하게 진을 치고 있는 모습만 보일 뿐이었다. 팔공산八公山 위의 초목들과 함께 흡사 한 덩어리를 이룬 것 같았다.

한편 전진의 군대는 비수를 따라 포진해 동진의 군대가 강을 건너는 것을 저지하고 있었다. 이때 사현은 사자를 보내 양평공 부융에게 말했다. "공이 그렇게 많은 군대를 이끌고 이곳에 온 것은 우리와 함께 생사를 걸고 마지막 전투를 벌이려는 것입니다. 그런데지금 우리는 직접적인 교전을 하지 않고 비수에 포진해 있습니다. 혹시 지구전을 생각하시는 겁니까? 잊지 마십시오. 공의 군량과 마초가 이곳에 도달하기까지 엄청난 시간이 소요된다는 사실을 말입니다. 시간을 낭비할 수 없습니다."

그러자 전진의 수많은 장수들이 반대하고 나섰다. "지금 아군의우세가 극명합니다. 우리는 저들이 도하하도록 내버려둬서는 안 됩니다. 시간을 벌어 대군이 모이기를 기다렸다가 일거에 적군을 섬멸해야 합니다."

그러자 부견이 말했다. "아군은 잠깐 동안만 후퇴를 하는 것이다. 표면적으로 그들이 도하를 하도록 내버려두는 것이지만 일단 그들이 절반 가량 도하를 하고 나면 우리는 허를 찔러 공격할 것이다. 이렇게 하면 더욱 쉽게 승리를 거둘 수 있지 않겠는가!" 부융도 그계책이 옳다고 여겼다. 그래서 전진은 군기를 휘두르면서 대군을 이끌고 후퇴했다.

이때 주서 등은 군대의 진영 뒤에서 큰 소리로 외쳤다. "우리가 졌다! 빨리 도망가라!" 병사들은 상황도 모르고 정말 패한 줄 알고는 사방으로 달아나기 시작했다. 주서는 이 기회를 틈타 장천석張天錫, 서원희徐元喜 등과 함께 동진에 투항했다. 사현, 사염, 환이桓伊 등은 군을 통솔해 강을 건넜고, 병사들도 진나라 군대가 이미 패했다고 여겨 승세를 타 추격에 나섰다.

부융은 말을 타고 전쟁에 임해 뿔뿔이 도망치는 병사들을 진정시키려 했다. 그러나 혼란의 와중에 군마가 놀라지 않게 하려다가 자신도 동진의 병사에게 죽임을 당했다. 전진의 군대는 우두머리가 죽임을 당한 것을 보고 더욱 정신없이 사방으로 도망쳤다. 병사들은 자기편끼리 서로 짓밟아 들판이 온통 시체로 가득해 차마 볼 수 없을 정도로 처참했다. 도주하는 병사들은 너무 놀란 나머지 산골짜기의 바람소리와 하늘의 새들마저도 동진이 추격해오는 것처럼 들릴 지경이었다. 그러다 보니 도저히 도주하는 발걸음을 멈출 수가 없었다. 하지만 너무 지치고 배고픈 데다 혹한 때문에 절반 이상의 사람들이 도주하던 길에서 죽고 말았다.

동진의 군대는 이렇듯 서둘러 수양을 공격해 전진의 회남태수 곽포를 사로잡았다. 부견은 빗나간 화살에 맞았으며 타고 있는 마차도 부서져 부상을 입은 채로 도주했다. 회하 북쪽에 도착했을 때 부견은 너무 배가 고파 더 이상 움직일 수 없는 지경이었다. 백성들은 물에 만 밥과 돼지 곰탕을 주전자에 담아 그에게 보냈다. 부견은 그것을 다 먹고 그들에게 몇 가지 물건을 하사하려고 했다. 그러자 백성들은 사양하면서 이렇게 말했다.

"폐하께서는 편안한 생활에 익숙해 남에게 업신여김을 당하기를 원치 않습니다. 그래서 진晉나라를 공격하려 했던 것이지요. 그러다 결국 위험과 재난을 자초한 것입니다. 우리 같은 백성들은 폐하의 은택을 받아 폐하를 우리의 아버지로 여기고 있습니다. 아이가 아버지에게 음식을 드리는 것은 영원히 바뀔 수 없는 진리입니다. 어디서 감히 무슨 상을 받기를 바라겠습니까!"

부견은 부끄러운 나머지 장張씨 부인에게 말했다. "백성들이 나를 이렇게 대해 주었는데 나는 그들을 모진 고통 속으로 몰아넣었구나. 그런 내가 무슨 염치로 다시 그들의 아버지가 될 수 있겠는가!" 그 말을 마친 뒤 하염없이 눈물을 흘렸다.

동진의 군대는 이렇듯 서
둘러 수양을 공격해 전진의
회남태수 곽포를 사로잡았다.
부견은 빗나간 화살에 맞았으
며 타고 있는 마차도 부서져
부상을 입은 채로 도주했다.

이윽고 부견은 남은 천여 명의 기마병을 통솔해 모용수의 숙영지에 도달했다. 모용수의 3만여 정예병은 비수 전투에 참전하지 않은 상태여서 그대로 보전되어 있었다. 이때 모용수의 장남 모용보慕容寶는 궁지에 빠진 부견을 보고 모용수에게 말했다.

"연나라 종족이 멸망해 하늘의 뜻과 민심도 아바마마께 기대를 걸고 있습니다. 아바마마께서는 줄곧 좋은 시기를 맞이하지 못해 능력을 감춘 채 드러내지 못했습니다. 이제 진秦나라 군대의 대세가 이미 기울었고 진왕 부견이 우리에게 투항해왔습니다. 이는 우리 대大연나라에 하늘이 좋은 기회를 준 것입니다. 좋은 기회는 다시 오지 않습니다. 바라옵건대 아바마마께서 결단을 내려주십시오. 부견이 이전에 아바마마께 베푼 소소한 선심 때문에 나라의 중임을 저버려서는 안 됩니다!"

그러자 모용수가 말했다. "네 말에 일리가 있다. 하지만 부견이 나에 대해 신뢰를 보이면서 가장 위급한 때에 나를 생각했는데 내가 어떻게 모질게 그에게 해를 가할 수 있겠느냐! 만일 전진의 멸망이 하늘의 뜻이라면 전진은 조만간 멸망할 것이다. 그러니 우리가 급할 게 있겠느냐? 그가 지금 위험한 상황에 처해 있으니 우리는 응당 그를 보호해야 한다. 그렇게 하면 그의 은덕에 보답할 수 있다. 이제 그의 군대가 대패했고 나라도 곳곳에 위험이 도사리고 있어 우리가 나설 필요가 없다. 재앙은 자연히 그를 찾아올 테니 말이다. 그때가 되어 우리가 다시 전진의 강토를 차지하기를 도모해도 늦지 않다. 그렇게 하면 연나라를 다시 찾을 숙원을 저버리지 않을 수 있을 뿐만 아니라 세상 사람들 앞에 도의를 지켰다는 인상을 남겨 사람들이 우리에게 신복하도록 할 수 있다."

그러자 분위장군奮威將軍 모용덕이 말했다. "진秦나라는 강대할 때 우리 연나라를 집어삼켰습니다. 이는 곧 지금은 약육강식의 시대라는 뜻입니다. 이제 전진은 위기에 봉착해 있으니 우리는 응당 과단성 있게 전진을 멸망시켜 멸국의 원수를 갚고 종족을 멸망하게 한 피의 한을 갚아야 합니다. 형님이 만일 이런 좋은 기회를 그냥 포기해버린다면 나라의 원한과 집안의 한을 갚을 수 없을 뿐만 아니라 수만의 병력을 순순히 부견에게 내어주어야 합니다."

또 모용수가 말했다. "이전에 내가 연나라에서 태부太傅 모용평慕容評에 의해 내쫓김을 당했을 때 나라에 내가 몸을 의탁할 곳이 없었다. 그래서 나는 죽음을 무릅쓰고 진秦나라로 도주했다. 그때 진왕 부견은 나를 예의로 대우했고 극진한 자애를 베풀었다. 흡사 나라의 어질고 덕망 높은 신하를 대하듯 했다. 그 뒤로 왕맹은 또 갖은 수를 써서 나를 모함하려 했지만 나 스스로도 자신의 결백을 증명할 수가 없었다. 그래도 진왕은 나를 믿고 나에게 죄를 묻지 않았다. 이런 은혜는 연나라가 나에게 준 것보다 훨씬 크다! 만일 전진의 운이 이미 다했다면 나도 관동의 의로운 인물을 불러 모아 연나라 선왕의 대업을 회복할 것이다. 나는 절대로 관서 땅을 침범하지 않을 것이다!"

관군행참군冠軍行參軍 조추趙秋는 모용수의 생각에 반대하면서 모용수에게 말했다. "성스러운 하늘의 뜻을 기록한 도참圖讖*에서는 일찍이 명망이 높은 공께서 연나라를 다시 찾는 큰 임무를 맡아야 한다고 나와 있습니다. 이제 기회가 공 앞에 왔는데 무엇을 기다리려는 것입니까? 지금 진왕 부견을 죽이고 업성을 점거해야 합니다.

---

* **도참**圖讖: 고대에 미신적 예언이나 징조를 널리 알린 책.

그런 뒤 우리가 병력을 이끌고 서진하면 진秦나라의 근거지는 이후에 더 이상은 부苻씨의 것이 아닙니다!"

다른 심복 당우黨羽도 모용수를 설득하는 무리에 속했지만 모용수는 거기에 동요하지 않고 다수의 의견을 억눌렀다. 그리고 군대를 부견에게 내어주었다. 형양滎陽에 도착하자 모용덕은 모용수에게 이것이 부견을 죽이고 군대를 일으켜 연나라를 다시 찾을 마지막 기회라고 설득했지만 역시 모용수는 꿈쩍도 하지 않았다.

동진의 군대가 승리의 귀환을 한 뒤 주서는 낭야내사琅邪內史로 봉해졌고 장천석은 산기상시散騎常侍로 봉해졌으며 기타 인물들은 각기 왕이 내린 상을 받았다. 동진의 정승 사안謝安은 이번 비수대전의 막후 총지휘를 맡았는데 전진의 군대가 패했다는 서신을 받을 때 손님과 바둑을 두고 있었다. 서신을 받은 뒤 그는 흡사 아무 상관도 없는 듯 서신을 한 켠에 제쳐두고 계속 바둑을 두었다. 그러자 손님은 어째서 서신을 열어 보지 않느냐고 물었고 그는 여유롭게 대답했다. "어린아이들이 도적을 물리친 것뿐이오. 거기에 뭐 볼게 있겠소?"

하지만 그는 손님과 바둑을 다 둔 뒤 흐뭇해하며 가벼운 발걸음으로 방으로 들어가느라 문지방을 넘을 때 나막신의 굽이 부러지는 것도 전혀 느끼지 못했다.

25장

후연後燕의 수립

비수대전이 끝나자 정령부락丁零部落*의 우두머리인 적빈翟斌은 전진前秦이 넘어져 다시 일어서지 못하는 것을 보고 스스로 독립을 준비하면서 전진을 배반했다.

동진東晋 태원 9년기원후384년 봄 정월 초하루, 전진의 장락공長樂公부비符丕는 모용수를 보내 반란을 평정할 계획이었다. 그래서 모용수의 아들 모용농慕容農에게 자신의 집에서 함께 식사하자며 초대했다. 모용농이 초대에 수락은 했으면서도 계속 오지 않자 부비는 수상한 낌새를 채고 다시 사람을 보내 초대했다. 그러자 사람이 돌아와 하는 말이 모용농은 이미 부친 모용수와 함께 열인현列人縣에 도착한 뒤 병력을 일으켜 반란을 벌였다고 보고했다.

한편 모용농은 열인현의 오환烏桓 사람인 노리魯利의 집에 머물렀고 노리는 그에게 평소 집에서 먹던 음식을 제공했다. 모용농은 그 음식을 보고는 미소만 지을 뿐 먹지 않았다. 그러자 노리가 자신의 아내에게 말했다. "저 사람은 부귀한 가문 출신이라 우리의 변변

---

* **정령부락**丁零部落: 중국 북방의 고대 민족 중 하나로 칙륵부락救勒部落이라고도 불렸다.

치 않은 음식이 싫을지 몰라도 우리에게는 좋은 술과 좋은 음식을 사서 저 사람을 정성껏 대접할 돈이 없소. 어떻게 하면 좋겠소?"

그러자 아내가 대답했다. "보아하니 포부가 큰 사람 같아요. 게걸스럽게 먹고 마시려고 온 것이 아니고요. 큰일을 하려는 것 같아요. 당신이 그를 돕는 것이 그에게 맛난 음식을 대접하는 것보다 훨씬 좋을 것 같아요."

그러자 노리는 세심하게 모용농의 일거수일투족을 관찰하기 시작했다. 모용농은 노리가 자신에게 주의를 기울이는 것을 보고는 자신이 그곳에 온 이유를 설명했다. "우리 부자는 연나라를 부흥시키는 대업을 이루려고 하오. 그래서 나는 열인현에서 군대를 일으킬 생각이오. 당신의 도움을 받고 싶소." 그러자 노리가 대답했다. "제가 가진 능력은 없지만 평생 공을 위해 충성을 다하겠습니다."

이윽고 모용농은 또다시 열인현의 저명한 인사 장양張驤의 집으로 가서 그에게 말했다. "나의 부왕은 이미 연나라를 부흥시키는 대업을 시작했소. 적빈 등도 그를 따르고 있소. 지금 멀고 가까운 곳에서 호응을 얻고 있는데 당신은 어떻게 생각하는지 모르겠소." 그러자 장양은 무릎을 꿇고 공손히 두 번 절을 했다. "제 여생에 현명한 군주를 모실 수 있게 될 줄 몰랐습니다. 저는 몸과 마음을 다해 공과 공의 부친을 보좌하겠습니다!"

그렇게 모용농은 노리와 장양의 도움으로 열인현의 백성들을 참전하도록 선동했다. 그들은 나무를 베어 병기를 제작하고 옷을 찢어 깃발을 만들었다. 모용농은 조추를 보내 현지의 도각인屠各人[*]

---

[*] **도각인屠各人**: 서진과 동진의 양진兩晉 시대부터 하서河西에서 온 흉노족은 오랜 기간 동안 도각인이라 불렸다.

을 설득했다. 그 결과 많은 사람들의 지지를 얻어냈다. 도각의 필총畢聰, 복승卜勝, 장연張延, 이백李白, 곽초郭超와 동이東夷의 여화餘和와 칙 륵敕勒, 그리고 역양易陽의 오환인烏桓人 유대劉大 등이 각자 수천 명을 통솔해 찾아온 것이다. 모용농은 신속하게 대군을 결집했고 효율적인 관리를 위해 장양을 보국장군으로 임명하고, 유대劉大를 안원장군安遠將軍으로, 노리를 건위장군建威將軍으로 임명해 군대의 관리를 돕도록 했다. 또한 모용농은 대군을 통솔해 관도館陶를 점령했고 현지의 군량과 무기를 몰수했으며 자신의 군대의 공급을 보충했다. 동시에 난한蘭汗, 조추, 모여慕輿 등을 보내 수천 필의 방목된 말을 탈취해 군마로 충당하도록 했다. 이때부터 모용농의 군대에 기마병이 생기게 됐고 병사의 수는 만 명이 넘어섰다.

군대가 강력해지자 장양 등은 모용농이 사지절使持節, 도독하북제군사都督河北諸軍事, 표기대장군驃騎大將軍을 맡아야 한다며 적극적으로 제안했고 모용농은 이를 기꺼이 받아들였다. 임무를 맡은 뒤 그가 능력에 따라 나머지 장군들을 임용하자 군대는 대략적인 질서를 갖추게 됐다. 모용농은 원래 아버지 모용수와 만난 뒤에 다시 장병들을 포상할 참이었다. 하지만 조추가 다른 제안을 했다.

"만일 지금 병사들에게 포상을 내리지 않으면 병사들은 사기를 잃게 되고 우리는 승리를 얻기 어려워집니다. 의탁하러 온 사람들 모두는 공훈을 세우고 업적을 쌓아 조상을 빛내고자 합니다. 만일 공이 서둘러 그들에게 포상을 해준다면 그들은 더욱 적극적으로 나서게 될 것이고 당연히 중흥 대업의 기반을 확대할 수 있습니다."

그 말에 모용농은 곧바로 공로에 따라 상을 내리게 됐다. 장병들은 매우 기뻐했고 그 일이 입에서 입으로 전해져 찾아오는 사람들이 점점 많아졌다. 동쪽으로는 동아東阿의 걸특귀乞特歸가, 북쪽으

로는 후연의 광렬장군光烈將軍인 평예平叡와 여양태수汝陽太守인 평유
平幼, 그리고 상당上黨의 장군인 고관위庫官衛가 모두 모용농에게 찾
아왔다.

한편 모용농은 난한蘭汗을 보내 대군을 이끌고 돈구頓丘를 공격
하여 함락시키도록 했다. 대군이 돈구에 진입한 뒤 백성들에게 전
혀 피해를 입히지 않도록 해 민심을 크게 얻었다. 백성들은 잇따라
군대에 입대했고 모용농의 군대는 점차 강력해졌다. 전진의 장락공
부비는 보다 못해 장군 석월石越에게 만여 명의 군대를 통솔해 모용
농을 정벌하라는 명령을 내렸다. 석월의 출정에 대해 모용농은 이
렇게 분석했다.

"듣기로 석월은 무척 지혜롭고 계략이 많다고 한다. 그가 지금
남방을 피해 주요 대군을 이곳으로 몰아와 나를 괴롭히는 것은 분
명 내 병력이 취약해져 있다고 판단해서일 것이다. 그러니 그들은
방비가 상당히 느슨해져 있을 것이다. 우리가 만일 적극적으로 공
세를 취하면 승리를 쟁취할 기회가 생길 것이다."

그러자 장병들은 모용농에게 열인성을 견고하게 지켜야 한다고
제안했지만 모용농은 이렇게 말했다. "군대를 부릴 줄 아는 사람은
사람의 마음을 똘똘 뭉치는 것이 가장 중요하다는 사실을 안다. 지
금 우리는 의병을 일으켜 도처에서 지지를 받고 있다. 이는 곧 우리
가 화합이라는 우위를 점하게 됐다는 뜻이다. 그러니 적들이 습격
을 하더라도 우리는 충분히 적을 맞이해 싸울 수 있다. 온 나라가
우리의 것인데 우리가 석월이라는 저런 보잘것없는 인물을 두려워
할 것이 무엇인가?"

석월이 열인현에 도착하기도 전에 석월의 선봉 부대가 패했다
는 정보가 전해졌다. 그러자 참전한 조겸趙謙이 모용농에게 말했다.

"석월의 군대가 정규군처럼 보였는데 실상은 단 한 번의 공격에도 견디지 못하고 무너져 내렸습니다. 속전속결하는 것이 좋겠습니다." 모용농이 말했다. "그들은 몸에만 갑옷을 입었기에 쉽사리 돌파당했다. 우리는 마음을 갑옷으로 무장했으니 견고하여 깨지지 않는다. 하지만 만일 쌍방이 대낮에 교전을 편다면 병사들은 번쩍이는 그들의 갑옷을 보고 두려워할 수 있다. 차라리 밤이 되기를 기다렸다가 병사들이 아무 두려움 없이 그들과 생사를 건 마지막 승부를 걸도록 하는 것이 낫다. 이렇게 하면 우리가 승리할 가능성이 아주 커진다."

석월은 모용농을 막기 위해 밤을 틈타 습격하고 주둔지 주변에 울타리를 쳤다. 그러자 모용농은 웃으면서 장군들에게 말했다. "석월이 울타리를 친 것은 방어를 위함이다. 보아하니 그는 우리를 두려워하고 있고 공격할 용기도 없다. 그들은 우수한 장비를 보유하고 있고 병력도 우월하다. 그런데도 지금 섣불리 일거에 공격하지 않는 것은 겁이 난 모양이다. 우리는 저런 소인배들을 제압해야 한다."

날이 어두워지자 모용농은 아문장군牙門將軍* 유목劉木이 선봉을 맡고 군을 통솔해 석월을 공격하도록 했다. 전쟁이 시작되자 유목 수하의 병사들은 함성을 지르면서 앞으로 돌진했고 대군은 성의 서쪽 편에서 진지를 폈다. 그리고 유목은 빠르게 석월의 울타리를 격파했다. 모용농이 미소를 지으며 유목에게 말했다. "맛있는 음식을 보면 누구나 먹고 싶어지는 법이오. 그래도 그대는 혼자 그 음식

---

* **아문장군牙門將軍**: 고대에 일정한 명칭이 없던 장군을 말한다. 삼국시대에 유비가 이 직책을 만들었다. 장판파長阪坡 전투의 조운趙雲과 입촉入蜀 전투의 위연魏延이 이 직책에 올랐다.

을 먹어치울 수는 없소! 어쨌든 그대의 용맹함과 예기는 칭찬 받아 마땅하오. 그대로 계속해서 전진하시오."

이윽고 유목은 4백 명의 용사들을 이끌고 울타리를 넘어 적진으로 돌파해 들어갔다. 그때 전진의 군대는 무슨 일인지 상황파악조차 하지 못할 지경이었다. 그렇게 적들은 눈앞에서 죽었고 싸움에 패해 쉴 새 없이 도망쳤다. 모용농은 대군을 이끌고 승세를 몰아 추격해 전진의 군대를 무력화시켰다. 석월은 참수당했고 그의 목은 모용수가 있는 곳으로 보내졌다. 모용수는 자신의 아들의 행적을 보면서 칭찬을 아끼지 않았다.

석월은 전진의 유명한 용맹스러운 장수였기 때문에 전진왕 부견은 그에게 자신의 아들을 보좌하도록 했다. 이제 석월마저 전쟁에서 패했으니 민심의 동요는 피할 수가 없게 되었다. 지방의 도적들까지도 전진의 군대를 대담하게 공격하는 지경에 이르렀다.

한편 적빈은 모용수 부자도 모반을 일으켰다는 사실을 알고는 그들과 연합하고자 했다. 모용수가 전연에 있을 때 위엄과 명망이 높아 모용봉慕容鳳, 왕등王騰, 단연段延 등 모두 모용수가 맹주가 되어야 한다고 생각했고 적빈도 그에 흔쾌히 동의했다. 하지만 모용수는 적빈이 진심으로 자신이 연나라를 재건하는 데 도움을 주려는 것인지 알 수 없어서 일단은 자신이 가진 힘으로 먼저 낙양을 공격하려고 했다. 그는 적빈을 거부하면서 이렇게 말했다.

"나는 본래 반란을 평정하라는 명령을 받았다. 그러니 그대와 함께 모반을 일으킬 생각은 없다. 그대가 병력을 동원해 반란을 일으키는 것은 어디까지나 그대의 일이고 성공한다면 그것 역시나 그대의 공로다. 실패한다면 그 후과도 고스란히 그대가 짊어져야 한다. 그 일은 나와 전혀 무관하다."

모용수가 대군을 이끌고 낙양성에 도착한 뒤 평원공 부휘符暉는 낙양을 방어하던 전진의 장군 부비룡符飛龍을 죽이고 병력을 동원해 반란을 일으켜 낙양을 점거해 자신의 것으로 삼았다. 그러고는 모용수를 문전박대했다. 그러자 적빈은 또다시 장사長史 곽통郭通을 보내 모용수에게 자신과 연합하기를 권유했다. 하지만 모용수가 동의하지 않자 곽통이 말했다.

"장군께서 적빈을 거부하는 것은 적빈 등이 지금 초야에 거하기 때문입니다. 그런데 전연의 후손도 아니고 강력한 병력도 없으면 큰일을 이룰 수 없단 말입니까? 지금 장군께서는 연나라를 다시 찾는 대업을 이루려고 하십니다. 그런 상황에서 세상 사람들의 도움을 필요로 하지 않는 것은 아니겠지요?"

이렇게 해서 모용수는 적빈과의 연합에 동의했다. 곽통은 즉시 사실을 적빈에게 알렸고 적빈은 군대를 이끌어 낙양성으로 와서 모용수와 만났다. 적빈은 모용수에게 제왕의 존칭으로 스스로를 일컬어 연나라의 어진 인물들이 그들에게 의탁하러 올 수 있게 하자고 힘주어 설득했다. 하지만 모용수가 사양했다. "신흥후新興侯 모용위慕容暐야말로 정통의 제왕이오. 그가 제왕의 칭호를 얻을 인물이오. 우리는 마땅히 그를 받들어야 하오."

모용수는 낙양을 함락시키는 것이 쉽지 않다고 보고 먼저 업성을 공격해 거점으로 삼으려고 했다. 이윽고 군대를 통솔해 동진했고 업성을 공격할 준비를 했다. 행진하는 도중에 형양태수滎陽太守 여울餘蔚이 군대를 이끌고 와서 투항했고, 그 뒤로 얼마 지나지 않아 창려태수昌黎太守 위구衛駒도 투항했다. 대군이 형양에 도착한 뒤 부하들은 모용수가 그곳에서 왕위에 올라야 한다고 강하게 요구했고 모용수도 더는 사양하지 못했다. 그렇게 해서 진원제晉元帝 때부

"지금 장군께서는 연나라를 다시 찾는 대업을 이루려고 하십니다. 그런 상황에서 세상 사람들의 도움을 필요로 하지 않는 것은 아니겠지요?" 이렇게 해서 모용수는 적빈파의 연합에 동의했다.

터 이어온 규약대로 대장군, 대도독, 연왕으로 자임하게 됐다. 모용수는 군주로서의 명령을 내리기 시작했고 부하들은 신하가 되어 그에게 복종하고 상주서를 올렸다. 왕위에 책봉되는 의식이 끝나고 모용수는 대략 이십만의 군대를 통솔해 석문에서부터 황하를 건너 곧장 업성으로 내달렸다.

하지만 업성은 오랫동안 함락되지 않았고 이듬해기원후 358년 7월이 되어서야 모용수는 업성을 함락시킬 수 있었다. 이윽고 연나라를 수립하고 후연後燕이라 불리게 됐다. 전장제도典章制度는 전부 전연을 따랐고 전연의 옛 신하들도 중용되었다. 모용농은 군대를 이끌고 업성으로 와서 부친 모용수와 만났고 모용수는 정식으로 모용농을 대장군, 대도독, 연왕의 직위에 봉했다. 또한 장남 모용보를 태자로 올리고 다른 인물들에게도 상응한 작위를 수여했다.

장락공 부비는 강양姜讓을 사자로 보내 모용수가 신의를 저버린 데 대한 질책을 하면서 모용수를 설득했다. "잘못을 고친다면 그보다 더 큰 착함은 없다." 그러자 모용수가 대답했다. "나는 전진왕 부견의 체면을 봐서 장락공의 말의 길을 열어주고 그가 군대 전부를 이끌고 장안으로 돌아가도록 하겠다. 또한 나는 절대 군대를 이끌고 장안을 공격하지 않을 것이다. 이제 다시금 연나라를 수립한 나는 진秦나라와 영원히 평화롭게 공존하고 서로 돕기를 바란다. 만일 장락공이 또다시 세상의 흐름을 모르고 이런 불경한 말을 한다면 나는 군대를 이끌고 장안으로 쳐들어가 후회할 날을 만들어줄 것이다."

하지만 강양은 별로 대수롭지 않게 생각하고 논리적이고도 신랄하게 모용수를 질책했다. "장군이 이전에 간사한 자들에 의해 배척당했을 때 누가 당신을 받아주었는지를 잊었소? 이전에 장군은 오직 연나라에 충성하고자 했소. 하지만 연나라에 장군의 몸을 의탁할 곳이 있었소? 나와 장군은 민족도 다르고 나라도 다르지만 장군에게 예우를 다했소. 가족처럼 장군을 대했단 말이오. 우리 조정의 옛 신하를 대하는 것보다 더욱 예의를 다했소. 자고로 어떤 군왕이 이처럼 투항해온 대신을 후하게 대접할 수 있단 말이오? 하지만 지금 우리 주군의 군대가 좌절과 실패를 맞았는데 장군은 그분을 돕지도 않을 뿐더러 이곳에서 우물에 빠진 사람에게 돌을 던지고 또 딴 마음을 품고 있소! 장락공은 폐하의 직계 장자로 한 지역을 분할 통치하고 군왕을 보좌하는 중임을 짊어지고 있소. 그런데 설마 그분이 군왕의 신임을 저버리고 우리나라의 성을 당신에게 내어줄 수 있을 것 같소? 장군이 신의를 저버리는 사람이 되고 싶다면 직접 장안을 공격하시오. 핑계 따위는 필요 없소. 다만 안타까운 것은 장군도 이미 70세의 고령인데 더 이상 만년의 절개를 지키지 못하겠소이다. 당신도 상나라 주왕처럼 주나라 무왕에게 죽임을 당해 머리가 깃발에 걸려 아무에게나 수치를 당하고 싶은 것은 아니겠지요? 백성들이 앞다투어 칭송했던 이전의 충신 모용수가 지금은 도리어 반역한 신하이자 악인이 되었구려!"

그러자 부하들은 극도로 화가 나서 곧장 강양을 죽이려고 했다. 하지만 모용수는 잠시 침묵을 지키다가 이윽고 입을 열었다. "강양은 자신의 군주를 위해 말을 전하는 사람일 뿐이다. 그에게 무슨 죄가 있겠는가?" 그리고 나서 강양에게 예의로 대하고는 수레와 말을 주어 그를 보냈다. 모용수는 옛날 자신에게 베풀어준 은정을 생각해 전진왕 부견에게 상소문을 올려 지금의 정세를 설명하면서 아들 부비를 장안으로 귀환시키라고 요청했다. 부견은 상소문을 다 보고는 불같이 분노하면서 답장을 보내 모용수를 꾸짖었다.

26장

모용회慕容會가 반란을 일으키다

후연의 왕 모용보는 중산성中山城을 버리고 도주한 뒤* 도중에 군사 반란에 실패한 조왕趙王 모용린慕容麟을 만났다. 모용린은 모용보를 보고는 부끄럽고 또 뒤가 켕겨 황급히 포음蒲陰으로 도망쳤다. 얼마 지나지 않아 포음에서도 안주하지 못하고 또다시 망도현望都縣으로 도주했다. 망도현의 백성들은 모용린의 사람됨을 모르고 그저 그가 황실의 후대라는 것만 알아 그에게 군량과 마초를 제공했다. 그러자 모용상慕容詳은 그의 행적을 확인해 병사를 보내 추격했다. 모용린의 아내와 자식들은 체포되었고 모용린은 혼자 황폐한 산속으로 도주해 몸을 숨겼다.

그런가 하면 모용보가 장병들을 이끌고 도망치는 과정에서 이전 궁궐의 심복들 중 모용륭慕容隆을 제외하고는 모두 제각기 목숨만 건져 도망쳐버린 상태였다. 진안제晉安帝 융안隆安 원년 3월 16일, 모용보는 남아 있는 수백 명을 데리고 계성薊城으로 와서 그곳에 주둔해 있는 청하왕清河王 모용회慕容會와 합류했다. 모용회는 기마병 2만 명을 통솔해 계남薊南으로 와서 아버지 모용보를 맞이했다. 하

---

* 모용수가 죽은 뒤 그의 아들 모용보가 후연의 제2대 왕으로 즉위했다. 이때 북위北魏의 세력이 점점 강성해져 중산을 공격해온 것이다. —편집자 주

지만 그는 아버지 모용보를 예의로 대하지 않고 도리어 원망으로 가득 찬 모양새를 하고 있었다. 모용보는 모용회가 자신을 태자로 세우지 않은 데 대해 원망을 품고 있다는 점을 알고 있었다. 또한 사적으로 이 일을 모용륭과 요서왕遼西王 모용농에게 고자질했다는 점도 알고 있었다.

모용농과 모용륭은 이렇게 말했다. "모용회가 혼자 대권을 손에 쥐면 자칫 오만해져 큰일을 해낼 수 없게 될 것이네! 우리가 조용히 그에게 아버지를 존중해야 한다고 설득할 터이니 안심하시게." 모용보는 그들의 말에 이치가 있다고 여기기는 했지만 그래도 조서를 내려 모용회의 병권을 없애고 병권을 모용륭에게 넘겨주었다. 모용륭은 이런 처사가 부당하다고 여겨 절대 병권을 잡으려고 하지 않았다. 그러자 모용보는 하는 수 없이 모용회가 일부 병력을 모용농과 모용륭에게 나눠주도록 할 수밖에 없었고 그렇게 해서 모용회의 세력을 약화시켰다.

18일, 모용보는 재물을 철저하게 점검해 용성으로 운반할 준비를 했다. 북위北魏의 군왕 탁발규拓跋珪는 그 정보를 접하고 모용보 측이 위급한 틈을 타 한몫을 챙기려고 했다. 그래서 장군 석하두石河頭를 보내 군대를 이끌고 모용보를 뒤쫓아 가서 모용보를 죽이도록 했다.

20일, 석하두는 하겸택夏謙澤*에서 모용보를 따라잡았다. 모용보는 석하두와 과도한 소모전을 치르고 싶지 않았고 그저 얼른 재물을 안전한 곳으로 운반하고만 싶었다. 그러자 청하왕 모용회가

---

* **하겸택夏謙澤**: 지명으로 지금의 허베이성 다창현에 있다.

말했다. "제가 군대를 훈련시킬 때 늘 부하들을 가르치면서 한 말이 있습니다. 적이 우리를 침범하러 오지 않아도 우리는 적극적으로 적을 찾아 싸워야 한다고 말입니다. 지금 우리는 군왕인 아버지께서 다른 민족의 모욕을 당한 것을 보았습니다. 강도와 나쁜 무리가 우리의 근거지에서 군주의 권위에 도전했습니다. 그러니 장병들은 마음속으로 분개하고 있고 아버지를 위해 목숨을 바쳐 충성을 다하려고 합니다. 《병법兵法》에 이르기를 '피할 곳 없는 도적은 쫓지말라'고 했고 또 '궁지에 몰린 사람에게는 살고자 하는 극강의 의지가 있다'고 했습니다. 만일 우리가 피할 생각만 한다면 장병들은 분명 어이없어하면서 마음이 뿔뿔이 흩어져버릴 것입니다. 도적은 모두 약한 자를 업신여기고 강한 자를 두려워합니다. 그들이 만일 우리가 후퇴하는 모습을 본다면 분명 우리를 그대로 놔두지 않을 것입니다. 일단 그들이 주도권을 잡고 나면 우리는 위험에 처하게 됩니다." 모용보는 그 말이 옳다고 여기고 모용회에게 군대를 지휘해북위 군대와 전쟁을 시작하도록 했다.

이윽고 모용회는 군대를 지휘해 북위 군대와 정면으로 결전을 벌였다. 모용농과 모용륭 등은 남쪽에서 온 기마병을 통솔해 양측으로 나눠 적군으로 돌격해 삼각의 형세를 취했다. 그렇게 북위 군대는 대패했다. 연나라 군대는 승세를 몰아 추격하면서 거의 백여리를 추격했다. 또 모용륭도 자신의 부하를 이끌고 수십 리를 추격했지만 돌아와서는 기뻐하는 기색은 전혀 없고 슬퍼하면서 자신의오래된 부하와 유대留臺* 치서양治書陽에게 말했다. "오늘은 비록 대

---

* **유대留臺**: 왕조가 천도한 뒤 옛 수도에 남겨둔 관리를 일컫는다.

승을 거두었지만 이전의 아쉬움을 메울 수는 없었네! 중산성에 있을 때 우리에게는 수만의 부대가 있었지만 폐하께서는 모용린을 신뢰한지라 우리에게는 한 번 시원하게 싸울 기회가 없었지!"그렇게 말하면서 눈물을 흘렸다.

그런가 하면 모용회는 위나라 군대를 격퇴한 뒤 자신이 큰 공을 세웠다고 생각하고 모용보는 안중에도 두지 않으려고 했다. 모용보는 이처럼 모용회의 날뛰는 기세를 꺾기 위해 모용회 수중에서 유주幽州와 병주並州의 부대를 되찾아 모용농과 모용륭 두 친왕에게 나누어주려고 계획했다. 하지만 이는 모두 모용회의 측근 부대여서 이들은 다른 사람의 지휘를 받으려고 하지 않았다. 그들 집단은 모용보에게 요청했다. "우리는 모두 청하왕 모용회의 은택을 받아 이미 그분의 지휘에 익숙해져 있습니다. 폐하께서는 차라리 태자와 각 친왕들과 잠시 계성의 궁 안에 머무르는 것이 좋을 것 같습니다. 저희는 청하왕을 따라 수도를 어려움에서 구출하고 승리를 거둔 뒤 다시 돌아와 폐하를 맞이해 조정으로 들어가겠습니다."

그러자 모용보의 측근들도 모두 모용회의 부하들이 너무 버릇이 없다고 여겨 모용보에게 하루 빨리 모용회를 제거하라고 권고했다. 모용회의 오래된 부하인 시어사侍御史 구니귀仇尼歸는 그 말을 들은 뒤 모용회에게 간언했다.

"대왕, 대왕께서는 부친이 아직도 대왕을 믿는다고 여기십니까? 대왕은 그분이 아직도 대왕이 군대를 통솔하기 바란다고 생각하십니까? 대왕께서는 아직도 믿고 의지할 사람과 몸을 의탁할 곳이 있다고 여기십니까? 지금의 형세는 대왕께 무척 불리합니다. 차라리 적극적으로 출격해 모용농과 모용륭 두 친왕을 죽인 뒤에 태자를 폐위시키고 친히 태자가 거주하는 곳으로 들어가 군사와 정치의 대권을 장악해야 합니다. 그것이 바로 조정을 회복하는 가장 좋은 방법입니다."

모용회는 그의 설명에 동의했다. 하지만 시기가 아직 무르익지 않았다고 생각해 승낙하지 않았다.

모용륭은 이미 몇 차례 모용회를 꾸짖었고 모용회는 이 일 때문에 모용륭에 대해 마음속에 불만을 품고 있었다. 모용회는 모용농과 모용륭 두 사람 모두 용성에 군대를 주둔시킨 적이 있고 현지에서 덕성과 명망이 높고 실권을 쥐고 있다는 점을 생각했다. 그래서 일단 용성에 도착하면 자신의 주도권을 잃을 것을 걱정했다. 또한 자신이 분명 태자로 세워지지 못할 것임을 알았다. 그래서 그는 기선을 제압하고 정변을 일으키기로 결정했다.

한편 모용보는 모용회의 생각을 꿰뚫고 모용농과 모용륭 두 사람에게 말했다. "모용회의 야심이 너무 크네. 만일 우리가 그를 제거하지 않는다면 그는 조만간 모반을 일으킬 것이야." 그러자 모용농과 모용륭이 그에게 권고했다. "지금 우리 나라는 위기가 곳곳에 도사리고 있네. 사람을 써야 할 시기인 것이지. 모용회의 본래 직책이 옛 수도에 군대를 주둔시켜 지키는 것이고 이번에 먼 길을 걸어 천자를 수행해 온 것은 나라의 어려움을 해결하기 위함이네. 백성들은 분명 그에 대해 칭송이 자자할 것이네. 지금 아직 반역의 기미를 보이지 않으니 추측에만 의지해 그를 죽였다가는 자신의 한쪽 팔을 잘라내는 것과 같을 수도 있네. 세상 사람들도 이 일로 그대의 사람됨을 의심할 수 있네."

그러자 모용보가 말했다. "모용회는 분명 반란을 일으킬 것이네. 그대들은 이제 참지 말고 속히 그를 제거해야 하네. 모용회에게 자비를 베풀어도 감사하게 여기지 않을 뿐만 아니라 일단 정변을 일으키고 나면 먼저 죽일 대상은 그대들이네. 그런 다음 나를 죽이 겠지. 그때가 되어 내가 그대들을 일깨워주지 않았다고 말하면 안 되는 것이네!"

그때 한 근신이 모용보의 말을 모용회에게 전했고 모용회는 먼 저 움직이기로 결정했다. 4월 초엿샛날, 모용보는 대군을 이끌고 황유곡黃楡穀*에 주둔하고 있었다. 모용회는 자신의 심복인 구니귀 와 오제염간吳提染幹을 보내 모용농과 모용룡을 습격하도록 했다. 모 용룡은 시종일관 모용회를 그저 장난이 심한 어린 조카쯤으로만 여겼다. 모용회가 사람을 보내 자신을 암살할 것이라는 생각은 전 혀 하지 못했던 것이다. 그래서 아무런 방비도 하지 못한 채 칼로 난자당해 죽었다.

그런가 하면 모용농은 그나마 방비를 하기는 했다. 그는 자신의 호위대를 이끌고 전투에서 이기고 구니귀를 사로잡았지만 그 역시 나 칼에 찔려 중상을 입고 부득이 깊은 산속으로 피신할 수밖에 없 었다. 구니귀가 돌아오지 않자 모용회는 일이 발각되었을지도 모른 다는 추측을 했다. 모용보의 의혹과 근심을 불식시키기 위해 그는 그날 밤 모용보를 만났다.

"소자는 모용농과 모용룡 두 분이 반역을 꾀하려 한다는 정보를 접하고 병사를 보내 그들을 죽였사옵니다." 모용보는 상황의 진상 을 눈치 챘다. 하지만 그는 모른 척하면서 모용회에게 말했다. "잘 했다. 내가 일찍이 그들을 의심했었다."

초이렛날 새벽, 모용회는 앞에서 길을 안내하는 군대에게 걸으

---

* **황유곡黃楡穀**: 지명으로 지금의 랴오닝성 젠창현 일대를 이른다.

면서 구니귀를 수색하라고 명령을 내렸다. 또한 뒤에 오는 군대에게는 천천히 전진하라고 했다. 모용회는 본래 모용륭의 관을 황폐한 산에 내던져버릴 생각이었다. 하지만 장군 여숭餘崇이 눈물을 흘리면서 모용회에게 간청하자 모용회는 그가 지휘하는 군대에게 관을 나르도록 할 수밖에 없었다.

그런가 하면 모용농은 잠시 치료를 받은 뒤 자신의 부하를 이끌고 깊은 산에서 대규모 진영으로 돌아왔다. 모용보는 상심에 겨운 나머지 큰 소리로 그를 꾸짖었다. "형님께서 상처를 입은 것은 다 스스로 자초한 일입니다. 누가 당신들더러 내 권고를 듣지 말라 했습니까!" 그런 뒤 부하를 시켜 모용농을 가두어두도록 했다.

군대가 전진하는 도중에 모용보가 갑자기 문무대신을 불러 모았다. 모용농의 죄를 어떻게 물을까 상의도 하고 겸사겸사 군신들을 위로하겠다는 것이었다. 하지만 사전에 모용보는 위군장군衛軍將軍 모여등慕輿騰과 모용회를 제거할 계책을 논의한 바 있었다. 이윽고 연회석에서 모용보가 모여등에게 눈짓을 보내자 모여등이 모용회를 급습해 그의 머리를 가격했다. 모용회는 상처를 입고 자신의 병영으로 도망쳐 돌아왔다.

자신의 병영으로 돌아온 뒤 모용회는 즉시 부대를 소집하고 모용보를 공격했다. 모용보는 기마병을 통솔해 박차를 가해 용성으로 서둘러 도착했다. 모용회가 보낸 군대가 모용보를 추격하지 못하자 모용회는 사람을 보내 용성을 공격했다. 그러나 낮에 모용보는 성에서 벗어나지 않고 지키고 있다가 밤에 모여등이 부대를 거느리고 모용회의 군대를 습격해 모용회는 전투에서 지고 말았다.

모용회는 용성을 함락시킬 수 없다는 점을 간파하고 사자를 보내 모용보에게 조건을 제시했다. 모용보가 모용농 등을 죽이고 모

연회석에서 모용보가 모여등에게 눈짓
을 보내자 모여등이 모용회를 급습했
다. 모용회의 머리를 가격한 것이다.
모용회는 상처를 입고 자신의
병영으로 도망쳐 돌아
왔다.

용회를 태자로 세우기만 하면 더 이상 용성을 공격하지 않겠다고 한 것이다. 모용보는 모용회가 용성을 공격할 능력이 없다는 점을 알고는 그의 제안을 한 마디로 거절했다. 모용회는 정신을 못 차리고 갈팡질팡하다가 스스로를 태자와 녹상서사錄尚書事로 세우고 하인들에게 황제를 대하는 예로 자신을 대하도록 했다. 또한 후궁의 궁녀와 첩을 나누어 장군들에게 하사하고 문무백관을 설치했다. 뿐만 아니라 반역한 신하와 나쁜 무리를 정벌한다는 명목으로 군대를 이끌고 용성을 지속적으로 공격했다.

모용회는 말 위에 올라타 성루 아래에서 모용보에게 큰 소리로 항복하라고 외쳤다. 그러자 모용보는 모용회가 불효한 자식이어서 충성과 효를 다하지 않는다고 응수했다. 모용회의 부하는 다함께 큰 소리를 외치면서 모용보에게 욕설을 퍼부었다. 성안의 장병들은 자신의 군주가 다른 이들에게 치욕을 당하는 소리를 듣고 몹시 분노하여 발을 동동 구르면서 가슴을 치고 후회하면서 지속적으로 전쟁을 요구했다.

이윽고 저녁 무렵이 되자 모용보는 사기를 북돋우고는 장병들을 통솔해 성을 나와 모용회의 군대를 철저히 섬멸했다. 모용회의 군대는 본래 도의적으로나마 군대의 1할 정도만 져줄 생각이었는데 상황이 역전되어 빠르게 참패하고 말았다. 모용회는 잔여 부대를 이끌고 그의 대규모 병영으로 도망쳐왔다.

그날 밤, 모용보는 시어랑侍禦郎 고운高雲을 보내 백여 명의 장사들로 이뤄진 결사대를 이끌고 모용회의 병영을 기습하도록 했다. 모용회는 마치 화살에 놀란 새처럼 백여 명의 장사들을 보더니 머리를 감싸 쥐고 쥐새끼처럼 달아났다. 수많은 병사들도 완전히 격파되었다. 모용회는 고작 십여 명의 기마병만 이끌고 중산으로 도망쳤다. 그런 뒤로 그는 개봉공開封公 모용상慕容詳에게 투항했다. 모용상은 모용회가 반란을 일으킨 일을 알고는 그대로 그를 죽여버렸다. 모용보는 영원히 후환을 남기지 않기 위해 모용회의 모친과 세 아들까지도 모조리 죽였다.

초열흘날, 모용보는 모용회 이외의 다른 이들은 모두 죄가 없음을 선포하고 복직시켰다. 동시에 전국적으로 대사면을 실시했다. 그리고 반역자를 토벌하는 과정에서 공이 있는 이에게는 공로에 따라 상을 내렸다. 요서왕 모용농은 큰 화를 입고도 살아남아 모용보는 그를 좌복야左僕射에 봉했다. 또한 얼마 지나지 않아 사공司空과 상서령尚書令으로 승진시켰다. 고양왕 모용륭은 시호를 강왕康王으로 하고 사도司徒로 추서했다. 모용륭의 부하 무관 여숭도 돌아왔는데 모용보는 그를 중견장군中堅將軍으로 진급시켰다. 그가 보인 충성에 대한 표창이라 할 수 있다. 그리고 그에게 궁궐의 호위를 책임지도록 했다. 고운은 적은 숫자로 많은 적을 이겨 성공적으로 모용회를 기습해 건위장군建威將軍에 임명되었고 석양공夕陽公으로 봉해졌다. 그는 모용보를 수양아버지로 생각했다.

27장

왕공王恭이 조정을 포위하다

동진東晉의 효무제孝武帝 사마요司馬曜는 자신의 친아우 회계왕會稽王 사마도자司馬道子를 신임해 두 사람은 종일 술을 마시고 즐겼다. 그래서 복야僕射 왕국보王國寶와 건위장군建威將軍 왕서王緒 등은 사마도자의 비위를 맞추면서 노골적으로 사마도자의 명의로 매관매직하고 사치와 욕망을 채우며 무법천지로 날뛰었다.

전장군前將軍이자 청연이주자사青兗二州刺史인 왕공王恭, 형주자사荊州刺史인 은중감殷仲堪 등 권신들은 그 꼴을 보기 싫어 군사력을 증강시키고 물자를 확충하고는 상소문을 써서 자신들이 간사한 신하를 정벌하겠다는 결심을 표명했다. 사마도자는 이들의 동기가 불순하여 모반을 일으키려 한다고 생각했다. 또한 왕국보 등은 기회를 틈타 사마도자가 이 두 사람의 병권을 약화시키도록 종용했다. 그렇게 해서 사마도자는 효무제에게 한여름에 출병하면 농경에 좋지 않으니 그들이 군대를 해산시키도록 조서를 내려 명령하도록 부추겼다.

왕의 칙령을 받은 뒤 왕공은 즉시 은중감에게 사람을 보내 은중감에게 연합하기를 희망한다는 의향을 내비쳤다. 그러자 장군 환현桓玄은 이 기회를 틈타 승진도 하고 재산을 불릴 생각으로 은중감을 부추겼다.

"왕국보는 지금껏 두 분을 몹시 증오했습니다. 하루빨리 두 분을 파멸시키고 싶어 안달입니다. 지금 그는 이미 대권을 쥐고 있는데 만일 다시금 왕서 등의 도움을 받는다면 범이 날개를 얻은 듯 그가 원하는 일을 이뤄낼 것입니다. 왕공은 황제의 장인으로 신분이 귀하니 왕국보는 절대로 섣불리 그분에게 해를 가할 수 없습니다. 하지만 공은 그저 선왕이 파격적으로 발탁한 신하일 뿐이고 또 무슨 황제의 친척도 아닙니다. 공에게 아주 높은 위세와 명망이 있다 하나 그들이 공을 조정으로 불러들여 공에게 한직을 주어 일하도록 하다가 또다른 사람을 형주자사에 임명할 수도 있습니다. 그 때가 되면 공의 세력은 만회할 수 없을 정도로 약해져버릴 것입니다."

그러자 은중감이 말했다. "나도 그렇게 생각하네. 그렇다면 장군이 분명한 의견을 제시해보시오." 환현이 말했다. "왕공은 지금껏 왕국보 등을 마땅치 않아 했습니다. 그분은 분명 전력을 쏟아 부어 왕국보 무리를 없앨 것입니다. 그러면 공은 차라리 왕공을 도와 그분과 동맹을 결성한 뒤 두 분께서 시일을 정해 함께 반란을 도모하는 것이 낫습니다. 조정을 겹겹이 포위하고 간사한 신하들을 완전히 제거하는 것이지요. 두 분께서 함께 병력을 일으키기만 한다면 저는 두 분과 함께하고 싶습니다. 그때가 되면 저는 저의 군대를 통솔해 두 분을 도와 선봉에 서겠습니다. 일단 일이 성사되면 공로는 공의 것입니다. 저는 절대로 공과 공로를 두고 다투지 않겠습니다."

환현의 말은 은중감의 마음을 움직였다. 은중감은 이내 자신의 사촌형 남만교위南蠻校尉 은기殷覬, 남군상南郡相 강적江績, 옹주자사雍州刺史 치회郗恢 등과 함께 대책을 논의했다. 하지만 은기는 다른 관점을 견지하고 있었다. "우리의 권력은 조정에서 부여한 것이네. 우리는 응당 자신이 맡은 직책을 성실히 수행해 조정을 위해 있는 힘을 다해야 하네. 조정 내부의 옳고 그름은 우리가 간여할 일이 아니지! 옛날 조앙趙鞅이 군대를 출동시켜 반란을 일으켰던 일을 답습한다는 것은 내가 보기에 그저 우스운 이야기일 뿐이네. 나는 거기에 참여할 수도 없고 그런 말은 듣고 싶지도 않네."

은중감은 은기를 재차 설득했지만 은기는 더욱 화를 낼 뿐이었다. "필요 없는 일을 다시는 하지 마시게. 나를 설득하지 말란 말이야."

강적은 참여하고 싶지 않다고 할 뿐만 아니라 은중감 역시나 참여해서는 안 된다고 꾸짖었다. 강적의 언사가 너무 격앙되어 있다 보니 은기는 화가 초래될까 두려워 강적과 은중감 사이를 오가며 타이를 수밖에 없었다. 강적은 자신의 진심을 이렇게 표현했다. "대장부는 죽음을 두려워해서는 안 되네. 나 강적이 이렇게 늙도록 살아 있는 이유는 내가 죽음에 연연하지 않았기 때문일세. 이제 살아 있으니 차라리 죽는 게 낫겠네."

강적의 정직하고도 확고한 태도를 본 은중감은 절대 그에게 해를 입히고 싶지 않았다. 그래서 그는 양기楊期에게 강적을 대신해 남군상의 직책을 맡도록 했다. 그러자 사마도자는 이런 내막을 접하고 강적을 불러들여 그에게 어사중승禦史中丞 직책을 맡겼다.

조정에 저항하지 않기 위해 은기는 직책을 사임하고 병을 가장해 집에서 휴양을 취했다. 그러자 은중감이 그의 집으로 가서 그를 만났다. "듣자 하니 사촌형님께서 병을 얻었다지요. 그래서 제가 이렇게 형님께 문안을 왔습니다. 별일은 없지요?" 은기가 말했다. "내게 무슨 일이 있겠는가? 가장 큰 일이라야 죽는 게 고작이겠지. 하지만 자네에게 일이 생긴다면 은씨 일가에게 큰 화가 미칠 걸세. 그러니 자네 스스로 조심하도록 하게. 내 일은 상관치 말고."

은중감은 그 말을 들은 뒤 견딜 수 없이 괴로웠다. 하지만 화살이 이미 시위에 걸려 있으니 쏘지 않을 수가 없었다. 그는 완력으로 다수의 의견을 물리치고 왕공과의 약속을 이행했다.

왕공은 은중감의 결심에 크게 기뻐하며 왕국보 등을 호되게 비난하는 상소문을 작성해 수도로 전달했다. 그런 뒤 은중감과 연합해 반란을 일으키고 수도로 나아갔다. 사마도자는 왕공의 상소문을 본 뒤 즉시 신하들에게 명령을 내려 경계를 더욱 강화하도록 했다. 이때 사마도자는 한 신하에게 물었다. "너희는 왕공과 은중감의 두 지방 세력이 무장 반란을 일으킨다는 일을 알고 있었느냐?" 신하가 대답했다. "저는 나라의 대사에 참여한 적도 없고 감히 관심을 가져본 적도 없습니다. 절대 모르는 일입니다." 사마도자는 그 말을 들은 뒤 고개를 가로저으면서 더 이상 말을 하지 않았다.

수도가 긴장된 국면을 맞이한 가운데 효무제가 급작스럽게 죽자 진안제晉安帝 사마덕종司馬德宗이 즉위했다. 그야말로 조정의 대권이 완전히 사마도자의 수중으로 떨어지게 된 것이다.

이때 가장 두려움에 떤 사람이 바로 왕국보였다. 왕공이 그를 토벌하겠다는 기치를 내걸었기 때문에 그는 뭇사람의 비난의 대상이 되어버렸다. 왕국보는 자신의 안전을 보호하기 위해 성을 지키는 장병들 중 수백 명을 차출해 자신의 집을 지키도록 했다. 하지만 밤이 되어 장대비가 쏟아지자 장병들은 각자 집으로 돌아가 버렸다.

한편 왕서는 날이 어두워진 틈을 타서 왕국보 집으로 가 그에게 의견을 제시했다. "공은 차라리 회계왕사마도자의 이름을 내세워 동정후東亭侯 왕순王珣과 이부상서吏部尚書 차윤車胤을 초대한 뒤 그들을 죽이는 편이 낫습니다. 그들 두 사람은 왕공과 은중감과 개인적인 교분이 두텁습니다. 그들이 죽으면 왕공 등은 분명 안제安帝와 사마도자를 향해 검을 겨눌 것입니다. 그때 공이 나서서 사마도자에게 출병하여 왕공과 필사의 결전을 벌이라고 설득하면 됩니다. 그의 손을 빌려 왕공을 죽이는 것이지요."

왕국보 자신에게는 딱히 좋은 생각이 떠오르지 않았기 때문에 왕서의 제안대로 해보기로 결심했다. 하지만 왕순과 차윤이 그의 집으로 오자 왕국보는 또다시 겁이 났다. 그래서 왕서에게 다른 방법을 물어볼 수밖에 없었다.

그러자 왕서가 말했다. "왕공과 은중감이 이번에 일을 일으킨 것은 사실 황위와 이익을 쟁탈하려는 것입니다. 공을 정벌한다는 것은 그저 구실일 뿐입니다. 걱정할 필요 없습니다."

그래도 왕국보는 마음을 놓을 수가 없었다. "그들은 나를 조상曹爽* 처럼 죽여버리겠다 하지 않았소?" 왕서가 대답했다. "너무 심각하게 생각하고 있소이다! 왕공은 사마의司馬懿가 아니고 공도 조상과 같은 죄를 저지르지 않았습니다."

왕국보는 왕서의 말을 다 듣고 나서도 그 말을 믿을 수가 없어 차윤의 의견을 구했다. 그러자 차윤이 대답했다. "조정은 분명 군대를 내보내 싸우지 않을 것입니다. 이전에 환온이 우세한 병력으로 수양을 겹겹이 포위했을 때 아주 긴 시간을 들여서야 함락시킬 수 있었습니다. 만일 지금 조정이 군대를 내보내 전쟁에 응한다면 왕공은 분명 수양을 지킬 것이고 조정의 군대는 빠르게 승리를 거두기 어려울 것입니다. 한편 장강 상류에 있는 은중감은 기회를 틈타 병력을 이끌고 수도를 기습할 것입니다. 그때가 되면 누구도 수도

---

* **조상曹爽**: 중국 삼국시대 조위曹魏의 왕족으로 대사마大司馬 조진曹真의 아들이다. 조상은 원래 겸손하고 신중한 사람이었으나 이후에 군사력을 증강시켜 대권을 독점하게 됐다. 기원후 249년, 사마의가 정변을 일으켜 조상 일족을 처단했다.

를 구할 수 없게 됩니다."

왕국보는 차윤의 말을 듣고 조정이 어쩌면 자신을 왕공에게 내줄지도 모르겠다는 생각이 어슴푸레 들었다. 그래서 목숨을 보전하기 위해 그는 상소문을 올려 자신의 모든 직책을 사직하고 고향으로 돌아가 여생을 보낼 준비를 하고 싶다고 했다. 상소문을 보낸 뒤 왕국보는 자신의 모든 권력을 잃게 된다는 생각이 들자 후회가 밀려왔다. 그래서 그는 안제가 자신의 사직을 동의하지 않는다는 거짓 정보를 흘려 또다시 원래의 관직을 회복했다.

한편 사마도자라는 인물은 소심해서 그저 전란을 평정하고 자신을 안전하게 보호하고만 싶었다. 자신의 앞잡이 왕국보는 아예 안중에도 없었다. 그래서 그는 왕공의 군대가 성 밑까지 쳐들어오자 곧장 왕국보에게 나라와 백성에게 재앙을 초래한 죄를 뒤집어씌웠다. 그러고는 표기자의참군驃騎諮議參軍 초왕譙王 사마상지司馬尚之를 보내 왕국보를 체포하도록 하고 사마상지에게 정위廷尉의 직책을 내렸다.

그 뒤로 안제는 조서를 내려 왕서를 처형하고 왕국보는 자결하도록 했다. 그런 다음 사마도자는 왕공에게 사자를 보내 자신이 과거에 간신을 총애했던 잘못에 대해 매우 유감스럽게 생각한다고 말했다. "이제 악인들이 제거되었으니 장군은 하루빨리 군대를 철수시키기를 바라오."

그렇게 해서 왕공은 자신의 군대를 이끌고 경구京口로 돌아갔다. 왕국보의 형인 시중侍中 왕개王愷와 표기사마驃騎司馬 왕유王愉는 함께 결연히 사직서를 냈다. 안제는 조서를 내려 그들의 요청을 수락했고 사마도자도 그들의 죄를 더 이상 추궁하지 않았다.

며칠이 지나 위험과 재난이 마침내 해결되자 안제는 흡족해하

그는 왕공의 군대가 성 밑까지 쳐들
어오자 곧장 왕국보에게 나라
와 백성에게 재앙을 초래한
죄를 뒤집어씌웠다.

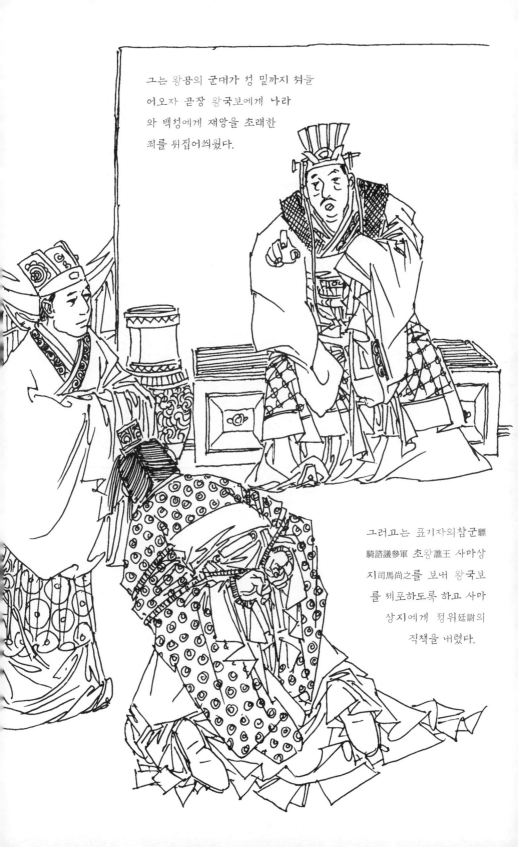

그러고는 표기자의참군驃
騎諮議參軍 초왕초왕譙王 사마상
지司馬尙之를 보내 왕국보
를 체포하도록 하고 사마
상지에게 정위廷尉의
직책을 내렸다.

면서 주연을 크게 베풀어 중신들을 환대하고 전국적으로 대사면을 실시한다는 조서를 내렸다.

회계왕 사마도자의 장남 사마원현司馬元顯은 당시 고작 16세밖에 되지 않았지만 이미 조정에서 시중을 맡고 있었다. 그는 왕공과 은중감이 장차 화근이 될 것이라고 여기고 사마도자에게 하루속히 그들을 제거할 준비를 하고 선수를 쳐 제압해야 한다고 일깨웠다. 사마도자는 이윽고 사마원현에게 군권을 맡기고 그를 정로장군征虜將軍에 임명해 자신의 호위대를 맡도록 했다. 그리고 수시로 왕공과 은중감 등을 경계하도록 했다.

28장

환현桓玄이 은중감殷仲堪과 양전기楊佺期를 멸망시키다

동진 말기의 권신인 은중감, 환현, 양전기楊佺期 세 사람은 당시의 3대 무장력을 통솔하고 있었다. 환현과 양전기는 야심으로 똘똘 뭉친 사람들이었다. 은중감은 본성이 인자한 반면 질투가 심하고 일처리가 우유부단했다. 그의 자의참군諮議參軍 나기생羅企生은 자신의 아우 나준생羅遵生에게 이렇게 말한 적이 있었다.

"은후는 사람됨이 인자하나 우유부단해 장래에 큰 어려움이 있을 것이다. 그러나 그는 나를 알아주는 은혜를 주었다. 내가 그를 떠나거나 포기하지 않는 것은 그저 도의를 지키기 위함이다. 어느 날엔가 나는 그분을 위해 죽을 수 있기를 바란다. 그것이 그분의 은혜에 보답하는 길이다."

은중감은 한편으로는 환현이 자신을 공격할까 걱정하여 양전기와 협력관계를 맺었다. 환현을 제약하고 방비하는 목적을 이루려는 것이었다. 또 한편으로는 양전기가 몇 차례 환현을 죽이려고 하자 양전기의 세력을 억제하기 위해 매번 전력을 다해 양전기를 만류했다.

환현은 자신이 결국에는 은중감과 양전기 세력에 의해 제거될 것을 두려워했다. 하지만 자기 혼자의 힘으로 그들 둘을 대적하기는 역부족이었다. 그래서 그는 조정에 자신의 통치 구역을 확대해

달라는 요구를 했다. 조정의 권력자는 이번 기회를 통해 이들 세 사람 사이의 관계를 도발시킬 의도로 환현에게 도독형주사군군사都督荊州四郡軍事의 직책을 더해주었다. 또한 환현의 형 환위桓偉가 양전기의 형 양광楊廣의 남만교위南蠻校尉 직책을 대체하도록 했다. 이 소식을 전해들은 양전기는 약이 바짝 올라 자신의 형 양광에게 갖고 있던 직책을 내주지 말라고 할 생각이었다. 하지만 은중감은 양전기를 만류하면서 양광을 의도宜都와 건평建平 두 개 군의 태수로 지내게 하자고 설득했다.

양전기는 환현에게 보복을 가하기 위해 충분한 준비 작업에 착수했다. 하지만 그는 제대로 된 은중감의 지지를 받지 못했다. 은중감은 실상 양전기가 세력을 확대하기를 바라지 않았기 때문이다. 그래서 그는 양전기에게 절대 충동적으로 행동하지 말라고 애써 권고하고 자신의 사촌 동생 은휼殷遹을 북부 지역으로 보내 군대를 주둔시키도록 하여 양전기를 견제했다. 양전기는 은중감의 의도를 짐작할 수가 없는데다가 그의 미움을 사고 싶지 않아 환현에게 보복하려던 생각을 포기했다.

그로부터 얼마 지나지 않아 형주에 수해가 발생했다. 폭우가 연일 이어지고 홍수가 범람한 것이다. 곡식 한 알 거두지 못해 굶주린 백성들이 도처에 널리게 됐다.

환현은 군대를 서쪽으로 전진시키면서 낙양을 도와야 한다고 주장하고는 은중감에게 편지를 썼다. "양전기는 황릉을 제대로 관리할 수 없을 뿐만 아니라 나라의 신임을 저버렸습니다. 우리는 응당 조정을 대신해 그를 제거해야 합니다. 저는 이미 전 병력을 면수沔水와 장강長江 입구 일대에 집결시켰습니다. 만일 공이 저와 연합하기 원한다면 장광을 잡아 죽이겠습니다. 연합하기 원치 않으신다면 우리는 무장 충돌을 피할 수 없을 것입니다. 저의 대군은 빠르게 장강을 따라 출발해 강릉江陵을 공격하게 될 것입니다."

편지를 보낸 뒤 환현은 즉시 병사를 보내 은중감의 식량 창고가 있는 파릉巴陵을 습격했다. 이때 양주자사梁州刺史 곽전郭銓이 파릉으로 부임하러 오면서 하구夏口를 경유했다. 환현은 그 기회를 틈타 은중감에게 말하기를, 조정이 곽전에게 강하江夏의 부대를 통솔하는 책임을 주고 자신에게는 선봉을 맡겼다고 했다.

그런 뒤에 그는 또 은중감 옆에서 관직을 맡고 있는 형 환위桓偉에게 밀서를 보내, 자신과 안팎에서 서로 호응해 은중감을 끌어내리기를 바란다고 전했다. 환위는 천성적으로 겁이 많은 사람이라 밀서를 보고는 겁에 질려 넋을 잃을 정도였다. 그래서 밀서를 은중감에게 전달해 자신을 도와서 방법을 강구해달라고 했다. 은중감은 곧바로 환위를 인질로 억류해놓고 환현에게 회신하도록 하면서 자신의 현재 처지를 비참하기 짝이 없게 서술하도록 했다.

환현은 편지를 보고 그대로 믿지 않았다. "은중감의 일처리는 지금껏 늘 우유부단했다. 발등에 불이 떨어졌는데도 이렇게 우물쭈물하고 있구나. 내 형님은 그가 자신을 위해 남겨둔 퇴로이니 그는 섣불리 내 형님을 해하지 못할 것이다."

이윽고 은중감은 자신의 사촌 동생 은휼에게 수군 7천 명을 통솔해 서강구西江口*에 주둔해 있으라고 했다. 한편 환현은 곽전과 부굉符宏 등이 통솔하는 군대를 보내 은휼을 공격하도록 했고 은휼의 전군은 전멸하고 말았다. 은휼은 홀로 빠른 말을 타고 도망쳤다. 환

---

* **서강구西江口**: 지명으로 지금의 난징시 서남부에 위치해 있다.

현은 곧이어 파릉을 점령했고 은중감은 양광과 자신의 조카 은도호殷道護 등에게 군대를 통솔해 파릉을 공격하도록 했다. 환현은 직접 병력을 이끌고 대전을 벌여 결국 환현이 대승을 거두었고 양광과 은도호는 달아났다.

은중감은 두 번의 전투를 모두 패하고 사기가 떨어진 데다 식량까지 부족해 병사들은 전투 의지가 전혀 없었다. 반면 환현은 기세가 더욱 등등해져 병력을 이끌고 적을 죽이러 왔다. 그는 강릉에서 고작 이십여 리 떨어진 영구零口까지 추격했다. 은중감은 상황이 급박함을 직감하고 곧장 편지를 써서 양전기에게 도움을 요청했다. 하지만 양전기는 이렇게 말했다.

"강릉 일대는 피해가 심각하고 식량이 부족해 병사들이 공이 있는 곳에 도착하면 먹는 것조차도 어려워질 것입니다. 그런 상황에서 무슨 힘으로 적을 무찌르겠습니까? 차라리 강릉을 포기하고 장병들을 통솔해 저에게 투항하시지요. 우리 함께 양양襄陽에 군대를 주둔시키면서 환현에 대항합시다."

은중감은 물론 남에게 얹혀 살면서 자신의 부대와 근거지를 포기하고 싶지는 않았다. 그래서 그는 양전기를 속이면서 말했다. "우리가 지금 매점해 놓은 군량은 절대적으로 전쟁이 끝날 때까지 충분히 먹을 수 있소."

그러자 양전기는 그 말을 그대로 믿고는 8천 명의 보병과 기마병을 통솔해 신속하게 강릉에 도달했다. 하지만 강릉에 도착하자 은중감은 고작 약간의 쌀밥으로 양전기의 군대를 위로하는 것이었다. 양전기는 자신이 속았다는 것을 깨닫고 몹시 화가 났다. "이 싸움은 이길 수가 없소이다!" 그는 자신의 형님 양광과 환현에게 공격을 할 뿐 은중감을 만나러 가지는 않았다.

환현은 양전기가 부대를 이끌고 기세등등하게 쳐들어오는 것을 보고는 곧장 응전하지 않았다. 일단은 자신의 부대를 마두馬頭* 일대로 후퇴시켰다. 양전기는 식량이 부족한 상황에서 그나마 지금 양식이 아직 넉넉히 있을 때 속전속결을 하려고 했다. 그래서 그는 병력을 이끌고 급히 곽전을 공격했다. 곧 승리를 거두려는 찰나 환현이 대군을 통솔해 지원해왔고 양전기의 군대는 습격을 받아 여지없이 패배하고 말았다. 양전기는 말을 타고 양양으로 도주했다. 환현은 그를 그대로 보내주지 않고 장군 풍해馮該를 보내 계속해서 양전기와 양광을 추적하여 체포하라고 했다. 풍해는 군대를 이끌고 양양까지 가서 그들을 전부 죽였고 이들의 머리를 건강建康으로 보냈다. 양전기의 아우 양사평楊思平, 사촌 동생 양상보楊尚保, 양자경楊孜敬 등은 양씨 일가를 데리고 만족蠻族 지역으로 도주했다.

은중감은 양전기가 이미 죽었다는 정보를 접하고 은도호 등 수백 명을 이끌고 장안으로 도주했다. 그러자 환현은 풍해에게 병력을 이끌고 추격하도록 했다. 풍해는 관군성冠軍城에서 은중감을 따라잡아 그를 붙잡았다. 작계柞溪로 가서 풍해는 은도호를 죽이고 은중감에게는 자결하도록 했다.

은중감은 일처리가 우유부단한 인물이었다. 게다가 천지자연의 법칙이나 명분을 맹신해 귀신에게 제사를 지내거나 기도를 할 때 거침없이 돈을 썼다. 하지만 가난한 사람을 구제할 때는 먼저 돌려받을 것을 염려했다. 그는 다른 사람들에게 작은 선심 쓰기를 좋아

---

* **마두馬頭**: 옛날 행정 구획의 명칭으로 지금의 샤이夏邑현 서남쪽 마두사馬頭寺 주변이다. 관할 지역은 대략 지금의 허난성 융청永城현, 샤이현, 저청柘城현, 쑤이睢현 동부 지역이다.

양전기의 군대는 습격을 받아 여지
없이 패배하고 말았다. 양전기는 말
을 타고 양양으로 도주했다.

했고 부하들이 병에 걸리면 직접 병자를 위해 진맥하면서 약을 처방해주었다. 그러면서도 큰돈은 절대 쓰지 않았다. 늘 이런 식이다 보니 문무 관리들은 그가 겉으로만 대범해보일 뿐이라고 생각했다. 그래서 은중감이 도망칠 때 문무 관리들 중 나서서 배웅한 사람은 나기생 한 명뿐이었다.

은중감 일행이 나기생의 집안의 대문을 지날 때 나기생의 아우 나준생이 이렇게 말했다. "이번에 헤어지면 다시 만날 기회가 있을지 모르겠습니다. 그런데 형님께서는 어찌 말에서 내려 저와 악수 한 번 나누지 않으십니까?" 나기생도 그 말이 맞는 것 같아 이내 말을 탄 채로 아우 앞으로 가서 손을 내밀어 아우와 작별의 악수를 나누었다.

그런데 이때 뜻밖에도 나준생이 직접 그를 말에서 끌어내려 꽉 붙잡았다. "노모께서는 아직도 형님께서 봉양하시기를 기다리고 있습니다. 그러니 형님께서 이렇게 가버리실 수는 없습니다." 나기생도 눈물로 옷섶을 적셨다. "나도 내가 이번에 이렇게 가버리면 돌아올 수 없다는 것을 안다. 그래서 노모는 네게 부탁하겠다. 이렇게 하면 나는 충심을 다하고 너는 효도를 다하는 것이 되겠지. 우리 일가는 이미 충과 효를 다 갖추었다. 어찌 좋지 아니하냐?"

그래도 나준생은 형의 말을 듣지 않고 꽉 붙잡은 채로 오래도록 놓아주지 않았다. 은중감은 그들 형제의 정이 깊은 것을 보고 나기생을 억지로 데려가지 못해 혼자 사람들을 데리고 떠났다.

환현이 형주로 들어온 뒤 형주의 유명 인사들이 잇따라 환현을 만나러 왔다. 하지만 유독 나기생만은 은중감의 집안일을 돌보면서도 환현을 만나러 오지는 않았다. 그러자 누군가 나기생을 설득하고 나섰다. "공도 형주에서 명성이 있는 사람인데 환현을 알현하러 가지 않으면 그는 분명 원한을 품을 것입니다. 제가 듣기로 그는 수도 없이 사람을 죽인다고 하니 조심하십시오."

그러자 나기생이 말했다. "나는 본래 능력과 학식이 없는 사람이오. 그런데도 은후는 나를 중용해 내가 그분을 보좌하도록 했소. 이전에 나는 그분과 함께 반역자를 토벌하려고 했으나 아우가 나를 막은 것이오. 이제 역적이 은후를 죽였으니 나는 그를 뼈에 사무치도록 증오하는데 내가 어떻게 자신의 목숨을 보전하기 위해 그에게 비굴하게 아첨할 수가 있겠소?"

그러자 누군가 이 말을 환현에게 고자질했고 환현은 불같이 화를 냈다. 그는 사람을 보내 나기생에게 말을 전달하도록 했다. "나는 그대를 죽이고 싶지 않다. 하지만 그대는 술을 올리려고 하지도 않고 벌주도 마시지 않았다. 그대가 지금 나에게 와서 사과를 한다면 때는 아직 늦지 않다. 하지만 조금 더 늦는다면 그대에게는 그저 죽을 길밖에 없다."

그러자 나기생이 말했다. "나는 당신의 부하가 아닙니다. 나는 오로지 은후에게만 충성합니다. 그러니 당신에게 사죄하지 않겠습니다!" 환현은 나기생의 완고한 모습을 보고 그를 감옥에 가두고는 다시 그를 굴복시키려고 했다.

그러자 또 나기생이 말했다. "더 이상 저를 설득하지 마십시오. 저는 생각을 바꾸지 않을 것입니다. 제가 듣기로 진문제晉文帝가 혜강嵇康을 죽였지만 그의 아들 혜소嵇紹는 진晉나라에 충성을 다했다고 합니다. 저는 당신이 저의 아우를 해하지 않기를 바랄 뿐입니다. 지금 제 아우만이 저의 노모를 봉양할 수 있기 때문입니다!"

그렇게 환현은 나기생을 죽였고 그 대신 그의 가족은 괴롭히지 않았다.

29장

선무제宣武帝가 간언을 듣지 않다

양무제梁武帝* 천감天監 4년기원후 505년 11월, 북위의 장군 왕족王足이 부성涪城**을 포위 공격하자 촉蜀나라의 관리들과 백성들 모두 크게 놀랐다. 그리고 익주益州***의 약 3분의 1에 해당하는 성이 저항을 포기해 그대로 북위에 귀속되었다. 상서 형만邢巒은 속전속결로 촉나라 땅을 공격해 빼앗을 수 있도록 북위 선무제宣武帝에게 상소문을 올렸다.

상소문에 형만은 이렇게 말했다. "첫째, 건강과 성도는 지금 오로지 수로에만 의지하고 있으며 육로는 이미 단절돼 있습니다. 서로 간의 거리가 수만 리에 달하고 성도는 또 상류에 위치해 있어 수군이 서쪽으로 성도에 도달하려면 최소한 1년의 시간이 소요됩니다. 그러니 건강의 군대는 근본적으로 익주를 구할 수가 없습니다. 둘째, 얼마 전 금자광록대부金紫光祿大夫 유계련劉季連이 반란을 일으키자 익주자사 등원기鄧元起가 명을 받들고 전쟁을 평정하러 왔는데 대부분의 병력과 재력을 동원했습니다. 이제 촉나라의 통치자

---

* **양무제梁武帝**: 남양南梁 정권의 수립자로 시호는 고조高祖다.
** **부성涪城**: 중국 쓰촨성 서북부에 위치해 있고 청두成都에서 98킬로미터 떨어져 있다.
*** **익주益州**: 쓰촨성 일대의 옛날 지명으로 당시 가장 큰 3대 지역의 하나였다.

와 백성들은 그들이 왕국의 군대에 맞설 수 없다는 점을 알고 있습니다. 셋째, 성도에 주둔해 지키고 있는 소연조蕭淵藻는 겉만 번지르르하고 실속이 없는 사람으로 병력을 통솔하고 사람을 쓰는 이치를 전혀 모릅니다. 게다가 자신보다 현명하고 능력 있는 사람을 시기해 성도에서 용맹스럽고 싸움 잘하는 우수한 장군을 수감시키거나 살해했습니다. 지금 그를 따르는 이들은 전쟁 경험이 없는 사람들뿐입니다. 넷째, 우리는 지금 이미 전쟁의 주도권을 장악했고 남안南安을 쟁취했으니 마땅히 더욱 전진해야 합니다. 게다가 지금 우리는 이미 촉나라의 3분의 2를 점거해 우리의 병거는 막힘없이 남안에서 부릉涪陵에 이르는 길을 통과할 수 있습니다. 촉나라의 선두 군대는 연전연패하고 있고 후미 부대도 아무런 신념이 없습니다. 다섯째, 소연조는 양무제의 친아들로 부릉이 만일 함락된다면 그는 앉아서 보고만 있지 않을 것입니다. 도망을 가거나 출전하게 될 것입니다. 만일 그가 출전한다면 그는 아무런 전쟁 경험이 없는 부하 병사들에 의지하게 될 것이니 아군을 이기기 어렵습니다.

그래서 지금은 촉나라 지역을 공격할 절호의 기회입니다! 만일 폐하께서 오로지 백성의 평안만을 위해 촉나라 지역에 대한 공격을 원치 않는다면 저도 할 말은 없습니다. 그렇다면 제가 갑옷을 벗고 고향에 가서 농사를 짓도록 윤허해주십시오. 저는 비록 무장 출신도 아니고 군대를 출동시켜 전투하는 데에 출중한 능력이 있는 것도 아닙니다. 하지만 제게 위안이 되는 것은 저에게는 병사를 이끌어 전쟁을 치를 수 있는 장군들이 꽤 있다는 점입니다. 그들 모두는 용맹스럽고 싸움을 잘합니다. 이전에는 그들도 어려움에 직면한 적이 있었습니다. 하지만 잘 지내왔습니다. 이제 우리가 부릉과 익주 두 성을 공격하는 것은 민심에 따르는 일입니다. 순리대로 점령해야 합니다. 만일 우리가 이번의 절호의 기회를 포기해버리고 이후에 만일 촉나라가 강대해진다면 그때 다시 쟁탈하려고 해도 어려워집니다! 더구나 익주의 경제가 발달하고 있는데 반해 인구는 많지가 않습니다. 그런 익주를 함락시키면 우리에게 엄청난 이익을 가져다줄 것입니다. 수춘壽春과 의양義陽 두 성을 함락시키는 것보다 훨씬 낫습니다. 게다가 인구의 압박도 없습니다."

선무제는 글을 본 뒤 형만에게 회신했다. "지금의 형세가 이렇게 긴박하고 많은 일들이 그대의 해결을 기다리고 있는데 그대가 어떻게 고향으로 돌아가 농사를 지을 수 있겠는가? 촉나라 지역을 평정하는 일과 관련해서 나와 수많은 대신들이 아직 논의 중에 있으니 우리가 결론을 내리기를 기다린 뒤에 다시 말해도 늦지 않다."

그러자 형만이 다시 상소문을 올렸다. "옛날을 생각해보면 토구장군討寇將軍 등애鄧艾와 도독 종회鍾會가 군량과 마초가 충분하고 장비가 우수한 상황에서 18만 대군을 이끌고도 아주 긴 시간을 들여서야 겨우 촉나라 땅을 평정했습니다. 시기가 적절하지 않았기 때문입니다. 하지만 지금 우리에게는 고작 2만의 병력만 있을 뿐이지만 적절한 시기와 지리적 우세와 인심을 두루 갖추었습니다. 만일 우리가 이런 때에 촉나라 땅에 진격한다면 승리의 가능성이 무척 큽니다. 지금 왕족王足이 이미 부성에 바짝 접근해 있으니 분명 빠르게 돌파할 것입니다. 부성이 돌파된 뒤의 익주는 떼어 놓은 당상입니다. 게다가 재동梓潼*의 백성들이 잇따라 적극적으로 우리에게 투항하고 있고, 익주의 천연 요새인 검각劍閣**도 이미 우리가 점거

* **재동**梓潼: 옛날 촉나라 남단의 현으로 지금의 쓰촨성 몐양綿陽시다.
** **검각**劍閣: 검각현으로 지금의 쓰촨성 광위안廣元시다.

"지금의 형세가 이렇게 긴
박하고 많은 일들이 그
대의 해결을 기다리
고 있는데 그대가 어
떻게 고향으로 돌아
가 농사를 지을
수 있겠는가?"

했습니다. 엄청난 우세를 점했다고 볼 수 있습니다. 만일 우리가 스스로 이런 우세를 포기해버린다면 세상 모든 사람들이 우리를 비웃을 것입니다.

저도 전쟁은 탁상공론만이 아닌 실제적 상황을 고려해야 한다는 점을 알고 있습니다. 하지만 아군이 검각을 넘은 뒤로 저는 전쟁과 관련해 긴장하기 시작했고 심지어는 그 일 때문에 편히 잘 수조차 없습니다. 아군이 검각을 점령했으면서도 그곳에 주둔해 지키지 못하고 스스로 철수해버렸습니다. 저는 제가 이런 용병의 실책을 범했으면서도 만일 폐하께 고하지 않는다면 저를 발탁해주고 저에게 총애를 베풀어준 폐하에 대해 그야말로 송구한 일이라는 생각이 들었습니다.

파서巴西*는 남정南鄭에서 1천4백여 리 떨어진 곳에 있고 익주와도 꽤 멉니다. 이전에 남조南朝가 파서를 점령했을 때 관리의 편리를 위해 그곳에 주州와 군郡을 세우고 파주巴州라 불렀습니다. 파주는 군사 요충지이지만 면적이 너무 넓어 관리가 무척 어려웠습니다. 그런 와중에 어떤 이가 글을 올려 파주에서 철수하도록 해달라고 요청했고 조정은 이내 파주에서 철수를 결정했습니다. 그래서 여전히 파서를 군으로 하고 있습니다. 엄嚴, 포蒲, 하何, 양楊 등 성씨의 대부호들이 파서군 안의 산골짜기에 모여 있는데 그들은 모두 명문 귀족입니다. 그들의 현재 거주지는 주에서 너무 멀어 그들

---

* **파서巴西**: 여기에서는 파서군巴西郡을 지칭한다. 동한 말기에서 수隋나라 때의 군郡급의 행정 구획이다. 파서는 '파군巴郡의 서쪽'이라는 뜻으로 같은 시기의 파군, 파동군巴東郡과 함께 '삼파三巴'로 불렸다. 하지만 실제로 파서군은 대체로 파군 북쪽과 파동군 서쪽에 위치해 있다.

의 자제들은 발탁되거나 중용되기가 어렵습니다. 그래서 어떤 가문은 이런 이유로 집안을 주로 옮겼지만 주에서 수도까지의 거리도 역시 너무 멀어 여전히 조정에 발을 들여놓지 못하고 있습니다. 현지 사람들은 이런 상황에 대해서 불만을 품고 있습니다. 그들은 언제든 명망 높은 가문을 왕위에 세우려고 하고 있습니다. 실제로 효기장군驍騎將軍 하후도천夏侯道遷이 반란을 일으켰던 초기에 엄현은嚴玄恩은 자신의 용맹함으로 파주에서 자립해 스스로를 자사로 봉했습니다. 만일 아군이 주를 점령할 수 있다면 저는 지금대로 그가 자사의 임무를 계속 이어갔으면 합니다. 파서에는 4만여 백성이 있고 토지도 비옥한 편입니다. 만일 우리가 그곳을 점령할 수 있다면 주위의 몇 개 주를 두려워 떨게 할 수도 있고 또 그곳에서 군사력을 증강시킬 수도 있습니다. 그렇게 하면 점강墊江* 남쪽 지역은 완전히 우리 북위 소속이 됩니다."

선무제는 형만의 말이 이치에 맞다고는 생각했지만 계속 주저하면서 결정을 내리지 못했다.

이전에 북위 선무제는 왕족의 공로를 고려해 조서를 내려 그에게 익주자사를 겸임하도록 했었다. 그런데 선무제는 천문태수天門太守 장제張齊가 양무제의 명을 받들어 익주를 지원하러 온다는 말을 전해들은 데다 왕족이 반란을 일으킬까 두려웠다. 그래서 선무제는 생각을 바꿔버렸다. 지원군이 아직 도착하지 않았는데 양주군사梁州軍司 양지羊祉를 익주자사로 바꿔 임명한 것이다. 왕족은 아무런 잘못을 저지르지 않았는데 직책을 잃게 되자 수치스럽고 분한 나

---

* **점강墊江**: 점강현으로 파서군에 예속돼 있다.

머지 화가 나서 병력을 이끌고 양梁나라에 투항해버렸다. 이렇게 해서 북위는 촉나라 지역을 평정할 가장 좋은 기회를 잃었을 뿐만 아니라 한 명의 큰 장수를 잃었다.

형만은 양주에서 재직하고 있을 때 권세를 믿고 횡포를 부리는 명문대가의 미움을 사지 않았을 뿐만 아니라 일반 백성들에게도 떳떳했다. 그래서 주 백성들의 사랑을 받았다. 파서를 정복한 뒤 형만은 군대의 장군인 이중천李仲遷을 파서태수로 임명했다. 하지만 이중천은 주색에 빠져 종일 군비를 사용해 먹고 마실 줄만 알았지 공무를 처리하지 않았다. 형만은 그 사실을 안 뒤로 이중천의 죄를 다스려 벌을 주려고 했고 두려움에 떨던 이중천은 남몰래 반란을 기도했다. 장병들은 내심 그에게 원한을 품고 있던 터라 그가 반란을 일으키려 한다는 말을 듣고는 그대로 그를 죽여 버렸다. 그 뒤로 파서는 다시 양나라로 귀속되었다.

30장

이주영爾朱榮이 호태후胡太后를 전복시키다

북위의 효명제孝明帝가 즉위했을 때 병並, 사肆, 분汾, 광廣, 항恒, 운雲의 6개 주에서 일어난 난을 진압한 대도독 이주영爾朱榮의 권세는 실로 대단했다. 그는 직접적으로 조정에 대항할 정도로 막강한 권세를 행사했다. 원래 조정의 권신인 고환高歡, 단영段榮, 위경尉景, 채준蔡俊 등은 반란을 도모한 적이 있었다. 하지만 반란에 실패한 뒤 이들 모두 이주영에게 투항했고 이주영은 그들을 받아들여 자신의 세력을 더욱 확대했다.

이주영의 기병참군騎兵參軍 유귀증劉貴曾은 여러 차례 이주영에게 고환을 추천했다. 하지만 이주영은 고환의 몸집이 작고 외모가 못나서 그를 좋은 인재라고 생각하지 않아 중용하지 않고 있었다. 그러던 어느 날 고환이 이주영을 모시고 함께 마구간에 간 적이 있었다. 이주영은 고환에게 어려운 문제를 내볼 요량으로 마구간에서 길들인 지 얼마 되지 않은 말을 가리키면서 고환에게 말의 털을 다듬도록 해보았다.

그러자 고환은 그 말의 곁으로 가서 말에게 굴레를 씌우지도 않고 그대로 털을 다듬기 시작했다. 이상한 것은 그 말은 평소 사납기 이를 데 없었는데 그때는 고환이 털을 깎아주는 데도 온순하게 있었던 것이다. 털 정돈을 끝낸 고환은 눈을 크게 뜨고 이주영에게 말했다. "악당을 제압하는 것과 말을 제압하는 것은 같은 이치입니다."

이주영은 놀랍고도 이상해 즉각 고환에게 서재에서 마음을 터놓고 대화를 나누자고 했다. 흉금을 터놓고 대화를 나누는 과정에서 이주영은 지금 나라 대사에 대한 고환의 의견을 물었다. 그러자 고환이 대답했다.

"저는 지금 황제께서 너무 유약하여 권력이 완전히 태후의 수중에 놓여 있다고 보고 있습니다. 그러다 보니 조정의 대다수 정책은 아무 효력도 없는 문서 조각에 불과합니다. 제가 보기에 공은 이 기회를 이용해 간사한 신하를 토벌한다는 명목으로 황제를 대신해 태후를 전복시키면 되리라 생각됩니다. 또한 공의 능력이라면 패업을 달성하는 것마저도 사소한 일에 불과할 것으로 사료됩니다."

이 말이 이주영의 가슴에 들어와 두 사람은 자정이 되도록 이야기를 나누었다. 그 일이 있은 뒤로 고환은 이주영 옆에 있는 가장 중요한 책사가 되었다.

당시 효명제가 너무 어려 생모인 호태후胡太后가 섭정을 하면서 대권을 총괄하고 있었다. 호태후가 정권을 장악한 뒤로 외척과 환관을 신임해 조정의 정사가 혼란스러워져 대외적으로 전혀 위신을 세우지 못하고 있었다. 각지의 백성과 권신들도 잇따라 반기를 들어 북위 정권이 통제할 수 있는 기반이 점점 약화되고 있는 실정이었다.

효명제가 점차 성장하면서 호태후는 황제가 조만간 자신의 일 처리에 불만을 가질 것을 직감했다. 황제가 자기 주변의 신하들과 내통해 자신에게 저항할까 두려워 호태후는 종종 아무 이유 없이 빌미를 찾아 효명제가 신임하는 사람들을 제거했다. 동시에 그녀는 효명제의 활동 범위를 통제해 그가 바깥에서 발생하는 일을 모르도록 했다. 통직산기상시通直散騎常侍* 곡사회穀士恢는 효명제가 신임하는 인물로 그는 궁중의 호위병을 통솔해 효명제의 안전을 보위하는 책임을 지고 있었다. 호태후는 곡사회에 대한 완곡한 비난을 늘어놓으면서 그를 수도에서 내보내려고 했다. 하지만 효명제가 허락하지 않았고 곡사회도 수도를 떠나기를 원치 않았다. 그러자 호태후는 자기 마음대로 곡사회에게 죄명을 뒤집어씌워 그를 죽여버렸다.

당시 선비어에 능통한 한 도인이 있었는데 종종 효명제의 옆에서 시중을 들었다. 하지만 도인이 다른 민족의 언어를 구사한다는 이유만으로 호태후는 그가 타민족과 결탁해 효명제를 도울 것을 두려워해 사람을 보내 성의 남쪽에서 그를 죽여버렸다. 또한 유언비어를 날조해 그가 이전에 포상금 걸린 범죄자라고도 했다. 주변에서 연속으로 두 명의 신뢰했던 사람이 죽으니 효명제는 고통스럽기 그지없었다. 그 일로 그와 호태후 사이의 거리감은 더욱 심화되었다.

그때 이주영은 병주자사를 맡고 있는 원천목元天穆과 관계가 좋아 평상시에도 호형호제하며 지내고 있었다. 이주영은 사적으로 원천목과 그 부하인 도독 하발악賀拔岳을 찾아 역신을 죄다 죽이고 호태후를 뒤엎을 일을 의논했다. 두 사람은 이주영의 생각에 적극 동감하면서 그가 직접적으로 병사를 이끌고 낙양을 공격해야 한다고 제안했다. 이주영은 그들의 제안을 받아들여 상소문을 써서 수도로 보냈다. 이주영은 상소문에 이렇게 말했다. "아군이 산동 일대에서

---

* **통직산기상시通直散騎常侍**: 진무제 때 일반 산기상시와 정해진 인원 외의 산기상시가 함께 돌아가며 당직을 서서 통직산기상시라 불렸다. 후대에는 폭넓은 쓰임을 받았다.

적잖이 패전했습니다. 기주冀州와 정주定州는 이미 도적들에게 점령당했습니다. 도적들이 다음으로 공격할 목표는 분명 상주相州*일 것입니다. 상주를 지키고 도적들의 오만한 기세를 잠재우기 위해 폐하께서 제가 즉각 병력을 이끌고 상주로 추가 지원을 나갈 수 있도록 윤허해주십시오."

호태후는 이주영이 명목상으로만 상주를 지킨다는 것이지 사실은 낙양에 접근하려고 한다는 사실을 직감했다. 그래서 조서를 내려 이주영에게 말했다. "지금 산동 일대의 도적은 이미 평정됐다. 주모자인 소보인蕭寶寅은 이미 아군에게 생포됐다. 반란을 일으킨 우두머리 막절염생莫折念生도 우리에게 죽임을 당했다. 만사추노萬俟醜奴도 이미 투항했다. 다른 지역도 점차 평정되고 있고 북해왕北海王 원호元顥는 이미 2만의 군대를 이끌고 상주로 전진하고 있다. 그러니 도독이 수고할 필요가 없다."

그러자 이주영이 다시 글을 올렸다. "적군이 비록 타격을 받기는 했지만 아군도 수차례 패전을 겪으면서 기껏해야 적군과 전적이 거의 비슷한 수준일 것입니다. 때문에 저는 앞서 있는 지원군이 강적에 저항하지 못할까 걱정됩니다. 제 생각에 우리가 연연국蠕蠕國의 왕 아나환阿那瓌의 힘을 빌리면 적군에 대적할 수 있을 것 같습니다. 저는 연연국에게 지금껏 예우로 대해왔습니다. 지금은 그가 우리에게 보답할 때입니다. 만의 하나의 실수도 없도록 이번에 연연국 왕이 병력을 이끌고 동쪽 하구를 따라 적군의 후방을 공격하도록 하고 북해왕 원제가 통솔하는 군대가 정면에서 적군을 공격하면 됩

---

* **상주相州**: 옛날 주州의 명칭으로 지금의 안양安陽이다. 옛날의 수도 낙양과 함께 허난성 경내에 위치해 있다.

니다. 아군은 비록 수적인 면에서 열세에 처해 있지만 그들이 솔선해서 정형井陘 북쪽과 부구滏口 서쪽의 험준하고 중요한 지역을 점거하기만 한다면 적군에 대한 협공의 형세를 이룰 수 있습니다. 물론 적군의 우두머리 갈영葛榮이 또다른 적군을 병탄했지만 위신을 아직 세우지 못해 수하의 두 갈래 세력은 아직 완전히 통일되지 못한 상태입니다. 그들은 언제든 서로 반목하여 적이 되고 와해될 수 있습니다."

서신을 다 쓴 뒤에 이주영은 곧장 명령을 내려 현지에서 용감하고 담력과 식견이 있는 사람을 뽑아 군대로 편입시켰다. 그런 뒤에 대군을 보내 정형을 점거하고 북쪽으로 이동해 마읍성馬邑城을 수비했다.

중서령中書令 정엄鄭儼과 중서사인中書舍人 서흘徐紇은 호태후가 가장 총애하는 사람들이었다. 효명제는 이주영의 손을 빌려 그들을 제거하고 싶었다. 그렇게 해서 호태후의 세력을 약화시키려는 것이었다. 그래서 효명제는 비밀 명령을 내려 이주영에게 군대를 통솔해 수도로 와서 정엄과 서흘 등을 제거하라고 했다. 이 정보를 접한 서흘은 즉시 암암리에 호태후를 설득했다. 사람을 보내 이주영의 부하를 이간질하라고 한 것이다.

부하들은 이 일을 이주영에게 고했고 이주영은 크게 화를 냈다. 그러고는 고환을 보내 선두 부대를 통솔해 빠르게 수도로 진군하도록 하고 서흘 등을 제거하겠다고 큰소리쳤다. 하지만 고환이 상당上黨에 도착했을 때 효명제는 아리송하게도 비밀 명령을 내려 이주영에게 군대를 철수시키도록 하고 원래의 계획을 취소했다. 이주영은 하는 수 없이 군대를 잠시 상당에 머무르도록 했다.

정엄과 서흘은 효명제가 자신들을 죽이라고 보낸 사람이 바로 이주영이라는 것을 알고 두려움에 떨고 있었다. 목숨을 보전하기 위해 이들은 호태후에게 효명제를 제거하라고 적극적으로 설득했다. 2월 25일, 효명제가 살해를 당해 죽은 나이는 고작 19세였다. 이튿날, 호태후는 놀랍게도 자신의 딸 경애공주敬哀公主를 황제로 세웠다. 그런 뒤 얼마 지나지 않아 호태후는 또 자신의 딸이 이미 성인인지라 자신과 권력과 이익을 쟁탈할 것으로 여겨 대권을 오랫동안 독점하기 위해 또다시 조서를 내려 선포했다. "효명제의 황후가 실제 낳은 아이는 딸이다. 본래 임조왕臨洮王 원보휘元寶暉의 후대인 원쇠元釗가 진정한 황실의 후손이니 그를 황제로 세우겠다."

그렇게 27일, 고작 3세밖에 되지 않은 원쇠가 즉위했다. 호태후는 전국적으로 대사면을 실시한다고 선포하고 문무 관리들은 각각 두 계급 승진했으며 황궁을 호위하던 관리들은 각각 세 계급 승진했다.

이주영은 궁내에서부터 전해진 소식을 듣고 원천목元天穆에게 말했다. "명제가 즉위할 때 세상 사람들 모두 황제의 나이가 너무 어려 나라의 대사를 처리하기 어렵다고 여겼소. 이제 호태후는 고작 3살인 어린아이를 황제로 등극시켜 나라의 대권을 완벽히 자기 수중에 넣었소. 나는 효명제를 애도한다는 구실로 기마병을 통솔해 수도를 공격할 생각이오. 그 틈을 이용해 음흉한 자들을 제거하고 천하를 통치할 수 있는 새로운 황제를 옹립하려 하오. 그대는 어떻게 생각하시오?" 그러자 원천목도 그에 흔쾌히 찬성했다.

이윽고 이주영이 조정에 글을 올렸다. "지금 민간에는 명제가 독주에 의해 독살당했다는 소문이 퍼져 있습니다. 만일 그분이 정말로 병으로 돌아가신 것이라면 태의들에게 죄가 있습니다. 그밖에 태후가 자신의 딸을 즉위시킨 것은 선왕들께서 남겨 놓은 제도를

고작 3세밖에 되지 않은 원후가 즉위했다.
호태후는 전국적으로 대사면을 실시한다고 선포
하고 문무 관리들은 각각 두 계급 승진했다.

어긴 것입니다. 그래서 반대에 부딪혔는데, 또 놀랍게도 3살밖에 되지 않은 아이를 황제에 올렸습니다. 제가 보기에 태후께서는 직접 천자가 되려는 것 같습니다! 지금 여러 호걸들이 잇따라 봉기하고 주변 나라들도 호시탐탐 우리를 노리고 있습니다. 이런 상황에서 어린아이가 나라와 백성을 제대로 통치할 수 있겠습니까! 지금은 제가 수도로 돌아가 많은 대신들과 함께 나라의 정세를 논할 때라고 생각됩니다. 그렇게 하면 먼저, 선황의 억울함을 깨끗이 씻어낼 수 있고, 둘째, 서흘과 정엄과 같은 간사하고 아첨을 잘하는 자들을 제거할 수 있습니다. 그런 뒤에 다시금 황족 구성원들 중에서 황위를 계승할 분을 선정하면 세상 사람들이 믿고 따를 것입니다.”

호태후는 글을 본 뒤에 두려운 나머지 곧장 이주영의 사촌 동생을 보냈다. 당시 직관直官을 맡고 있던 이주세륭爾朱世隆에게 진양으로 가서 이주영을 달래라고 한 것이다.

이주영은 사촌 동생 이주세륭을 보고는 자신은 이미 수도를 공격할 준비를 하고 있으며 이주세륭이 옆에서 자신을 보좌하기 바란다고 말했다. 그러자 이주세륭이 대답했다. “태후가 이번에 저를 보낸 것은 형님을 만류하라는 것이었습니다. 만일 형님이 저를 남기신다면 태후는 형님이 반란을 일으킬 것을 알게 될 것입니다. 그러면 태후도 충분한 준비를 할 것이고 형님의 공격이 어려워질 수 있습니다. 차라리 저를 보내시는 편이 낫습니다. 그러면 그들의 경계를 늦출 수도 있고 또 안팎으로 협력도 가능할 것입니다.” 이주영은 이주세륭의 말에 일리가 있다고 여겨 그를 돌려보냈다.

한편 팽성의 무선왕武宣王 원협元勰의 아들 원자유元子攸는 평소 명망이 높은 인물로 이주영은 그를 좋게 보고 있었다. 그래서 원천목과 상의해 원자유를 황위에 올릴 것을 이야기했다. 원천목은 선불리 결정을 내리지 못하고 이주영에게 사람을 낙양으로 보내 이주세륭을 찾아 비밀리에 상의를 하라고 권유했다. 그러자 이주세륭도 이주영의 생각에 동의했다. 이윽고 이주영은 사람을 보내 원자유의 뜻을 물었다. 누군가 자신을 황제로 천거한다는 것은 굉장히 기쁜 일인지라 원자유도 거부하지 않았다.

이때 이주영이 주저하기 시작했다. 어째서 자기 자신을 황제로 천거하지 않았는지를 생각해본 것이다. 이주영은 미신을 믿어왔던 사람이었다. 그래서 그는 사람을 시켜 자신과 황실의 자손들 모두를 청동으로 된 조각상으로 만들도록 했다. 그 결과 원자유의 청동상이 먼저 만들어졌다. 이주영은 그것을 보고 원자유를 황제로 세워야겠다는 결정을 내리고 병력을 일으켜 진양에서 출발해 곧장 수도에 근접했다.

이주세륭은 이주영이 병력을 일으켰다는 소식을 접하고 이내 방법을 강구해 수도를 빠져나와 상당에서 이주영과 만났다. 호태후는 병력이 턱밑까지 왔다는 것을 알고 두려움에 떨다가 황급히 왕공대신들에게 도움을 요청했다. 왕공대신들은 평상시 호태후의 행동에 대해 이미 치가 떨릴 정도로 분노가 가득 찬 상태라 그녀를 위해 도움을 주려고 나서는 이는 아무도 없었다. 하지만 서흘만은 달랐다.

"지금 이주영은 자신의 지방 군대를 통솔해 조정을 모독하고 있습니다. 설마하니 우리 문무 대신들과 금군을 호락호락하게 보고 그런 것이겠습니까? 하지만 만일 장병들이 마음을 단단히 먹고 성을 지키기만 하면 이주영 홀로 고군분투하면서 오랜 시간 동안 성을 함락하지 못하다가 자연히 퇴각할 것입니다. 그때 우리가 다시 승세를 몰아 추격해 그들이 미처 손쓸 새도 없이 공격해버리면 됩니다."

호태후는 그 말을 들은 뒤 크게 위안이 되어 부하 무관 정계명 鄭季明과 정선호鄭先護에게 군대를 통솔해 하교河橋를 지키도록 했다. 또한 황문시랑黃門侍郞 이신궤李神軌를 대도독으로 임명해 금군을 통솔해 수비하도록 하고 이주영의 군대가 지치기까지 기다렸다가 다시 공격하도록 했다.

이주영은 대군을 통솔해 곧장 수도로 쳐들어왔고 호태후의 수하들은 대군이 국경까지 쳐들어온 것을 보고는 수비를 포기하고 사방으로 도망쳐버렸다. 그렇게 이주영의 대군은 순조롭게 수도로 진입했다. 호태후는 이주영에게 목숨을 구걸하려고 했지만 이주영은 못 들은 체하면서 옷소매를 뿌리치고 가버렸다. 그러고는 군사를 보내 호태후와 3살 난 어린 황제를 황하黃河에 던져 물에 빠져죽게 했다. 그런 뒤 이주영은 '하음지변河陰之變'을 일으켜 조정의 대신들은 충신이든 간신이든 막론하고 무차별적으로 살해했다.

원자유는 대군이 황하를 건넌 뒤 즉위했다. 그는 이주영을 시중, 도독중외제군사都督中外諸軍事, 대장군, 상서령, 영군장군領軍將軍, 영좌우領左右에 임명하고 태원왕太原王에 봉했다. 동시에 원소元劭는 무상왕無上王에 봉하고 원자정元子正은 시평왕始平王에 봉했다.

31장

시작은 창대했으나 끝이 미약했던 문선제文宣帝

동위東魏 무정武定 8년기원후 550년, 동위의 권신 고양高洋은 동위 효정제孝靜帝 원선견元善見에게 황제의 자리를 양위하라고 몰아세웠다. 그러면서 황제로 자처하면서 국호를 대제大齊로 고쳤는데 이후 북제北齊라고 불렸다. 또한 천보天保로 개원改元*하고 수도를 업성으로 정한 뒤 스스로를 문선제文宣帝라 칭했다. 건국 이후에 문선제는 신중하게 나라의 정무를 처리하고 현명하고 유능한 인재를 임용해 흉금을 터놓고 정사를 논의했다.

　나라의 법이 엄격해 각급 정부는 모두 공평하게 일을 처리하고 왕자가 법을 위반하면 일반 백성들과 동등하게 죄를 물었다. 이런 조처로 군신들이나 백성들의 인정을 받았다. 그래서 그들은 모두 나라를 위해 온 힘을 다하기를 원했고 조정 안팎으로 정연하게 질서가 잡혀 있었다. 국경 관문에서 전쟁이 발발할 때마다 문선제는 직접 적진으로 돌격해 들어가 용감히 싸웠고 위험을 전혀 겁내지 않았다. 장병들도 그의 모습에 감동을 받아 용감히 적을 무찔렀다. 그

＊　**개원改元**: 중국 봉건 시대에 황제가 즉위할 때나 재위 기간에 연호를 바꾸는 것을 말한다. 모든 연호가 시작되는 첫 해를 원년元年이라 칭한다. 새로운 황제가 즉위한 뒤에 일반적으로 연대를 기록하는 연호를 바꿔야 한다. 그것을 두고 '개원'이라 한다.

래서 북제의 군대가 참전한 전투는 늘 승리를 쟁취했다. 그렇게 몇 년 지나지 않아 북제의 기반은 매우 안정되었다.

문선제는 자신이 통치하는 제나라가 부유해지고 백성들도 화목하게 지내는 모습을 보고는 다소 득의양양해지면서 무절제하게 술을 마시기 시작했다. 술에 취해 후궁에 머물렀고 성격도 점차 거칠고 급하게 변해갔다.

한 번은 문선제가 동산東山으로 유람을 갔다가 관롱關隴* 일대가 아직 평정되지 않았다는 점이 생각나자 화가 치밀어 올랐다. 그래서 상서우복야尙書右仆射 위수魏收를 앞으로 불러들여 위수에게 선 채로 서위西魏를 공격하는 조서를 쓰도록 했다. 이 일이 서위로 전해지자 서위의 왕은 질겁하여 황급히 부하에게 방어를 지시했다. 하지만 문선제는 실제적인 조치를 취하지 않았다. 당시 그저 불같은 성미에 충동적으로 취한 행동일 뿐이었다. 어느 날, 문선제는 또 그일이 생각나서 군신들을 불러 모아 이야기했다. "내가 명령을 내린 뒤에도 서위는 그 일을 안중에도 두지 않고 있다. 왜 그런 것이냐?" 말을 마친 뒤 갑자기 큰 소리를 내면서 목 놓아 울었다. 그러자 도독 유도지劉桃枝가 문선제를 위로했다. "폐하께서는 마음을 푹 놓아도 됩니다. 서위는 작은 곳이니 3천 병력만 있으면 평정할 수 있습니다." 문선제는 그 말을 듣고 희색이 만면해 1천 필의 비단을 하사하라는 명령을 내렸다. 이윽고 측근 조도덕趙道德이 말했다. "유 도독은 지금 폐하를 속이고 있습니다! 위나라와 제나라는 본래 세력이 서로 엇비슷합니다. 만일 전쟁이 발발하면 쌍방 모두 손실을 입

---

* **관롱關隴**: 관중과 감숙甘肅 동부 일대의 지역을 말한다.

을 수밖에 없습니다. 그런데 우리가 어찌 쉽사리 승리할 수 있겠습니까? 이는 분명 요사스러운 말로 미혹하는 것으로 목을 베어 죽여야 마땅합니다. 상을 내리는 것은 합당치 않습니다." 그 말을 들은 문선제는 조도덕의 말이 맞다고 여기고 유도지에게 이미 내렸던 비단을 회수하도록 하고 그것을 조도덕에게 하사했다.

또 한 번은 문선제가 절벽에 갔을 때의 일이다. 절벽 아래에 한 줄기 강이 흐르고 있는 것을 발견하고는 말에 올라 곧장 내달려가고 싶었다. 그러자 조도덕이 그 모습을 보고는 반박의 여지도 주지 않고 문선제를 잡아끌었다. 문선제는 노발대발하면서 사람들 앞에서 조도덕을 베어버리려 했고 조도덕은 전혀 두려워하는 기색도 없이 그저 담담하게 말을 했다. "저는 죽어도 원한이 없습니다. 다만 제가 만일 구천지하에서 선왕을 만난다면 반드시 그분께 말씀드릴 것입니다. 선왕께는 술에 빠져 수도 없이 사람을 죽이는 아들이 있다고 말입니다." 문선제는 그 말을 듣고 자신의 행동을 깊이 뉘우치며 술을 끊기로 결심했다.

며칠이 지나 문선제는 또다시 조도덕을 찾았다. "내가 나 스스로를 억제하지 못하고 또 폭음을 했다. 내 잘못을 알고 있으니 나를 좀 때려다오." 그러자 조도덕은 화가 나기도 하고 우습기도 했다. "한 나라의 황제로서 어떻게 그렇게 한 입으로 두 말을 할 수가 있습니까?"

신하 이집李集 역시 문선제의 행실이 몹시 눈에 거슬린 나머지 한 번은 대신들 앞에서 문선제를 맹비난했다. 문선제를 하걸夏桀*과

---

* **하걸夏桀**: 하나라의 왕으로 무절제하고 방탕했으며 포학하고 잔인했다.

상주商紂에 비유한 것이다. 문선제는 불같이 화를 내면서 이집을 묶고 개천에 던져버리도록 했다. 그런 뒤 잠깐 시간이 흐르고 나서 문선제는 또 그를 건져 올리도록 했다. "이래도 내가 아직 하걸과 상주 같으냐?" 이집은 격분하여 이를 부득부득 갈았다. "지금 저는 폐하께서 그들 둘보다 더하다고 사료되옵니다." 그러자 문선제는 또 그를 물속으로 던져버렸다. 이런 식으로 몇 번을 반복했다.

하지만 이집이 자신의 말을 바꾸려 하지 않자 문선제는 하는 수 없이 고개를 내저었다. "참으로 고집이 질기구나. 예전의 용방龍逄*이나 비간比干**보다 더 질기다." 그러고는 이집을 풀어주었다. 하지만 이것이 끝이 아니었다. 이집은 집으로 돌아오기가 무섭게 문선제가 보낸 사람에게 또 잡혀갔다. 이번에도 이집은 간언을 할 생각을 품고 있었지만 문선제는 이집이 간언을 할 틈도 없이 그의 허리를 베어 두 동강 내어 죽이도록 했다.

궁궐 안의 사람들은 다들 문선제의 변덕을 두려워해 속으로는 분노하면서도 섣불리 속마음을 입 밖으로 꺼내지 못했다. 문선제는 매번 이렇게 충동적으로 사람을 죽이는 결정을 내렸다. 그래서 대신들은 조심할 수밖에 없었고 잠시도 경솔하게 행동할 수가 없었다.

문선제는 또 큰 가마솥, 긴 톱, 큰 작두, 돌로 된 큰 디딜방아 같은 형틀을 발명했다. 그러고는 술에 취할 때마다 이 형틀을 늘어놓

---

* **용방龍逄**: 하나라 말기의 대신이다. 하나라 걸왕桀王이 방탕하고 잔인한 행동을 일삼으면서 조정을 돌보지 않자 용방이 여러 차례 간언을 했고 그 뒤로 걸왕은 그를 감옥에 가두고 죽였다.

** **비간比干**: 상商나라 주왕紂王이 재위에 있을 때의 재상으로 결국 주왕에게 죽임을 당했다.

고 내키는 대로 사람을 죽였다. 개부참군開府參軍 배위지裴謂之가 수
차례 글을 올려 문선제에게 이런 잔혹한 행동을 중단하라고 간언
했다. 그러자 문선제가 재상 양음楊愔에게 말했다. "일개 참군이 내
게 가르칠 자격이 없다. 참으로 주제 파악도 못하는 자로구나." 양
음이 그 말에 동조했다. "제가 보기에 그는 온갖 수단을 부려 명예
를 취하려는 것 같습니다. 폐하께서 하루속히 그를 죽이는 것이 낫
겠습니다." 그 말을 들은 문선제가 대답했다. "나는 지금 그를 죽일
생각이 없다. 저 비천한 인간이 그 명성을 어떻게 후대에까지 떨칠
지 봐야겠다."

한 번은 문선제와 몇 명의 대신들이 함께 술을 마시고 즐기면서
한껏 흥에 취해 있을 때였다. "지금 내 인생이 참으로 즐겁구나!"
그러자 도독 왕굉王紘이 비웃으면서 비판했다. "오늘의 즐거움은 내
일의 고통을 가져다줄 것입니다." 그러자 문선제가 물었다. "그 말
이 무슨 뜻이냐?" 왕굉이 대답했다. "폐하께서 지금 향락만을 꾀하
시니 머지않아 나라가 망하게 될 것입니다. 그때가 되면 폐하는 무
엇이 큰 고통인지를 알게 될 것입니다."

그 말을 들은 문선제는 즉시 사람을 시켜 그를 끌고 가 참수토
록 했다. 옆에 있던 대신들은 얼른 나서서 만류했다. 왕굉이 힘써
세운 공로가 크므로 죽여서는 안 된다고 한 것이다. 문선제는 그 말
을 듣고서야 겨우 그를 방면했다.

누태후婁太后 역시 아들의 태도가 눈에 거슬려 한 번은 지팡이를
들어 문선제를 때리면서 말했다. "어찌도 이렇게 개망나니 같을꼬.
주상의 부친이 얼마나 영특하고 용맹한 분이셨는지 알지 않소!" 하
필 문선제가 술에 취해 있던 터라 그는 대역무도한 말을 퍼붓고 말
았다. "내가 보기에는 태후께서 노망이 든 것 같습니다. 호인胡人에

게 시집보내버릴지도 모르니 조심하시지요." 누태후는 그 말을 듣고 몹시 속이 상했다. 술이 깬 뒤 누태후를 위로하기 위해 문선제는 사람을 시켜 황궁에서 불을 지피고 자신이 불 속으로 뛰어들어 누태후에게 용서를 구했다. 그러자 누태후는 문선제에게 얼른 나오라고 했다. "주상이 지금 뛰쳐나오면 내 얼른 용서하겠소. 어디까지나 술에 취해 한 말이니 내가 주상을 원망할 게 뭐 있겠는가."

그러자 문선제는 불속에서 뛰쳐나온 뒤에 또 사람을 시켜 돗자리를 깔게 하고는 윗옷을 벗어 돗자리 위에 엎드렸다. 그러고는 평진왕平秦王 고귀언高歸彦에게 몽둥이로 자신을 때리도록 했다. "만일 제대로 치지 않으면 그대를 죽이겠다. 피가 나도록 쳐야 할 것이다." 그 말을 들은 누태후는 얼른 나서서 문선제를 꼭 안았고 모자는 서로 부둥켜안고 통곡했다. 결국 고귀언은 몽둥이로 문선제의 다리를 50번 내리쳤다.

이 일이 있은 뒤 문선제는 단호한 결단을 내리고 이후로 다시는 술을 마시지 않겠다고 선포했다. 하지만 열흘도 지나지 않아 또 얼큰하게 취해 이황후李皇后의 처소로 갔다. 그곳에서 소리가 나는 활과 화살을 들고 이황후의 모친인 최崔 씨를 겨누면서 말했다. "태후도 별 것 아닌데 너 같은 늙다리는 더 아무것도 아니지." 하지만 아무리 화살을 쏘아도 최 씨를 맞히지 못하자 문선제는 최 씨를 묶도록 한 뒤 채찍질을 했다.

한편 재상 양음은 문선제의 총애를 받는 신하이기는 했지만 늘 문선제에게 조롱을 당하기 일쑤였다. 문선제는 채찍으로 양음을 수시로 때려 양음의 등에는 종종 핏자국이 나 있었다. 그러다 한 번은 문선제가 양음을 관 속에 눕혀 발인시키려고 했고 하마터면 그를 생매장시킬 뻔했다. 문선제는 또 칼로 양음의 배를 그어 가까이 모

그 말을 들은 누태후는 얼른 나서서 문선제를 꼭
안았고 모자는 서로 부둥켜안고 통곡했다.

시던 신하가 저지하지 않았다면 양음은 아마도 그 보잘것없는 목숨도 부지하지 못했을 것이다.

이때 상산왕常山王 고연高演이 북제의 병권을 쥐고 있었는데 문선제가 그에게 말했다. "너는 내가 어째서 이렇게 흠뻑 향락에 빠져 있는 줄 아느냐? 네가 나를 보호해주기 때문이다."

고연은 본래 문선제가 주색에 빠져 있는 것에 대해 큰 불만을 품고 있었다. 그런데 문선제의 말을 듣고 나서 고연은 큰소리로 통곡했다. 그러자 문선제는 잔을 땅에 내던지고 울면서 고연에게 말했다.

"나는 어째서 지금껏 술을 끊지 못하는 것일까? 이후에 누구라도 다시 내게 감히 술을 권하거나 나와 함께 술을 마신다면 그를 죽여버리겠다." 말을 마친 뒤 그는 사람을 시켜 궁 안의 모든 술잔을 깨뜨렸다.

하지만 또 며칠이 지나지 않아 문선제는 다시 술에 취해 난폭하게 굴었다. 그래서 고연은 상소문을 써서 간언을 할 준비를 하고 있었는데 대신들이 그에게 더 이상 헛수고하지 말라는 조언을 했다. 고연은 그 말을 듣지 않고 기회를 잡아 상소문을 문선제에게 건넸다. 하지만 문선제는 상소문을 보고는 휴대하고 있던 장검을 들어 고연의 앞뒤에서 검을 휘두르고 고연을 죽이겠다고 큰소리를 쳤다. 하지만 고연은 전혀 두려워하지 않았다.

그러자 문선제는 또 고연과 사이가 좋지 않은 대신을 찾아오도록 명령을 내려 칼을 그들의 목에 들이대고는 고연에 대한 험담을 하도록 했다. 하지만 모두들 문선제의 명령을 거부했다. 하는 수 없이 문선제는 그들을 놓아줄 수밖에 없었다.

이렇게 문선제는 늘 주색과 향락에 빠져 지냈다. 때로는 무희들과 밤을 꼬박 새우면서 웃고 유흥을 즐겼다. 또 때로는 기괴한 복장을 하거나 심지어는 벌거벗은 몸을 하고 예의와 염치를 차리지 않았다. 또는 소, 말, 당나귀 등 짐승을 타고 궁궐 안을 싸돌아다녔다. 여름에는 벌거벗고 햇볕을 쬐고 겨울에는 또 아무것도 입지 않고 눈 덮인 곳을 뛰어다녔다. 시종들은 황제의 이런 모습을 보면서 제 나라가 곧 망할 것이라고 입을 모았다.

32장

조정祖珽이라는 소인배가 권력을 잡다

북제의 좌승상 함양왕鹹陽王 곡률광斛律光 일가는 조정 안에서의 지위가 대단했다. 누이동생인 곡률씨斛律氏는 황후이고 아우인 곡률선斛律羨은 군대 통솔에 능했다. 그 수하의 군대는 군사력이 강해 북제의 마지막 왕조에 그는 도독, 유주자사幽州刺史, 행대상서령行臺尙書令에 봉해져 돌궐突厥 사람들은 모두 그를 '남방의 가한'이라 칭했다. 곡률광의 아들 곡률무斛律武는 지방 사무 처리에 능해 양주와 연주 두 주의 자사로 임명되었으며 공주를 아내로 맞이하기도 했다. 물론 집안이 부유했지만 평상시 곡률광은 겸손한 사람이어서 무슨 일을 하든 지나친 겉치레를 늘 삼가고 뇌물도 전혀 받지 않았으며 주제넘게 나서기를 원치 않았다. 조정에 나가 황제를 뵐 때마다 그는 다른 사람들이 말을 다 마친 다음에야 입을 열었고 기본적으로 이치에 맞는 말을 할 줄 알았다. 황제에게 아뢸 필요가 있을 때에는 사람을 시켜 대필을 했는데 대필자에 대한 유일한 요구는 간결하게 쓰라는 것뿐이었다.

곡률광은 젊었을 때 벌써 군대에 들어가 부친과 함께 전장에 나가 적을 죽였다. 지방에 갈 때마다 그곳의 군대에 마땅한 병영이 마련돼 있지 않으면 절대 그대로 휴식을 취하지 않았다. 이후에 그가 장군이 되었을 때 함부로 살생을 하지도 않았고 병사들이 잘못을 저지르면 상징적인 벌만 주었다. 이런 이유로 그의 수하에 있던 병사들은 모두 그에게 절대적인 충성을 보였고 전장에서는 용맹스럽게 적을 무찔렀다. 그의 군 생활에서 패전을 한 일은 거의 없었다.

그런 곡률광에게도 숙적이 한 명 있었는데 바로 조정祖珽이라는 사람이었다. 상서우복야尚書右仆射의 관직에까지 오른 그의 막강한 권력은 조정과 재야에 두루 미쳤고 욕심이 끝이 없었다. 비열한 짓도 자주 일삼았다. 곡률광은 매번 멀찍이서 그를 볼 때마다 옆에 있는 사람에게 이렇게 말했다. "저런 이기적인 인간은 끝없이 욕심을 부리니 나라에 화를 입힐 수밖에 없네. 옛날 조언심趙彦深이 상서우복야를 지낼 때는 모든 나라의 대사를 다른 몇몇과 함께 상의해서 처리했었지. 하지만 이제 저런 소인이 그 자리에 앉아 뜻을 이루었으니 무슨 일이든 자신 마음대로 해버릴 것이야. 이제 조만간 나라가 그의 손아귀 안에서 망가질 걸세." 조정은 그 말을 듣고 화가 나서 곡률광을 음해하려고 했다. 조정은 곡률광의 시종을 매수했고 시종들은 이렇게 말했다. "그분은 공을 아주 못마땅해 합니다. 공 같이 간사한 자가 정권을 잡았다고 하지요. 하지만 그분은 일처리가 공명정대해 분명 약점 같은 것은 없을 것입니다."

그러던 어느 날, 북제의 후주後主* 고위高緯의 유모 육영훤陸令萱**이 곡률광을 찾아 자신의 아들 목제파穆提婆의 혼담을 꺼내자 곡률광은 자기 딸의 나이가 아직 어리다는 이유로 거부했다. 이때 북제의 후주는 진양 현지의 일부 토지를 목제파에게 하사할 참이었는데 곡률광이 그 말을 듣고 후주에게 간언했다. "이 토지에서 식량을

---

* **후주後主**: 왕조의 마지막 군주.
** **육영훤陸令萱**: 북제의 궁녀로 여시중女侍中의 직책을 맡은 바 있다.

재배한다면 전선에 식량과 마초를 제공할 수 있게 됩니다. 그렇게 되면 외적이 침략해올 때 병사들은 힘을 내어 싸울 수 있고 군마도 힘을 내어 질주할 수 있습니다. 하지만 이 토지를 목제파에게 하사해버린다면 혹시 외적이 침입할 때 우리가 저지할 수 없을지도 모릅니다." 그래서 후주는 하사할 계획을 취소했다.

그 일이 있은 뒤로 조정과 육영훤은 손을 잡고 곡률광에 맞서기 시작했다. 그들은 훈주자사勛州刺史 위효관韋孝寬에게 도처에 유언비어를 퍼뜨리도록 했다. "백승은 하늘 위로 솟아오르고, 명월은 업성을 비추네." 또 이렇게 퍼뜨리게 했다. "고산은 밀지 않아도 스스로 무너지고, 떡갈나무는 도와주지 않아도 스스로 강해지네." 여기에 또 덧붙였다. "눈 먼 늙은이는 등에 도끼를 받고, 수다쟁이 늙은 어미는 말을 할 수 없네." 그는 또 사람을 보내 이 유언비어를 동요로 만들어 업성의 현지 아이들에게 가르쳐 부르도록 했다.

조정의 손위 처남 정도개鄭道蓋가 후주에게 이 일을 아뢰자 후주는 조정과 육영훤을 불러 진상을 물어보았다. 그러자 그들 둘이 말했다. "백승百升은 일곡一斛*이라 하는데 이는 곧 곡률광을 뜻합니다. 한편 '눈 먼 늙은이'는 조정을 뜻하고 '수다쟁이 늙은 어미'는 육영훤을 뜻합니다. 곡률광 가족의 막강한 권력이 전 조정과 재야에 두루 미치니 그의 딸은 황후이고 그의 아들은 공주에게 장가들지 않았습니까? 그가 반란을 일으킨다는 것은 그야말로 식은 죽 먹기일 것입니다. 우리 두 사람은 그저 곡률광에게 베여 죽일 날을 기다릴 뿐입니다."

---

* **곡斛**: 고대 중국의 용량 단위다. 1곡은 본래 10두斗인데 이후에 5두로 바뀌었고, 1두는 10승升이다.

후주는 그들 둘의 말이 너무 과장됐다고 여기고 다시 도독 한장란韓長鸞을 불러 물었다. "그 일은 모두 근거 없는 풍문입니다. 폐하께서는 그 말을 전부 믿어서는 안 됩니다. 소인들이 나쁜 이들에게 이용당한 것입니다." 그 말을 듣고 후주는 더 이상 조사하지 않기로 했다.

그래도 단념하지 못한 조정이 또다시 후주의 총애를 받고 있는 신하인 하홍진何洪珍과 함께 곡률광을 고발하자 후주가 말했다. "너희가 말하는 일을 나도 이미 한장란에게 들었다. 그는 그 말이 믿을 만하지 못하다고 하고 나 역시 그렇게 생각한다." 그러자 하홍진이 말했다. "그런 일이 없다면 당연히 좋은 일입니다. 하지만 만일 실제로 그런 일이 있는데 폐하께서 아무런 준비도 하지 않는다면 그때는 더욱 큰 일이 될 것입니다. 그러니 폐하께서는 일단 준비 차원의 조처를 취하셔야 합니다." 후주는 하홍진의 말에 일리가 있다고 여기고 궁 안의 방어를 더욱 강화했다. 하지만 곡률광에 대해 죄를 묻지는 않았다.

조정은 계략이 성사되지 않자 또다시 곡률광 집안의 하인을 찾아 후주에게 밀서를 전달하도록 했다. "폐하께서 일찍이 곡률광에게 그가 통솔하고 있는 서정군西征軍*을 해산하라고 명령을 내렸는데 그는 폐하의 명령을 받들지도 않았고 또 서정군을 수도 부근으로 이동시켜 반란을 꾀하고 있습니다. 물론 그가 아직 착수하지는 않았지만 그의 집안에는 수많은 화살과 갑옷이 있습니다. 외적으로는 대규모의 군대를 이끌고 있고 곡률선, 곡률무와 함께 긴밀하게

---

* 서정군西征軍: 서쪽 정벌 군대.

왕래하고 있습니다. 언제든 반란을 일으킬 수 있는 상황입니다. 폐하께서는 시급히 대비를 하시어 손을 쓸 수조차 없는 상황이 되는 것을 막아야 합니다."

후주가 이 말을 들은 뒤 드디어 믿음이 생겨 하홍진에게 말했다. "사실 나도 일찌감치 곡률광이 반란을 꾀할 것 같은 의심을 했었다. 이제 너희가 이렇게 생각하니 내 의심이 틀리지 않은 것 같구나."

후주는 곡률광을 제거하려고 했지만 어떻게 일에 착수해야 할지 몰라 조정에게 계책을 구하자 조정이 말했다. "폐하께서는 내일 동산東山으로 유람을 떠날 계획이라고 말씀하시고 곡률광에게 좋은 말 한 필을 하사해 그에게 폐하를 모시도록 하십시오. 곡률광은 폐하께서 그에게 상을 내린 것이라 생각해 분명 흔쾌히 올 것입니다. 그때 폐하께서 허를 찔러 공격해 그를 굴복시키면 됩니다."

후주는 그 생각이 괜찮다 여기고 사람을 보내 곡률광에게 좋은 말 한 필을 보냈다. 곡률광은 말을 타고 궁으로 들어와 양풍당凉風堂에 도착했다. 그때 '황제가 사용하는 북제 제일의 자객'이라 불리는 유도지가 갑자기 그의 뒤에 등장해 그를 눌러 넘어뜨리려고 했다. 하지만 곡률광도 평생 군대에 몸을 담았던 인물이었기 때문에 비록 나이가 많이 들었다 해도 아직 힘이 남아 있어 유도지에게 쉽게 제압당하지 않았다.

이윽고 곡률광이 큰 소리로 말했다. "유도지는 이런 일밖에 할 수 없는 자인가! 나 곡률광은 나라와 조정에 추호의 부끄러움도 없다!" 그러자 유도지는 또 세 명의 장사를 불러 함께 곡률광을 제압했고 활시위로 그를 졸라매 죽였다. 그 일이 있은 뒤 후주는 조서를 내려 곡률광이 반란을 시도하려 했고 그 사실이 발각되어 죽었다고 알렸다.

후주가 하홍진에게 말했다. "사실 나도
일찌감치 곡률망이 반란을 꾀할 것 같은
의심을 했었다. 이제 너희가 이렇게 생
각하니 내 의심이 틀리지 않은
것 같구나."

곡률광이 죽은 뒤 조정은 낭관郎官* 형조신邢祖信에게 곡률광의 집을 습격하도록 하고, 또 곡률광의 아들 곡률세웅斛律世雄과 곡률항가斛律恒伽도 잇따라 살해했다. 형조신이 돌아와 조정에게 말했다. "곡률광 집안에서 모두 15개의 활시위와 사냥할 때 사용하는 1백 개의 화살을 찾았습니다. 또한 칼 7개와 긴 창 2개가 있었습니다." 조정은 미간을 잔뜩 찌푸리면서 형조신에게 말했다. "다른 것은 없었느냐?" 형조신이 대답했다. "나무 막대가 몇 자루 있었습니다. 듣기로는 이것으로 종을 때렸다고 합니다. 곡률광 집안의 종들이 밖에서 사고를 치면 이유를 불문하고 모두 그에게 백 대를 맞았다고 합니다." 그 말을 들은 조정이 불쾌한 투로 말했다. "조정에서 이미 그가 반역을 도모했다고 인정했다. 네가 무기를 얼마나 찾았든 그의 죄목을 씻어낼 수는 없다." 그 일이 있은 뒤로 누군가 형조신에게 이런 말을 했다. "자네는 너무 솔직하고 심지어 완고하기까지 하네. 조정이라는 인물은 물론 자네가 많은 것을 보고하기를 원하겠지만 자네는 어째서 또 그렇게까지 하는가?" 그러자 형조신이 대답했다. "곡률광과 같은 나라의 기둥도 가산을 몰수당하고 일족이 멸하는 지경에 처했는데, 우리 같은 하급 관리가 자신의 생사에 이렇게까지 신경을 써야겠나?"

양주자사와 연주자사를 지내고 있던 곡률무는 외부에서 관리를 맡고 있던 터라 후주는 그의 봉지로 사람을 보내 그를 즉결 처형했다. 후주는 또 중령군中領軍 하발복은賀拔伏恩에게 군대를 통솔해 유주로 가서 곡률선을 체포하도록 했다. 하발복은이 유주에 도착하자

---

* **낭관郎官**: 고대의 의랑議郎, 중랑中郎, 시랑侍郎, 낭중郎中 등 관직의 총칭이다.

성을 지키고 있던 사람들이 곡률선에게 그 일을 보고했다. "성 밖에서 온 사람들은 전투를 벌일 때에 입는 옷을 입고 있습니다. 분명 장군께 곤란한 일일 것입니다. 성문을 열지 않는 것이 좋겠습니다." 그러자 곡률선이 말했다. "그는 황제의 칙령을 가지고 있다. 우리가 성문을 열지 않는다면 그것이 바로 임금을 기만하는 죄 아니겠는가?" 그렇게 해서 그는 직접 성 밖으로 나서서 하발복은을 맞이했다. 하발복은이 그를 체포하라는 명령을 내리자 곡률선이 말했다. "나도 우리 집안이 너무 강해져 있다는 점은 알고 있었소. 집안이 온통 황제의 친척이니 평소에도 영향력이 대단했소. 형님은 더더욱 세운 공이 높아 황제를 불안하게 했소. 일찍이 나는 폐하께 나의 직무를 감축해 달라 요청했으나 지금껏 내 원대로 되지 않았소. 지금 이런 지경에 이른 것도 어쩌면 순리가 아닐까 싶구려." 이윽고 그와 그의 다섯 아들 곡률복호斛律伏護, 곡률세달斛律世達, 곡률세천斛律世遷, 곡률세변斛律世辨, 곡률세추斛律世酋가 죽임을 당했다.

북조北周의 군주는 북제 최후의 핵심 곡률광의 가산이 몰수당하고 일족이 죽임을 당했다는 소식을 듣고 기뻐하면서 전국적인 대사면을 실시한다는 조서를 내렸다.

이때 북제의 조정 대권은 조정과 시중 고원해 두 사람이 장악하고 있었고 육영훤은 후주가 가장 신임하는 사람이 되어 있었다. 고원해의 부인은 육영훤의 외손녀였는데 고원해는 자신의 부인에게 육영훤의 비밀을 캐오라고 시켰고 그 비밀을 조정에게 몰래 알려주었다. 조정을 통해 육영훤을 견제할 심산이었던 것이다. 동시에 고원해는 또한 조정이 뜻을 이룰 것을 두려워해 몰래 후주에게 조정의 험담을 늘어놓기도 했다.

한 번은 후주가 조정을 영군領軍에 임명하자 조정이 크게 기뻐

한 적이 있었다. 그러자 고원해는 후주의 궁궐로 달려갔다. "조정은 큰 뜻을 품은 자도 아니고 안목도 좁습니다. 그가 영군이 되면 조정의 관리들이 믿고 따를 수 없을 것입니다. 사실 저는 그가 광녕왕廣寧王 고효형高孝珩과 함께 긴밀히 왕래한다는 말을 들었습니다. 참으로 믿을 수 없는 자입니다!" 그 말을 들은 후주는 조정의 영군 직책을 철회했다.

이에 불복한 조정이 후주에게 말했다. "저는 제게 영군을 맡을 능력이 충분하다고 생각합니다. 혹시 누군가 뒤에서 저를 모함한 것입니까?" 그러자 후주가 숨기지를 못하고 조정에게 사실을 털어 놓았다. 조정은 크게 화를 내면서 말했다. "고원해와 사농경司農卿 윤자화尹子華 등은 서로 결탁하고 있습니다. 제가 폐하께 그 일을 미처 고하지 못했습니다. 선수를 쳐서 저를 모함하고 있는 것입니다." 말을 마친 뒤 조정은 또 육영환 쪽으로 가서 고원해가 사적으로 자신에게 알려준 육영환에게 불리한 말들을 과장해 덧붙였다. 육영환은 몹시 화가 나서 후주에게 달려가 고원해를 모함했고 후주는 곧장 고원해 등을 전부 좌천시켰다.

고원해가 수도에서 축출된 뒤 조정 혼자 조정의 대권을 독점하고 또 북제의 기마병과 외부 군대 사무를 장악하게 됐다. 그는 자신의 측근을 조정 내부와 군대에 배치했다. 상황이 그렇게 되자 후주는 조정을 두려워하기 시작했고 나라의 대사가 생기면 반드시 조정을 불러 함께 상의했다. 또한 후주 자신을 모시던 환관에게 조정의 시중을 들게 하기도 했다. 때로 조정에게 병이 생기면 후주는 조정의 침상 옆으로 가서 조정과 나라의 대사를 상의했다. 다른 신하들은 조정이 눈에 거슬려도 섣불리 그의 기분을 상하게 하지 못했다.

33장

대역무도한 고징高澄

북위 구희求熙 3년기원후 534년, 북위의 권신 고환이 세운 황제인 북위 효무제孝武帝 원수元修는 꼭두각시 황제가 되기를 원치 않아 관중으로 도주해 관롱군벌關隴軍閥 우문태宇文泰에게 의탁했다. 그러자 고환은 고작 11세밖에 되지 않은 효문제의 증손자 원선견元善見을 옹립하고 동위 효정제孝靜帝라 칭했다. 효정제는 풍채가 당당하고 대범하며 팔심이 좋았다. 그가 팔뚝으로 돌사자 하나를 끼고 궁성을 뛰어넘었다고도 한다. 게다가 효정제는 활쏘기에도 능통해 백발백중이었고, 그밖에도 책 보는 것을 즐겨 일거수일투족 모두 신중하고 단정한 인상을 주었다.

하지만 고환은 북위의 효무제를 축출했다는 이유로 '군주를 축출한' 오명을 달고 있었다. 그는 자신의 충심을 표시하기 위해 효정제에게 공경을 다했고 나라의 대사에는 절대 스스로 나서지 않고 먼저 효정제가 살펴보도록 했다. 효정제가 반포한 소명에 대해 그는 한 치의 어김도 없이 그대로 준수했고 직권을 남용한 적도 없었다. 효정제의 생일을 쇨 때는 고환이 가장 먼저 축하를 했고 절을 할 때에도 그의 머리가 가장 먼저 땅에 닿았다. 효정제가 나서서 일을 볼 때 고환은 늘 종종걸음을 하면서 황제의 수레 뒤를 따르면서 공손한 태도를 취했다. 권력이 가장 높았던 고환이 이렇게 효정제를 존중하자 자연히 다른 대신들도 섣불리 효정제를 소홀히 대하지 못했다. 그런 이유로 효정제는 즉위 초기에 상당히 신망이 높았다.

하지만 고환이 죽은 뒤에 나라의 대권이 그의 아들인 대장군 고 징高澄의 수중으로 떨어졌다. 고징은 오만하기 이를 데 없어 효정제를 아예 안중에도 두지 않았다. 고징은 중서황문랑中書黃門郞* 최계 서崔季舒를 효정제 곁에 두고 수시로 효정제의 일거수일투족을 감시했다. 그러면서 고징은 최계서에게 이런 말을 했다. "아무리 아둔한 황제라도 언젠가는 총명해질 것이다. 너는 언제 그분이 총명해지는지 유심히 살피도록 하라."

한 번은 효정제가 업성 동쪽에서 사냥을 하고 있었다. 말을 타고 산토끼 한 마리를 쫓고 있는데 그의 뒤에서 따라오고 있던 측근이 큰 소리로 불렀다. "폐하! 더 이상 달리지 마십시오! 대장군이 폐하를 책망할 것입니다." 효정제는 그 말을 듣고 화가 나서 사냥하던 즐거움이 싹 가셔버렸다.

또 한 번은 효정제가 고징을 초대해 잔치를 열었는데 고징이 갑자기 술잔을 받들더니 효정제에게 말을 건넸다. "소신은 폐하께서 저와 함께 이 잔을 함께 마시기를 청하옵니다." 그 말을 들은 효정제는 약이 바싹 올라 고징에게 말했다. "신하된 자로서 군주에게 함께 술을 마시자고 '청'할 수 있는 것이냐? 어느 나라든 멸망할 날이 있게 마련인데 짐도 그 날을 피할 수 없겠구나." 고징은 그 말을 듣고 버럭 화를 냈다. "내 앞에서 '짐'이라 하지 마시지요." 그러면

---

* **중서황문랑中書黃門郞**: 중서성中書省 내부의 낭관郞官이다.

서 최계서에게 효정제를 때리라고 시키고는 자리를 박차고 나가버렸다. 효정제는 그 일로 병상에 눕고 말았다. 이튿날 고징은 어제의 일이 좀 마음에 걸렸는지 최계서에게 입궁해서 효정제를 문안하도록 했다. 효정제는 겉으로는 그들을 너그럽게 용서하고 최계서에게 백 필의 비단을 하사했다. 하지만 마음속으로는 고징이 자신을 너무 업신여긴다는 느낌을 지울 수가 없었다. 그는 상시常侍 순제荀濟 앞에서 사령운謝靈運의 시를 한 수 읊었다. "한韓나라가 멸망하자 장양이 격분했고, 진秦나라가 왕 노릇 하자 노중련魯仲連은 수치스러워 도망갔네. 나 자신은 본래 자연을 벗하는 사람이지만, 충의의 마음은 군자를 움직이는 법이네." 순제는 효정제가 읊은 시를 듣고 이내 사부낭중祠部郎中 원근元瑾, 장추경長秋卿 유사일劉思逸, 화산왕華山王 원대기元大器, 회남왕淮南王 원선홍元宣洪, 제북왕濟北王 원휘元徽 등과 함께 어떻게 고징을 제거할지 상의를 하게 됐다.

순제는 젊었을 때 아직 즉위하지 않은 양무제와 깊은 우정을 쌓았다. 하지만 그는 양무제를 인정하지 않고 늘 다른 사람들에게 말했다. "만일 어느 날 그가 황제가 된다면 나는 격문을 쓰고 병력을 일으켜 그를 규탄할 것이오." 이후에 양무제가 정말로 황제가 되자 누군가 그에게 순제를 추천했다. 그러자 양무제가 말했다. "나는 그에게 출중한 능력이 있음을 알고 있다. 하지만 그는 늘 나와 상반된 주장이나 행동을 했다. 그런데 내가 어떻게 그를 사용하겠는가?"

그 뒤로 양무제는 불교의 교리를 신봉하여 대규모 토목공사를 했고 여기저기에 사탑을 세웠다. 그러자 순제가 글을 올려 간언하면서 이렇게 백성을 혹사시키고 물자를 낭비하는 것은 아둔한 군주의 태도라고 했다. 양무제는 분노에 떨면서 사람을 보내 순제를 죽이려고 했다. 다행히 순제의 벗인 주이朱異가 사전에 순제에게 상

고정은 그 말을 듣고 버럭 화를 냈다. "내 앞에서 '짐'이라 하지 마시지요." 그러면서 최계서에게 효정께를 때리라고 시키고는 자리를 박차고 나가버렸다.

황을 알려주어 순제는 곧장 동위로 도망쳤다. 당시 고징이 중서감中書監을 맡고 있었는데 고징이 순제를 발탁하자 고환이 고징에게 이렇게 말했다. "순제는 능력이나 식견이 탁월한 자이나 중용할 수는 없다. 양무제도 그에게 모반의 기질이 있다는 사실을 알았다. 우리가 그런 인물을 중용하면 그는 분명 우리와 정면으로 맞설 것이다." 하지만 고징은 그 말을 듣지 않고 입이 닳도록 순제를 언급하면서 고집을 부렸다. 결국 고환의 승낙이 떨어져 순제는 상시를 맡게 되었다. 이때 고징은 첫 번째로 자신을 반대하고 나설 사람이 순제일 것이라고는 상상하지도 못했던 것이다.

순제는 효정제의 밀지를 받고 가산假山*을 쌓는다는 구실을 내세워 사람을 시켜 지하도를 파게 하고 그 길이 수도 바깥으로까지 이어지도록 했다. 그렇게 판 길이 천추문千秋門까지 도달하자 문을 지키던 병사들에게 발각되었고 병사들은 이 상황을 고징에게 알렸다. 고징은 즉시 군대를 인솔해 입궁해 무례하게 효정제에게 물었다. "우리 부자가 위나라의 강산을 위해 큰 공로를 세우지 않았습니까? 설마하니 폐하께서 우리가 한 일을 충분하지 않다고 여기는 것은 아니겠지요? 지금 지하도를 파서 우리에게 반역을 하려는 것입니까? 폐하 주변의 호위병이나 후궁들의 짓입니까? 그렇다면 제가 그들을 해치워버리겠습니다." 그런 뒤 고징은 일어나서 효정제의 후궁들을 베어 죽이려고 했다.

그러자 효정제가 냉소를 보냈다. "나는 황제이고 너는 신하다. 그런데 지금 내가 반역을 일으킨다고 말하는 것이냐? 내가 보기에

---

* **가산假山**: 돌을 쌓아 만든 가짜 산.

네 심중에 다른 꿍꿍이가 있구나. 만일 내가 힘이 있었다면 일찌감치 너를 죽였을 것이다. 지금은 내 코가 석자이니 후궁들도 나와 함께 학대를 받고 있는 것이다. 죽이고 싶으면 죽여라. 어쨌든 너는 조만간 반란을 일으킬 것이니 참으로 시원하겠구나!"

고징은 그 말을 듣고는 이내 땅에 무릎을 꿇고 효정제에게 이마를 조아리며 절을 하면서 연거푸 같은 말을 내뱉었다. "신이 죄를 지었습니다. 신이 죄를 지었습니다……." 그런 뒤에 사람을 시켜 술자리를 마련해 효정제와 함께 술을 마시고 깊은 밤이 되어서야 황궁을 떠났다.

3일 뒤, 고징은 효정제를 함장당含章堂 안에 유폐하고 순제 등을 죽이려고 했다. 순제를 체포하는 임무를 맡은 시중 양준언楊遵彦이 순제에게 말했다. "이렇게 연로하신데 그렇게 충동적으로 일을 하시면 안 됩니다!" 그러자 순제가 대답했다. "내 나이가 좀 많기는 하지만 그래도 마음만은 아직도 젊다네." 양준언은 순제에 대한 진술서에 이렇게 썼다. "순제는 노령으로 벼슬이 높아지고 부를 쌓으려는 생각에 황제를 도운 것이 아니다. 장군께 정면으로 대항할 생각도 전혀 없다."

고징은 글을 본 뒤 순제를 죽이지 않으려 했다. 그러고는 순제에게 물었다. "순공! 나는 그대를 박하게 대하지 않았는데 어째서 그대는 내게 반기를 들려고 하시오?" 순제가 대답했다. "나는 천자의 명을 받고 간사한 신하를 죽이려고 했소. 그게 무슨 잘못이오?" 그 말을 들은 고징은 화가 머리끝까지 치밀어 순제 등을 커다란 솥에 몰아넣어 거리에서 삶아 죽였다.

34장

이밀李密이 웅이산熊耳山에서 목숨을 잃다

당무덕唐武德 원년기원후 618년 10월, 이밀李密*은 군대를 이끌고 장안에 도달해 당나라의 광록경光祿卿과 상주국上柱國이 되었고 또 형국공邢國公에 봉해졌다. 당 고조 이연李淵은 늘 이밀을 '아우'로 불렀고 자신의 외숙의 딸 독고씨獨孤氏를 이밀에게 시집보냈다. 그를 상당히 중요하게 생각했던 것이다.

한편 이밀은 와강군瓦崗軍**에서 오랜 기간 동안 높은 지위를 차지하고 있었는데 성격이 무척 오만했다. 그의 입장에서 볼 때 수나라 말기에 농민 봉기가 발발한 이후부터 자신은 거의 백전백승을 거둔 데다 여러 차례 수나라 군대가 자신의 손에서 패했다. 그런 그가 고조에게 투항한 일 자체로 엄청난 공을 세운 것이라 이밀은 조정에서 자신을 중용해줄 것이라 생각했다. 하지만 정작 조정에서 내린 상은 자신이 생각했던 것에 비해 상당한 차이가 있었다. 그 일로 그는 기분이 썩 좋지 않았다.

---

* **이밀李密**: 수隋나라 귀족 가문에서 태어났으며 수나라 말기 수나라에 반기를 들어 와강군瓦崗軍의 수장이 되었다. 후에는 와강군을 통솔해 당唐나라에 투항했고 그 뒤 얼마 지나지 않아 또다시 당나라를 배신하고 독립해 당나라 장군에게 사살당했다.
** **와강군瓦崗軍**: 수나라 말기 농민 봉기군 중에서 전투력이 가장 강력한 군대였다.

한 번은 조정에서 성대한 연회가 열렸다. 이때 이밀은 광록경의 신분으로 음식을 준비하는 책임을 져야 했다. 그의 입장에서는 참으로 수치스러운 일이었다. 그래서 퇴청한 뒤 왕백당王伯當*을 만나 억울한 심정을 하소연했다. 당초 왕백당은 이밀을 따라 당나라에 투항해 좌무위대장군左武衛大將軍에 책봉되었으나 그 역시 불만이 이만저만이 아니었다. 그는 억울해하는 이밀을 부추겼다.

　　"공이 이전에 거느리던 부하 서세적徐世勣**이 지금 여양黎陽에 주둔하고 있고 양양공襄陽公 장선상張善相이 나구羅口에 주둔해 있습니다. 황하 남쪽에 있는 우리 세력은 이전처럼 강력합니다. 지금 우리는 유리한 형세를 취하고 있으니 공의 한 손으로 모든 것을 지배할 수 있습니다. 상황이 이러한데 우리가 어째서 하필 다른 이들의 근거지에 머물면서 다른 이들의 명을 들어야 합니까?" 그 말을 들은 이밀은 이내 기분이 좋아졌다.

　　여러모로 생각해본 뒤에 이밀은 생각을 정하고 장안에서 나선 뒤 진영의 상태를 재정비했다. 그러고는 고조에게 말했다. "신이 조정에 의탁한 뒤 지금껏 수도에서 부귀영화를 누렸습니다. 폐하께서는 고관대작을 제게 하사해주셨습니다. 하지만 저는 폐하를 위해 마땅히 한 일이 없어 송구한 마음입니다. 지금 산동山東에서 활약하고 있는 영웅호걸들은 모두 이전의 저의 부하들입니다. 그들의 투항을 설득하도록 폐하께서 저를 보내주시기를 청합니다. 그들에게

---

*　**왕백당王伯當**: 와강군의 우두머리로 이밀에 대한 충성심이 강했다. 늘 이밀 옆에 있으면서 이밀을 따랐고 마지막에는 이밀과 함께 사살당했다.

**　**서세적徐世勣**: 서무공徐茂公이며 당나라 초기의 명장으로 이밀을 따랐다. 이후에 당나라 고조에게 이李씨 성을 하사받고 이세적李世勣이라고 개명했다.

당나라를 위해 목숨을 바치도록 하겠습니다. 우리 당나라의 힘으로 왕세충王世充*을 무찌르는 것은 그야말로 식은 죽 먹기입니다!"

이밀의 적잖은 옛 부하들은 왕세충을 눈엣가시처럼 여기고 있었다. 고조는 일찌감치 이런 사정을 들어 알고 있었기 때문에 본래 투항과 관련된 일을 이밀에게 시키려고 했는데 이제 이밀이 자진해서 나서니 흔쾌히 응해주었다. 하지만 다수의 대신들이 고조에게 충고했다. "이밀은 사람 됨됨이가 교활하고 쉽게 반역을 꾀하는 자입니다. 그러니 폐하께서 그에게 산동으로 가도록 윤허한 것은 그의 마음에 맞는 일 아니겠습니까? 이밀을 보낸다는 것은 범을 놓아 산으로 가게 하는 것입니다. 폐하께서는 신중히 생각해 결정해야 합니다!" 그러자 고조가 대답했다. "황제가 어디 하고 싶은 대로 할 수가 있더냐. 모두 하늘의 뜻에 맡겨야지. 설령 이밀이 정말로 산동에서 배반한다 해도 아쉬워할 가치도 없다. 잡초로 만든 화살을 잡초 더미에 쏘는 것에 불과하다. 다시 말해 그가 정말 왕세충과 싸운다면 우리는 산에 앉아서 범이 싸우는 것을 구경만 하면 되지 않겠느냐?" 29일, 고조는 이밀에게 관내關內로 가서 그의 예전 부하를 투항시키도록 명령을 내렸다. 이밀은 가윤보賈閏甫도 함께 가자고 하고 싶었고 고조도 응해주었다.

이밀과 가윤보가 출발하기 전에 고조는 자신과 함께 어탑御榻**에 앉도록 하고는 그들에게 식사를 내주었다. 함께 술을 마신 뒤 고

---

*　**왕세충王世充**: 수나라 말 당나라 초기에 땅을 차지해 세력을 형성했던 인물 중 한 명이었다. 당나라 초기에 그는 스스로 제왕이라 칭했고 후에는 당나라에 투항했고 결국에는 적에게 죽임을 당했다.
**　**어탑御榻**: 임금이 앉거나 눕는 기구.

조가 그들에게 말했다. "세 사람이 함께 마셨다는 것은 곧 세 사람의 마음이 하나라는 것이다. 너희 두 사람이 이번에 관내로 가서 짐의 뜻을 이뤄 공을 세워 돌아오기를 바란다. 누군가는 너희가 관내로 들어가는 일에 대해 심한 반대를 했다. 짐은 그 일을 너희에게 숨기고 싶지 않다. 짐은 너희에 대해 마음을 열고 진심으로 대하고 있다. 수족과 같이 말이다. 더군다나 사내대장부가 어찌 말만 하고 책임지지 않을 수 있겠느냐. 다른 사람들이 아무리 이간질을 시켜도 짐은 믿지 않을 것이다. 그 점에 대해서 너희는 걱정하지 마라." 그 말을 들은 뒤에 이밀과 가윤보는 깊이 감격해 고조에게 한없이 머리를 조아렸다. 고조는 또 왕백당을 불러 이밀과 함께 떠나 이밀의 조수가 되도록 했다.

고조는 이전에 이밀이 관중으로 데려온 병마를 절반으로 나누어 반은 화주華州에 남겨두고 그곳을 지키게 했고 또 반은 이밀이 통솔해 관내로 가도록 했다. 또한 고조는 장보덕張寶德이라는 장사관長史官에게 이밀과 함께 떠나도록 했다. 관내로 가던 도중에 장보덕은 이밀이 관내로 가는 진짜 목적을 눈치 챘다. 장보덕은 이밀의 배신에 자신도 연루될까 두려워 얼른 극비 상소문을 작성해 고조에게 보냈다. 상소문을 다 읽은 고조는 처음에는 이밀을 즉시 소환하려고 했다. 하지만 그랬다가는 자칫 이밀이 시일을 앞당겨 반란을 일으킬 것이 염려됐다. 고조는 이리저리 궁리한 끝에 결국 이밀에게 위로의 뜻을 담은 명령을 하달하면서 그에게 새로운 임무를 맡기겠다고 했다. 그러고는 이밀에게 홀로 수도로 돌아오고 나머지 사람들은 행군을 늦추면서 계속 전진하라고 했다.

이밀이 명령을 받았을 때는 이미 군을 통솔해 조상稠桑에 도달한 상태였다. 명령이 적힌 글을 다 읽고 나서 이밀이 가윤보에게 말했다. "폐하께서 이전에 나보고 병력을 이끌고 관내로 가라고 했는데 지금은 또 갑자기 나에게 수도로 돌아오라고 하네. 이유도 없이 말이야. 폐하께서 일전에 어떤 대신이 내가 관내로 가는 것을 반대한다고 했는데 아마도 그들이 이간질을 하는가 보구먼. 기왕 이렇게 됐으니 나는 먼저 근처 도림桃林현을 함락시켜 현지의 군대와 식량으로 황하를 건너는 게 낫겠네. 웅주熊州의 군대가 소식을 접할 때에는 우리가 떠난 지 이미 오래 지나서일 것이야. 우리가 대업을 이루려면 여양黎陽에만 서둘러 도착하면 되네. 혹시 다른 생각이 있는가?"

그러자 가윤보가 대답했다. "공이 이미 폐하께 투항했고 폐하께서도 내내 공을 후대해주셨는데 어째서 또 반란을 일으키려고 하십니까? 게다가 사만보史萬寶는 지금 임환任環 등 몇 명의 장군과 함께 이곳에서 멀지 않은 웅주와 곡주穀州에 군대를 주둔시키고 있습니다. 우리가 만일 새벽에 도림현에 공격을 개시하면 그날 밤에는 대규모 지원군이 뒤쫓아 올 것입니다. 우리가 어찌어찌 도림현을 점령하더라도 그 뒤에 다시 군대를 불러 오고 정돈하려면 시간이 부족합니다! 게다가 조정이 우리를 반란군이라고 선포하면 다시 우리를 받아들일 사람을 찾는 것도 무척 어려운 일이 돼버립니다. 기왕 이렇게 됐으니 차라리 먼저 폐하의 명령대로 이행하면 충성심이 지극하다는 점을 스스로 증명할 수 있지 않겠습니까? 그러면 폐하께 이간질을 했던 사람들도 아무 할 말이 없을 것입니다. 옛 부하들을 투항시키는 일은 이후에 다시 생각해봐도 늦지 않습니다."

이밀은 화가 머리끝까지 치밀어 올랐다. "폐하께서 나를 주발周勃, 관영灌嬰과 함께 같은 대우를 하고 있고 토지를 할양하여 왕으로 봉하는 것도 허락하지 않고 있다. 나를 중용할 생각이 조금도 없는 것이다. 그런데 내가 어떻게 울분을 삼키고만 있을 수 있겠느냐? 지금 나는 어엿하게 살아 있고 또 산동으로 갈 기회까지 얻었다. 이는 곧 내가 죽지 않고 왕의 자리에 오를 운명임을 뜻하는 것이다! 관중이 당나라 군대에 점령됐지만 어쨌든 산동은 내 소유가 될 것이다. 하늘이 내게 기회를 주고 있는데 내가 왜 원하면 안 되는 것이냐? 이런 생각은 너도 했을 것이다. 그러니 내가 너를 심복으로 삼고 있는 것이다! 그런데 지금 너와 나 두 사람이 합의를 보지 못하고 있으니 이제 나에게 다른 방법이 없다. 그저 너를 죽일 수밖에!"

가윤보가 목이 메어 울면서 말했다. "지금 천하의 형세가 이미 변했습니다. 나라 안이 사분오열되어 있습니다. 그런데도 권력을 가진 자들은 누구나 할 것 없이 세력 다툼을 벌이고 있습니다. 공은 당나라를 배신하고 나면 도망자가 될 텐데 과연 누구를 공의 부하로 삼을 수 있겠습니까? 게다가 공이 적량翟讓을 죽인 뒤로는 공을 믿지 못할 사람이고 신의를 저버린 사람이라고들 합니다. 그런데 과연 어느 누가 기꺼이 자신의 군대를 공이 통솔하기를 바라겠습니까? 그들은 분명 군권을 공에게 빼앗길까 걱정할 것이고 쌍방의 충돌은 피할 수 없게 될 것입니다. 만일 공이 충돌의 과정에서 실패한다면 설 자리를 찾고 싶어도 어려워집니다. 저는 오늘 제 속내를 전부 꺼내 말하고 있습니다. 이는 그저 공이 저의 큰 은인이기 때문입니다! 제발 경거망동하지 마십시오! 잘 생각해보고 행동해야 합니다! 저는 죽어도 아쉬울 게 없습니다. 하지만 공은 부디 잘 사시기를 바랍니다!"

이 말에 이밀은 더욱 화가 치밀었다. 그래서 이밀은 칼을 뽑아 가윤보를 죽이려고 했다. 이때 왕백당 등이 얼른 와서 가윤보 대신

사정해서 간신히 이밀을 설득했다. 가윤보는 그날 밤 웅주를 도망쳐 나왔다. 한편 가윤보의 형세 분석에 대해 왕백당도 상당히 공감하고 있었다. 그래서 이밀에게 신중을 기하라고 힘주어 설득했다. 하지만 이밀은 누구의 설득도 받아들일 수 없는 상태였다. 하는 수 없이 왕백당이 말했다. "죽고 사는 것은 한 사람이 세운 뜻에 영향을 미치거나 변화시킬 수는 없나 봅니다. 일단 공이 저의 뜻을 받아들이지 않으니 저는 공과 함께 죽겠습니다! 다만 저의 죽음이 과연 공에게 도움이 될까 염려가 될 뿐입니다!" 이밀은 이어서 황제의 명령을 전달하러 온 사신을 죽여버렸다.

30일 아침, 이밀은 병력을 이끌고 도림현으로 갔다. 그는 도림현 현령에게 거짓말을 했다. "폐하께서 나에게 즉시 장안으로 돌아가라고 했지만 지금 나는 가솔을 모두 이끌고 돌아가기가 어려운 상황이네. 혹시 이들을 현의 관아에서 며칠 동안 지내도록 해도 되겠는가?" 현령은 이밀의 말에 기꺼이 동의했다. 그러자 이밀은 자신의 부하 중 용맹하고 날랜 수십 명을 골라 여장을 시킨 뒤에 자신의 부인으로 가장해 베일을 쓰도록 했다. 그러고는 칼을 치마 안에 숨기고 자신과 함께 현의 관아로 들어갔다. 잠시 뒤 이밀은 이들을 통솔해 무기를 들고 뛰쳐나와 일거에 도림현을 점령했다. 그러고는 병력을 이끌고 도림현의 백성과 주둔군을 동쪽의 남산南山으로 호송해갔다. 하지만 길의 지세가 무척 험준해서 이밀은 그 험준한 길을 걸으면서 동시에 이주伊州에서 자사를 지내고 있는 옛 부하인 장선상張善相에게 사람을 보냈다. 장선상에게 상황을 알리고 지원군을 요청하기 위해서였다.

우익위장군右翊衛將軍 사만보는 그때 웅주에 주둔하면서 지키고 있었다. 그는 자신의 조수인 행군총관行軍總管 성언사盛彦師에게 말했다.

이 말에 이밀은 더욱 화가 치밀었다. 그래서 이밀은 칼을
뽑아 가윤보를 죽이려고 했다. 이때 왕백당 등이 얼른 와
서 가윤보 대신 사정해서 간신히
이밀을 철득했다.

"이밀은 용맹스럽고 싸움을 잘한다네. 또한 왕백당은 능력이 출중한 부하라네. 그들의 반란을 막아낼 사람은 지금으로서는 거의 없네." 그러자 성언사가 웃었다. "제가 이밀의 머리를 얻어내겠습니다. 장군께서 저에게 수천 병마만 주시면 됩니다." 그러자 사만보가 급하게 물었다. "생각해둔 전술이 있는가?" 성언사가 대답했다. "행군하면서 싸울 때에는 기만전술을 취해도 무방합니다! 제가 이후에 다시 설명해 드리겠습니다."

그런 뒤 성언사는 군대를 통솔해 이밀이 도달하기 전에 황급히 웅이산熊耳山 남쪽 기슭에 닿았다. 그는 보병에게는 검과 방패를 들고 산간과 개천에서 매복해 있으라고 했고 궁수에게는 산길 양편의 지세가 높은 곳에 매복해 있으라고 명령했다. 또한 그는 다음과 같은 지령을 내렸다. "적군이 절반 정도 강을 건너면 그때 한꺼번에 뛰쳐나가도록 하라!" 그러자 누군가 그에게 질문을 했다. "어째서 첩첩산중으로 들어오신 겁니까? 이밀이 가려는 곳이 낙주라고 하지 않았습니까?" 그러자 성언사가 대답했다. "이밀은 혼선을 주기 위해 낙주로 가겠다고 한 것이다. 실제로 그는 양성襄城에서 나와서 곧장 이주로 가 장선상과 만날 것이다. 만일 반역자 이밀이 우리보다 한 발 앞서 산골짜기로 들어가면 산길이 좁고 지세가 험준해 우리가 뒤에서 그들을 추격하기가 무척 어려워진다. 게다가 장군 한 명만 군대 후미에 배치해도 우리를 저지해 순조롭게 빠져나갈 수 있게 된다. 다행히 지금 우리는 그보다 앞서 산골짜기의 입구를 점령했다. 분명 그들 전군을 전멸시킬 수 있을 것이다."

섬주陝州를 지나 웅이산에 도달한 뒤 이밀은 자신이 무사히 위험에서 벗어났다고 생각하고 군대에게 속도를 늦춰 행군하라고 명령을 내렸다. 그는 정말 성언사가 예측한 대로 군대를 통솔해 웅이

산 남쪽 기슭에 도달해 골짜기로 진입했다가 적군의 함정에 빠지고 말았다. 지리적 우세를 점한 성언사는 이밀에게 습격을 가했다. 이밀의 군대는 그 와중에 또 반으로 나뉘고 말아 군대의 선두와 후미의 연락이 단절돼 혼란이 일었다. 이밀과 왕백당은 혼란의 와중에 성언사의 손에 죽었고 두 사람의 머리는 며칠 뒤 장안에 보내졌다. 그 일로 성언사는 큰 공을 세워 갈국공葛國公에 봉해졌고 여전히 웅주에 주둔했다.

서세적은 이밀이 이당李唐에 투항할 때 고조에게 이씨 성을 하사받아 이세적으로 개명한 채로 계속해서 여양에 군대를 주둔시키고 있었다.

이밀이 죽은 뒤 고조는 일부러 사람을 보내 그의 머리를 가지고 여양으로 가도록 했다. 그리고 그가 반란을 일으켜 죽게 된 상황의 경과를 이세적에게 알렸다. 이밀의 머리를 본 이세적은 목이 메도록 통곡하면서 북쪽을 향해 큰 절을 올렸다. 그는 고조에게 이밀의 머리와 시신을 한데 모아 매장할 수 있도록 해달라는 간청을 올렸고 고조의 허락을 받았다.

이밀의 시신이 여양에 보내졌고 이세적은 모든 부하들과 함께 이밀을 위한 상복을 입었다. 이세적의 부하들 대부분은 이전의 와강군에서 온 인물들이었다. 그래서 그들 중 적지 않은 인물들이 이밀의 생전의 좋았던 모습을 회상하면서 상심에 빠졌다. 이세적은 이밀의 장례를 여양산 남쪽 기슭에서 지냈다. 그러면서 신하가 군주를 대하는 예를 다했다.

이렇게 중원 각지에서 당당한 위용을 자랑했던 큰 영웅 이밀이 짧고도 장렬한 일생을 마쳤다.

35장

이건성李建成이 반란을 일으키다

당고조 이연이 황제에 등극한 뒤 비빈들이 점차 많아졌다. 그녀들은 고조의 노년에 20여 명의 어린 황자를 낳았다.

고조의 나이가 갈수록 들어가면서 황제의 비빈들은 이후에 의지할 곳을 얻기 위해 암암리에 성인이 된 황자와 맹약을 맺었다. 태자 이건성李建成과 제왕齊王 이원길李元吉은 그녀들과 개인적으로 두터운 교분을 맺어 걸핏하면 그녀들에게 진귀한 보물을 보내 그녀들을 포섭했다. 고조 앞에서 자신에 대해 좋은 말을 건네 고조의 신임을 얻을 생각이었다.

한편 진왕秦王 이세민李世民은 당시 승건전承乾殿에서 지냈고 제왕 이원길은 무덕전武德殿 후원에서 지냈다. 각 황자들은 다른 황자의 거처를 마음대로 드나들 수 있었고 통금의 제한도 없었다. 태자와 만날 때 진왕과 제왕은 서열상 형제의 예를 갖추기만 하면 됐다. 태자, 진왕, 제왕은 무기를 휴대할 수 있었고 말을 타고 마음대로 황궁에 출입해도 아무런 제한을 받지 않았다.

진왕 이세민은 이미 성인이 된 황자 중 유일하게 비빈들과 영합하지 않고 애써 그녀들과 거리를 두고 있었다. 그녀들은 이 일로 이세민에 대해 원망을 품고 늘 고조 앞에서 그를 헐뜯었다.

이세민은 군대를 통솔해 낙양을 함락시킨 뒤 황궁과 국고를 관리했다. 그러자 고조는 귀비에게 낙양으로 가라고 명령을 내렸다. 그는 귀비로 하여금 국고의 진귀한 보물을 조정으로 회수하도록 한 것 이외에 또 전대 왕조의 궁녀들 중 몇몇을 뽑아 비빈을 충당하도록 했다. 귀비 일행은 낙양에 도착해 이세민을 보자 국고에서 진귀한 보물 몇 개를 가져가겠다고 했다. 또한 낙양에서 자신의 가까운 친척들을 말단 벼슬아치에 앉힐 계획이라고 말했다. 그러자 이세민이 말했다. "국고 안에 있는 물건은 모두 없어서는 안 되는 것들입니다. 국고를 인수할 때 제가 모두 기록해 보고해두었기 때문입니다. 또한 조정에 들어가 관리가 되는 것은 누구나 할 수 있는 일이 아닙니다. 반드시 먼저 나라를 위해 공을 세우고 업적을 쌓아야 합니다. 그렇게 하지 않고 관직을 얻으려 한다면 저는 그분들의 소망을 이뤄 드릴 수 없습니다." 그 일로 이세민에 대한 비빈들의 원망은 더욱 깊어졌다.

이세민이 여러 곳에 출정해 싸우는 동안에 회안왕淮安王 이신통李神通은 여러 모로 애를 쓰면서 혁혁한 전공을 세웠다. 그래서 이세민은 그에게 상을 주기 위해 수십 경頃의 좋은 농지를 하사했다. 한편 장첩여張婕妤의 부친은 일찌감치 그 농지를 얻고 싶어 했다. 그래서 장첩여는 딸로서 중간 다리 역할이 되어 고조에게 그 농지를 아버지께 하사해 달라고 청했고 고조는 승낙해주었다. 하지만 이세민의 하사 명령이 고조보다 빨랐기 때문에 이신통은 그 땅을 점유하고 내어주지 않았다. 그러자 장첩여가 울면서 고조에게 하소연했다. "폐하, 진왕은 폐하께서 제 부친에게 하사한 그 땅을 빼앗아 이신통에게 하사했습니다. 이는 폐하의 명령을 안중에도 두지 않고 있는 것입니다!" 고조는 그 말을 듣고 화가 나서 이세민을 불러들여 문책했다. "너의 명령이 설마 짐의 명령의 우위에 있는 것이냐?

짐이 바로 이 나라의 군주임을 잊지 말라!" 며칠이 지나 고조는 이 일을 두고 좌복야左僕射 배적裴寂에게 불평을 했다. "진왕은 일 년 내내 밖에서 행군하고 전쟁을 하니 지략이 뛰어난 신하들 무리가 그의 주변을 에워싸고 있다. 평소에 그 학자들의 영향을 받고 있으니 지금의 그는 더 이상 예전의 짐의 착한 아들이 아니다!"

윤덕비尹德妃는 고조의 총애를 한 몸에 받고 있었는데 그녀의 부친 윤아서尹阿鼠는 권세를 믿고 못된 짓을 서슴없이 저지르는 인물이었다. 당연히 조정의 관리들은 그를 싫어했다. 한 번은 두여회杜如晦*가 말을 타고 윤아서의 집 문 앞을 지나다가 윤아서의 하인 몇 명이 그를 보게 되었다. 하인들은 두여회를 말에서 끌어내리고는 큰 소리로 그를 꾸짖었다. "도대체 누구이기에 감히 말을 타고 우리 집안 문 앞을 지나는 것이냐? 우리 집안의 주인이 어떤 사람인지 아느냐?" 그들은 두여회를 호되게 두들겨 패는 것도 모자라 그의 손가락 하나도 부러뜨려버렸다.

당시 두여회는 이세민 휘하에서 관리를 지내고 있었다. 윤아서는 이세민이 고조에게 그 일을 말해버릴까 두려워 윤덕비에게 선수를 쳐 고조에게 이세민에 대한 험담을 하도록 했다. 이윽고 윤덕비는 고조에게 달려가 원망했다. "폐하, 진왕의 부하가 신첩의 가족을 우롱했습니다. 그런데도 진왕은 전혀 아랑곳하지 않습니다. 정말이지 너무합니다! 폐하께서 신첩을 위해 공평한 태도를 취해주셔야 합니다!" 고조는 벌컥 성을 내면서 이세민을 질책했다. "너는

---

* **두여회杜如晦**: 당나라 초기의 대신으로 이세민의 핵심 책략가 중 한 명이다. 후에 재상을 지냈고 방현령房玄齡과 함께 '방모두단房謀杜斷'이라 불렸다. '방모두단'이란 방현령의 지모와 두여회의 결단력이라는 뜻이다.

자신의 부하조차도 제대로 관리하지 못하느냐? 지금 그들은 짐이 총애하는 왕비의 가족들까지도 업신여기고 있는데 하물며 다른 이들에게는 어떠하겠느냐?" 이세민은 고조에게 수없이 해명을 했지만 고조는 전혀 믿지 않았다.

그런가 하면 고조는 늘 궁중에서 연회를 베풀고 비빈을 초대했다. 이세민도 가끔 옆에 동석하곤 했는데 그때마다 일찍 돌아가신 어머니를 생각했다. 부친이 천하를 통일한 것을 보지 못하고 일찍 돌아가셨기 때문에 어머니를 생각할 때면 그렇게 마음이 울적했다. 심지어는 남몰래 눈물을 흘리기도 했다. 그 속사정을 모르는 고조는 이세민의 울적해하는 모습을 보면서 언짢아했다.

그러자 비빈들은 그 기회를 틈타 고조에게 말했다. "폐하께서는 나라를 위해 평생을 고생해 지금 천하를 평정했습니다. 이제 폐하께서는 한가하게 소일하면서 지내셔도 됩니다. 그런데 하필이면 매번 진왕이 탄식을 하면서 눈물을 흘리니 우리에 대해 원한의 마음을 품고 있는 것이 분명합니다. 폐하의 연세가 많으니 갑자기 돌아가시기라도 하면 남겨진 우리 고아와 과부는 어떻게 하면 좋단 말입니까? 진왕은 우리를 모두 죽이고 말 것입니다. 그는 우리를 눈엣가시로 생각하니까요. 그나마 다행히 태자가 우리를 돌볼 것입니다. 태자는 충직하고 후덕하며 폐하께 효를 다하고 있으니까요."

비빈들은 말을 마치고 슬피 울었다. 그러자 고조의 마음도 이내 심란해졌다. 그 이후로 이건성과 이원길과 고조의 관계가 갈수록 좋아졌다. 고조는 그들을 점차 신뢰하게 된 반면 이세민에 대해서는 갈수록 소원해졌다. 게다가 더 이상 그를 태자로 바꿔 세울 생각을 하지 않았다.

당고조 무덕武德 7년기원후 624년, 그해 봄은 무척 더웠다. 고조는

고조는 벌컥 성을 내면
서 이세민을 질책했다.
"너는 자신의 부하조차
도 제대로 관리하지 못
하느냐?"

6월에 더위를 피해 떠나기로 했는데 정해진 곳은 인지궁仁智宮이었다. 하지만 경주도독慶州都督 양문간楊文幹이 군대를 통솔해 반란을 일으켰다. 고조는 그 일로 편안히 더위를 피할 수가 없었다.

이원길은 아주 오래전부터 이건성에게 이세민을 빨리 제거할수록 좋다고 적극적으로 설득했다. 그러면서 이건성에게 이렇게 말했다. "형님께서 차마 그렇게 못하시겠다면 제가 형님을 대신해서 착수하겠습니다." 고조가 한 번은 이원길을 찾아간 적이 있는데 이세민도 함께 갔었다. 그 참에 이원길은 이세민을 제거하려고 호군護軍 우문보宇文寶에게 침실에서 매복해 있으라고 했다. 그러나 이건성은 성격이 너그럽고 모질지 못한 편이었다. 그래서 그는 이원길을 애써 만류했고 이원길은 계획을 포기할 수밖에 없었다. 그러면서 이원길이 노발대발했다. "제가 이렇게 한다고 해서 저에게 무슨 좋은 점이 있겠습니까? 다 형님을 위한 일 아닙니까!"

태자가 거처하는 동궁에는 장림병長林兵이라 불리는 특별 호위병이 있었다. 그들은 평상시 태자의 명령을 받들어 동궁 좌우 양측의 장림문長林門을 지켰다. 이 호위병은 모두 이건성이 사적으로 각 지역에서 모집해온 용맹한 인물들로 2천 명이 넘었다. 그밖에도 이건성은 몰래 연왕燕王 이예李藝 쪽에서 가달지可達志*라 불리는 3백 명의 유주幽州 기마병을 집결시켰다. 그들 모두는 용맹스럽고 싸움을 잘했다. 이건성은 본래 이들을 말단 군관의 신분으로 동궁 호위대로 편입시키려고 했다. 하지만 그들이 동궁의 동쪽에 도달해 그곳에서 잠시 머무를 때 다른 사람들에게 적발됐다. 그런 이유로 이건

---

* **가달지可達志**: 당나라 초기 돌궐족 검의 고수였다.

성은 고조에게 한바탕 호되게 질책을 받고 가달지는 추방당했다.

군대를 통솔해 반역을 일으킨 양문간은 과거에 동궁에서 호위를 맡은 적이 있었다. 이건성은 그를 신뢰했고 두 사람의 관계도 꽤 친밀했다. 그래서 이건성은 몰래 양문간에게 용맹하고 날랜 병사를 불러 모아 장안으로 보내라고 했다.

인지궁으로 피서를 떠나기 전 고조는 진왕과 제왕에게 수행을 명령하고 태자를 남겨 두어 장안을 지키도록 했다. 이원길이 출발하기 전 이건성이 와서 그를 찾아 이 기회를 틈타 이세민을 죽이라고 명령했다. 이건성이 말했다. "올해 승패가 결정될 것이다!"

이윽고 그는 이주환爾朱煥과 교공산橋公山에게 많은 투구와 갑옷을 운반해 경주에 있는 양문간에게 전달하라고 했다. 하지만 두 사람은 빈주豳州에 도달하자 은밀하게 고조에게 보고했다. "태자가 양문간에게 군대를 일으켜 반란을 꾀하도록 하면서 그에게 투구와 갑옷을 보냈습니다. 태자 본인은 장안에서 그를 지원하고 있습니다." 또한 영주寧州 사람 두풍거杜風擧도 같은 시간에 인지궁으로 와서 고조를 만나 태자가 반란을 꾀한다는 일을 폭로했다. 이에 고조는 화를 참지 못하고 친필 조서를 작성해 이건성에게 즉시 인지궁으로 와서 황제를 알현하라는 명을 내렸다. 하지만 황제를 알현하는 이유에 대해서는 고조가 적당히 꾸며댔다.

조서를 받은 이건성은 고조가 이미 사건의 진상을 알아챘다는 사실을 깨닫고 두려워 감히 인지궁으로 가지 못했다. 그러자 그의 집안의 관리들이 앞다퉈 그에게 계책을 세워주었다. 그중 누군가는 그에게 무기나 수행원 없이 혼자 고조에게 가서 용서를 빌면서 진심을 전하라고 조언했다. 또 누군가는 아예 장안을 거점으로 해서 군대를 일으키라고 제안했다. 이런저런 생각을 반복하다 이건성은 용서를 빌기로 결정했다. 육십 리 길을 채 못 가 이건성은 수많은 수행원들에게 그 자리에서 걸음을 멈추게 한 채 십여 명만 데리고 분주히 길을 재촉했다. 그는 인지궁에 있는 고조 앞에 도착해 머리를 조아리면서 죄를 인정했다. 고조의 용서를 얻기 위해 그는 애써 머리를 조아리며 절을 하느라 하마터면 정신을 잃을 뻔했다. 하지만 고조의 마음을 움직이기에는 역부족이었다.

그날 밤, 고조는 이건성을 천막에 머물게 하고는 사람을 시켜 그를 지키게 하면서 그에게 간 보리를 삶은 밥을 먹도록 했다. 그밖에 고조는 관리 우문영宇文穎을 경주로 보내 양문간을 오도록 했다. 우문영을 만난 양문간은 상황 파악을 끝내고 곧장 반란을 일으켰다. 그러자 고조는 대장大將 전구룡錢九隴과 영주도독靈州都督 양사도楊師道에게 함께 양문간을 치도록 했다.

26일, 고조가 이세민을 불러 의견을 묻자 이세민이 대답했다. "양문간은 공개적으로 반란을 일으킨 만큼 분명 담력이 대단히 큰 인물입니다. 하지만 현재 그는 어쩌면 부하에게 굴복했거나 죽었을 수도 있습니다. 그렇지 않더라도 아바마마께서 직접 병력을 보내 그를 일망타진하시면 됩니다. 양문간은 큰일을 이룰 수 있는 인물은 못 됩니다. 아바마마께서는 걱정하실 필요가 없습니다!"

고조는 잠시 고민을 하다가 그에게 말했다. "짐은 그렇게 할 수는 없다. 그랬다가 양문간에게 동조하는 사람이 많아지면 필시 그 일에 너의 맏형이 연루될 터이니 그 걱정을 하는 것이다. 짐의 생각에는 네가 직접 반란을 평정하는 것이 좋겠다. 그러면 짐이 건성을 촉왕蜀王으로 삼고 너를 태자로 세우겠다. 수문제隋文帝는 자신의 친혈육을 잔인하게 죽였지만 짐은 그럴 수 없다. 너는 건성이 신하로 만족하지 않는 경우를 제외하고는 짐에게 건성을 죽이지 않겠다고 약속하라. 설령 건성이 또 문제를 일으킨다고 해도 너라면 쉽게 건성을 제압할 수 있을 것이다. 촉나라에는 병사와 군마가 그렇게 많지는 않을 터이니."

인지궁은 황제의 더위를 피하는 행재소*로 산속에 세워져 있었다. 고조는 당일 밤 황실의 호위대를 인솔해 남쪽에서부터 산을 떠났다. 태자의 추종자들의 포위망으로 들어가지 않으려는 것이었다. 하지만 십여 리도 채 못 가 동궁태자궁의 관리들이 뒤쫓아 왔다. 고조가 그들에게 도열하라고 명했는데 각 대오는 서른 명으로 구성돼 있었고 호위대의 관리를 받고 있었다. 고조는 이튿날이 되어서야 인지궁으로 다시 돌아갔다.

이때 이세민은 군을 통솔해 반란을 평정했다. 그러고 나자 적잖은 이들이 태자를 위해 나섰다. 조당에서 봉덕이封德彝**는 태자가 죄를 면하도록 하기 위해 여러 가지 방법을 강구해냈다. 후궁에서는 수많은 비빈들이 이원길과 힘을 모아 이건성을 대신해 사정했다. 고조는 결국 그 말에 설득당해 다시금 태자에게 돌아와 장안을 지킬 수 있도록 했다.

결국 고조의 지휘 아래 모든 죗값은 태자에게 충성을 한 세 명의 관리인 왕규王珪, 위정韋挺, 두엄杜淹이 감당하게 됐다. 그들을 모두 휴주嶲州로 유배를 보낸 것이다. 반면 이건성은 고조의 꾸짖음만 받았다. 그가 아우들과의 관계를 잘 처리하지 못했다는 꾸짖음이었던 것이다. 이렇게 엄청난 일이 결국에는 흐지부지 끝이 났다.

---

* **행재소行在所**: 임금이 궁을 떠나 멀리 나들이할 때 머무르던 곳. —편집자 주
** **봉덕이封德彝**: 당나라 초기의 관리로 총명했으나 상당히 기회주의적인 인물이었다. 이건성과 이세민 사이의 갈등을 매끄럽게 처리했다.

36장

이세민李世民이 돌궐突厥을 저지하다

당나라가 수립된 이후에 관중 지역의 북서쪽 최대 위협이 바로 돌궐이었다. 어느 해 7월, 돌궐은 끊임없이 출병해 당나라의 국경 지역을 침범했다. 이에 고조 황제는 즉각 군대를 소집해 지원을 보냈다.

돌궐 문제로 근심이 가득했던 고조는 대응할 좋은 방법을 찾았다. 어느 대신이 상소문을 올려 이렇게 말한 것이다. "돌궐이 수차례 관중을 습격한 이유가 무엇입니까? 장안의 경제가 발달했고 인구가 많기 때문 아니겠습니까? 우리가 장안을 다 불살라버리고 다른 곳으로 천도해버리면 돌궐은 분명 더 이상 침범하지 않을 것입니다." 고조는 그것을 좋은 방법이라 생각하고 중서시랑 우문사급宇文士及에게 가서 적합한 새로운 수도를 찾으라고 명령했다.

조정에는 그 방법에 대해 찬성하는 이도 있었고 반대하는 이도 있었다. 태자, 제왕, 배적은 모두 고조의 생각에 찬성했다. 하지만 소우蕭瑀* 등 대신들은 그 방법이 적당하지 않다고 생각했다. 다만 이들에게는 자신의 생각을 말해 천도를 저지할 만한 배짱이 없었다.

---

* **소우蕭瑀**: 수양제隋煬帝의 부인인 소황후蕭皇后의 친동생이지만 수양제에게 냉대를 받았다. 이후에 당나라에서 관리를 지내면서 고조의 두터운 신임을 얻었다.

결국 진왕 이세민이 나서서 고조를 만류하기에 이르렀다.

"돌궐은 예로부터 중원의 큰 우환이었습니다. 아바마마께서 홀로 당나라를 건설하신 이후 이제 당나라 영토가 확장되었고 백만 대군도 갖추어 싸웠다 하면 승리는 떼어 놓은 당상입니다. 그런데 어째서 천도하여 돌궐의 침범을 피하려고만 하십니까? 아바마마께서 만일 그렇게 하시면 신하와 백성들이 수치스러워할 것입니다. 그렇게 되면 그들은 아바마마를 어떻게 평가하겠습니까? 후손들까지도 아바마마를 비웃을까 두렵습니다! 한漢나라의 곽거병霍去病이 결심을 하고 흉노를 멸망시켜 나라의 큰 화근을 없앴습니다. 그는 한낱 장군일 뿐이었지만 소자는 번왕藩王입니다! 제가 군을 통솔해 돌궐을 토벌하도록 허락해주십시오! 기필코 몇 년 안에 돌궐의 힐리가한頡利可汗을 생포해 줄로 묶어 아바마마께서 직접 볼 수 있도록 하겠습니다! 만일 제가 그렇게 하지 못한다면 그때 천도해도 늦지 않습니다!"

이세민의 말에 고조는 기쁘고 위안이 되었다. "아주 좋은 생각이로구나!"

옆에 있던 태자 이건성이 이세민에게 물었다. "옛날 번쾌樊噲는 십만 대군으로 범의 굴 깊숙한 곳으로 들어가 흉노와 교전을 벌이겠다고 했었다. 설마 진왕도 같은 전략을 취하려는 것인가?"

이세민이 대답했다. "저는 그렇게 하지 않을 것입니다. 분명 지금은 이전과 다릅니다. 게다가 번쾌는 당시 또 어땠습니까? 저는 다릅니다. 저는 십 년이 안 걸려 막북漠北을 평정할 수 있습니다. 결코 거짓이 아닙니다."

하지만 이건성은 포기하지 않았다. 그는 후궁의 비빈들과 결탁해 끊임없이 고조에게 이세민을 비방했다. "폐하, 돌궐인들이 더 이상 국경 지역을 침범하지 않게 하려면 돈이 될 만한 물건들을 그들에게 내주면 되지 않겠습니까? 진왕은 분명 반란을 꾀하고 있습니다. 그렇지 않다면 그가 어떻게 군대를 이끌고 돌궐을 정벌하는 일에서 이렇게 열정적인 태도를 보일 수 있겠습니까? 기회를 틈타 그가 군권을 장악하고 황위를 찬탈하려고 하는지 누가 알겠습니까?"

며칠이 지나 고조가 사냥을 하러 나섰는데 그곳은 장안 남쪽의 사냥터였다. 동행한 이들은 이건성, 이세민, 이원길이었다. 고조는 이들 세 형제에게 사냥 시합을 벌이도록 했다. 당시 이건성은 네 필의 건장한 호마胡馬를 사육하고 있었는데 걸핏하면 뒷발질*을 해댔다. 그래서 이건성은 이세민에게 그 말을 건네면서 말했다. "아우가 기마에 능하니 이 말을 좀 타보게! 이 말은 빠르게 달릴 뿐만 아니라 넓은 개울도 한달음에 건너뛸 수 있다네." 이세민은 기꺼이 그 말에 올라탔다.

야생 사슴을 쫓고 있는데 말이 갑자기 뒷발질을 해대느라 이세민은 말에서 떨어지고 말았다. 이세민은 제대로 서기까지 연거푸 몇 걸음이나 뒷걸음질을 쳤다. 그는 말이 안정을 찾은 뒤에야 다시 말에 올라탔다. 같은 상황이 연달아 세 번 더 발생했다. 이세민은 뒤에 있던 우문사급에게 말했다. "태자는 이 말을 이용해 나를 사지로 몰아 넣으려는구나! 안타깝게도 그는 나에게 해를 미치지 못하겠다. 사람의 삶과 죽음은 본디 하늘이 결정하는 것이니 말이다!"

이 말이 이건성의 귀로 들어갔고 그는 비빈 한 명에게 고조 앞에서 진왕에 대한 험담을 하도록 했다. "폐하, 누가 그러는데 진왕

---

* **뒷발질**: 노새와 말 등의 가축들이 뛰어오를 때 뒷다리로 뒤를 향해 치는 것을 말한다.

이 자신은 하늘의 비호를 받고 있어서 천하의 맹주가 될 것이라고 했답니다. 누가 감히 그를 죽이려고 하더라도 불가능하다고 합니다!" 고조는 그 말을 듣고 크게 노했다. 그는 이건성과 이원길을 부르고 나서 다시 이세민을 불러 이세민을 질책했다. "누구든 권모술수를 부려 황위를 얻을 수는 없다. 황제가 되는 것은 모두 하늘에 따르기 때문이다. 그런데도 너는 어찌 이렇게 조급하게 황위를 쟁취하려 하느냐?"

그러자 이세민이 고조 앞에 무릎을 꿇고 머리에 쓰고 있던 왕관을 벗어 머리를 땅에 조아리며 절했다. 그러면서 먼저 관련된 관리들에 대한 진상 조사를 한 뒤 다시 자신을 어떻게 처벌할지 결정하라는 간청을 했다. 그래도 고조는 분노가 가시지 않았다. 마침 그때 누군가 다가와 국경 지역에 돌궐인이 침범했다는 보고를 했다. 그제야 고조는 얼른 화를 가라앉히고 환한 얼굴로 이세민을 위로하고는 이세민에게 왕관을 쓰도록 했다. 이윽고 두 사람은 함께 돌궐인을 토벌할 방법을 논의했다.

그해 윤7월* 21일, 고조는 진왕 이세민과 제왕 이원길에게 군대를 통솔해 빈주에서 출병해 돌궐과 접전을 벌이라는 명령을 내렸다. 고조는 전쟁을 겪을 때마다 먼저 염두에 두는 인물이 늘 진왕이었고 그를 전쟁터로 내보냈다. 하지만 진왕이 싸우고 돌아올 때마다 그에 대해 더욱 큰 의심을 품었다.

돌궐의 힐리가한과 돌리가한突利可汗은 당시 모든 군대를 인솔해

---

* **윤7월**: 윤달을 뜻한다. 음력에서는 윤달이 있는 해가 되면 한 달을 더하여 음력과 양력 사이의 날수 차이를 조절한다. 음력의 달과 양력이 어긋나지 않게 하려는 것이다. 통상 2년 혹은 3년마다 한 번씩 윤달이 있다.

대규모로 당나라를 침범했다. 그래서 이세민이 군대를 이끌고 그들을 저지했는데 도중에 비가 끊임없이 내려 군량과 마초의 보급이 중단됐다. 장병들은 먼 길을 고생스럽게 걸으면서 저마다 지칠 대로 지쳤고 병기마저도 파손되고 녹이 슬었다. 조정은 근심이 태산 같았다.

8월 12일, 빈주 서쪽의 오농판五隴阪에 갑자기 만여 명의 돌궐 기마병이 들이닥쳐 당나라 군대에 공격을 가할 준비를 하고 있었다. 그 상황을 본 당나라 군대는 당황하여 어찌할 바를 모를 지경이었다.

그러자 이세민이 아우 이원길李元吉에게 말했다. "지금 돌궐의 대군이 국경까지 쳐들어왔는데 조금이라도 겁에 질려 있는 아군의 모습을 그들이 보게 해서는 안 된다. 우리는 성 밖으로 가서 그들과 정면으로 맞서 싸워야 한다. 넷째 아우, 자네가 나와 함께 앞으로 나아갔으면 하네. 아우의 생각은 어떤가?"

그러자 이원길이 겁에 질려 대답했다. "돌궐 군대는 세력이 막강하니 조심하는 게 낫겠습니다. 섣불리 응전해서는 안 됩니다. 만일 그들 손에 패한다면 후회막급일 것입니다!"

이세민은 더 이상 그에게 강요하지 않았다. "그렇다면 나 혼자 군대를 통솔해 적군과 맞서 싸우겠다. 아우는 성 안에 머물면서 지키도록 하게!"

이세민은 백여 명의 기마병을 뽑아 돌궐의 대군 앞으로 질주하면서 큰소리로 외쳤다. "돌리가한은 대당 제국과 동맹을 맺었고 혼인 관계도 맺었다. 그런데 너희는 지금 약속을 어기고 당나라를 침범하고 있구나. 이유가 무엇이냐? 나는 당나라의 진왕이다. 너희 가한은 나와서 나와 일대일로 싸우자. 만일 너희 가한이 원치 않는

이세민은 백여 명의 기마병을 뽑아 돌궐의 대군 앞으로 질주
하면서 큰소리로 외쳤다. "돌리가한은 대당 제국과 동맹을 맺
었고 혼인 관계도 맺었다. 그런데 너희는 지금 약
속을 어기고 당나라를 침범하고 있구나.
이유가 무엇이냐?"

다면 너희 전부 나와서 맞서 싸우자. 나와 함께 온 장병들은 최후의 일인이 남을 때까지 싸울 것이다!" 그때 힐리가한은 웃기만 할 뿐 아무 말도 하지 않았다. 이세민이 그 말을 한 진짜 목적을 제대로 알지 못했던 것이다.

그런가 하면 이세민은 또 군대를 이끌고 어느 정도 전진하다가 사람을 시켜 돌리가한에게 말을 전하도록 했다. "이전에 우리가 동맹 서약을 맺을 때 어느 한 쪽이 위험에 처하면 다른 한 쪽이 군대를 보내 돕기로 했다. 그런데 어째서 지금 너희는 군대를 이끌고 와서 우리와 전쟁을 하려 하느냐? 우리가 당초 맺었던 우의를 너희가 잊었느냐?"

돌리가한은 아무런 대응도 하지 않았고 이세민은 행군을 멈추지 않았다. 전방에는 한 줄기 강이 흐르고 있었는데 이세민은 이제 그 강을 건널 참이었다.

그때 힐리가한은 이세민이 군대를 이끌고 당당하게 전진하는 모습을 보고 또 조금 전 이세민이 돌리가한과 동맹의 서약을 체결했다는 말을 기억해내고는 이내 의심을 품기 시작했다. 그러고는 곧장 이세민에게 다음과 같이 알리도록 명령을 내렸다. "진왕은 그 자리에서 발걸음을 멈추시오. 내가 이번에 온 것은 특별한 저의가 있어서 온 것이 아니오. 다만 그대와 함께 이전의 맹약을 살펴보고 보충하려는 것뿐이오." 힐리가한의 군대는 그 즉시 뒤로 후퇴해 약간의 거리를 두었다.

그로부터 며칠 동안 비가 그칠 새 없이 내린 데다 갈수록 더욱 심해지자 이세민이 부하 무관에게 말했다. "전장에서 돌궐인들의 가장 출중한 기술이 바로 궁술이네. 하지만 최근 장마가 계속되어 안개가 자욱하니 활과 화살이 평상시만큼 그렇게 잘 맞지 않을 것이야. 활시위도 평상시보다 탄성이 떨어져 아무리 애를 써도 손쉽지 않을 것이네. 활과 화살이 없는 돌궐인은 흡사 날개 없는 새와 같지. 그들은 먼 길을 마다 않고 이국 타향에까지 왔네. 그들의 심신이 피로해져 있을 때가 바로 아군의 조건이 우월해질 때이지. 병기도 날카로워져 우위를 점하고 있고 말이야. 이런 좋은 기회를 우리가 어찌 이용하지 않을 수 있겠는가?"

그날 밤, 이세민은 비를 뚫고 습격을 가했다. 돌궐 군대는 큰 혼란에 빠졌다. 이세민은 또 같은 시간 몰래 사람을 보내 돌리가한과 당시의 형세를 분석했고 돌리가한은 흔쾌히 진왕의 계획을 접수하겠다는 의사를 내비쳤다. 힐리가한은 이세민이 공격의 태세를 취한 것을 보고는 전쟁을 시작하려고 했지만 돌리가한의 강렬한 저항에 부딪혔다. 힐리가한은 형세가 이미 변해버렸다는 점을 직감했고 그에 대처할 아무 방법이 없었다. 결국 그는 당숙 아사나사마阿史那思摩에게 돌리가한과 함께 이세민을 만나러 가도록 할 수밖에 없었다. 이윽고 돌궐은 당나라와 우호 관계를 맺겠다고 선언하기에 이르렀고 이세민은 그들의 말에 동의했다. 돌리가한은 또 이세민과 의형제 맺기를 원했고 이세민도 그의 뜻을 따랐다. 그렇게 해서 쌍방은 동맹서약을 수정했고 돌리가한은 발걸음을 돌렸다.

이렇게 이세민은 돌궐 대군의 침범을 막아냈다. 다음 달 초, 아사나사마는 돌궐의 대표 자격으로 장안에 와서 황제를 만났다. 고조 황제는 직접 그를 대접했고 그를 화순왕和順王에 책봉했으며 그에게 심심한 위로의 말도 건넸다. 같은 달 30일, 고조는 또 배적에게 돌궐 부락으로 답방을 가라는 명령을 내렸다.

37장

어질고 현명한 장손황후長孫皇后

당고조 이연은 무덕 9년기원후 626년 8월 9일 제위에서 물러나겠다고
선포하고 이세민을 당나라 제2대 황제로 등극시켜 이세민은 당태
종唐太宗이 되었다. 그리고 8월 21일, 이세민은 자신의 부인 장손 씨
를 황후로 책봉했다.

장손황후長孫皇后는 말과 행동에 늘 주의를 기울였다. 아무리 급
해도 예의 법도에 어긋나는 일은 전혀 하지 않았다. 이세민이 진왕
의 자리에 있을 때 태자나 제왕과의 관계가 무척 팽팽했는데 장손
황후는 고조와 진왕의 관계를 완화시키기 위해 종종 입궁해 고조
에게 효를 다했고 고조의 비빈들에 대해서도 존중을 표해 진왕에
게 큰 도움이 되었다.

또한 장손황후는 검소한 인물로 의식주에 불필요한 사치를 부
리지 않았다. 그러니 타의 귀감이 되는 것은 당연한 일이었다. 태종
황제는 그녀를 귀하게 여겨 때로는 나라의 대사를 두고 그녀의 의
견을 구하기도 했다. 하지만 그녀는 완곡하게 거절했다. "신첩이 어
디 나라의 일에 마음대로 참여할 수 있나요? 신첩은 그저 일개 아
녀자일 뿐입니다! 옛말에도 '암탉이 울면 집안이 망한다'고 하지
않았습니까?" 그래도 태종은 포기하지 않고 고집스럽게 그녀의 의
견을 물었다. 그녀 역시나 태종이 어떻게 해도 자신의 의견을 말하

지 않았다.

　장손황후와 태종 슬하에 장락공주長樂公主가 있었는데 태종은 공주를 끔찍하게 아꼈다. 공주가 출가할 때 태종은 그녀에게 그녀의 고모 영가장공주永嘉長公主보다 두 배가 많은 혼수를 준비해줄 정도였다. 그러자 위징은 태종에게 이렇게 권고했다. "옛날 한명제漢明帝* 께서는 자신의 아들에게 영지를 나누어주고 제후로 봉하면서 말했습니다. '짐의 아들을 어찌 선왕의 아들과 비교할 수 있겠는가?'라고 말입니다. 그러면서 아들에게 초왕楚王, 회양왕淮陽王의 절반의 봉지만 주도록 어명을 내렸습니다. 하지만 지금 장락공주는 장공주보다 배나 많은 혼수를 얻었습니다. 폐하께서 이렇게 하시면 한명제와 완전히 상반되는 행동을 하시는 것 아닙니까?" 태종은 그의 말에 일리가 있다고 여겨 그의 의견을 수용했다.

　그 일이 있고 나서 태종이 장순황후 앞에서 위징의 간언을 언급하자 황후가 감탄했다. "과거 신첩은 폐하께서 왜 늘 위징을 칭찬하는지 몰랐는데 오늘에야 알겠습니다. 위징은 참으로 보기 드문 나라의 기둥입니다. 그는 신하로서 예의와 법도로 사사로운 정에 얽매여 일을 그르칠 뻔한 군주를 설득했습니다! 폐하, 신첩은 폐하와 오랫동안 부부로 있으면서 폐하의 총애를 한 몸에 받았지요. 하지만 신첩이 폐하와 이야기를 나눌 때 지금껏 감히 함부로 할 수 없어서 매사에 폐하의 기색을 살펴야 했어요. 혹시나 폐하의 기분을 언짢게 할까 두려웠습니다. 신첩조차도 이러한데 조정의 대신들은 더 말할 것도 없지요. 그러니 그들의 간언을 제발 유의하여 받아들

---

*　**한명제漢明帝**: 동한東漢 때의 현군으로 '명장지치明章之治'의 태평성세를 열었다.

여야 합니다."

뿐만 아니라 장손황후는 태종에게 비단 4백 필과 돈 4백 민繼*을 위징에게 하사해달라고 간청했다. 그러고는 다음과 같은 말을 위징에게 전달하라고 명령했다. "나는 이전에 그대가 충직한 사람이라고 들었는데 이제야 그 말이 조금의 거짓도 없다는 것을 알게 되었소. 이제 내가 재물을 그대에게 하사하니, 그것은 그대가 이후에도 충직하게 간언하고 나라에 충성하기를 바라는 마음의 표시라오. 절대 변하지 마시오."

어느 날, 태종이 일찌감치 퇴청해 궁으로 돌아와 화가 잔뜩 나서 황후에게 말했다. "그 시골뜨기 때문에 짐이 화가 나 견딜 수가 없소. 짐은 기회를 잡아 반드시 그를 없애버릴 것이오!" 황후는 어떤 사람이 태종을 이토록 화나게 했는지 얼른 물었다. 그러자 태종이 대답했다. "위징 그 고집스러운 늙은이지 누구겠소. 그는 걸핏하면 조당에서 짐에게 모욕을 준단 말이오. 내 체면은 조금도 신경 쓰지 않소." 그 말을 듣고 황후는 아무 말 없이 자리에서 물러갔다.

잠시 뒤 그녀는 황후의 대례복으로 갈아입고 뜰에 서 있었다. 태종은 황급히 왜 그렇게 하는지 물었다. 황후의 대답은 이랬다. "신첩은 폐하께 경하를 드리고자 합니다! 신첩이 듣기로 대신들이 충직한 이유는 순전히 군주가 현명하기 때문이라고 합니다. 지금 위징이 용감하게 조당에서 솔직한 간언을 할 수 있는 이유는 폐하께서 현명하기 때문이 아니겠습니까? 이러니 신첩이 폐하께 경하를 드리는 것이 마땅한 일 아닐까요?" 태종은 문득 사태를 파악하

---

*   **민繼**: 고대의 화폐 계량 단위로 1민은 돈 한 꿰미를 뜻한다.

고 더 이상 위징에게 화를 내지 않았다.

장손황후는 어려서부터 책읽기를 좋아했고 늘 역사적으로 발생했던 큰일에 대해 태종과 의견을 나누었다. 이 과정에서 그녀는 태종에게 적잖이 좋은 의견을 제시했고 기회가 있으면 태종에게 간언을 하기도 했다.

태종이 한 번은 기분이 좋지 않아 한 궁녀에게 화풀이를 한 적이 있었다. 황후는 자신도 몹시 화가 난 것처럼 가장해 태종에게 그일을 자신이 처리할 수 있게 해달라고 간청했다. 장손황후는 일단 그 궁녀를 감금시키도록 명령했다. 그러고는 태종의 기분이 가라앉을 때까지 기다렸다가 궁녀에게 태종 앞에서 해명하고 죄를 벗도록 했다.

또한 예장공주豫章公主가 태어난 지 얼마 되지 않아 그녀의 생모가 죽게 되었다. 장손황후는 그녀를 자기 자식처럼 대하면서 직접 그녀를 정성들여 키웠다. 후궁들 중 비빈이 병에 걸리면 장손황후는 직접 가서 문안했고 자신의 약을 건네주었다. 그래서 후궁들은 모두 장손황후를 깊이 존경하고 사랑했다.

장손황후와 태종 슬하에는 모두 세 명의 아들이 있었다. 그 세 아들을 볼 때마다 장손황후는 절약하고 겸손한 사람이 되라고 가르쳤다. 태자의 유모인 수안遂安 부인이 한 번은 태자에게 생활용품을 더 사달라고 황후에게 요청했지만 거부당했다. 그때 황후는 유모에게 이렇게 말했다. "태자는 이 나라 장래의 군주네. 그러니 자네의 힘을 일상적인 지출에 소비해서는 안 되네. 어떻게 하면 태자를 덕이 있는 사람으로 키워 나라를 위해 공헌을 하도록 할 것인지 궁리하는 데 힘을 집중하는 것이 맞네!"

한 번은 이세민이 병에 걸려 오랜 기간 동안 병상에 누워 있었다.

"태자는 이 나라 장래의 군주네. 그러니 자네의 힘을 일상적인 지출에 소비해서는 안 되네. 어떻게 하면 태자를 덕이 있는 사람으로 키워 나라를 위해 공헌을 하도록 할 것인지 궁리하는 데 힘을 집중하는 것이 맞네!"

장손황후는 밤낮을 가리지 않고 이세민의 옆에서 그를 정성껏 돌보았다. 그렇게 태종이 병에 걸려 있는 동안 그녀는 내내 몸에 독약을 휴대하고 다녔다. 그러면서 태종에게 말했다. "만일 폐하께서 돌아가시면 신첩도 곧장 폐하를 따를 것입니다."

장손황후는 천식 때문에 여러 해 동안 고생을 했다. 어느 해에 그녀는 태종과 함께 구성궁九成宮*으로 순시를 갔다. 시소柴紹 일행이 한밤중이 되어 와서는 급한 일로 태종에게 고하러 왔다고 했다. 태종은 황급히 투구와 갑옷을 입고 나왔고 장손황후는 자신의 몸이 불편하다는 것도 걱정하지 않고 함께 나섰다. 시종들은 황후에게 휴식을 취하라고 권했지만 황후는 거절했다. "지금 폐하께서 편안히 쉬지 못하는데 내가 쉰다 한들 어디 편하겠는가!" 그런 뒤에 황후의 병세가 갈수록 심각해졌다.

황후의 병이 오랫동안 회복되지 않자 태자는 상태를 보고 황후에게 말했다. "어마마마께서 그렇게 많은 약을 드셨는데 완쾌될 기미가 없습니다. 아바마마께 어마마마를 위해 복을 기원하고 전국적으로 대사면을 실시하도록 간청해야겠습니다. 백성들에게는 출가하여 수행하라고 하겠습니다."

하지만 장손황후가 단번에 거절했다. "살고 죽는 것은 하늘에 달려 있어요. 누구도 바꿀 수 없지요. 선행을 해서 복과 수명이 늘어난다면 어미는 이미 그렇게 했어요. 어미는 평생 악한 일을 저지

---

* **구성궁九成宮**: 지금의 산시陝西성 바오지寶雞시에 위치해 있고 수나라 때 창건되었다. 처음의 명칭은 '인수궁仁壽宮'이었다. 당태종이 재위에 있을 때 수리하고 증축해 '구성궁'이라고 개명했다. '구성九成'은 '9층'의 뜻으로 건축물의 크기가 높음을 형상화한 것이다.

른 적이 없으니 말이지요. 태자가 제안한 복을 기원하는 방식은 나라에 백해무익해요. 전국적으로 대사면을 실시하라는 명령은 쉽사리 선포하는 것이 아닙니다. 관련된 범위가 너무 넓습니다. 그리고 태자의 아바마마는 지금껏 그분의 힘을 불도에 쏟기를 원치 않았어요. 그런 일은 그저 나라의 백성에게 불행을 가중하는 행동으로만 보았지요. 상황이 이럴진대 제가 어찌 그분에게 저를 위해 내키지도 않는 일을 강요할 수 있겠어요? 태자가 만일 그렇게 하겠다면 저는 차라리 지금 이 세상을 떠나겠습니다!"

태자는 상황을 보니 태종 앞에서 그 일을 감히 언급할 수가 없었다. 그 뒤로 태자는 남몰래 방현령과 함께 황후에 대한 대화를 나누었다. 방현령은 또 그 일을 태종에게 전달했다. 그 말을 들은 태종은 무척 슬퍼하면서 전국적으로 대사면을 실시해 황후의 병을 완쾌하도록 하려고 했다. 하지만 황후는 절대 반대했다. 결국 태종도 황후의 뜻을 따를 수밖에 없었다.

황후의 병세가 심각해졌을 때 태종은 이미 방현령의 관직을 파면한 상태였다. 황후는 임종 전에 태종에게 말했다. "폐하, 방현령은 오랫동안 폐하 곁에서 폐하를 따랐습니다. 열과 성을 다해 폐하께 충성을 바쳤습니다. 그는 섬세하게 생각할 줄 알고 주의 깊게 일을 합니다. 조정의 기밀을 그는 단 한 번도 밖에 누설한 적이 없습니다. 그가 저지른 잘못이 크지 않다면 그를 다시 불러들여 폐하를 위해 충성을 다하도록 하십시오! 폐하께서는 신첩을 무척 총애하셨고 신첩의 친척에게 작위를 내려주셨고 봉록도 주셨습니다. 하지만 신첩은 폐하께 간청합니다. 저의 친척들 중 능력이 평범한 사람에게 요직을 맡기지 마십시오. 그렇게 하지 않으면 그 일로 화를 자초하게 될 수 있습니다. 폐하께서는 외척의 신분으로 때에 맞춰 그들을 불러들여 알현할 수 있도록만 하시면 됩니다. 신첩이 살아 있을 때 사람들을 행복하게 해주지 못했으니 죽은 뒤에는 저로 인해 사람들이 해를 입지 않기를 바랍니다. 폐하께서는 신첩을 위해 황릉을 짓느라 재정을 낭비하지 마십시오. 폐하께서 그저 신첩을 산중에 묻고 평범한 그릇을 함께 묻어주시면 됩니다. 폐하께서는 내내 현명한 신하를 가까이 하시고 간사한 신하를 멀리 하셨습니다. 이후에도 그렇게 하시기 바랍니다. 대신들의 솔직한 간언을 최대한 수용하고 이간질하는 말은 듣지 마소서. 백성들의 부역 부담을 줄이시고 순시나 사냥 같은 일은 적을수록 좋습니다. 이렇게 한다면 저는 아무 근심 없이 이 세상을 떠날 수 있습니다. 자녀들에게 와서 저를 문안하라고 할 필요도 없습니다. 슬퍼하고 불안해할 뿐 문안와서 좋을 것이 하나도 없습니다."

장손황후는 오랫동안 몸에 지니고 있던 독약을 꺼내면서 태종에게 말했다. "신첩은 폐하께서 병에 걸려 계실 적에 폐하와 생사를 함께하겠다고 이미 마음을 먹었습니다. 신첩은 여후呂后*의 행동을 절대 답습하지 않겠습니다."

장손황후는 정관貞觀 10년기원후 636년 6월 21일 별세했고 그녀에게 문덕황후文德皇后라는 시호가 내려졌다.

장손황후는 살아 있을 때 예로부터 내려오는 수많은 황후와 비의 시비곡직과 관련된 이야기를 모아 그것들을 《여칙女則》이라는 제목의 책으로 정리 편찬했는데 모두 삼십 권 분량이다. 그녀는 《여칙》에서 한명제의 명덕마황후明德馬皇后**가 외척 세력의 확장을

---

*   한고조 유방의 부인이자 그의 사후 정권을 장악했던 여치呂雉를 뜻한다. ─편집자 주

** **명덕마황후明德馬皇后**: 동한 한명제의 유일한 황후다.

방관했던 일을 비판했다. 장손황후가 죽은 뒤에 후궁의 궁녀가《여칙》을 태종에게 건넸다. 그 책을 본 뒤 태종은 슬픔에 잠겨 주위의 신하들에게 이 책을 돌려보도록 하고 그들에게 말했다.

"황후가 쓴 이 책은 충분히 후세에 길이 빛날 것이다. 자고로 생사는 하늘의 뜻에 있으니 오랫동안 슬퍼하지 말아야 한다는 것은 짐도 분명히 알고 있다. 하지만 짐은 그렇게 하지 못하겠구나. 짐은 어질고 능력 있는 황후 같은 부인을 잃었으니 앞으로 후궁에 더 이상은 황후 같이 짐을 타이르고 깨우쳐 줄 사람은 없을 것이다!"

그 뒤로 태종은 방현령을 조정으로 복귀시킨다는 명령을 내리고 그의 원래의 관직을 회복시켜주었다.

11월이 되자 태종은 단지현段志玄과 우문사급에게 군대를 통솔해 장손황후의 관을 호송하도록 명령하고 소릉昭陵*에 안장했다.

또한 태종은 친히 황후를 위한 비문을 세웠다. "황후는 살아생전 무척 소박했다. 임종 전에는 후한 장례를 치르지 말라고 간청했다. 왕릉 속에 돈과 진귀한 보배를 넣지 않는다면 도적이 도굴할 리 없을 것이라고 황후는 생각했다. 짐은 황후의 생각을 존중할 따름이다. 한 나라의 군주로서 천하를 가졌으나 가진 것들을 왕릉 속에 매장해 권세를 증명할 필요는 없다. 짐은 황후의 왕릉을 산중에 세우고 거기에 모두 백 명이 넘는 장인을 동원했고 십 일이 소요됐다. 왕릉에는 흙과 목재로 제작한 사람 인형, 거마, 그릇만 함께 매장했다. 금은보화는 없다. 도굴꾼은 이런 순장에 아무 관심이 없을 것이니 뒷걱정을 할 필요가 없다. 후손들도 마땅히 이 방법을 본받도록

---

* **소릉昭陵**: 당태종이 자신을 위해 지은 왕릉이다.

하라."

태종은 장손황후에 대한 생각을 잠시도 멈춘 적이 없었다. 그래서 그는 후원에 전망대를 세우도록 명령했고 삼사일에 한 번씩 가서 소릉이 있는 곳을 멀리서 바라보았다. 한 번은 태종이 위징과 함께 전망대에 올라 위징에게 먼 곳을 보도록 했다. 오랫동안 멀리 바라보던 위징이 태종에게 말했다. "신은 이미 늙고 쇠약해 두 눈이 침침해져 아무것도 볼 수가 없습니다."

그러자 태종이 소릉을 가리켜 보도록 하자 위징이 다시 말했다. "신은 폐하께서 신에게 헌릉獻陵*을 보라고 한 줄 알았습니다. 미처 소릉을 생각하지 못했습니다. 신은 이미 소릉을 보았습니다." 그 말을 듣고 태종은 상심하여 눈물을 흘리고 그 뒤로 전망대를 철거하도록 명령했다.

---

* **헌릉獻陵**: 당고조 이연의 왕릉이다.

38장

진왕晉王에서 태자太子가 되기까지

당나라 정관 17년기원후 643년 4월 1일, 흘간승기紇干承基*가 몰래 태종
에게 태자 이승건李承乾이 반란을 도모하고 있다고 고했다. 정보를
접한 태종은 곧장 장손무기長孫無忌**, 방현령, 소우蕭瑀, 이세적에게
대리시大理寺, 중서성中書省, 문하성門下省과 함께 그 사건에 대해 조사
를 하라고 명령했다. 태자가 반란을 꾀한 일은 명백한 사실이었다.
태종은 대신들에게 자문을 구했다. "짐이 태자의 일을 어떻게 처리
해야 좋겠는지 무슨 방도가 있소?"

대신들이 다들 한 마디도 하지 않는 와중에 내제來濟라는 관리가
나섰다. "태자께서는 대죄를 범했으니 참수해야 마땅합니다. 다만
폐하께서 태자의 목숨을 보존토록 해주신다면 자애로운 아버지라
고 불릴 것입니다." 태종은 그 의견에 동의했다.

태종은 닷새 뒤에 태자를 서민으로 강등시키고 종신 유폐를 명
했다. 후군집侯君集 등은 태자를 따라 반란을 도모해 참수당했다. 장
현소張玄素 등은 일찍 태자를 타이르고 이끌어주지 못했다는 이유로
서민으로 강등되었다. 원래 처벌에 포함되어야 할 나머지 인물들은

---

* **흘간승기紇干承基**: 태자 이승건의 호위병이다.
** **장손무기長孫無忌**: 당나라의 어질고 덕망 높은 신하로 장손황후의 오빠다.

전부 처벌을 면했다.

태종은 한왕漢王 이원창李元昌을 죽이고 싶지 않았지만 대신들 대부분이 강력하게 항의를 해서 하는 수 없이 그의 집에서 자결하도록 했고 그의 가족들은 정성을 다해 돌봐주었다. 동궁의 속관인 어지령於志寧은 맡은 직책을 성실히 수행해 여러 차례 태자에게 간언했고 그 일로 태종의 포상을 받았다. 태종에게 밀고해 큰 공을 세운 흘간승기는 승진했다.

후군집이 압송된 이후에 하란초석賀蘭楚石은 그의 범죄 증거를 가지고 태종을 알현했고 그가 반란에 가담한 일을 상세하게 설명했다. 태종은 후군집을 불러 말했다. "네가 여러 해 동안 짐 옆에서 따른 것을 생각하여 짐은 손수 너를 심문하려 한다. 네가 형부에서 모욕을 당하지 않게 하려는 것이다." 후군집은 처음에는 반란과 관련된 일에 자신도 가담했다는 사실을 절대 인정하지 않았다.

그러자 태종이 하란초석을 불러 그의 면전에서 대조하여 증명하고 또 태자와 그가 주고받은 서신을 내밀었다. 그 증거들을 보고 후군집은 아무 말 없이 죄를 인정할 수밖에 없었다. 태종은 다시 대신들과 상의했다. "후군집은 일찍이 당나라를 위해 공을 세웠고 당나라의 개국공신이오. 짐은 그의 목숨을 살려주었으면 하오. 다들 어떻게 생각하시오?"

대신들은 반대했다. 그래서 태종은 후군집에게 이렇게 말할 수밖에 없었다. "짐은 오늘 그대와 결별해야겠소!" 태종은 그렇게 말하면서 눈물을 흘렸다. 후군집은 머리를 조아려 절을 하면서 처벌을 달게 받겠다는 뜻을 전했다. 그 뒤로 태종은 명령을 내려 그를 저자로 데리고 가 참수하여 백성들에게 내보이도록 했다.

참수되기 전 후군집은 감참관監斬官에게 이렇게 말했다. "신이 지금의 이 지경에 이른 것은 전부 한때 어리석음을 범했기 때문이라고 폐하께 전해주시오. 이전에 신이 폐하를 따라 토욕혼吐谷渾*과 고창高昌**을 정벌했던 정을 생각해 폐하께서 신의 아들이 후씨 가문의 혈맥을 이을 수 있도록 해주시기 바란다고 청해주시오!"

태종은 결국 후군집의 부인과 자녀들을 놓아주고 그들을 영남嶺南*** 지역으로 추방했다. 후군집 가문의 재산은 조정에서 몰수했다. 그중에는 두 명의 용모가 아름다운 여성이 포함돼 있었는데 그녀들은 어려서부터 모유 이외에는 아무것도 먹지 못했다.

후군집은 오래전에 태종의 명령을 받들어 이정李靖에게서 병법을 공부한 적이 있었다. 이후에 후군집이 태종에게 말했다. "폐하, 이정이 반란을 도모하고 있습니다." 증거가 있냐는 태종의 질문에 후군집이 대답했다. "이정은 신에게 병법의 피상적인 지식만 전수하려 할 뿐 자신이 가진 지식을 전부 전수하지 않았습니다. 그 일로 신은 그가 반역할 의중이 있다고 판단했습니다."

태종은 이정에게 그것이 무슨 일인지 물었다. 그러자 이정의 대답은 사뭇 달랐다. "폐하, 그것이 바로 후군집이 반란을 꾀하고 있다는 증거입니다! 지금 중원 지역의 대세는 이미 정해졌고 주변의 소수민족은 중원 최대의 위협으로 자리 잡았습니다. 그들에 대응하

---

* **토욕혼吐谷渾**: 고대 중국의 소수민족 정권으로 선비족의 한 갈래다. 지금의 칭하이성과 간쑤성 일대가 세력 범위였다. 당나라 때 정복당했고 수령은 청해왕青海王으로 봉해졌다.
** **고창高昌**: 서역에서 역사가 오래된 나라로 지금의 신장 자치구 투루판 동남부에 위치해 있었다. 고대 서역의 교통 요충지였다.
*** **영남嶺南**: 백월百越의 땅이라고도 불렸다. 웨청링越城嶺 등 다섯 산맥의 남쪽에 위치해 있다. 지금의 광둥, 광시, 하이난 일대이며 후난, 장시 등 성의 부분 지역을 포함하고 있다.

려면 신이 그에게 가르쳐준 병법만으로 이미 충분합니다. 그런데 그는 신에게서 모든 병법 지식을 전수받으려고 합니다. 이는 그가 반란의 음모를 꾀한다는 증거가 아니고 무엇이겠습니까?"

강하왕江夏王 이도종李道宗도 태종에게 후군집을 유심히 살피라고 완곡하게 충고했다. "폐하, 후군집은 학식은 없지만 무척 교만해 늘 자신이 고생해 세운 공이 크다고 생각합니다. 또 자신의 관직이 방현령이나 이정보다 낮은 것은 자신에 대한 모욕이라고 느끼고 있습니다. 그는 분명 이부상서吏部尚書에만 만족하지 못할 것입니다. 신은 그가 반란을 일으키는 것은 시간문제라고 사료됩니다."

이윽고 태종이 대답했다. "후군집이 어떤 관직을 원하는지 짐도 그의 요구를 들어주고 싶구나. 그의 능력은 분명 매우 출중하다! 하지만 관직은 연공서열을 따라야 하는 것, 그의 차례가 아직 오지 않은 것뿐이다. 그러니 너무 의심하고 미워하지 말라!"

후군집이 정말로 반란을 꾀해 죽음에 처해지자 태종은 이도종을 불러들여 이정에게 사과의 말을 전하도록 했다. "그대가 이전에 후군집에 대해 말한 것이 분명 틀리지 않았다. 지금 발생한 모든 상황은 그대가 이전에 했던 예언과 들어맞는다."

태자가 유폐된 뒤로 위왕魏王 이태李泰는 매일 궁으로 와서 태종을 돌봤다. 태종은 이태에게 깊이 감동하고 그 앞에서 그를 태자로 세우겠다고 약속했다. 대신 잠문본岑文本과 유계劉洎도 이태를 태자로 세우는 데 지지를 표명했다. 하지만 장손무기는 진왕晉王 이치李治를 태자로 책봉해야 한다고 건의했다.

한 번은 태종이 대신들에게 말했다. "위왕이 어제 짐의 품에 안겨 말했다. '소신은 형제들 중 아바마마와의 관계가 가장 좋은 아들인 것이 참으로 기쁩니다. 소신은 죽었다 다시 살아난 것 같습니다.

다음에 소신이 죽으면 분명 진왕이 황위를 계승할 것입니다. 그러니 소신의 아들은 소신이 죽기 전에 죽이겠습니다.' 위왕이 이런 생각을 한다는 데 대해 짐은 몹시 가슴이 아프다. 이 세상의 누가 자신의 아이를 불쌍히 여기지 않겠느냐?"

하지만 간관諫官 저수량褚遂良이 이렇게 말했다. "신의 생각에 폐하의 말씀은 타당성을 잃은 듯합니다. 태자를 책봉하는 일에서 더이상 어떠한 예상치 못한 실수도 있어서는 안 됩니다. 신은 폐하께서 숙고하시기를 간청드립니다. 폐하께서 위왕에게 황위를 계승하신다면 위왕은 결단코 진왕에게 황위를 넘겨주기 위해 자신의 혈육을 죽이지 않을 것입니다. 이전에 태자께서 반란을 일으켜 큰 화를 만들어낸 것도 모두 폐하께서 위왕을 너무 총애한 데다 심지어 태자에 대한 사랑보다 더했기 때문입니다. 폐하께서는 이 교훈을 받아들여야 합니다! 폐하께서 만일 진심으로 위왕을 태자로 책봉하고 이후의 정국 안정을 확립하고 싶으시다면 반드시 우선적으로 진왕의 직위를 염두에 두셔야 합니다!"

그 말에 태종은 괴로운 나머지 눈물을 흘렸다. "이 일은 짐이 도저히 못하겠다." 그런 뒤 환궁해버렸다.

위왕은 태종이 진왕 이치를 태자로 책봉할까 걱정되어 진왕을 찾아갔다. "과거에 너는 한왕漢王 이원창李元昌과 관계가 아주 친밀했다. 지금 그는 태자와 힘을 모아 반란을 꾀하다 죽임을 당했다. 너는 아바마마께서 너에 대해 의심할 것이라는 걱정도 없는 것이냐?" 그 말을 들은 이치는 매일 절절매면서 얼굴이 수심이 가득했다. 그런 모습을 보고 태종이 의아해하며 무슨 일인지 물었다. 여러 차례 물어보고 나서야 그는 사실을 말했다. 그 말에 태종은 위왕 이태李泰에게 크게 실망하고 그를 태자로 세우겠다는 약속에 대해서도 후회하게 됐다.

태종이 당시 태자 이건성이 반역을 꾀했던 일에 대해 이건성을 바로 앞에 놓고 질문했을 때 돌아온 대답은 이랬다. "소신에게는 지나친 욕심은 없습니다. 지금도 소신은 이미 태자이지 않습니까! 소신이 일부 대신들과 종종 함께했던 이유는 저 자신을 어떻게 보전할까 상의하기 위해서였습니다. 어디까지나 이태가 저를 해하려고 했기 때문입니다. 게다가 주변에 저의가 불량한 자들이 기회를 틈타 저를 부추기고 있습니다. 그래서 제가 잠깐 망령을 부려 오늘의 이 지경에 이른 것입니다. 아바마마께서 만일 이태를 태자로 책봉하신다면 그가 쳐놓은 함정에 빠진 것입니다."

어느 날 태종은 퇴청 후 장손무기, 방현령, 이세적, 저수량褚遂良 네 명에게 양의전兩儀殿으로 와서 자신을 만나도록 분부했다. "짐의 아우 한 명과 아들 세 명이 공모하여 이 일을 저질렀으니 참으로 슬프도다. 짐의 심중이 무척 괴롭고 고민이 많으니 더 이상 희망이 없구나." 말을 마친 태종이 침상의 머리맡을 들이받으니 네 사람은 얼른 그를 막아섰다. 또 태종이 허리에 찬 칼을 뽑아 자결하려고 하자 저수량이 순식간에 칼을 빼앗아 옆에 있던 진왕에게 건네주었다. 장손무기 등 함께 있던 이들이 태종에게 어떻게 할 생각인지를 묻자 태종이 그들에게 대답했다. "짐은 진왕을 태자로 책봉할 생각이다."

장손무기가 앞으로 나서서 말했다. "우리들은 반드시 폐하의 뜻대로 행하겠습니다. 폐하께서는 이의가 있는 이들을 참수하십시오."

그러자 태종이 진왕에게 말했다. "너의 외숙은 이미 너를 태자로 세우는 데 동의했다. 어서 그에게 감사하다고 하지 못할까!" 이치는 황급히 장손무기에게 감사의 말을 전했다.

태종이 진왕에게 말했다. "너의 외숙은 이미 너를 태자로 세우는 데 동의했다. 어서 그에게 감사하다고 하지 못할까!" 이치는 황급히 장손무기에게 감사의 말을 전했다.

또 태종이 말했다. "너희는 짐의 결정에 찬성하고 있다. 하지만 조정의 다른 이들의 생각은 어떨지 모르겠구나."

이에 모두들 대답했다. "만일 반대하는 자가 있다면 우리가 황제를 속인 죄를 저지른 것이니 죽어 마땅합니다."

이윽고 태종은 즉시 조정에 6품 이상의 관리를 전부 소집했다. "이승건과 이태는 모두 태자에 부적합하다. 이승건은 공공연히 반란을 도모했고 이태는 또 못된 생각을 품었다. 짐은 다른 황자들 중 한 명을 뽑아 태자로 세우려 한다. 모두들 어느 황자가 태자의 자리를 능히 감당할 수 있는지 기탄없이 말해보라."

대신들은 모두 입을 모아 말했다. "진왕은 충직하고 후덕하여 태자에 적합한 인물입니다." 그 말에 태종은 상당히 위안이 되었다.

태종은 그날 또 위왕 이태를 불렀다. 이태와 함께 백여 명의 기마병들이 왔는데 그들 일행은 영안문永安門에서 저지당했다. 태종은 이태의 기마병과 호위대를 당장 해산시키라고 명령했고 이태 본인은 유폐되었다.

태종은 정관 17년기원후 643년 4월 7일, 진왕 이치를 태자로 선포했다. 태종은 친히 승천문루承天門樓에 올라 전국적으로 대사면을 실시하겠다는 명령을 내렸다. 이에 온 나라가 술자리를 크게 벌여 삼일 동안 축하했다.

39장

무측천武則天이 황후에 책립되다

왕황후王皇后는 당고종 이치를 오랜 세월 모셨으면서도 자식 한 명
낳지 못했지만 소숙비蕭淑妃는 아들 하나를 낳았다. 그래서 고종은
소숙비를 더욱 총애했고 왕황후는 질투심에 휩싸이고 말았다.

고종은 태자일 때 종종 태종의 대궐로 가서 태종을 모셨다. 그
때 무측천武則天은 태종을 옆에서 모시고 있었고 태종은 그녀를 매
우 총애했다. 태종이 죽은 뒤 무측천은 태종의 유언에 따라 감업사
感業寺로 출가해 비구니가 되었다. 그해에 고종은 태종의 기일에 분
향하고 부처님께 빌러 감업사에 갔다가 무측천을 만났다. 그리고
두 사람은 서로 부둥켜안고 통곡했다.

그 일이 왕황후에게 전해지자 그녀는 무측천에게 은밀히 머리
를 기르라고 분부했다. 그런 뒤 왕황후는 고종에게 무측천을 궁으
로 돌아오게 하자고 제안했다. 그녀의 의도는 무측천을 핑계 삼아
소숙비에게서 고종의 총애를 빼앗으려는 것이었다. 무측천은 무척
총명하고 또 사람의 마음을 잘 구슬릴 줄 알았다. 환궁 초기에 그녀
는 왕황후 앞에서 겸손하고 예의바르게 행동했다. 그래서 왕황후는
그녀가 마음이 들었고 종종 고종에게 그녀를 칭찬하기도 했다.

무측천은 빠르게 고종의 총애를 독차지해 소의昭儀로 책봉되었
다. 총애를 잃은 왕황후와 소숙비는 다시 연합해 무측천에 대한 험

담을 했지만 유감스럽게도 고종은 꿈쩍도 하지 않았다. 이에 질세라 무측천도 고종 앞에서 왕황후와 소숙비를 비방하여 보복했다. 고종은 무측천의 말을 그대로 믿었다.

왕황후는 사교 능력이 좋지 않아 어느덧 수많은 적을 만들어내고 말았다. 또한 그녀의 모친인 위국부인魏國夫人 유씨柳氏와 외숙 중서령 유석柳奭은 다들 오만한 사람들이어서 궁에 들어가 황제를 만날 때 예를 다하지 않았다. 그 일을 염두에 둔 무측천은 조심스럽게 왕황후가 싫어하는 사람을 자기 주변으로 끌어들이기 시작했다. 무측천은 고종이 자신에게 준 하사품을 주변 사람들에게 나눠주었는데 그 씀씀이가 무척 대범했다. 그들은 그녀에게 고마움을 표하기 위해 왕황후와 소숙비가 평상시 하는 행동을 그녀에게 보고했다. 고종은 왕황후를 싫어했지만 그때까지만 해도 폐위는 염두에 두지 않았다.

무측천이 그 뒤로 고종의 딸을 낳았는데 한 번은 왕황후가 왔다가 아이의 귀여운 얼굴을 보고는 아이와 잠깐 놀다 간 적이 있었다. 무측천은 사람이 없는 틈을 타 자신의 아이를 목 졸라 죽이고는 아이에게 이불을 덮었다. 고종은 급하게 퇴청해 돌아왔고 무측천은 그 앞에서 아무 일도 일어나지 않은 것처럼 가장했다. 이윽고 두 사람은 함께 딸을 보러 가서 이불을 젖혔다. 순간 고종은 아이가 이미 죽었다는 것을 알았고 무측천은 놀란 척하면서 통곡했다. 고종은 얼른 하인에게 방금 누가 왔었냐고 물었고 모두 이렇게 대답했다. "방금 황후 이외에는 이곳에 온 사람은 아무도 없습니다." 고종은 크게 노하여 소리쳤다. "황후가 내 딸을 죽였다. 악랄하기 그지없구나!" 대노한 고종을 본 무측천은 재빨리 기회를 잡아 울면서 황후의 잘못을 일일이 열거했다.

공주의 죽음에 대해 왕황후도 그럴싸한 해명을 하지 못하자 고종은 비로소 황후를 폐위시킬 생각을 하게 됐다. 그는 대신들이 동의하지 않을 것을 염려해 먼저 외숙 장손무기의 지지를 얻으려고 무측천을 데리고 예를 갖추어 장손무기를 방문했다. 장손무기는 주연을 베풀어 그들 두 사람을 대접했다. 주연 석상에서 고종은 장손무기가 가장 아끼는 세 아들을 관리에 임명하고 또 수레 열 대에 달하는 금은보화와 비단을 장손무기에게 하사했다. 한창 흥겨운 술자리에서 고종은 장손무기에게 폐위와 관련된 일을 언급하려고 왕황후가 지금껏 자신에게 자식 하나 낳아주지 않았다는 말로 서두를 열었다. 하지만 장손무기는 고종의 말 속에 숨겨진 속뜻을 본체만체했다. 그러면서 화제를 다른 데로만 돌리자 고종은 상당히 불쾌했다.

그 뒤로 무측천은 자신의 모친 양楊씨에게 장손무기를 만나 그에게 황제의 편에 서도록 청하게 했다. 하지만 장손무기는 여전히 부동의 자세를 취했다. 예부상서禮部尚書 허경종許敬宗도 장손무기를 여러 차례 설득했지만 호된 질책만 받았다.

무측천은 왕황후를 무너뜨리기 위해 왕황후와 모친 유씨가 무속인을 불러 자신에게 저주를 퍼부었다고 모함했다. 그러자 고종은 당장 명령을 내려 앞으로는 유씨가 다시는 궁으로 들어오지 못하도록 했다.

7월 10일, 유석이 이부상서吏部尚書에서 수주자사遂州刺史로 좌천되었다. 한편 우승于承이라 불리는 관리는 유석이 좌천된 이유를 추측하고는 곧장 고종 앞에서 유석이 후궁의 비밀스러운 일을 밖으로 누설한다고 모함했다. 유석은 부임 도중에 다시 강등되어 더욱 외진 곳으로 쫓겨났다.

당시 당나라는 수나라의 후궁 제도를 답습해 황후 아래에는 귀비貴妃, 숙비淑妃, 덕비德妃, 현비賢妃의 네 비가 있었다. 고종은 무측천을 위해 신비宸妃를 더 두고 싶었다. 하지만 한원韓瑗*과 내제來濟 두 대신이 그런 선례가 없었다는 이유로 강력히 반대를 하는 바람에 결국 포기할 수밖에 없었다.

그런가 하면 장손무기는 이의부李義府라는 관리를 눈엣가시처럼 여기다가 적절한 기회에 그를 강등시키려고 했다. 이의부는 강등의 명령이 전해지기 전에 이미 정보를 접하고 자신의 동료 왕덕검王德儉에게 도움을 구했다. 그러자 왕덕검이 말했다. "폐하께서는 황후의 자리를 폐하고 책립하는 일로 오랫동안 주저하고 계시네. 오래된 대신들의 지지를 받지 못할까 두렵기 때문이지. 이번에 자네가 난관을 극복하고 관직을 지키고 싶다면 폐하께 무소의를 황후로 책립할 것을 건의하기만 하면 되네."

이의부는 동료의 의견을 받아들였다. 그날 마침 왕덕검이 당직을 설 때여서 이의부가 그를 대신해 당직을 섰다. 그리고 그 기회를 이용해 왕황후를 폐위하고 백성들의 마음을 따라 무소의를 황후로 세우자는 상소를 올렸다. 상소를 본 고종은 대단히 기뻐하면서 곧장 그를 불러들여 이야기를 나눴다. 결국 고종은 그의 관직을 유지시킨 데다 또 많은 재물을 그에게 하사했다. 무측천도 사적으로 그에게 상을 내리도록 명령했다. 이의부는 순식간에 중서시랑으로 파격적으로 발탁되었다. 그밖에도 허경종許敬宗, 최의현崔義玄, 원공유袁公瑜 세 명의 대신들도 몰래 무측천에게 빌붙었다.

---

* **한원韓瑗**: 당나라의 재상으로 고종이 왕황후를 폐위시키는 데 강력하게 반대해 좌천되었다. 그 뒤로는 또 반역을 도모한다는 모함을 받아 죽임을 당했다.

그 일로 고종이 퇴청한 뒤 장손무기, 이세적, 우지녕于志寧, 저수량 네 사람이 내전에서 상의를 나누게 됐다. 이때 저수량이 나머지 세 사람에게 말했다. "이번에 폐하께서 황후의 폐위를 두고 분명 우리를 부를 것입니다. 폐하께서는 이미 결정을 내린 상태인지라 죽고 싶지 않다면 그분의 뜻을 따를 수밖에 없습니다. 장손 대인과 이 대인은 반대를 표명해서는 안 됩니다. 두 분 중 한 분은 폐하의 외숙이고 또 한 분은 개국공신이지 않습니까. 두 분께서 반대한다면 폐하께서는 자신의 친척과 공이 있는 신하를 죽였다는 이유로 세상 사람들의 욕을 받을 것입니다. 반면 저는 평민 출신으로 선왕의 은혜가 아니라면 이 자리에 없었을 것입니다. 선왕께서 저를 믿어 황제를 보좌하는 신하가 되게 하신 것입니다. 만일 제가 폐하 앞에서 과감하게 진언을 드리지 못한다면 죽어서 어찌 선왕을 뵐 면목이 서겠습니까?"

이세적은 병이 났기 때문에 고종을 만나러 가지 못했다. 고종은 장손무기 등을 보고 그들에게 말했다. "무소의는 이미 짐의 아이를 낳았지만 황후는 한 명도 낳지 못했소. 짐은 무소의를 황후로 책립할 생각인데 그대들의 생각은 어떠시오?"

저수량이 대답했다. "황후께서는 명문가의 규수이시고 선왕께서 친히 폐하를 위해 선택한 부인입니다. 선왕께서 위독하실 때 신께 말씀하셨습니다. '짐은 이제 그대에게 아들과 며느리를 부탁하겠노라.' 이는 폐하께서도 친히 보고 들었습니다. 폐하께서는 무슨 이유로 폐위하려 하십니까? 신은 황후께서 어떤 잘못을 저질렀는지 모르겠습니다! 선왕께서 남긴 염원을 신은 반드시 따르겠습니다! 폐하께서 황후를 폐위하는 것을 신은 절대 반대합니다!" 그 말에 고종은 상당히 불쾌했지만 아무 말도 하지 않았다.

이튿날 고종이 그 일을 다시 언급하자 저수량이 말했다. "설령 폐하께서 이미 결심하여 폐위하시려고 해도 명문 집안의 규수들 가운데서 새로운 황후를 책립하셔야 합니다. 어째서 반드시 무소의를 황후로 책립하려 하십니까? 무소의는 과거 선왕을 모셨던 궁녀였습니다. 이는 누구나 다 아는 일입니다. 폐하께서는 어찌 만천하를 속이려 하십니까? 후손들은 또 폐하에 대해 어떤 평가를 내리겠습니까? 폐하, 심사숙고하셔야 합니다! 신이 지금 이렇게 폐하를 반대하는 것은 참으로 죽어 마땅합니다."

그렇게 말하고 그는 두건을 풀고 본래 손에 들고 있던 조홀朝笏*을 섬돌에 놓고는 고종을 향해 머리를 바닥에 찧느라 머리가 바닥에 부딪혀 다치고 말았다. 그러면서 고종에게 말했다. "신이 사직하여 고향으로 돌아갈 수 있게 간청드리나이다. 신은 이제 이 조홀을 폐하께 드리겠습니다." 고종은 화가 치민 나머지 그를 어서 데리고 나가라고 명령했다.

발 뒤에 앉아 있던 무소의는 그 말을 듣고 큰 소리를 쳤다. "폐하께서는 즉시 그 저 늙은 놈을 죽이십시오!" 장손무기가 타일렀다. "성을 가라앉히십시오. 저수량이 잘못을 했더라도 폐하께서 그를 용서하셔야 합니다. 어쨌든 그는 선왕의 탁고托孤**를 받아들인 중요한 신하입니다." 그 자리에서 우지녕은 처음부터 끝까지 아무 말도 하지 않았다.

그 뒤로 한원은 또 고종에게 상소하여 황후를 폐위해서는 안 된

---

* **조홀朝笏**: 고대에 대신들이 조정에 등정할 때 손에 드는 판이다. 옥, 상아, 대나무 조각으로 만들었으며 폭이 좁고 길다.
** **탁고托孤**: 임종시 자식을 부탁함.

그는 두건을 풀고 본래 손에
들고 있던 조홀朝笏을 섬돌에 놓고는 고종을 향해 머리
를 바닥에 찧느라 머리가 바닥에 부딪혀 다치고 말았다.

다고 간언하면서 눈물을 흘렸다. 하지만 고종은 꿈쩍도 하지 않았다. 한원은 크게 상심했지만 그래도 이튿날 다시 고종에게 간언했고 고종은 아예 그를 데리고 나가라고 명령했다. 한원은 세 번째 상소문을 또 올렸다.

"일반 백성들도 결혼하기 전에는 선택의 과정을 거칩니다. 폐하께서는 한 나라의 군주로서 응당 그렇게 해야 합니다. 황후는 천하여인들의 모범이 되어야 합니다. 천하의 백성들은 황후의 어질거나 그릇된 성품의 영향을 직접적으로 받습니다. 그렇기 때문에 상고 시대에 이런 일이 있었습니다. 추한 외모를 지닌 여성 모모嫫母*가 황제의 현숙한 부인이 된 반면 절세미녀 달기妲己는 상나라를 멸망으로 이끌었습니다. 《시경詩經》에 이르기를, '포사褒姒는 번영을 구가하던 주나라를 멸망시켰다'라고 했습니다. 역사적 사실을 읽을 때마다 신은 큰 깨달음을 얻습니다. 그런데 뜻밖에도 이런 일이 당나라의 태평성세에 일어났습니다. 만일 폐하께서 법도에 따라 일을 처리하지 않는다면 후손들이 폐하를 어떻게 평가하겠습니까? 폐하께서는 심사숙고하시어 후손의 웃음거리가 되지 않도록 하십시오. 신이 이렇게 말하여 만일 나라에 이익이 될 수 있다면 신은 목숨을 희생해 시체도 온전하지 못하더라도 원망하지 않겠습니다. 오왕吳王부차夫差가 오자서伍子胥**의 간언을 외면했다가 결국 나라가 망했습니다. 폐하께서 지금 만일 고집을 부린다면 백성들은 크게 실망할

---

* **모모嫫母**: 5천 년 전 황제黃帝시대에 살았다고 전해진다. 얼굴은 못생겼지만 현명하고 정숙하며 인품이 온화해 황제는 그녀를 자신의 넷째 왕비로 삼았고 그녀에 대한 신뢰가 커서 그녀에게 후궁을 관리하도록 했다. 모모는 탁월한 조직관리능력을 갖추었을 뿐만 아니라 자신의 외모를 이용해 황제의 악귀를 쫓아내기도 했다.
** **오자서伍子胥**: 춘추시대 말기 오나라의 대부이고 오왕 부차가 패왕이 되도록 도왔다.

것입니다. 그리고 얼마 지나지 않아 나라도 망할 것입니다."

내제도 상소를 올렸다. "폐하께서 황후를 책립하실 때 예의 법도를 저버려서는 안 됩니다. 어질고 온순한 대갓집의 규수를 책립하셔야 합니다. 그래야 신하와 백성들도 만족할 수 있고 또 천지신명의 뜻을 어기지 않을 수 있습니다. 주나라 문왕이 《관저關雎》에서 배우고 감화되며 그 은혜가 백성에게까지 미쳤던 이유는 그분이 일부러 배를 만들어* 태사太姒**를 아내로 맞이했기 때문입니다. 한성제漢成帝***가 가무와 여색을 한껏 즐기다가 궁녀****를 황후로 책립하여 결국 나라가 망했습니다. 태사로 인해 조나라는 번영을 구가했고, 일개 궁녀로 인해 한나라는 큰 화를 당했습니다. 폐하께서는 이런 역사적 교훈을 반드시 거울로 삼아야 합니다!" 하지만 역사적 사실을 근거로 제기한 권고에도 고종은 전혀 수용하지 않았다.

며칠 뒤 이세적이 궁으로 들어와 황제를 알현했다. 고종이 그에게 이렇게 물어보았다. "짐은 무소의를 황후로 책립하고자 하오. 그런데 저수량이 극구 반대하고 있소. 상황이 이러하니 짐이 이대로 그냥 내 마음을 없었던 것으로 해야 할지 모르겠소. 분명 저수량은 선왕께서 짐을 위해 남겨주신 정치를 보좌하는 대신 아니겠소."

---

* 주문왕이 아름답고 인덕한 태사를 아내로 맞이하려고 했으나, 황하 최대 지류인 위수渭水가 두 나라를 가로막고 있었기에 신부를 맞이할 방도가 마땅치 않았다. 주문왕은 모든 백성들에게 배를 위수에 띄워 서로 이어지게 하여 일종의 부교浮橋를 만들도록 한 뒤, 몸소 강가에 나가 신부를 맞이했다. ─편집자 주
** 태사太姒: 주문왕의 정비이다.
*** 한성제漢成帝: 서한西漢의 황제로 재위 기간에 조비연을 총애해 국정을 돌보지 않았다. 대권이 남의 손에 넘어가면서 서한은 멸망하게 됐다.
**** 궁녀: 여기에서는 조비연趙飛燕을 가리킨다. 본래 궁녀였으나 이후에 한성제에 의해 황후로 책립됐다.

그러자 이세적이 대답했다. "폐하께서 황후를 책립하시는 일에 굳이 외부인이 참견할 필요가 있겠습니까? 이는 황제의 집안일입니다!" 그러자 고종은 이내 기분이 풀려 황후를 책립할 마음의 결정을 내렸다.

허경종도 조정에서 관리들에게 알렸다. "폐하께서 황후를 책립하는 일은 인지상정이다. 농사를 짓는 농부가 만일 열 곡斛*의 양식을 더 수확하면 아내를 내쫓고 딴 여자를 얻고 싶지 않겠는가? 이런 일을 두고 우리가 끼어들 필요가 있겠느냐?" 무소후는 몰래 고종 앞에서 이 말을 전하라고 명령을 내렸다.

고종은 당시 10월에 왕황후와 소숙비를 폐위하라는 명령을 내렸다. 그리고 11월, 무측천은 황후로 책립되고 황실 권력의 최고봉에 올라 염원을 실현했다.

---

* **곡斛**: 고대 중국의 용량 단위다. 1곡은 본래 10두斗인데 이후에 5두로 바뀌었고, 1두는 10승升이다.

40장

무측천의 총애를 받은 남자들

무측천은 말년에 장창종張昌宗과 장역지張易之 두 형제를 총애했다. 그러자 두 사람은 그 기회를 틈타 충신들을 모함하고 자신과 견해가 다른 사람을 제거하는 등 제멋대로 행동했다. 적잖은 대신들은 그들에 대해 극심한 불만을 품고 있었고 그런 이유로 그들의 모함을 받았다. 그중에는 재상 위원충魏元忠이 포함돼 있었다.

위원충은 과거에 낙주에서 관리로 있었다가 수도로 전근되어 왔다. 당시 그가 낙주로 가기 전에 현지에는 장창의張昌儀라는 관리가 있었다. 그는 장창종과 장역지 두 형제의 아우였다. 장창의는 두 형님으로 인해 조정에서 권력을 잡아 두려울 자가 아무도 없었다. 그는 자신의 직속상관을 만날 때마다 매번 전혀 예의를 차리지 않고 상관이 업무를 보고 있는 대당大堂으로 곧장 들어갔다. 규칙에 따라 대당 아래에서 기다리지 않았던 것이다. 위원충은 그의 상관이 된 뒤 그에게 대당 아래에서 기다리라고 명령했고 그의 잘못을 절대 눈감아주지 않았다. 또한 장역지 집안의 하인이 낙양 번화가에서 포악한 짓을 거침없이 저지르는 것을 본 위원충은 지체하지 않고 그를 때려죽이도록 명령했다.

그 뒤로 위원충은 상경해 재상이 되었는데 어느 날 무측천이 기주자사岐州刺史 장창기를 수도로 불러들였다. 그 역시나 장역지의 아우였다. 무측천은 그를 옹주장사雍州長史로 세우고 싶었다. 그래서 조정에서 무측천은 몇 명의 재상에게 물었다. "옹주장사의 자리에 누가 앉는 것이 합당할 것 같소?"

그러자 위원충이 대답했다. "신은 설계창薛季昶이 적임자라고 생각합니다." 무측천이 대답했다. "설계창은 오랫동안 수도에서 관리를 지냈소. 짐은 다른 직책을 그에게 내릴 생각이오. 짐은 장창기를 옹주장사로 세울까 하오. 그대들은 어떻게 생각하시오?"

그러자 대신들이 대답했다. "장창기가 적임자입니다. 폐하께서는 참으로 지혜로우십니다." 하지만 유독 위원충만이 반대했다. "장창기의 능력으로 보면 그는 그 직책에 전혀 걸맞지 않습니다!"

무측천은 위원충에게 그렇게 말한 근거를 물었다. "장창기는 너무 젊어 지방 관리를 장악할 능력이 없습니다. 그가 기주자사岐州刺史로 있을 때는 현지 인구가 적었습니다. 대규모 인구가 모두 외지로 도피했기 때문이지요. 인구가 적은 지역은 관리하기가 꽤 수월합니다. 하지만 옹주는 근처에 수도가 있어 인구도 많고 일도 많습니다. 그야말로 관리하기가 절대 수월하지 않습니다. 반면 설계창은 지방 관리를 장악하는 데 이미 익숙해져 있는 데다 총명하고 일처리 능력도 탁월합니다. 절대 장창기와 비견될 수 있는 인물이 아닙니다." 무측천은 그의 의견을 묵인했다.

위원충은 일전에 대놓고 무측천 앞에서 이렇게 말한 적이 있었다. "신은 선왕이 제위에 계실 때부터 크게 중용을 받아왔습니다. 이제 신은 재상의 자리에 있으나 간사한 인물들이 폐하 옆에서 권모술수를 부리는 것을 저지할 수가 없습니다. 모두 신의 잘못입니다. 신이 나라를 위해 필사의 노력을 다하지 못한 것입니다!"

이 말에 무측천은 반감을 크게 느꼈고 장역지 형제는 그에게 큰

앙심을 품게 됐다.

한편 태평공주太平公主*는 한동안 고전高戩이라는 관리를 무척 총애했다. 당시 무측천은 중병에 걸려 있던 터라 장창종은 무측천이 죽고 나면 위원충의 손에 죽을까 걱정이 되었다. 그래서 그는 무측천에게 위원충을 모함하면서 그가 고전과 이렇게 논의를 하고 있다고 말했다. "폐하께서 지금 연로하시니 우리는 장래를 위해 계획을 세워두어야 합니다. 태자께 의지할 수밖에 없습니다."

그 말을 들은 무측천은 크게 노하면서 곧장 위원충과 고전을 옥에 가두라고 명령하고 그들을 장창종과 대질시키려고 했다.

장창종은 개인적으로 봉각사인鳳閣舍人** 장열張說과 만나 위증을 해달라고 요청했다. 위원충이 고전과 그런 대화를 나눴다고 증명해달라고 한 것이다. 장창종은 일이 잘 되면 그에게 대가로 부귀영화를 누리게 해주겠다고 했고 장열은 이내 승낙했다.

다음 날 무측천은 몇 명의 재상을 조당으로 오라고 분부하고 태자 이현李顯과 상왕相王 이단李旦도 함께 불러들였다. 그런 뒤 그녀는 사람들 앞에서 위원충과 장창종을 대질심문했다. 두 사람은 저마다 변명거리가 있었고 서로 양보하지 않았다. 그러자 장창종이 말했다. "폐하, 장열에게 증명하도록 하시지요. 위원충이 그런 말을 할 때 장열이 마침 그 말을 들었습니다."

무측천은 장열을 불러들이라고 명령했다. 장열은 조당 밖에

---

* **태평공주太平公主**: 무측천과 당나라 고종 이치 사이에서 태어난 딸이다. 무측천의 깊은 사랑을 받았지만 이후에 당현종唐玄宗 이융기李隆基와의 권력 다툼에 의해 사약을 받고 죽었다.

** **봉각사인鳳閣舍人**: 중서사인中書舍人이라고도 한다. 태자의 동궁 속관屬官이다.

와 있었는데 이때 함께 봉각사인을 지내고 있던 종경宗璟이 말했다. "명예와 정의는 사람에게 있어 가장 고귀한 것이라네. 사람이 한 일은 귀신도 분명 알 것이네. 그러니 자네는 어찌되었든 나쁜 사람의 편을 들고 충신을 모함하여 자신을 보전하려 해서는 안 되네!"

다른 관리인 장정張廷도 말을 보탰다. "공자께서 이르기를, '아침에 도를 깨치면 저녁에 죽어도 유감이 없다.'라고 했네." 또다른 관리인 유지기劉知幾도 거들었다. "어쨌든 역사의 오점이 되어서는 안 되네. 자네의 후손이 부끄럽지 않게 하시게!"

이윽고 장열은 조당으로 들어섰고 무측천이 그에게 질문을 던졌지만 그는 곧장 대답하지 못했다. 그러자 위원충이 걱정스러워하며 그에게 물었다. "설마 자네가 장창종과 한패가 되어 나를 모함하려 하는가?" 그러자 장열이 위원충을 비판했다. "시정잡배들만이 그런 말을 하는 것입니다. 당당한 재상인 공께서 어째서 그렇게 말씀하시는 것입니까?" 옆에 있던 장창종은 장열에게 끊임없이 '진상'을 밝히라고 재촉했다.

그러자 장열이 무측천에게 말했다. "폐하, 폐하께서도 보셨듯이 장창종은 폐하 앞에서까지 이렇듯 제멋대로 신을 몰아붙이고 있습니다. 다른 곳에서는 더욱 심했습니다! 신은 많은 이들 앞에서 폐하께 진상을 밝히려 합니다. 장창종은 신을 협박해 그를 위해 위증해 달라 했습니다. 하지만 신은 위 대인이 그렇게 말한 것을 들은 적이 없습니다!"

장창종과 장역지는 그 말을 듣고 이내 고함을 질러댔다. "폐하, 장열은 위원충과 은밀히 반역을 꾀하려고 했습니다!" 무측천은 또 황급히 그것이 무슨 일인지 물었다. 그러자 두 사람이 대답했다.

"장열은 이전에 위원충이야말로 당나라의 이윤伊尹*과 주공周公**이라고 말한 적이 있습니다. 이윤은 태갑太甲***을 축출했고 주공은 국정을 통제했습니다. 이것이 바로 반역을 꾀한 것이 아니고 무엇이겠습니까?"

그러자 장열이 해명했다. "당신들 두 사람은 참으로 식견이 얕습니다. 이윤과 주공의 덕행에 대해 피상적으로만 알고 있습니다! 위원충이 처음 재상으로 진급되었을 때 저는 그분께 축하를 드렸습니다. 그러자 그분은 축하의 말을 하는 사람들에게 이렇게 일렀습니다. '나는 많은 공을 세우지 못했소. 그런데도 폐하께서 이렇게 후대를 해주시니 실로 황공할 따름이오.' 그래서 제가 그분께 말했습니다. '어찌 황공해하십니까? 공은 삼 품에 해당하는 큰 벼슬의 봉록을 받았으나 동시에 이윤과 주공의 중책을 맡았습니다!' 이윤과 주공은 예로부터 지금까지 세상 사람들의 추앙을 받는 충신입니다. 설마 폐하께서 친히 임명한 재상이 이윤과 주공을 본받기를 원치 않는단 말씀이십니까? 신이 만일 장창종의 명령대로 했다면 분명 부귀영화를 누릴 수 있었을 것입니다. 하지만 위원충을 지지한다면 얼마 지나지 않아 멸문지화를 당할 것입니다. 이런 이치를 신이 어찌 모르겠습니까? 하지만 신은 진실을 말해야 합니다. 만일

---

* **이윤伊尹**: 상商나라 초기의 대신으로 상탕商湯을 보좌해 하夏나라를 멸망시켰다.
** **주공周公**: 주문왕周文王의 네 번째 아들이다. 주무왕武王을 도와 상나라를 멸망시키고 주나라를 수립한 뒤 주성왕周成王의 치국을 도왔다.
*** **태갑太甲**: 상탕의 정실 장손이고 상나라의 제4대 왕이다. 황제로 등극한 뒤 이윤이 정치를 도왔다. 그는 향락을 탐하고 백성을 살해하고 조정을 부패시켰으며 상탕이 제정한 법도를 파괴했다. 그러자 이윤은 그를 상탕의 묘지 근처의 동궁桐宮으로 내쫓아 거기서 살면서 자신의 과오를 반성하도록 했다. 이를 '이윤방태갑伊尹放太甲', 즉 이윤이 태갑을 내쳤다고 한다.

그렇게 하지 않는다면 신은 이후에 분명 위원충의 원혼에게 괴롭힘을 당해 매일을 평안히 지낼 수 없을 것입니다."

무측천이 대답했다. "장열은 지금 이랬다 저랬다 하고 있으니 믿을 만하지 못하다. 그를 옥에 가두고 심문하고 위원충과 같은 처지에 있게 하라."

며칠이 지나 무측천은 다시 장열에게 그 일을 물었다. 장열은 앞의 설명을 그대로 유지했다. 분노한 무측천은 하내왕河內王 무의종武懿宗에게 다른 또 한 명의 재상과 함께 장열을 다시 심문하라고 명령했다. 그래도 같은 대답이 돌아왔다.

이때 주경칙朱敬則*이 무측천 앞에서 위원충과 장열의 편을 들었다. "모두들 위원충이 충직한 사람이고 장열 역시나 아무런 잘못을 범하지 않았다는 것을 알고 있습니다. 그러나 결국 그들은 옥에 갇혔습니다. 폐하께서 만일 이런 상황에서 그들에게 계속 죄를 물으신다면 백성들이 폐하께 실망할까 염려됩니다."

소안항蘇安恒도 상소를 올렸다. "폐하께서 처음 제위에 올랐을 때 사람들은 모두 폐하께 신하의 간언을 받아들여달라고 말씀드렸습니다. 이제 폐하께서 연로하여 아부하는 말에 대한 편애가 갈수록 심해지고 있습니다. 위원충이 파직당하고 옥에 갇혀 있어 백성들은 폐하께서 소인을 가까이 하고 현신을 멀리한다고 생각하여 몹시 두려워하고 있습니다. 또 적잖은 대신들은 섣불리 입을 열지 못하고 있습니다. 혹여나 장역지 일당을 노하게 했다가 헛되이 목

---

* **주경칙朱敬則**: 당나라의 현신이다. 무측천이 정권을 잡은 뒤로 중신을 마구잡이로 죽이자 이를 저지하기 위하여 간언을 했고 무측천은 간언을 받아들였다. 위원충이 장역지 형제에 의해 모함을 당했을 때 다행히도 그의 간언이 있어 사면됐다.

숨을 바쳐야 할까봐 두렵기 때문이지요. 대신들은 늘 집안에서 조정의 당면한 정세로 인해 근심하여 탄식하고 있습니다. 백성들이 지금 감당하고 있는 조세와 부역도 부담스러워 생활 형편이 날로 악화되고 있습니다. 그런데 폐하께서는 이런 소인들이 자행하는 악행을 방임하고 있습니다. 상벌이 적절치 않은 상황도 종종 발생하고 있습니다. 이런 상황이 지속되면서 신은 폐하께서 민심을 잃고 나라 안에 변수가 생길까 염려될 뿐입니다. 만일 황궁에서 누군가 군대를 일으켜 대명궁大明宮*을 공격하고는 폐하의 자리를 빼앗으려고 할 수도 있습니다. 폐하께서는 그를 어떻게 저지하시렵니까?"

장역지 일당은 이후에 그 상소문을 보고 크게 화를 내면서 소안항을 사지로 몰아넣으려고 했다. 다행히 주경칙 등이 최선을 다해 소안항을 보호해 다행히도 화를 면할 수 있었다.

위원충은 결국 무측천에 의해 고요현高要縣의 현위縣尉로 좌천당했다. 고적과 장열도 영남嶺南 지역으로 축출됐다.

장안을 떠날 때 위원충은 무측천에게 작별의 인사를 고했다. "신은 이미 늙고 쇠약해 이번에 장안을 떠나면 폐하를 더 이상 뵐 수 없을 것입니다. 하지만 폐하께서는 언젠가 신을 생각하게 될 것입니다."

무측천은 그렇게 말하는 이유를 물었다. 그는 무측천 옆을 지키고 있는 장창종과 장역지 두 형제를 가리켰다. "조만간 이들 둘이 큰 화를 일으킬 것입니다." 두 사람은 곧장 무측천 앞으로 나서서

---

* **대명궁大明宮**: 당나라 때의 황궁으로 장안성 동북부에 위치해 있었으며 당나라 정치의 중심이었다. 세계 역사상 가장 웅대하고 가장 큰 궁전 건축군 중 하나로 베이징 자금성의 4배에 달할 정도였지만 이후에 전란으로 소실됐다.

무측천은 그렇게 말하는 이유를 물었다. 그는 무측천 옆을 지키고 있는 장창종과 장역지 두 형제를 가리켰다. "조만간 이들 둘이 큰 화를 일으킬 것입니다."

울면서 위원충이 악독한 말로 중상모략한다고 말했다. 하지만 무측천은 길게 탄식하면서 위원충을 내보냈다.

이때 왕준王晙이라는 관리가 상소를 올려 위원충을 돕고자 했지만 종경이 그를 만류했다. "위원충은 목숨을 부지했다는 자체만으로 된 것이네. 하지만 자네가 또 상소를 올려 폐하를 노하게 하면 자네는 그 책임을 끝까지 져야 할 것이네."

그러자 왕준이 반박했다. "위원충이 그렇게 강직하게 충절을 지켰는데 강등되었으니 저는 그분을 도와 억울함을 호소하고 정의를 천명해야겠습니다. 설령 제가 강등되더라도 전혀 억울하지 않습니다."

그 말에 종경이 감탄했다. "나는 실로 조정을 대할 면목이 없네. 그래서 위원충의 쌓이고 쌓인 억울함을 벗겨줄 수가 없다네!"

위원충이 수도를 떠나던 당일 태자 주변의 관리인 최정신崔貞慎 등 여덟 명은 수도 근교에서 위원충을 위해 송별회를 열었다. 장역지는 시명柴明이라는 가명을 사용해 무측천에게 은밀히 보고했다. "최정신 등이 위원충과 함께 반역을 도모하고 있습니다." 무측천은 감찰어사 마회소馬懷素에게 곧장 그 일을 정확히 조사하라고 명령했다. 그녀는 마회소에게 이렇게 분부했다. "밀고에 언급된 내용은 모두 사실이다. 너는 그저 대략적인 조사만 하면 된다. 그리고 결과를 짐에게 보고하라. 빠를수록 좋다."

마회소가 이 안건을 접수한 뒤 무측천은 빠르게 환관 무리를 보내 마회소를 독촉하도록 했다. "이 안건은 더 분명히 할 것도 없습니다. 차일피일 결론을 내리지 않은 것은 무엇 때문입니까?" 마회소는 무측천에게 시명이라는 밀고자를 찾아 최정신 등과 대질해 상황을 정확히 파악하도록 해달라는 간청을 했다. 하지만 무측천은 이렇게 말했다. "그 사람이 어디에 있는지 짐도 모른다. 네가 그를 찾아 무엇을 하려느냐? 밀고 내용에 따라 용의자를 곧바로 심문하면 되지 않느냐?"

마회소는 자신이 조사한 진상을 무측천에게 보고했고 무측천은 크게 화를 냈다. "너는 역적들의 죄상을 은폐하려는 것이냐?"

마회소가 대답했다. "신에게는 이런 일을 감당할 용기가 없습니다! 위원충은 본래 재상이었다가 강등되어 수도를 떠났습니다. 그분의 벗으로서 최정신 등은 수도 근교에서 연회를 마련해 그분을 배웅했습니다. 이것이 사실입니다. 그들이 기회를 잡아 반란을 꾀한다는 모함을 신은 참으로 할 수가 없습니다. 한나라의 양왕梁王 팽월彭越*은 반란을 꾀했다는 죄명으로 참수당하여 백성들에게 내보였습니다. 하지만 팽월의 머리를 앞에 두고도 양대부梁大夫 난포欒布**는 자신이 사신으로 나갔던 상황을 보고했습니다. 그러고 나서 난포가 팽월을 위해 울고 제사를 지냈는데 한고조는 그것을 가지고 난포를 원망하지 않았습니다. 지금 위원충은 그저 수도 밖의 지방으로 부임하도록 강등됐고 그분의 벗들은 그를 배웅하러 간 것일 뿐입니다. 설마 폐하께서 이런 이유로 그의 친구들을 죽이려는 것은 아니겠지요? 폐하께서 만일 진심으로 그들이 죄를 저질렀다

---

* **팽월彭越**: 서한의 개국 명장으로 서한이 수립된 뒤 양왕에 봉해졌다. 그 뒤로 반란을 꾀한다는 고발을 당해 유방은 그의 삼족을 멸하고 참수하여 대중에 내보였다.
** **난포欒布**: 한나라 초기 양왕 팽월의 부하다. 그가 제나라에 사신으로 갔다가 아직 돌아오지 않았을 때 팽월이 죽임을 당했다. 유방은 팽월을 죽였고 그의 머리를 낙양 성문에 걸어 사람들이 보게 했다. 또한 누구든 팽월의 시신을 화장하거나 매장하지 못하도록 명령했다. 난포는 제나라에서 돌아온 뒤 성문에 걸린 팽월의 수급을 마주하면서도 자신이 사신으로 갔던 상황을 보고했다. 그러고 나서 팽월을 생각하면서 한바탕 크게 울고 또 그를 위해 제사를 지냈다. 결국 유방은 난포를 책망하지 않았다.

고 여긴다면 직접 그들을 처벌하면 됩니다. 결국 대신들의 목숨은 온전히 폐하의 수중에 달려 있습니다. 하지만 폐하께서 신에게 그 안건을 조사하라고 하시니 사실대로 보고하는 것 이외에 신에게는 다른 선택이 없습니다."

이윽고 무측천이 물었다. "너는 그들이 반란을 도모하지 않았다는 것이냐?"

마회소가 대답했다. "신은 그들이 반란을 도모한다는 실마리를 전혀 찾지 못했습니다. 신의 무능입니다."

무측천의 본심은 태자 주변의 몇몇 관리들에게 엄벌을 내리려는 것이었다. 하지만 마회소의 말로 인해 그녀는 결국 그런 생각을 포기했다. 이렇게 해서 최정신 등은 마회소의 정직한 간언으로 인해 장창종과 장역지 형제들의 모함에서 벗어났다.

41장

무측천의 죽음

신룡神龍 원년기원후 705년, 무측천은 이미 팔십 세가 넘었고 그녀가
제위에 오른 지 15년이 되었으며 당나라 정권을 통제한 지 반세기
가 흘렀다. 그녀는 그 해 정월 초하루에 전국적인 대사면을 선포하
고 연호를 신룡이라 고쳤다. 하지만 그녀가 노쇠해지는 속도는 이
런 조처를 취한다고 해서 전혀 늦춰지지 않았다. 게다가 그녀는 병
에 걸렸고 그 병세는 상당히 심각했다.

장역지와 장창종 형제 두 명은 그 기회를 노려 국정을 독점했다.
대신 장간지張柬之와 최현崔玄은 그 상황을 보고 몰래 경휘敬暉, 환
언범桓彦範, 원서기袁恕己 세 명의 대신과 그들을 제거할 방법을 논의
했다.

장간지가 우우림위右羽林衛* 대장군 이다조李多祚에게 가서 물었
다. "장군이 지금 누리고 있는 높은 벼슬과 많은 녹봉은 누가 주는
것이라 생각하시오?" 이다조가 울면서 대답했다. "선왕 고종이십
니다." 이어서 장간지가 말했다. "지금 장역지 형제가 가하는 위험
이 선왕 자제들의 생사존망에까지 미치고 있소. 장군은 선왕의 은

---

* **우우림위右羽林衛**: 우림위는 황제를 호위하는 금군禁軍이다.

혜에 보답해 지금 어려움에 처해 있는 태자를 구할 마음이 없는 거요?" 이다조는 하늘에 맹세했다. "조정의 이익이라면 공의 명에 따르겠습니다. 저는 목숨과 가문을 희생하더라도 전혀 아깝지 않습니다." 이어서 이다조, 장간지, 최현 등은 함께 철저한 행동 계획을 수립했다.

장간지는 과거에 명령에 따라 형주荊州로 가서 도독부장사都督府長史 양원염楊元琰의 직책을 인수받은 적이 있었다. 그때 두 사람은 할 일이 없어 한가로이 배를 타고 장강長江을 유람했다. 배가 장강 중앙에 도착했을 때 그들은 무측천이 황제가 되고 국호를 무주武周라고 바꾸었던 일을 가지고 대화를 나누었다. 양원염은 당나라의 국호를 회복해야 한다고 열변을 토했다. 그 뒤로 장간지가 재상이 되었고 장간지의 추천으로 무측천은 양원염을 우우림위 장군으로 임명했다. 당시 장간지는 양원염에게 이렇게 말했다. "우우림위 장군은 한가한 직책이 아니네! 자네는 옛날 우리가 배를 타고 장강 중앙에 갔을 때를 기억하는가? 그때 자네가 무슨 말을 했었는가?"

장간지는 그 뒤로 다시 잇따라 환언범桓彦範, 경휘敬暉, 이담李湛에게 좌우림위, 우우림위 장군을 맡도록 했고 금군의 통솔권을 주었다. 장역지 형제가 그 일로 의심을 품자 장간지는 장역지의 패거리인 무유의武攸宜를 우우림위 대장군에 임명했다. 그러자 장역지 일당은 비로소 마음을 놓았다.

한편 요원지姚元之*가 얼마 지나지 않아 영무靈武에서 장안으로

---

* **요원지姚元之**: 본명은 요숭姚崇이고 당나라의 저명한 재상이다. 무측천, 당예종唐睿宗, 당현종唐玄宗의 세 왕조에서 재상을 역임해 사람들은 요원지를 구시재상救時宰相, 즉 시대를 구원하는 유능한 재상이라 불렀다.

돌아왔다. 장간지와 환언범은 그 소식을 듣고 크게 기뻐했다. "우리는 이제 곧 큰 성공을 거둘 것이네!" 두 사람은 함께 가서 요원지를 만났다. 그러고는 그에게 이미 세워둔 계획을 설명했다. 환언범은 자신의 모친에게 그 일을 설명했고 모친의 승낙을 얻었다. 모친은 그를 격려해주었다. "충과 효는 자고로 둘 다 만족하기가 어렵다네. 조정에서 임명한 관리로서 자네는 응당 먼저 나라의 중요한 일을 생각해야 하네. 집안일은 사소한 일이니 이후에 다시 생각해도 늦지 않다네."

당시 태자 이현은 매일 북문에서 입궁해 무측천을 알현해야 했다. 그래서 환언범과 경휘는 그들의 계획을 조용히 태자에게 설명했고 태자의 승인을 얻었다.

22일, 장간지, 최현, 환언범, 좌위위장군左威衛將軍* 설사행薛思行 일행은 5백 명이 넘는 금군 병사 우림병羽林兵을 통솔해 현무문玄武門에 도달했다. 이때 이다조, 이담, 대신 왕동교王同皎가 함께 동궁으로 가서 태자를 만났다.

태자는 동궁을 떠날 용기가 나지 않았다. 다른 이들의 모함을 당할까 두려워서였다. 그러자 왕동교가 태자에게 말했다. "선왕께서는 이전에 태자께 제위를 계승하도록 했는데 결국 태자께서는 아무 이유 없이 폐위되고 유폐되었습니다. 천하의 신하와 백성이 모두 그 일로 분노하고 있고 신령님께서도 예외가 아닙니다. 이제 23년이 지났습니다. 하늘은 결국 신하와 백성의 소원을 들어주기로 결정했습니다. 북문에 주둔해 지키고 있는 우림위와 수많은 대신들

---

* **좌위위장군左威衛將軍**: 우림위를 통솔했다.

이 한마음으로 간신들을 제거하고 당나라를 회복하기로 결심했습니다. 태자께서는 이런 사람들을 실망시키지 마십시오. 우리와 함께 현무문으로 가시기를 청합니다."

태자가 대답했다. "간신을 제거하는 것은 응당 해야 할 일이오. 그대의 말이 참으로 옳소. 하지만 폐하께서 지금 병에 걸려 누워계시는데 그대들이 이렇게 하면 그분이 놀랄 것이오! 차라리 며칠 지나 다시 이야기를 나눕시다!"

그러자 이담이 말했다. "여러 재상들과 장군들은 자신과 가족의 목숨도 아끼지 않고 오로지 조정을 위해 힘을 다하고 있습니다. 그런데 전하께서는 어찌 박정하게 그들에게 정확鼎鑊*이라는 가혹한 형벌을 감당하라고 하십니까? 그렇다면 전하께서 친히 현무문으로 나서서 그들을 저지해주시지요."

그제야 태자는 동궁을 나섰다. 누군가 그를 부축해 말에 오르도록 하자 다들 함께 그를 모시고 현무문을 향해 갔다. 왕동교는 문의 빗장을 잘라내어 태자와 함께 궁으로 들어갔다.

당시 무측천은 영선궁迎仙宮에서 휴식을 취하고 있었다. 이때 장간지가 무리를 이끌고 영선궁의 회랑에서 장역지와 장창종 두 형제를 죽였다. 그런 다음 장생전長生殿 무측천의 침실 앞으로 갔다.

무측천은 놀라 침대에서 일어나 장간지에게 물었다. "무슨 일이냐? 누가 반란을 일으키려는 것이냐?"

장간지가 대답했다. "장역지와 장창종 두 형제입니다. 신은 이미 태자의 명을 받들어 그들을 죽였습니다. 신이 그들을 죽이기 전

---

* **정확鼎鑊**: 정鼎과 확鑊은 고대에 요리를 하던 두 종류의 솥이었다. 정확은 고대의 가혹한 형벌의 일종으로, 정과 확을 이용해 사람을 삶아 죽였다.

무측천은 놀라 침
대에서 일어나 장
간지에게 물었다.
"무슨 일이냐? 누가
반란을 일으키려는
것이냐?"

에 폐하께 알리지 않은 것은 정보가 새나갈까 염려해서입니다. 폐하께서는 신이 군을 통솔해 궁에서 역적들을 죽여 폐하를 놀라게 해 드린 데 대해 신을 책망하지 말아주십시오!"

무측천은 태자 이현이 무리들 속에 있는 것을 보고 태자에게 물었다. "네가 분부한 일이냐? 지금 장역지와 장창종 두 형제가 이미 이들에게 죽임을 당했다. 너에게 다른 일이 없다면 곧장 동궁으로 돌아가라!"

환언범이 말했다. "태자께서 왜 동궁으로 돌아가셔야 합니까? 선왕께서 이전에 태자께 황위를 위임하셨습니다. 지금 태자께서는 어리지도 않은데 늘 동궁에 머물러 있습니다. 하늘도 백성도 모두 이씨가 조정을 다시 지휘하기를 바랍니다. 수많은 신하들이 태자를 지지하고 역도를 죽인 이유는 태종 황제와 선왕의 크고 넓은 은혜를 생각했기 때문입니다. 폐하께서는 황위를 태자께 이양하셔서 하늘과 신하와 백성들의 염원을 이뤄주시기 바랍니다!"

수많은 대신들 가운데서 무측천은 이의부李義府의 아들 이담李湛을 보고는 그를 문책했다. "이 장군, 장역지를 죽인 일에 그대도 관여했는가? 그대마저 짐을 배신할 줄이야. 짐이 지난날 그대와 그대의 아비에게 그렇게 후대를 해주었거늘!" 이담은 진심으로 부끄러워 한 마디도 하지 못했다.

또 무측천은 최현을 보았다. "그대는 어째서 이런 사람들과 함께 행동하느냐? 그들은 다들 다른 사람이 천거했지만 그대는 짐이 세운 사람이다!"

그러자 최현이 대답했다. "신이 지금 이렇게 하는 것은 신에 대한 폐하의 배려에 보답하기 위함이 아닙니까?"

장역지와 장창종 두 형제의 패거리인 장창기, 장동휴張同休, 장창의張昌儀 등도 이후에 체포되어 죽임을 당했다. 그들의 머리는 장역지와 장창종의 머리와 함께 낙양 천진교天津橋에 내놓아 사람들이 보도록 했다.

예상치 못한 사고가 발생하는 것을 막기 위해 원서기와 상왕 이단은 당일 장역지의 잔당을 체포했다. 관리 위승경韋承慶과 최신경崔神慶도 모두 잡아들여 감옥에 가두었다.

23일, 무측천은 조정의 대권을 태자 이현에게 양위하겠다고 선포함과 동시에 전국적인 대사면을 실시했다. 태자는 원서기를 봉각시랑鳳閣侍郎과 동평장사同平章事로 승진시키고 열 명의 사신에게 황제의 칙서를 가지고 가서 각 주를 안정시키도록 명령했다.

다음 날, 무측천은 태자 이현에게 황위를 물려주었다. 25일, 이렇게 이현은 황위에 올라 당중종唐中宗이 되었다.

당중종이 즉위한 뒤 전국적인 대사면을 실시했지만 장역지 잔당은 대사면에서 제외되었다. 중종은 백성들에게 학대를 가했던 관리 주흥周興* 등이 조작해낸 모든 억울한 누명을 벗겨주도록 했다. 또한 무고하게 피해를 당해 노비로 팔려가거나 추방당한 이들의 자손들을 사면시켜주었다.

중종은 상왕 이단을 안국상왕安國相王으로 봉하고 3품의 관직을 내렸다. 태평공주는 진국태평공주鎭國太平公主로 봉다. 중종은 또 이전에 추방당하거나 심지어 관노로 팔려갔던 이씨 황족과 그 후손들의 신분을 회복시켰다. 그리고 개개인의 구체적인 실정에 따라 관직과 작위를 내렸다.

---

* **주흥周興**: 무측천이 중용했던 관리로 수천 명에 달하는 무고한 사람들을 마구잡이로 죽였다.

26일, 무측천은 황궁에서 상양궁上陽宮*으로 옮겨갔다. 이때 이담이 그녀의 호위를 책임졌다.

그해 겨울 11월 26일, 무측천은 상양궁에서 쓸쓸하게 세상을 떠났다. 여제女帝의 묘비에는 한 글자도 적히지 않았다. 그녀 일생의 공과와 시비 모두 후세의 판단에 맡겨진 것이다.

---

* **상양궁上陽宮:** 당나라 때의 행재소로 안사의 난[安史之亂] 이후에 심각하게 훼손되었다가 이후에 차츰 철거되었다.

42장

감로지변甘露之變*

태화太和 9년기원후 835년 11월 5일, 당문종은 대리경大理卿 곽행여郭行餘를 빈녕절도사邠寧節度使로 위임했다. 당월 12일, 하동절도사河東節度使와 동평장사同平章事인 이재의李載義에게 시중을 겸직하도록 했다. 16일, 호부상서戶部尚書와 판탁지判度支인 왕번王璠을 하동절도사로 임명했다. 17일, 경조윤京兆尹 이석李石을 호부시랑戶部侍郎과 판탁지로 임명하고 경조소윤京兆少尹 나립언羅立言에게는 잠시 경조부京兆府 정무를 대행하도록 했다. 18일에는 또다시 태부경太府卿 한약韓約을 좌금오위대장군左金吾衛大將軍으로 임명했다.

정주鄭注와 이훈李訓은 원래 정주가 봉상鳳翔에 말을 달려 부임하고 나면 수백 명의 건장한 남자들을 뽑아 호위병을 구성할 계획이었다. 그들은 호위병을 뽑은 뒤 각 호위병마다 손에 하얀색 몽둥이를 들고 끝이 날카로운 큰 도끼를 품안에 감추도록 했다. 27일에 강

---

* **감로지변甘露之變**: 당나라 태화 9년, 당문종은 환관에게 통제당하는 것을 원치 않아 대신 이훈과 정주와 함께 감로甘露(천하가 태평하면 하늘에서 좋은 징조로 내린다는 단맛이 나는 이슬—역주)가 내렸다는 구실로 환관을 죽이고 황권을 되찾으려고 했다. 결국 이훈, 왕애王涯, 왕번王璠, 곽행여 등 조정의 고위 관리들이 환관에게 죽임을 당했다. 이 사건에 연루되어 죽은 사람이 천여 명이나 된다. 그래서 '감로지변'이라고 한다.

변에 도착해 왕수징王守澄*의 시체를 매장할 때 이들 호위병을 데리고 갈 생각이었다. 그래서 그들 두 사람은 상의 끝에 정주가 문종에게 가서 그들이 당일 호위병을 이끌고 가는 것을 허락한다는 지시를 내려달라고 부탁하기로 했다. 또한 신책군神策軍** 중호군中護軍 중위中尉 이하의 환관들을 전부 강변으로 내몰아 왕수징의 마지막 가는 길을 배웅하도록 해 달라고 문종에게 청하기로 했다. 그렇게 되면 무덤의 입구를 닫고 다시 호위병이 무기를 들어 환관들을 전부 제거하려는 것이었다.

하지만 이훈은 계획을 세운 뒤에 문득 걱정이 들었다. 일단 계획이 성공해 정주가 모든 공을 혼자 차지하지 않을까 싶었던 것이다. 그래서 이훈은 나머지 패거리들과 상의해 곽행여와 왕번에게 빈녕과 하동으로 부임해 가서 그 기회를 빌려 병사를 모집하라고 했다. 동시에 한약韓約이 관리하고 있는 금오병金吾兵, 어사대御史台, 경조부京兆府의 관병을 데려와 정주가 환관들을 죽인 뒤에 다시 정주를 죽이라고 했다. 이훈은 자신이 신뢰하는 빈녕절도사 곽행여, 하동절도사 왕번, 좌금오위대장군左金吾衛大將軍 한약, 경조소윤 나립언, 어사중승御史中丞 이효본李孝本 등에게 행동 과정에서 중요한 임무를 주었다. 이훈 등과 재상 서원여舒元輿를 제외하고 그 행동 계획은 어떤 관리에게도 누설되지 않았다.

21일이 되자 문종은 자신전紫宸殿에서 대신들을 접견했다. 상례대로라면 좌금오위대장군 한약은 별 일 없다는 보고를 해야 했다.

---

* **왕수징王守澄**: 당나라의 환관으로 십여 년 동안 조정에서 제멋대로 날뛰었다. 그 뒤로 문종이 비밀리에 독주를 내려 죽였다.
** **신책군神策軍**: 황제의 금군 중 하나다.

하지만 그는 문종에게 이렇게 보고했다. "어젯밤 신은 문을 지키는 환관에게 폐하게 통보하도록 했습니다. 좌금오의 관청 후원에 있는 석류나무에 어젯밤 감로가 내렸고 이는 상서로운 조짐이라는 것을 말입니다." 그렇게 말하면서 그는 또 무릎을 꿇고 문종에게 경하를 드렸다. 재상들도 관리들을 대동해 문종에게 경하를 드렸다. 이훈과 서원여는 문종에게 친히 가서 하늘이 내린 복을 받으라고 했다. 문종이 흔쾌히 찬성하자 관리들은 즉시 함원전舍元殿으로 와서 황제의 분부를 기다렸다.

진시辰時*가 지나자 문종은 화려하고 고급스러운 가마 연교軟轎를 타고 자신전에서 함원전으로 와서 정무를 보았다. 그는 먼저 재상, 중서성, 문하성 관리들에게 좌금오의 후원으로 가서 감로를 보도록 했다. 후원에 갔던 관리들은 한참이 지난 뒤에 돌아왔고 이훈이 문종에게 보고했다. "신들의 경험에 의하면 이는 진짜 감로는 아닌 듯합니다. 각지의 신하와 백성들이 폐하께 경하를 드리는 것을 막기 위해 폐하께서는 일단 이 일을 천하에 알리지 않는 것이 좋겠습니다."

문종은 그의 말을 반신반의하면서 좌우신책군左右神策軍 호군중위護軍中尉 구사량仇士良과 어홍지魚弘志에게 환관들을 데리고 다시 가서 살펴보도록 했다. 이훈 등은 환관들이 떠나자 즉시 곽행여와 왕번에게 명령을 받들도록 했다. 하지만 왕번은 겁에 질려 명을 받들 용기가 나지 않았고 곽행여는 곧장 명을 받들었다. 그때 그들이 암

---

* **진시辰時**: 고대에 하루를 열두 개의 시진時辰으로 나누었는데 한 시진은 두 시간과 같다. 진시는 식시食時라고도 하는데 아침 식사를 하는 시간인 오전 일곱 시에서 아홉 시를 사이를 뜻한다.

암리에 모은 수백 명의 병사들은 단봉문丹鳳門 밖에서 명령을 기다리고 있었다. 그 전에 이훈은 이미 그 병사들에게 함원전으로 오라는 분부를 내리면서 문종이 그들에게 환관들을 철저하게 토벌하라는 명령을 내렸다고 했다. 하지만 결국 그곳에 도달한 인물은 곽행여가 통솔한 하동 군대뿐이었다. 왕번이 통솔한 빈녕 군대는 아직 모습을 보이지 않았다.

문종의 지시에 따라 구사량은 환관을 통솔해 좌금위 후원으로 가서 그곳의 감로를 조사했다. 그때 한약이 긴장한 나머지 두 다리를 후들후들 떨자 구사량은 뭔가 수상쩍은 기미를 느껴 그에게 상황을 캐물었다. 잠시 뒤 후원에 있던 휘장이 바람에 들썩였다. 그러면서 환관들은 무기를 든 수많은 병사들을 목격했고 무기가 서로 부딪히면서 내는 소리를 듣고 말았다. 구사량 일행은 크게 놀라 황급히 문 밖으로 내달렸다. 하지만 문을 지키던 병사들은 미처 문빗장을 걸어 그들을 가둬두지 못했다. 구사량 일행은 급히 함원전으로 가서 문종에게 누군가 병사를 일으켜 반란을 꾀하려 한다고 보고했다. 이때 이훈이 마침 그 자리에 있고 그는 큰 소리로 금오병에게 명령을 내렸다. "즉시 대전으로 와서 황제를 호위하라. 모두에게 후한 상을 내리겠다!" 그러자 환관이 문종에게 말했다. "상황이 위급하니 폐하께서는 속히 환궁하시지요!" 그렇게 말하고는 문종을 부축해 연교에 오르도록 하고 북쪽을 향해 도주하려고 했다.

그때 이훈은 필사적으로 문종의 연교를 잡아끌면서 큰 소리로 말했다. "폐하께서는 아직 돌아가실 수 없습니다. 신에게는 보고하지 못한 정무가 있습니다!" 이때 금오병은 이미 함원전에 들어와 있었다. 이효본도 같은 시간에 2백 명의 어사대를 이끌고 서쪽에서 그곳을 향해 달려왔고 나립언 역시 경조부의 3백 명 순찰병을 통솔해 동쪽에서 달려왔다. 그들은 함께 함원전으로 들어가 환관들을 죽였다. 환관들은 고함을 치며 분통해했고 사상자는 십여 명이었다. 문종이 탄 연교가 북쪽의 선정문宣政門으로 돌파해 나가려고 하자 이훈은 더욱 절박한 목소리로 소리를 질렀다. 동시에 연교도 놓지 않았다. 문종이 그를 꾸짖자 그 틈에 치지영郗志榮이라는 환관이 이훈의 명치를 내리쳐 이훈을 쓰러뜨렸다. 선정문은 연교가 지나간 그 순간에 바로 닫혔고 수많은 환관들은 만세를 불렀다. 함원전에서 정무를 보고 있던 관리들은 두려워하면서 잇따라 달아났다. 이훈은 문종이 후궁으로 되돌아온 것을 보고는 상황이 좋지 않다는 사실을 깨달았다. 상황을 파악한 이훈은 수행 관리의 녹색 관복을 입고 말에 올라 도주했다. 사람들은 그가 이훈인지를 전혀 의심하지 않았다. 그가 도주할 때 끊임없이 크게 소리를 질렀기 때문이다. "왜 나를 좌천시키느냐? 죄를 저지른 사람은 내가 아니다."

　　재상 왕애, 가속賈餗, 서원여는 정사당政事堂*으로 돌아가 논의했다. "폐하께서 우리에게 신속히 연영전延英殿**으로 가서 일을 논의하도록 했소." 중서성과 문하성의 관리들은 그들에게 무슨 일이 벌어졌는지 물었지만 그들은 그저 모른다고만 하면서 그 관리들에게 돌아가라고 했다. 구사량 등 환관들은 이훈이 비밀리에 계획한 일에 문종도 참여했다는 사실을 알고는 극도로 분노해 문종에게 무례하게 말했다. 문종은 수치스럽고도 두려워 무례를 견딜 수밖에

＊　**정사당政事堂**: 임금이 신하들과 나라의 중대사를 논하던 곳.
＊＊　**연영전延英殿**: 당나라 대명궁大明宮 내의 자신전紫宸殿 서쪽에 위치했으며, 연영전 밖에는 중서성 등 중추 기관이 설치돼 있었다. 연영전은 이후에 점차 황제가 평상시 백관을 불러 모으고 정사를 논의하는 곳이 되었다.

없었다.

구사량 등의 명령으로 좌우신책군左右神策軍 부사副使 유태륜劉泰倫
과 위중경魏仲卿 일행은 각각 5백 명의 금군을 인솔해 당당하게 무
기를 들고 자신전으로 곧장 향해 역적을 붙잡았다. 정사당에서 왕
애 등 재상들은 식사를 하려던 참이었다. 그런데 갑자기 누군가 와
서 궁 안에서부터 관병들이 달려 나와 닥치는 대로 사람을 죽이고
있다고 알려주었다. 왕애 등은 그 말을 듣고 황급히 도주했다. 중서
성과 문하성뿐만 아니라 금오위의 관리들과 병사들 천여 명이 동
시에 앞다투어 문 밖으로 빠져나갔다. 잠시 뒤 문이 닫히더니 6백
여 명이 그 안에 갇히고 말았다. 갇힌 사람들 중 산 사람은 한 명도
없었다.

구사량은 또 병사들을 나누어 각 처의 궁문을 닫도록 명령했다.
또한 남아南衙*의 각 관아에 대해 낱낱이 조사하고 역적을 체포하도
록 명령했다. 그들은 천여 명을 죽였고 남아 각 관아의 관리, 호위
병 및 내부에서 술을 팔던 백성들과 행상인들도 그들 손에 죽임을
당했다. 그야말로 선혈이 온 땅을 뒤덮었다. 그들은 또 각 관아의
도장, 사무용품, 그 밖의 물건들을 적잖이 훼손하거나 탈취했다. 이
미 도주한 역적을 붙잡기 위해 구사량 등은 천여 명의 기마병을 성
밖으로 보내 추격하도록 했다. 동시에 또 사람을 보내 수도 안을 샅
샅이 수색하도록 했다.

서원여는 혼자 말을 타고 도주했는데 사전에 옷을 갈아입었지
만 기마병에 잡히는 신세가 되었다. 왕애는 주점에서 잡힌 뒤로 좌

---

* **남아南衙**: 당나라 정부 핵심 기관의 관청은 모두 황궁 남쪽에 설치돼 있어서 남아 혹
은 남사南司라고 불렸다.

그들은 천여 명을 죽였고 남아 각 관아의 관리,
호위병 및 너부에서 술을 팔던 백성들과 행상인
들도 그들 손에 죽임을 당했다. 그야말로 선혈
이 온 땅을 뒤덮었다.

신책군으로 이송되었다. 이미 칠십여 세가 된 왕애는 심한 고문으로 자신이 이훈과 함께 정주를 황제로 옹립하기 위해 병사를 일으켜 반란을 꾀했다고 실토했다. 왕번은 집으로 돌아온 뒤 대문을 단단히 잠그고 자신이 몰래 모집한 병사들에게 자신의 안전을 보호하라고 명령을 내렸다. 이때 어느 신책군 장군이 그의 집 문 앞으로 와서 큰 소리로 말했다.

"우리는 호군중위護軍中尉 어홍지魚弘志의 명을 받들어 대인에게 축하를 드리러 왔습니다. 왕애 등이 병사를 일으켜 반란을 도모했으니 이제 공이 새로운 재상으로 임명되었습니다!"

왕번은 그 말에 속아 신책군에 잡혀가면서 눈물을 흘렸다. 왕번은 좌신책군으로 끌려가 왕애를 보고 물었다. "왜 나를 끌어들인 것이오? 반란을 꾀한 자는 명백히 당신이오." 그러자 왕애가 대답했다. "지금 이런 일이 발생한 이유는 애초에 공이 경조윤을 지낼 때 송신석宋申錫*이 환관을 제거하려던 계획을 왕수징에게 누설했기 때문이오!" 실수를 범한 왕번은 고개를 숙인 채 아무 말도 하지 못했다. 신책군은 또 나립언과 왕애의 모든 가족과 하인을 체포해 좌우 신책군에 감금했다.

이훈에게는 먼 친척 사촌 동생인 이원고李元皋가 있었는데 조정에서 호부원외랑戶部員外郎을 맡고 있었다. 그 역시 체포되어 처결당했는데 사실 그는 이훈의 보살핌을 받은 적이 없었다. 수도에는 또 호증胡證이라는 대부호가 있었는데 이전에 영남절도사嶺南節度使를

---

* **송신석宋申錫**: 당나라 때의 관리로 당문종의 환관 제거 계획을 비밀리에 도왔다. 그 뒤로 송신석은 왕번을 추천해 경조윤을 맡게 하고 왕번에게 문종의 계획을 털어놓았다. 그 결과 왕번이 비밀을 누설해 왕수징이 눈치를 채고 말았다.

지낸 적이 있어 금군은 그의 재산에 탐을 냈다. 그러다 구실을 찾아 그의 집안을 수색했고 결국 그의 아들을 체포해 죽였다. 그밖에도 금군은 또 나양羅讓, 첨사혼詹事渾, 여식黎埴 등 관리의 집으로 가서 재산을 빼앗았다. 수도에 있던 젊은 불량배들도 혼란스러운 틈을 타서 한몫을 보거나 복수를 했다. 뿐만 아니라 이들은 멋대로 사람을 죽이고 함부로 약탈하며 패싸움을 벌이기 시작했다. 수도가 혼란의 도가니로 빠져든 것이다.

23일, 관리들은 조정에 복귀해 업무를 시작했다. 아침 해가 떠오른 뒤 대명궁 오른편의 건복문建福門이 비로소 열렸다. 문 안의 금군은 전투태세를 갖추고 만일의 경우를 대비했다. 들어서는 모든 관리들은 각자 수행원과 동행해야 했고 선정문에 도달하면 대문은 곧 닫혔다. 재상과 어사대부禦史大夫*의 통솔권이 약해지자 관리 대오는 엉망진창이 되었다. 문종이 자신전에 와서 재상이 왜 오지 않았느냐고 물었다. 그러자 구사량이 대답했다. "재상 왕애의 관련자 전원은 반란을 도모했기 때문에 이미 체포해 옥에 감금했습니다." 그렇게 말하면서 문종에게 왕애의 자백 내용을 올렸다.

문종은 좌복야左仆射 영호초令狐楚와 우복야右仆射 정담鄭覃에게 가서 왕애가 쓴 것이 맞는지 확인하도록 했다. 문종은 극도의 상심에 빠져 결과를 물었고 그들은 사실이 맞다고 대답했다. "만일 그것이 사실이라면 그는 정말 극악무도하다!" 문종은 영호초와 정담에게 조정의 정책을 제정하는 데 참여하도록 하고 영호초에게는 제서制書**의 초안을 잡으라고 분부했다. 또한 이훈과 왕애 등이 반란을 도모

---

* **어사대부禦史大夫**: 당나라의 관리로 법 집행을 감찰했다.
** **제서制書**: 황제의 명령을 적은 문서이다.

해 진압된 일을 세상에 알리도록 했다. 영호초는 제서의 초안을 잡을 때 왕애와 가속賈餗이 반란을 도모했던 일을 대략적으로만 서술했고 핵심적인 부분은 언급하지 않았다. 구사량 등은 그 부분에 대해 큰 불만을 품었다. 그가 재상이 될 수 없었던 것은 이 일 때문이었다.

수도의 큰길과 장터는 여전히 무질서하고 혼잡했다. 조정은 좌우신책군 장군 양진楊鎭과 근수량靳遂良 등에게 명령하여 각각 5백 명의 병사들을 통솔해 중요한 길목을 지키도록 했다. 백성들에게 경고하기 위함이었다. 또한 북을 치면서 십여 명의 죄인을 처결했다. 그렇게 해서 마침내 이전의 질서를 회복했다.

가속은 입고 있던 관복을 바꿔 입고 일반 백성의 집에서 하룻밤을 숨어 지냈다. 그러고 나서는 이제 더 이상 도망갈 수 없다는 것을 깨닫고 상복을 입고 나귀를 타고는 흥안문興安門으로 가서 문지기에게 말했다. "나는 가속이라는 재상이네. 어느 소인이 나를 모함했네. 이제 너희는 나를 좌우신책군으로 데리고 가게!" 문지기는 그를 붙잡아 우신책군으로 데려갔다.

이효본은 모자를 써서 얼굴을 가리고 육칠 품 관리의 옷인 녹색 관복으로 갈아입었고 오 품 이상의 관리만 패용할 수 있는 금띠는 두르지 않았다. 그러고는 봉상鳳翔으로 가서 정주에게 의탁하려고 홀로 말을 타고 함양성鹹陽城 서쪽으로 질주하다가 추격병에게 잡혔다.

22일, 문종은 명령을 내려 우복야 정담을 동평장사同平章事로 승진시켰다.

이훈은 종남산終南山으로 가서 자신의 옛 친구인 승려 종밀宗密을 찾아갔다. 종밀은 원래 그에게 삭발을 시키고 승려로 변장시켜 절에 몸을 숨기게 하려고 했지만 종밀의 제자들이 모두 반대했다. 이훈은 하는 수 없이 종남산을 떠나 봉상의 정주에게 가려고 했다. 그는 결국 송초宋楚라는 관리에게 붙잡혀 형구를 쓴 채 수도로 압송됐다. 신책군이 앞으로 자신에게 어떻게 할 것인지 이훈은 잘 알고 있었다. 그는 가혹한 형벌을 받을 것이 두려워 곤명지昆明池*로 갈 때 자신을 호송하는 사람에게 말했다. "나를 붙잡은 모든 사람들은 엄청난 상을 받을 것이네. 평생 풍족할 정도로 말일세! 듣자 하니 금군이 지금 사방에서 나를 체포하려고 한다지? 그들이 만일 나를 발견하면 분명 나를 빼앗아갈 것일세. 그러니 너희는 차라리 나를 죽여 내 머리를 취한 뒤에 수도로 가지고 가게!" 호송하던 사람은 그 말을 듣고 그를 죽여 그의 수급을 가지고 수도로 갔다.

24일, 문종은 명령을 내려 호부시랑이자 판탁지인 이석을 동평장사로 임명함과 동시에 판탁지判度支**를 겸임하도록 했다. 또한 기존의 하동절도사 이재의李載義의 관직을 회복했다.

좌신책군은 모두 3백 명의 병사를 출동시켰는데 선두의 병사들은 이훈의 머리를 가졌고 후미에 있던 병사들은 왕애, 왕번, 나립언, 곽행여를 호송했다. 우신책군도 마찬가지로 3백 명의 병사가 출동했고 가속, 서원여, 이효본을 태묘太廟***와 태사太社****로 호송해 제사를 지냈다. 이어서 신책군은 또 죄인들을 동쪽 길과 서쪽 길에

---

* **곤명지昆明池**: 장안의 서남쪽 교외에 있는 호수.
** **판탁지判度支**: 당나라에서 고위 관리가 작은 직책을 겸하는 것을 판탁지라 칭했다. 재정을 관장하는 관직이다.
*** **태묘太廟**: 고대 중국 황제의 종묘이다.
**** **태사太社**: 고대 중국의 황제가 백성들을 위해 복을 기원하고 공을 세운 자에게 상을 주기 위해 설치한 토지신과 곡신穀神에게 제사드리는 장소이다.

서 끌고 다니면서 조리돌림을 했다. 관리들은 명령을 받고 전부 거리로 나서서 구경꾼 노릇을 했다. 죄인들은 조리돌림을 끝내고 수도의 버드나무 아래에서 허리가 두 동강 나는 요참형을 당했고 머리는 흥안문에 내걸려 백성들에게 내보였다. 이훈 등 관계자들의 가족은 모두 처결을 당했고 처결을 당하지 않은 부녀자들은 관비로 팔렸다. 왕애는 이전에 명을 받들어 찻잎 전매* 업무를 주관했었다. 그런 이유로 에워싸고 구경하던 백성들은 그를 뼈에 사무치도록 증오하거나 큰 소리로 욕을 해대거나 아예 벽돌과 기와를 들어 그에게 던지기도 했다.

---

* **찻잎 전매:** 왕애는 이전에 차에 대한 과세를 맡는 각다사榷茶使라는 직책을 겸했다. 당시 그는 백성들의 찻잎 밀매를 엄격히 금하고 차 재배 농가의 차나무를 관청으로 이식하고 농가에서 채취하여 오랫동안 수고를 들인 찻잎을 불살라버렸다. 또한 관청의 찻잎 독점 판매를 강력히 추진했다. 왕애가 죽자 이 정책은 폐지됐다.

43장

회흘回紇족이 변방 지역에서 변란을 일으키다

회흘回紇*족의 대장 올몰사啒沒斯는 회흘족 가한의 의심으로 인해 당나라에 의탁하게 됐다. 그 뒤로 그는 태원太原에 정착할 수 있도록 해달라는 간청을 했고 당나라 무종武宗은 하동절도사 유면劉沔에게 올몰사의 가족을 위로하고 고용하도록 분부했다.

회흘족의 오개가한烏介可汗은 재상에게 명령을 내려 무종에게 상소문을 올리도록 했다. 무종에게 병력을 요청한 데 이어 천덕성天德城을 빌려 그가 잃었던 땅을 다시 회수하도록 도와 달라고 간청한 것이다. 하지만 무종은 거절했다.

오개가한은 앞서 천덕과 진무振武 두 성 사이에서 군을 통솔해 당항黨項족과 토욕혼吐谷渾 부족의 재물을 약탈했다. 그 뒤로 또 군대를 파두봉杷頭烽 북쪽에 주둔시켰다.

당나라 정부는 여러 차례 그에게 사막 남쪽으로 돌아가라고 명령했지만 그는 아랑곳하지 않았다. 그러자 재상 이덕유李德裕가 말했다.

"지금 나힐철那頡啜이 연산燕山 북쪽에 주둔해 있다 보니 오개가

---

* **회흘回紇**: 위구르족을 뜻함.

한이 변방 지역에서 물러나려고 하지 않습니다. 사막 남쪽으로 돌아가는 도중에 나힐철, 해奚족, 거란契丹족이 연합해 그에게 공격을 가할까 두려워서입니다. 신의 생각에 유주절도사 장중무張仲武에게 시켜 해족과 거란족에게 오개가한과 손을 잡고 나힐철을 섬멸하라고 명령을 전하는 것이 나을 것 같습니다. 그렇게 하면 오개가한은 더 이상 걱정거리가 없어질 것이니 이내 돌아갈 것입니다."

하지만 이덕유의 추측은 틀리고 말았다. 나힐철이 죽임을 당한 뒤에도 오개가한은 여전히 그곳에 머물러 있었던 것이다.

그러자 어느 관리는 오개가한이 떠나려 하지 않는 것은 그들이 말을 판 돈을 조정에서 다 지불하지 않았기 때문이라고 판단했다. 하지만 오개가한은 말을 판 돈을 전부 받은 뒤에도 역시 떠나지 않았다.

그렇게 8월이 되자 오개가한은 군을 통솔해 파도봉 남부에서 대동천大同川 경내로 들어왔다. 그러고는 하동 지역에 뒤섞여 살고 있던 각 민족 백성들의 가축 수만 마리를 약탈하거나 쫓아냈다. 이어서 그는 또 군대를 이끌고 운주雲州를 공격했다. 운주자사 장헌절張獻節은 성문을 굳게 닫고 오개가한에 끝까지 맞섰다. 토욕혼과 당항족은 가솔을 이끌고 첩첩산중으로 피신을 떠났다.

무종은 당월 9일 명령을 내려 진주陳州, 허주許州, 서주徐州, 여주汝州, 양양襄陽 등지의 군대를 전출시켜 태원, 진무, 천덕 등지에 주둔시키도록 했다. 그리고 다음 해 봄이 되자 다시 회흘족과 전쟁을 벌여 그들을 당나라에서 몰아냈다.

16일, 무종은 올물사 및 그의 형 아력지阿曆支, 습물철習勿啜, 오라사烏羅思에 이씨 성을 하사해 그들 각자에게 이사충李思忠, 이사정李思貞, 이사의李思義, 이사례李思禮라는 이름을 지어주었다. 그리고 재상 애야물愛邪勿*에게는 애愛씨 성을 하사해 애홍순愛弘順이라는 이름을 지어주고 귀의군歸義軍** 부사를 맡도록 했다.

당시 석계직石戒直이라고 불리던 회흘인은 이미 수도에서 상당히 오랫동안 머물러 있었다. 무종은 그를 불러들여 서신을 오개가한에게 전달하도록 했다. 서신에는 이렇게 적혀 있었다. "처음 회흘족이 힐알사黠戛斯***족에게 섬멸당했을 때 그대는 잔여 병력을 통솔해 먼 길을 마다 않고 당나라에 와서 의탁했다. 당나라의 변방 지역에서 지낼 때 조정은 너희를 받아들였고 마음을 다해 너희를 위로했다. 하지만 지금 너희는 여전히 변방 지역에 거주하고 있으면서 돌아갈 생각이 없구나. 뿐만 아니라 너희는 운주와 삭주朔州 등지 및 당항과 토욕혼 등 부족을 공격하고 있다. 너희의 이런 행동은 참으로 방자하다. 아마도 너희 수중에 태화공주太和公主****가 인질로 잡혀 있기 때문일 것이다. 지금 조정의 문무백관들이 인정을 두지 않고 너희를 토벌하라고 요구하고 있다. 하지만 짐은 이전에 두 나라의 우호적인 관계를 생각해 너희가 고통을 받기보다 차라리 짐 혼자 고통을 감수하려 한다. 그러니 가한이 이제 마땅히 해야 할 일은 곧장 군대를 이끌고 사막 남쪽으로 돌아가는 것이다!"

하동절도사 유면은 회흘족 재상 힐간가사頡幹迦斯가 써온 서신에 회신하려고 했다. 그러자 무종은 재상 이덕유가 대신 회신의 초안

---

* **애야물愛邪勿**: 회골인回鶻人으로 중국 애씨 성의 시조다.

** **귀의군歸義軍**: 당나라가 사주沙州(지금의 간쑤성 둔황시)에 세운 지방 정권 군대다.

*** **힐알사黠戛斯**: 당나라 서북쪽의 소수민족이다. 840년대 말에 회흘족 우두머리가 경내에서 혼란을 일으키자 힐알사가 그 기회를 이용해 회흘족을 멸망시켰다.

******태화공주太和公主**: 당나라 무종의 조부인 당나라 헌종憲宗의 열 번째 딸이다. 당나라의 안정을 위해 회흘족과 화친을 맺었다.

을 잡도록 했다. 서신에 이덕유는 이렇게 말했다.

"흉노의 선우 호한야呼韓邪는 이전에 한나라에 의탁했을 때 자신의 아들에게 수도에서 호위를 맡게 했을 뿐 아니라 직접 수도로 가서 한선제漢宣帝를 알현했습니다. 회흘족은 먼 길도 마다 않고 변방 지역에서 당나라로 와 의탁했으니 마땅히 호한야를 본받아야 합니다. 지금 만일 태평공주가 수도로 와서 모친 곽황후郭皇后를 뵐 수 있도록 가한이 허락하고 또 회흘족이 망한 사실에 대해 당나라가 가엾이 여기기를 간청한다면 당나라는 안심하면서 그대들을 도울 것입니다.

하지만 그대들은 시종 매우 오만한 태도를 보이고 있고 당나라의 변방 지역 장군에 대해 멸시하는 모습을 하면서 잇따라 과도한 요구를 하고 있습니다. 더욱 심각한 것은 군대를 당나라로 진격시키고 약탈하고 있다는 것입니다. 그야말로 과거 본토에 있을 때와 전혀 차이가 없습니다. 그대들은 당나라와의 우호 관계 회복을 부단히 요구하면서 당나라의 지원을 바라고 있습니다. 그러면서 당나라에 대해 어찌하여 이런 행동을 하는 것입니까?

그대들은 이전에 서신을 보내 회흘인은 성미가 급해 제시한 요구가 만족되지 않으면 전쟁도 불사할 것이고 만회할 수 없는 지경에 이를 것이라고 했습니다. 하지만 제가 보기에 회흘인은 힐알사에게 돌진해 전쟁을 일으키는 게 맞습니다. 힐알사가 회흘을 멸해 회흘인이 역대 가한의 무덤에서 멀리 떠나게 됐고 회흘의 문무대신의 시체가 황야에 내던져졌기 때문입니다. 하지만 지금 회흘인은 당나라 조정을 멸시하고 있고 당나라 경내에서 위협적인 태도를 보이고 있어 신의를 저버리고 있습니다. 만일 천지신명이 이를 안다면 그대들의 이런 행동을 절대 용서하지 않을 것입니다! 이전에 흉노의 질지선우郅支單于*는 한나라에 투항하기를 원치 않아 결국에는 한나라에 의해 멸망했습니다. 설마 그 실패를 되풀이하려는 것입니까?"

27일, 재상 이덕유 등은 황제에게 이렇게 상소했다. "폐하께서 이틀 전 명령을 내려 하동을 포함한 세 군대가 필사의 방어를 하고 준비를 철저히 하여 내년 봄에 회흘족을 축출하라고 했습니다. 이렇게 하면 회흘의 지친 병사와 말을 잡을 수 있는 좋은 기회가 될 것이고 또 한겨울에 전쟁을 벌일 때와 달리 장병들이 견디기 힘든 지독한 추위를 피할 수 있다고 했습니다. 장병들은 이미 이 명령대로 행하고 있습니다. 이 명령의 뜻을 따라 응당 유주장사는 기존의 지역에서 명령을 기다려야 합니다. 하지만 폐하께서 만일 회흘족이 겨울에 황하가 언 기회를 틈타 침입하는 것을 피하고 싶다면 일찌감치 회흘에 출병시켜야 합니다. 시급히 하삭河朔 지역 번진藩鎭의 군대를 하동으로 보내 최대한 전쟁이 2개월 내에 끝나도록 해야 합니다. 그때는 날씨가 아직 추워지기 전입니다. 듣기로 지금 문무백관들은 작전 계획에 대해 논란이 끊이지 않다고 합니다. 폐하께서 실용적 가치가 없는 제안으로 인해 판단을 내리지 못하는 상황을 피하기 위해 각 대신들의 의견을 수용해야 합니다. 신은 폐하께서 대신들을 불러 모아 함께 이 일을 논의하시기를 제안합니다!"

그 말에 무종은 찬성했다. 그리고 대부분의 관리들은 내년 봄에 출정하는 것이 비교적 합리적이라고 생각했다.

그해 9월, 무종은 하동절도사 유면에게 초무회흘사招撫回紇使를

---

* **질지선우郅支單于**: 서한 연간에 흉노를 통솔해 짧은 시간 부흥을 일으켰다가 결국 한나라 군대에 의해 멸망당했다.

겸하도록 명령을 내렸다. 동시에 무종은 또 일단 회흘에 대해 병력을 사용하게 되면 전선으로 출동하는 각 대군의 지휘 권한을 한시적으로 유면에게 주라는 지시를 내렸다. 또한 무종은 장중무張仲武를 동면초무회흘사東面招撫回紇使로 위임하여 유주의 행영병行營兵 및 해족, 거란족, 실위室韋족* 군대를 지휘하도록 했다. 그밖에도 무종은 이사충을 하서당항도장河西黨項都將과 회흘서남면초토사回紇西南面招討使로 위임했다. 이윽고 각 대군이 모두 태원에 모여들었다. 그 뒤로 무종은 또 명령을 내려 유면이 군대를 통솔해 안문관雁門關으로 가서 수비하도록 했다.

이전에 해족과 거란족은 모두 회흘에 예속되어 관리를 받고 있었다. 그때 회흘은 두 부족 내부에 감사監使를 세웠다. 감사는 두 부족이 매년 회흘에 납세하는 것을 감독하고 또 당나라의 일거수일투족에 주의를 기울였다.

당시 석공서石公緖라고 불리는 아장牙將이 있었는데 유주절도사 장중무의 명령을 받들고 해족과 거란족을 통솔해 8백 여 명의 회흘 감사를 죽였다. 나힐철을 쳐부순 뒤 장중무는 실위족 수령의 부인을 생포했다. 그녀를 되찾기 위해 실위족 사람들은 장중무에게 재물을 보냈다. 재물에는 금, 비단, 가축 등이 포함돼 있었는데 장중무는 재물을 받지 않았다. "너희는 회흘의 감사를 죽여라. 감사를 죽이면 그녀는 무사히 되돌아갈 것이다!"

12일, 재상 이덕유 등이 상소를 올렸다. "방금 하동주사관河東奏事官 손주孫儔가 수도로 와서 보고하기를 회흘이 남쪽을 향해 사십

---

* **실위족室韋族**: 중국 고대 민족으로 몽골족의 선조다.

당시 석공서石公緒라고 불
리는 아장牙將이 있었는데 유주
절도사 장중무의 명령을 받들고 해쪽
과 거란쪽을 통솔해 8백 여 명의 회흘
감사를 죽였다.

리 길을 행진했다고 합니다. 유면은 회흘이 자신과 관계가 좋지 않은 거란이 자신을 공격할까 걱정하고 있다고 생각합니다. 이렇게 봤을 때 회흘을 축출해내려면 지금이 바로 절호의 기회일 것입니다. 우리는 이미 손주에게 물어봤습니다. 하동과 유주가 함께 회흘을 공격하려고 하는데 그밖에 어느 정도의 인원이 더 필요한지 말입니다. 손주는 대동大同의 병력이 적으니 천 명의 병력을 지원한다면 충분하다고 대답했습니다."

무종의 승낙이 떨어졌다. 이윽고 회흘에 압박을 가하기 위해 그는 하동, 유주, 진무, 천덕天德에서 대규모의 군대를 보내라고 명령했다. 또한 순차적으로 변경 지역으로 군대를 이동시키라고 명령했다.

44장

유진劉稹이 땅을 차지하여 세력을 형성하다

좌신책군 호군 중위 구사량은 소의절도사昭義節度使 유종간劉從諫과의 관계가 줄곧 좋지 못했다. 구사량은 유종간이 몰래 조정의 일거수일투족에 신경을 쓰고 있다는 상소를 했고 유종간도 여러 차례 구사량의 불법적인 행동을 신고하는 상소를 올렸다. 당 무종이 등극한 뒤 유종간은 좋은 말 한 필을 무종에게 보냈고 무종은 선물을 거부했다. 유종간은 구사량이 중간에서 방해를 놓았다고 생각해 화를 참지 못하고 말을 그대로 죽여 버렸다. 그 일이 있은 뒤로 유종간과 조정은 서로 의심하고 미워하기 시작했다. 이윽고 유종간은 병사를 모집하고 무기를 만들기 시작했다. 그러자 소의 주변에 분포한 여러 번진藩鎭은 모두 몰래 그에 대해 예방 조치를 취하기 시작했다.

매년 유종간은 소의의 마장馬場과 장터에서 거액의 수익을 얻었다. 한편 관청에서 전매하는 철과 소금도 그에게 엄청난 재산을 안겨주었다. 그밖에도 유종간은 일부 대상인들에게 절도사 문하에 들어가 관리를 지내도록 하고 또 그들을 파견해 각 번진과 친교를 맺으면서 상인의 신분을 겸하도록 했다. 이런 식으로 그들을 구슬렸던 것이다. 이 대상인들은 유종간이라는 든든한 뒷배가 있다 보니 때때로 번진의 문무 관리들을 모욕해 각 번진은 모두 그들에 대해 극도의 반감을 갖게 되었다.

그 뒤로 유종간은 병에 걸리자 아내 배裴씨에게 이렇게 말했다. "지금껏 나는 조정에 충성을 다했네. 하지만 조정이든 번진이든 다들 나를 이해하지 못하는구려. 만일 내가 죽은 뒤에 조정에서 다른 사람을 보내 소의절도사를 맡게 하면 우리 유씨 가문은 대가 끊기게 될 것이오!"

그 뒤로 그는 자신을 보좌하는 장곡張穀, 진양정陳揚庭과 할거*에 대한 논의를 했는데 그것은 하북의 번진을 모방한 것이었다. 그는 아우 유종소劉從素의 아들 유진劉稹, 조카 유광주劉匡周, 공목관孔目官**의 왕협王協, 집노비 이사귀李士貴에게 군으로 들어가 요직을 맡도록 했다. 또한 유수의劉守義, 유수충劉守忠, 동가무董可武, 최현도崔玄度에게는 각자 자신 명의의 호위병을 통솔하도록 했다.

그로부터 얼마 지나지 않아 유종간은 세상을 떠났다. 외부에서는 그 일을 전혀 몰랐다. 유진이 그 사실을 봉쇄했기 때문이다. 왕협은 유진에게 계책을 알려주었다. "이제 공은 조정의 외교 사신들에게 뇌물을 주십시오. 그러면 그들과 좋은 관계를 맺을 수 있고 그들은 침범하지도 않을 것입니다. 그밖에 경내에서 은밀히 예비 조치를 잘 취하십시오. 이전에 유종간이 부친 유오劉悟가 돌아가신 뒤 절도사 직책을 계승하기 위해 한 일과 같습니다. 공이 이렇게만 한다면 얼마 지나지 않아 조정은 공에게 절도사를 맡으라는 명령을 내릴 것입니다."

그러자 유진은 상소를 올리도록 명령을 내리고 무종에게 이름

---

* **할거割據**: 땅을 나누어 차지하고 굳게 지킴. ―편집자 주
** **공목관孔目官**: 옛날 관청의 고급 관리로 소송 사건이나 회계 등의 업무를 맡았다.

유종간은 병에 걸리자 아내 배裴씨에게 이렇게 말했다. "지금껏 나는 조정에 충성을 다했네. 하지만 조정이든 번진이든 다들 나를 이해하지 못하는구려."

난 어의를 보내 유종간을 치료해 달라는 간청을 했다. 무종은 해조
정解朝政이라는 이름의 환관에게 어의와 함께 소의로 가서 유종간을
치료하라는 명령을 내렸다.

유진은 또 감군監軍 최사강崔士康에게 조정에 상소를 올리라고
압박했다. 병중에 있는 유종간이 자신의 조카 유진을 유후留後*로 위
임하겠다고 간청한다고 조정에 전하라는 것이었다. 무종은 공봉
관供奉官 설사간薛士幹을 소의로 보내 명령을 내렸다. "유종간이 병을
얻어 조정은 그가 병으로 죽을까 무척 걱정스럽다. 그러니 먼저 유
종간은 낙양으로 가서 당분간 휴식을 취하라. 병세가 호전되면 그
때 다시 임명과 관련된 일을 논하겠다. 또한 유진은 수도로 와서 짐
을 알현하라. 조정은 그에게 고위 관직과 후한 작위를 내리겠다."

소의와 관련한 처리 방안을 논의하기 위해 무종은 모든 재상들
을 불러들였다. 재상들 중 대부분은 이렇게 생각했다. "변경 지역의
방어를 더 강화해야 합니다. 분명 회흘의 잔존하는 위협이 아직 제
거되지 않았기 때문입니다. 이런 상황에서 군대가 다시금 소의를
토벌하러 가다가 나라의 재정이 더 이상 버텨내지 못할까 염려되
옵니다. 그러니 먼저 유진에게 소의의 유후를 맡기는 것이 나을 듯
합니다." 그런 의견에 관리들은 거의 찬성을 표시했다.

그 와중에 유일하게 반대 의견을 낸 재상이 있었으니 이덕유
李德裕였다. "소의의 상황은 하삭河朔의 위박魏博, 성덕成德, 유주幽州의
세 번진과는 다릅니다. 이전에 몇 대의 황제께서 이 세 번진의 할거
국면을 인정하고 더 이상 정벌을 하지 않았던 것은 이런 국면이 형

---

* **유후留後**: 당나라 때의 절도사나 관찰사가 공석이 되었을 때를 위해 설치한 대리 직
명이다.

성된 지 이미 오래되어 민심을 설득하기가 무척 어려웠기 때문입니다. 하지만 소의는 나라의 중앙에 위치해 있고 소의의 군대는 일찍이 여러 차례 공을 세웠습니다. 정원貞元 원년에는 반란을 일으킨 유주절도사 주도朱滔를 격파했고 원화元和 3년에는 또 현지에서 반란을 일으킨 장수인 노종사盧從史를 생포하여 나라에 충성을 다해 소의 군대는 세상에 이름을 떨쳤습니다. 이처럼 중요한 소의절도사는 대대로 거의 문관이 지냈습니다. 소의의 대군 수립자인 이포李抱는 혁혁한 공을 세웠지만 그의 아들 이함李緘은 아비의 관을 낙양으로 되돌려 보낼 수밖에 없었고 아비의 절도사 관직을 계승하지 못했습니다. 그 뒤로 유종간이 부친 유오가 죽은 뒤 절도사에 올랐습니다. 그렇게 될 수 있었던 것은 순전히 당경종唐敬宗께서 정무를 등한시하고 조정의 재상들도 무능하고 포부가 없었기 때문입니다. 유종간은 상당히 거만한 인물입니다. 그는 여러 차례 상소를 올려 조정을 협박했지만 조정은 그에 대처할 능력이 전혀 없었습니다. 이제 그는 곧 죽을 마당인데도 다시 자기 생각대로 하려고 합니다. 자신의 조카에게 병권을 넘겨주려는 것입니다. 만일 조정이 또 이전처럼 유진에게 절도사를 위임하면 나라 안의 모든 번진이 그들을 답습하게 될 것입니다. 나라 전체의 일을 폐하의 뜻대로만 하셔서는 절대로 안 됩니다!"

그러자 무종이 그에게 물었다. "그렇다면 유진이 순순히 복종하게 할 방도가 있느냐?" 이덕유가 대답했다. "유진이 의지하고 있는 것은 분명 하삭의 위박, 성덕, 유주 세 번진입니다. 성덕과 위박이 더 이상 그와 연합하지 않는다면 그는 곤란에 처하게 될 것입니다. 일단 조정에서 명령을 내려 성덕절도사 왕원규王元逵와 위박절도사 하홍경何弘敬에게 이렇게 통지하는 겁니다. '안사의 난 후에 역대 황제들은 모두 자손들이 절도사라는 직책을 세습하는 데에 찬성하는 입장을 갖고 있다. 지금 조정은 대군을 보내 소의를 정벌할 계획이니 성덕과 위박은 태항산太行山 동쪽의 형주邢州와 자주磁州 등지에서 소의를 공격하라. 조정에서는 소의의 반란을 평정하고 나면 너희에게 후한 상을 내리겠다.' 이렇게 해서 성덕과 위박이 조정의 명령에 따라 행하고 조정의 대군을 방해하지 않는다면 조정이 다시 유진을 체포하는 것은 따 놓은 당상입니다."

그 말에 무종은 상당히 기분이 좋아졌다. "이덕유의 건의를 나는 찬성한다." 그렇게 무종은 생각을 정하고 유진을 토벌하려고 했다. 주변에서 만류해도 아무 소용이 없었다.

무종은 이덕유에게 성덕절도사 왕원규와 위박절도사 하홍경에게 보내는 조서의 초안을 잡도록 했는데 대략적인 내용은 다음과 같았다. "그대들 두 번진의 상황은 소의와 다르다. 다만 너희가 유진과 같은 행동을 취하는 것은 자손 후대의 이익을 위함이다. 하지만 조정에서 유진을 토벌하는 기간에 너희가 조정을 지원하여 공을 세운다면 조정은 너희 두 번진의 현재의 상황을 인정하고 너희가 절도사 직위를 후대에 세습하도록 허락하겠다."

19일, 무종은 조정에서 정무를 볼 때 이덕유가 초안을 잡은 조서가 단순명쾌하다면서 크게 칭찬했다. 그 뒤로 그는 또 이덕유에게 또다른 조서의 초안을 작성하도록 했다. 유주절도사 장중무에게 보내는 조서였다. "지금 회흘의 잔여 세력이 아직 남아 있다. 내가 너에게 특명을 내리노니 그들이 북부 변방에서 군대를 부리는 것을 방어하도록 하라." 왕원규와 하홍경은 조서를 받고 크게 두려워하면서 조정의 명에 따르겠다고 했다.

또한 조정에서는 환관 해조정을 사신 자격으로 소의로 보냈다.

소의의 치소治所*는 상당上黨에 위치해 있었는데 해조정이 그곳에 도달하자 나와서 그를 맞이한 사람이 바로 유진이었다. 유진이 그에게 말했다. "숙부 유종간은 나와서 조서를 받들지 못합니다. 그분의 병세가 심히 위중합니다." 하지만 해조정은 유종간의 병세가 도대체 어떤지 알고 싶어 단번에 돌진했다. 그러다 소의 병마사兵馬使 유무덕과 동가무董可武가 문발** 앞을 가로막자, 해조정은 상황을 보고 황급히 그곳을 떠났다. 혹시나 일을 그르치고 생각지 못한 변고가 생길까 두려웠기 때문이다.

유진은 그 뒤로 막대한 금전을 조정에 보낸 데다 또 양숙문梁叔文이라는 아장牙將을 보내 조정의 큰 은혜에 보답했다. 그런가 하면 공봉관供奉官 설사간薛士幹은 유종간이 이미 죽은 일을 알고 있었던 듯이 소의에 도착한 뒤 유종간의 병세에 대해서는 듣지도 묻지도 않았다. 설사간이 왔다는 정보가 소의의 도압아都押牙*** 곽의郭誼 쪽에 전해지자 곽의는 즉시 많은 인원을 용천역龍泉驛으로 보내 설사간을 맞이했다. 그리고 설사간에게 유진을 소의의 유후로 임명하라는 상소를 조정에 올려달라고 부탁했다.

곽의는 이어서 또 소의 감군 최사강崔士康과 만나 그에게 같은 요구를 제시했다. 최사강은 담력이 작은 사람이라 그렇게 하겠다고 약속을 할 수밖에 없었다. 이윽고 유진은 소의절도사 관내의 장군과 관리들의 부축을 받고 나와 장병들을 접견하고는 떳떳하게 유종간의 장례를 치렀다. 설사간은 소의절도사 관내로 진입하기 어려

위 유진에게 수도로 가서 다른 처분을 받으라는 명령을 전달했다. 하지만 유진은 아예 들으려 하지 않았다. 해조정은 수도로 돌아와 자신이 소의에 다녀온 과정을 무종에게 고했다. 무종은 극도로 분노하면서 그를 흠씬 두들겨 팼다. 또 그를 추방해 공릉恭陵*을 지키도록 했다. 무종은 이어 명령을 내리고 소의 사신 양숙문 등을 잡아들이도록 했다.

23일, 무종은 유종간을 애도하기 위해 정무를 잠시 중단하고 유종간을 태자태부太子太傅로 추서했다. 무종은 또 조서를 내려 유종간의 시체를 낙양으로 보내고 유진이 동행해 호송하도록 했다. 무종은 유진의 부친인 유종소를 만나 그에게 유진이 조정의 명령을 따르도록 타이르라고 했다. 하지만 역시 유진은 따르지 않았다.

29일, 무종은 충무절도사忠武節度使 왕무원王茂元을 하양절도사河陽節度使로 임명하고, 빈녕절도사邠寧節度使 왕재王宰를 충무절도사로 임명했다.

* **공릉恭陵**: 당나라 고종 이치의 다섯째 아들이자 무측천의 장자인 이홍의 왕릉.

45장

당무종唐武宗의 선택

당무종 회창會昌 3년기원후 843년, 성덕절도사 왕원규王元逵의 선봉 부대가 소의에서 관할하고 있는 형주로 진군한 지 약 한 달이 지났다. 하지만 위박절도사 하홍경은 여전히 기회를 엿보면서 행동하지 않고 있었다. 왕원규는 몰래 조정에 여러 차례 보고해 하홍경이 조정에 대해 두 마음을 품고 있으며 기회주의자가 되려 한다고 고했다. 이때 이덕유가 무종에게 상소를 올렸다.

"충무의 대군은 이전에 혁혁한 전공을 세워 높은 신망을 얻었습니다. 절도사 왕재는 젊고 건장한 데다 뛰어난 지혜를 지닌 인물인지라 오랜 세월 동안 그에 대한 외부의 칭찬이 끊이지 않고 있습니다. 그러니 폐하께서 하홍경에게 다음과 같은 조서를 내리기를 간청드립니다. '하양河陽, 하동河東은 소의와의 사이에 높고 큰 산으로 가로막혀 있다. 이 때문에 역적이 여러 차례 강주絳州와 진주晉州에 군사를 부려 두 지역에서 만행을 부리고 있다. 지금 역적의 병력을 분산시키기 위해 충무절도사 왕재는 모든 병력을 통솔해 곧장 위박에서 소의의 자주磁州로 급히 달려가도록 하라.' 이런 계책은 하홍경에게 심적인 타격을 가하게 되어 그는 두려운 나머지 소의에 병력을 출동시킬 것입니다." 무종은 그 의견에 찬성하고 그대로 조서를 내렸다.

18일이 되자 소의의 장군 설무경薛茂卿은 군대를 통솔해 하양과 택주澤州의 천정관天井關*을 격파하고 하양의 핵심 장군인 마계馬繼 등을 생포했다. 또한 하양의 소규모 병영 열일곱 군데를 불태우고 약탈했다. 회주懷州에서 십여 리 떨어진 지점에까지 행군한 설무경은 비로소 군대를 멈추라는 명령을 내렸다. 조정의 백관들은 이런 정보를 접한 뒤 의견이 분분했다. 다들 유오의 후손을 사면해야 한다고 생각했던 것이다. 어쨌든 유오는 이전에 큰 공을 세웠기 때문이다. 유진을 공격하는 것이 결코 쉬운 일이 아니라는 의견을 낸 대신도 있었다. 유종간이 일찍이 10만 정예 부대를 준비해놓은 데다 군량과 마초도 10년은 너끈히 견딜 수 있을 정도로 마련해놓았기 때문이라는 것이었다.

무종도 곤혹스러워하며 이덕유의 의견을 물었다. "작은 실패는 피할 수 없습니다. 하지만 폐하께서는 결국 소의의 반란을 평정하시게 될 것입니다. 폐하께서 신념을 확고히 하소서!"

이에 무종이 이덕유에게 말했다. "만일 누군가 또다시 짐에게 소의를 정벌하지 말라고 간언하는 상소를 올리고 짐이 일찍이 품은 뜻에 대해 들은 체 만 체한다면 짐은 분명 역적의 국경선에서 그 자를 죽이고 말겠다!" 그 말을 들은 대신들은 더 이상 다른 의견을 제시할 엄두를 내지 못했다.

왕재를 통솔자로 하는 충무군대가 곧 위박으로 도달할 것을 확인한 위박절도사 하홍경은 군 내부에 생길 변화를 미연에 막기 위해 황급히 출전했다. 20일, 하홍경은 조정에 상소문을 올려 전군을

---

* **천정관天井關**: 태항산의 관문.

"만일 누군가 또다시 짐에게 소의
를 정벌하지 말라고 간언하는 상
소를 올리고 짐이 일찍이 품
은 뜻에 대해 들은 체 만
체한다면 짐은 분명 역
적의 국경선에서 그
자를 죽이고 말겠다!"

통솔해 장하漳河를 횡단해 소의를 향해 진군하고 있다고 밝혔다.

24일, 이덕유는 무종에게 이렇게 말했다. "택주의 천정관에서 승리를 거둔 뒤로 역적들은 갈수록 제멋대로 날뛰고 있습니다. 하양의 군대는 이에 크게 겁을 먹고 회주로 퇴각하려고 합니다. 하양의 군대는 세력이 본래 강하지 못한 데다 절도사 왕무원은 지금 또 중병에 걸린 상태입니다. 원화元和 연간부터 시작해 조정에서 출병하여 역적을 토벌하고 나면 역적은 늘 병력을 집중해 관군의 세력이 약한 지대를 향해 공격을 퍼부어 그곳에서 승리한 뒤에 또다시 다른 지방으로 향했습니다. 저는 역적의 이런 동태를 늘 염두에 두고 있었습니다. 지금 소의의 역적은 서쪽의 관군을 공격하기가 쉽지 않습니다. 양측 모두 높고 큰 산에 가로막혀 있고 또 위박의 군대도 아직 역적과 정면으로 교전하지 않은 상황입니다. 그렇기 때문에 역적들은 모든 병력을 집중해 남쪽의 하양을 공격할 것입니다. 하양이 만일 함락되면 군대의 사기도 떨어질 것이고 동도東都* 낙양은 위협을 받게 될 것입니다. 청컨대 폐하께서 충무절도사 왕재에게 지금 곧장 하양으로 지원을 떠난 뒤 다시 자주로 서둘러 가도록 하소서. 이렇게 하면 두 가지 큰 이점이 있습니다. 하나는 낙양을 지킬 수 있다는 것이고, 또다른 하나는 근처의 위박을 단속할 수 있다는 것입니다."

28일, 이덕유는 또 무종에게 요청했다. 왕재가 충무의 모든 병사와 군마를 이끌고 하양으로 지원을 떠나도록 명령을 내려 달라는 것이었다. 또한 군대에게 필요한 것들을 속히 하양으로 운반하

---

* **동도東都**: 낙양의 별칭.

도록 명령해 달라고도 했다. 무종은 그 제안을 받아들였다.

하양절도사 왕무원은 군대를 통솔해 만선萬善에 주둔해 있었다. 한편 유진은 아장 장거張巨와 유공직劉公直 등과 설무경에게 모든 병력을 연합해 만선으로 진격해 9월 1일 포위할 준비를 하라고 했다. 유공직 등은 8월 29일 당일 먼저 몰래 군대를 통솔해 만선 남쪽 5리 되는 지점에 도달해 옹점雍店에 불을 놓아 그곳을 한 줌 재로 만들어버렸다. 장거는 군대를 통솔해 뒤를 따랐고 지원할 준비를 갖추었다. 만선의 옆을 지날 때 장거는 성 안의 방어가 취약하다는 사실을 미리 파악하고는 군대를 이끌고 만선을 공격했다. 그는 큰 공을 독차지하고 싶어 만선이 돌파당하기를 기다렸다가 그때서야 유공직 등에게 알리도록 명령했다. 의성義成의 대군은 명령을 접하고 하양으로 지원을 가서 때마침 도착했다.

전쟁에서 패한 왕무원이 성을 버리고 도주할 태세를 취하자 도우후都虞侯* 맹장孟章이 권고했다. "성을 공격한 역적들은 조만간 퇴각할 것입니다. 지금 성을 공격하고 있는 역적은 그저 전체 역적의 절반 정도밖에 되지 않는 데다 이들은 통솔자가 없어서 뿔뿔이 흩어진 군대일 뿐입니다. 그 밖의 절반은 아직 옹점에 있습니다. 이런 상황에서 의성의 군대가 막 도달했는데 밥도 먹을 새 없이 공이 지금 도주했다는 정보가 전해지면 아군은 실패할 수밖에 없습니다. 도주하지 마시고 만선에 남아 지키십시오!"

왕무원은 그 말이 합당하다 여기고 그대로 남아 죽을 힘을 다해 만선을 지켰다. 장거는 황혼 무렵이 되기를 기다렸는데도 지원하기

---

* **도우후都虞侯**: 당나라 후기 번진 장수가 신임하는 무관이다.

로 한 유공직이 오지 않자 군대를 통솔해 철수할 수밖에 없었다. 장거의 군대가 태항산太行山을 오를 때 하늘빛이 어두워지더니 이내 가랑비가 내렸다. 그러자 장병들 중 추격병들만 쫓아올 뿐 나머지 대다수는 모두 죽기 살기로 도망치기 시작했다. 그야말로 사람이 말을 짓밟고 말이 사람을 짓밟는 혼란의 도가니에 빠져 적잖은 장병들이 목숨을 잃었다.

한편 왕무원과 왕재 두 절도사를 하양에 함께 있도록 명령을 내렸던 무종은 내심 불안했다. 그러자 이덕유 등이 무종에게 말했다. "왕무원은 군대를 통솔하는 능력이 부족하고 그저 관리를 다룰 줄만 아는 인물입니다. 일단 그의 건강이 회복되기를 기다렸다가 그에게 하양을 지키도록 하면 됩니다. 그가 이후에 얼마나 큰 병에 걸리든 그것은 문제가 되지 않습니다. 청컨대 폐하께서 왕재를 하양행영공토사河陽行營攻討使로 임명하여 주십시오." 9월 5일, 무종은 왕재에게 하양행영공토사를 겸직하도록 명령을 내렸다.

한편 하홍경은 그간 자신이 쌓은 전공을 적은 상소를 올렸다. "저는 이미 소의의 비향肥鄕과 평은平恩 두 현을 함락시켰고 수많은 역적을 죽였습니다. 또한 관군에 대항하는 내용을 골자로 하여 유진이 내붙인 공고문도 수거했습니다."

9월 7일, 무종은 재상들에게 알렸다. "지금 우리는 더 이상 하홍경을 의심할 필요가 없다. 그는 이미 소의의 두 개 현을 함락시켰다. 소의의 군대와 전쟁을 시작한 뒤로 그가 기회주의자가 되고 싶어도 이제 불가능하게 됐다." 그렇게 해서 무종은 하홍경을 검교좌복야檢校左仆射로 진급시켰다.

20일, 왕무원의 부음이 수도에 전달되었다. 이덕유가 무종에게 말했다. "왕재가 마음대로 하양의 백성에게 폐를 끼치는 일을 막기 위해 충무절도사 자격으로 만선 군대를 통솔하고 더 이상 하양절도사를 겸직하지 않도록 해야 합니다. 과거에 하양절도사가 잠시 회주자사를 겸직했던 적이 있습니다. 하지만 일반적인 상황에서는 판관判官*이 현지의 정무를 처리합니다. 지금 하양은 하남의 다섯 개현의 세금을 점유하고 있습니다. 상황이 이렇게 되었으니 아예 다섯 개 현을 맹주孟州로 하나로 묶고 또다른 적합한 인물을 보내 회주자사懷州刺史를 맡게 하는 것이 좋겠습니다. 그리고 소의가 평정된 뒤에는 택주澤州에 대한 관리 업무를 하양으로 넘기면 됩니다. 이렇게 되면 태항산의 험준한 지리적 위치를 소의는 일부분만 점할 수밖에 없는 반면 동도 낙양은 하양이 핵심적인 번진으로 발전하고 나서도 더 이상의 위협을 받지 않을 것입니다!"

무종은 이덕유의 제안을 받아들였다. 22일, 무종은 하남의 윤경혼尹敬昕을 하양절도사와 회맹관찰사懷孟觀察使로 위임하고 군대를 이끌고 당시 소의를 토벌하고 있는 왕재에게 필요한 모든 군수물자를 제공하는 책임을 부여했다.

24일, 무종은 또 석웅石雄에게 이언좌李彦佐를 대신해 진강행영절도사晉絳行營節度使를 맡게 했다. 더불어 석웅에게 기씨冀氏현에서 출발해 소의의 치소인 노주潞州를 공격하도록 했다. 동시에 소의의 대군이 침범해올 것을 대비하기 위해 그에게 일부 장병을 보내 익성翼城에 주둔해 지키도록 했다.

---

* **판관判官**: 당나라의 관직 명칭이다. 당나라 정부는 임시 직책을 맡은 대신을 파견해 그가 임의로 중급 관리를 선정해 판관을 맡게 한 뒤 자신의 업무를 보좌하도록 했다.

46장

양변楊弁이 반란을 일으키다

당 무종 회창 4년기원후 844년 정월 초하루, 반란군 장군 양변楊弁은 군대를 통솔해 거침없이 태원의 저잣거리에서 약탈 행각을 벌이고 도두都頭 양계엽梁季葉을 죽였다. 그러자 관리 이석李石은 놀라 분주汾州 방향으로 도주했다. 하동절도사의 관청을 공격하여 점거한 뒤 양변은 소의의 사신인 가군賈群을 석방했다. 그런 뒤 자신의 조카에게 가군과 함께 소의로 급히 가서 유진과 만나 의형제를 맺도록 하자 유진은 크게 기뻐했다. 석회관石會關의 수비를 맡은 장수인 양진楊珍은 태원에서 반란이 발생했다는 정보를 접하고 이내 유진에게 의탁하면서 석회관을 바쳤다.

하동 감군 여의충呂義忠은 사신을 보내 양변이 반란을 일으킨 일을 조정에 보고했고 정월 초나흗날 정보를 접한 대신들은 의논이 분분했다. 이때 소의와 하동 두 지역에 다시 무력을 사용하는 것은 적절치 않다는 의견을 보이는 대신도 있었다.

그러자 왕재가 무종에게 말했다. "이전에 유진이 신의 부하 유혁장遊弈將에게 표장表章*을 보낸 적이 있습니다. 최근 신 역시나 소

---

* **표장表章**: 대신이 자신의 의견을 설명하기 위해 군주에게 보내는 상소문이다.

반란군 장군 양
변楊弁은 군대를
통솔해 거침없이
태원의 쳐잣거리에서
약탈행각을 벌이고 도두都頭
양계엽梁季葉을 죽였다. 그러자
관리 이석李石은 놀라 분주汾州
방향으로 도주했다.

의 택주를 다녀오라는 명령을 내렸습니다. 그러면서 역적이 분명 진심으로 폐하께 투항하고 싶어 한다는 점을 목격했습니다. 폐하께서 만일 허락해주신다면 조서를 내려 신에게 역적들이 투항하도록 설득하게 하소서!" 그러자 이덕유가 무종에게 말했다.

"왕재는 마음대로 유진이 보낸 표장을 받았고 또 제멋대로 역적 군대의 상황을 살펴보도록 명령을 내렸습니다. 사전에 조정의 허가를 받지 않은 것입니다. 신이 보기에 그는 유진의 투항을 설득한 큰 공로를 독점하려는 것 같습니다. 이전에 한신韓信은 전횡田橫을 쳐부수고 이정은 돌궐의 힐리가한을 생포했습니다. 그들이 이렇듯 승리를 거둘 수 있었던 것은 모두 적이 투항 요청을 할 때 적에게 기습을 가했기 때문입니다. 지금은 조정의 위엄을 지키기 위해 왕재에게 유진에 대한 약속을 파기하도록 할 수밖에 없습니다. 소의의 역적에 대한 정벌이 시작된 뒤로 관군이 공을 세우고 승리를 거둘 수 있는 좋은 기회가 마침내 도래한 것입니다. 이런 좋은 기회는 반드시 붙잡아야 합니다. 절대로 양변이 태원에서 만들어낸 소소한 분쟁 때문에 일을 그르쳐서는 안 됩니다. 청컨대 폐하께서는 즉시 공봉관을 전선으로 보내어 각 번진의 군대가 호기를 잡아 곧장 출병하도록 하셔야 합니다. 유진과 그 부하 장수와 친척 모두 스스로 두 손을 뒤로 하여 결박한 채 이곳으로 와서 폐하께 투항해야 합니다. 그렇지 않고는 폐하께서는 그들의 투항 요청을 받아들여서는 안 됩니다. 또한 공봉관 한 명을 진강행영晉絳行營에 파견해 석웅에게 몰래 언질을 해두어야 합니다. 만일 유진이 왕재의 설득으로 투항하면 석웅은 아무 공로도 세울 수 없다고 말입니다. 석웅이 소의를 공격하려면 지금의 시기가 더없이 좋습니다. 아마도 그는 이런 호기가 헛되이 가버리도록 놔두지 않을 것입니다."

이덕유는 정사당政事堂의 일을 도와 왕재에게 보내는 서신의 초안을 잡았다. 거기에는 이렇게 적혀 있었다. "이전 성덕절도사 왕승종王承宗은 조정의 명령을 거부하고 반란을 일으켰다. 그런 뒤 그가 아우 왕승공王承恭을 수도로 보내 간청을 하니 재상 장홍정張弘靖은 그들을 불쌍히 여겨 헌종憲宗 황제에게 그들의 죄를 사면해달라고 청했다. 그 뒤로 그는 또 자신의 두 아들 왕지감王知感과 왕지신王知信을 수도로 보내 인질로 삼았다. 그렇게 했음에도 불구하고 그는 여전히 헌종께 긍정적인 답변을 얻지 못했다. 지금 유진은 자신을 뒷짐진 채로 결박하여 그대에게 투항하지도 않았고 또 자신의 가족을 수도로 보내 인질로 삼지도 않으면서 조정의 동정을 구하고자 한다. 그는 그저 교외의 거리에서 유혁장에게 투항을 원하는 표장 하나를 주었을 뿐이다. 유혁장의 행동도 합당치 않다. 그는 표장을 받은 뒤에 응당 조정에 보고해야 맞다. 아니면 표장을 곧장 소각해버렸어야 했는데 그렇게 하지도 않았다. 다시 말해 유진과 양변 두 사람이 연합해 반란을 일으킨 대역무도함에 대해 조정의 신하로서 그대는 이런 속임수에 대해 전혀 관심을 두지 않고 있는 것이다. 대국적 관점에서 본다면 이는 올바른 태도가 아니다. 그 과정에서 신하는 사적인 이득을 취할 수 있겠지만 조정에서는 죄를 지은 신하를 사면해주지 않으려 한다는 구설수에 오르내릴 수 있는 것이다. 만일 유진이 이후에 다시 투항을 청하는 표장을 보낸다면 그것을 받는 임무를 맡은 장병이 누가 됐든 즉각 표장을 소각해야 한다. 유진의 투항을 받아들이려면 유진이 자신의 두 손을 뒤로 하고 결박하여 직접 투항하러 와야 한다."

이덕유는 무종에게 말했다. "태원의 장병들이 반란을 일으킨 것은 순전히 일시적인 어려움 때문입니다. 병사들은 충분한 포상을 얻지 못한 반면 태원의 백성들은 내내 조정에 대해 충성을 다했습니다! 게다가 1천5백 명에만 의지해 반란을 일으켜 승리를 거두려는 것은 완전히 불가능합니다! 그러니 절대 양변을 눈감아줄 수 없습니다. 더군다나 지금 조정에서 소의를 토벌하고 있는데 혹여나 나머지 사람들이 양변과 함께 병력을 일으켜 반란을 도모할 수도 있으니 반드시 양변을 토벌해야 합니다. 서천절도사西川節度使 장연상張延賞이 과거 자신의 부하 장군에 의해 추방된 뒤로 그가 다시 성도成都를 공격해 부하를 죽인 일이 있었습니다. 신은 그에 근거해 폐하께 간청드립니다. 이석과 여의충에게 다시 태원의 군 주둔지로 돌아가 주위의 군대를 집결시켜 양변을 토벌하라 명하여 주십시오."

이덕유의 제안을 무종은 일일이 다 수용했다.

당시 이석은 이미 진주에 도착해 있었는데 무종이 또다시 그에게 태원으로 돌아가라고 했다. 당월 7일, 무종은 모든 하동 군대에게 그대로 남아 유사楡社현을 지키도록 명령을 내렸다. 장군 왕봉王逢에게는 다른 지방에서 천 명의 기마병과 3천 명의 보병을 차출해 양변을 토벌하도록 했다. 무종은 또 장군 왕원규에게 5천 명의 기마병을 통솔해 토문土門*에서 출발해 왕봉과 합류하도록 명령했다. 흔주자사忻州刺史 이비李조는 양변이 보낸 중재자 격인 사신을 죽였고 양변 군대의 북쪽 출구를 봉쇄했다고 보고했다. 또한 이미 남쪽으로 양변을 정벌하러 군사를 보냈다고 보고했다.

17일, 무종은 재상 이덕유와 함께 양변이 태원에서 반란을 일으

---

* **토문土門**: 당나라 장안성에 열두 개의 성문이 있는데 토문은 남쪽의 성문으로 개원문 開遠門이라고도 한다.

킨 일을 다시금 논의했다. 그때 이덕유가 말했다. "신은 태원의 반
란은 얼마 지나지 않아 평정될 것이라 생각합니다. 지금 태원에서
반란을 일으킨 자들의 수는 고작 천여 명에 불과하고 나머지는 모
두 소의의 전선에 있습니다. 양변이 다른 지역에 도움을 요청하는
것 자체가 아예 불가능합니다. 폐하께서는 왕봉에게 신속히 태원성
밖으로 진군하도록 명령을 내리기만 하면 됩니다. 그러면 양변의
군대 내에 자연히 내홍이 발생할 것입니다."

그러자 무종이 물었다. "유주절도사 장중무에게 출병하여 양변
을 정벌하도록 하는 것은 어떠한가? 짐은 덕성과 위박의 대군이 소
의를 정벌하여 세운 큰 공에 대해 장중무가 몹시 부러워하고 있다
는 점을 알고 있다." 이에 이덕유가 대답했다. "성덕은 태원과 거리
상으로 가장 가까워 파병하기 수월하니 성덕의 군대를 보내 지원
하시지요. 만일 장중무에게 출병토록 한다면 수하의 병사들이 백성
들에게 해를 입히는 것을 그가 방임할까 걱정됩니다. 폐하께서는
작년에 그가 회흘을 정벌할 때 전임 하동절도사 유면과 공로를 놓
고 다퉜던 것을 잊으셨습니까?" 무종은 그 말을 듣고 그의 건의에
찬성을 표했다.

무종은 마원실馬元實이라는 관리를 태원으로 보내 현지에서 반
란을 꾀한 장병들에게 투항을 권고하고 기회를 엿보아 몰래 양변
의 군사력을 조사했다. 양변은 마원실을 환대했고 그와 함께 삼 일
동안 술을 마시고 또 적잖은 돈을 그에게 주었다.

24일, 마원실은 태원을 떠나 수도로 돌아왔다. 그는 이덕유에게
태원에서 보고 들은 것을 설명했다. "조정에서는 조속히 양변을 절
도사로 임명해야 합니다!" 이덕유는 그가 이렇게 말하는 근거가 무
엇인지 물었다. "하동절도사 아문에서부터 유자열柳子列까지 족히

15리가 되는 거리에 번쩍이는 갑옷을 입은 양변의 병사들이 늘어서 있습니다. 실로 대단한 병력입니다. 우리가 어떻게 그들을 평정할 수 있겠습니까?"

그러자 이덕유가 말했다. "이석이 횡수책橫水柵의 수비병을 유사현으로 지원을 보낸 이유는 태원에 수비할 군대가 없기 때문이오. 그 지원군은 이미 창고 안의 병기를 전선으로 가져가버렸소. 그런데 양변이 어떻게 그 단시간 내에 이렇게 많은 병사와 무기를 찾을 수 있겠소?" 마원실이 대답했다. "양변이 태원 현지의 사람들 가운데 일부 병사를 모집했는데 그들은 모두 대단히 용맹합니다." 그러자 또 이덕유가 말했다. "반드시 돈이 있어야 병사를 모집할 수 있소. 만일 이석이 병사들에게 견사 한 필이라도 빚지지 않았다면 이런 반란이 일어나지 않았을 것이오. 이런 마당에 양변은 어디서 그 돈이 났을까?" 마원실은 대답할 말이 없었다. 이덕유가 또다시 말을 이었다. "역적 양변이 번쩍이는 갑옷을 얼마나 많이 갖고 있든 그들을 다 때려 죽여야 하오!"

이덕유는 그런 뒤에 상소를 올렸다. "하찮은 역적 양변을 가볍게 용서해서는 안 됩니다. 지금 조정에서는 소의와 태원 두 지역의 반란군을 동시에 토벌하고 있습니다. 만일 재정적 지원이 부족하다는 염려가 있다면 차라리 유진을 잠시 내버려 두는 것이 낫습니다." 유사현에 주둔해 지키고 있던 하동군은 이때 마침 정보를 입수했다. 조정에서 나머지 번진의 군대에게 태원을 공격하도록 명령을 내렸다는 정보였다. 그 군대가 자신의 처자식의 안전을 위협할까 걱정이 되자 하동군은 저절로 조직되어 감군 여의충의 통솔 아래 태원에 공격을 가하기 시작했다. 28일, 그들은 태원을 함락시켰고 양변을 생포했으며 반란을 일으킨 모든 병사들을 죽였다.

47장

왕식王式이 구보裘甫에게 두뇌 작전을 펴다

당의종唐懿宗 함통咸通 원년기원후 860년, 절동관찰사浙東觀察使 정덕鄭德은 현지의 군사 정세가 긴박해지자* 여러 차례 조정에 상소를 올려 가까이 위치한 주에 지원을 요청해달라고 했다. 이윽고 선흡宣歙에서 백종白琮이라는 아장에게 3백 명의 병사들을 데리고 지원을 가도록 했다. 또한 절서浙西에서도 능무정淩茂貞이라는 아장에게 4백 명의 병사를 데리고 가도록 했다. 처음에 정덕은 지원군에게 성문 밖과 동소東小 강변에 주둔해 있으라고 했다가 그들에게 수부帥府**를 지키도록 신속하게 이동, 집결시켰다. 정덕이 이들 지원군에게 내어준 자금은 조정 재정에서 그들에게 지급한 것에 비해 열세 배가 넘었다. 하지만 선주宣州와 윤주潤州 두 지역의 장병들은 여전히 만족하지 못하고 역적 구보와 더욱 수월하게 싸우기 위해 현지의 군대가 선두에서 길을 이끌어야 한다고 주장했다. 이렇게 토벌군은 어떻게 해도 가지 않으려고 했다. 절동군浙東軍의 일부 장수들은 말

---

*   현지의 군사 정세가 긴박해진 원인은 구보裘甫가 농민 반란을 일으켰기 때문이었다. 구보는 반란군의 우두머리였다.

** **수부帥府**: 군대를 지휘하고 감독하던 관청.

에서 떨어졌다는 거짓말을 했고 또 어떤 장수들은 병에 걸렸다고 도 했다. 나가서 싸우려던 장수들도 먼저 자신을 승진시켜달라고 요구했다. 역적 구보의 기마병이 평수平水 동쪽의 작은 강으로 도달하자 절동의 백성들은 식량을 챙긴 채 배를 타고 꼬박 하룻밤을 새우고서야 도망칠 수 있었다.

조정에서는 겁 많은 정덕을 대신해 무장 한 명을 보내 그의 자리를 대체해야 할지를 논의했다. 이때 하후자夏侯孜가 말했다. "산이 높고 물이 깊으며 험한 길을 지닌 절동을 얻으려면 힘을 쓸 것이 아니라 계책을 사용해야 합니다. 지금 조정 내의 무장은 모두 책략을 쓸 줄 모릅니다. 차라리 이전에 안남도호安南都護*를 지냈던 왕식王式을 보내는 것이 좋을 듯합니다. 왕식은 학자 가문에서 태어났지만 안남에서 재직할 때 현지 사람들은 모두 그를 믿고 따라 그의 명성이 멀리까지 자자했습니다." 하후자의 제안은 모든 재상들의 동의를 얻었다. 당의종은 이내 명령을 내려 왕식을 절동관찰사로 임명하고 정덕은 조정으로 돌아와 태자빈객太子賓客을 맡도록 했다.

3월 1일, 왕식이 조정에 등정하자 당의종은 역적 구보를 토벌할 방법을 물었다. 그러자 그의 대답이 돌아왔다. "저에게 대군을 내어주시면 역적을 완전히 섬멸하겠습니다." 당의종 옆에 있던 환관이 말했다. "군대를 파병하면 거액의 군비를 지출해야만 합니다." 그러자 왕식이 이렇게 말했다. "제가 이렇게 하는 것은 사실 나라의 군비를 절약하려는 것입니다. 대군은 단기간 내에 역적을 섬멸할 것입니다. 그러면서 군비를 절약하는 것이지요. 만일 병사의 인

---

* **안남도호安南都護**: 당나라 때 안남도호부의 장관으로 안남은 지금의 베트남이다.

원이 부족하면 단기간 내에 역적을 섬멸할 수 없습니다. 혹은 전쟁이 장기전으로 흘러가 역적의 세력이 갈수록 강력해져 강회江淮 각지의 도적들도 그들에게 흡수될 수 있습니다. 지금 나라의 재정 수입은 주로 강회에서 비롯됩니다. 만일 강회를 역적이 점거하면 세금을 납부하는 재정 수입원도 단절됩니다. 구묘九廟*에서 북문십군北門十軍**까지의 공급도 엄청난 위협을 안게 됩니다. 정말로 이렇게 된다면 지출해야 하는 군비는 끝이 없을 것입니다!" 그러자 의종이 환관에게 말했다. "왕식에게 대군을 내어주는 것은 현명한 처사다." 의종은 즉각 충무, 의성, 회남 등지의 군대 전부를 소집해 왕식이 통솔하도록 했다.

그런가 하면 구보는 군대를 보내 구주衢州와 무주婺州를 공격했다. 하지만 군대는 무주 깊숙이 들어갈 수 없었다. 무주 군대 내부의 압아押牙 방질房郅, 장수 누증樓曾, 구주衢州 열 명의 명장 중 한 명인 방경심方景深 등이 요지를 점하면서 필사적으로 무주를 지키고 있었던 것이다. 그러자 구보는 군대를 분산시켜 방향을 바꾸어 명주明州로 진격했다. 현지 백성들은 함께 방법을 강구해내며 이렇게 말했다. "그 역적들이 성 안을 공격하면 분명 우리의 처자식을 죽이고 재산을 약탈해갈 것입니다!" 그래서 그들은 아예 자기 집안의 재산을 내놓으면서까지 명주성을 굳게 지켰다. 역적의 군대는 또다시 태주臺州로 진격했고 당흥현唐興縣을 격파했다.

19일, 구보는 직접 만여 명의 병사들을 이끌고 상우上虞현에 공격을 가해 상우현 성을 불태워버렸다. 23일, 구보는 또 군대를 통솔

---

* **구묘九廟**: 황제의 종묘.
** **북문십군北門十軍**: 신책군神策軍을 뜻한다.

해 여요餘姚현을 공격해 현지의 현승縣丞과 현위縣尉를 죽였다. 그런 뒤 또다시 동쪽의 자계慈溪현을 공격한 뒤에 봉화奉化현에 도착했다. 이어서 영해寧海현에 도착해 영해현 성을 점거하고 현령을 죽였다. 거기에서 그치지 않고 그는 일부 병사들에게 상산象山현을 공격하도록 명령을 내렸다. 구보의 군대는 지역에 도착할 때마다 먼저 현지의 젊고 건장한 이들을 생포했다. 그런 뒤에 남은 노인과 부녀자와 아이들은 잔인하게 학대하고 전부 죽여버렸다.

왕식을 절동절도사로 위임한다는 위임장이 배부된 뒤 절동의 백성들은 마침내 다소 안정을 찾았다. 당시 구보는 자신의 부하와 술을 마시면서 왕식이 곧 올 것이라는 정보를 접하고 상당히 불쾌해했다.

그러자 유劉씨 성을 가진 한 부하가 한숨을 내쉬며 말했다. "우리에게는 이렇게 많은 장병들이 있는데 작전 계획을 수립할 수 없다는 것이 참으로 아쉽습니다! 오늘 조정에서 왕 중승中丞에게 군대를 통솔해 진압하라고 했으니 40일 이내에 분명 뒤쫓아 올 것입니다. 왕 중승은 용맹한 데다 상당한 지략을 갖춘 자인지라 그를 능가할 만한 적수가 거의 없다고 합니다. 그러니 장군께서는 어서 군대를 보내 월주越州를 점령해야 합니다. 월주의 지세가 매우 높으니 장군께서 그 지세를 이용해 조정의 양곡 창고를 점령할 수 있을 것입니다. 그런 뒤에 5천 대군을 보내 서릉西陵에 주둔하도록 하고 왕식이 통솔하는 군대를 방어하기 위해 절강 변방에 보루를 세우면 됩니다. 또한 각종의 군함을 폭넓게 모아 시기를 기다렸다가 곧장 대군을 통솔해 절서浙西를 공격해야 합니다. 그리고 장강長江 맞은편 기슭의 양주揚州로 가서 현지의 재물을 모아 군비를 충당해야 합니다. 대군이 돌아온 뒤에 다시 석수성을 수리하여 끝까지 굳게 지켜야 합니다. 그때가 되면 선흡과 강서의 일부 사람들이 분명 장군께 투항해올 것입니다. 그런 다음 유종간劉從簡에게 일만 대군을 통솔해 바다를 따라 남쪽에서 복건福建을 공격하도록 하십시오. 이렇게 하면 동남부의 납세 주요 지역은 완전히 우리 수중으로 들어올 것입니다. 물론 동남 지역의 절반의 토지는 우리 자손과 후대들이 지키기는 어려울 것입니다. 하지만 우리 세대에서는 이 부귀영화를 지켜야 어려움을 겪지 않을 것입니다."

하지만 구보는 이렇게 말했다. "이 일은 내일 다시 이야기하도록 하자. 오늘 자네는 너무 많이 마셨어!" 그러자 유씨는 구보가 자신의 계략에 무관심한 데 대해 화가 나서 술에 취한 척 자리를 떠났다.

한편 구보의 군 내부에 왕로王輅라는 진사進士가 있었는데 구보에게 후한 대접을 받는 인물이었다. 그가 구보에게 말했다. "유 병마부종사兵馬副從使의 계책은 강동江東을 점령하는 것입니다. 이는 옛날 손권孫權이 취했던 계책입니다. 손권이 성공할 수 있었던 것은 그저 당시의 시국이 무척 혼란스러웠기 때문입니다. 하지만 지금 장군께서는 강동을 점령하고 황제에 오를 수가 없습니다. 중원 지역은 지금 전시가 아니기 때문입니다. 장군께서 만일 실패할 가능성이 전혀 없는 계책을 찾으신다면 바로 군대를 이끌고 험준한 곳을 점거하는 것이 바로 그것입니다. 평상시에는 바다로 나가 물고기를 잡고 육지에서 경작하다가 만일 위험이 생기면 즉시 섬에서 몸을 숨기는 것이 최상의 방책입니다!" 왕식이 너무 두려웠던 구보는 계속 주저하면서 결정을 내리지 못했다.

4월, 왕식은 군대를 이끌고 시구柿口에 도달했다. 의성 군대의 대열이 정돈돼 있지 않아 왕식은 그 모습을 보고 분노했다. 그래서 본래는 장군을 죽이려고 했다가 결국 그를 한동안 옥에 가둔 뒤 풀어주었다. 그 일이 있은 뒤 의성 군대는 질서정연하고 엄숙해졌다. 왕식은 서릉에 도착한 뒤 당나라에 투항하기 위해 구보가 보낸 사자를 만나게 됐다. 그러자 왕식이 말했다. "구보는 당나라에 투항할 생각이 전혀 없소. 그가 이렇게 하는 것은 그저 군 상황을 정탐하고 아군이 경계를 늦추게 하려는 것이오." 그러면서 왕식은 사자에게 말했다. "만일 구보가 스스로를 결박하고 직접 투항하러 온다면 어쩌면 그에게 살 길을 열어줄 수 있을지도 모르겠소."

15일, 이윽고 왕식은 월주로 진격해 정덕에게서 업무를 인계받은 뒤 정덕을 환송하는 주연을 베풀었다. 그 자리에서 왕식이 말했다. "군사 행정 상의 중요한 업무를 제가 책임지고 있어서 저는 술을 마실 수 없습니다. 하지만 감군 아래의 장군들은 모두 손님들과 함께 실컷 마셔도 됩니다." 모두들 밤이 되도록 술을 마셨으나 아직 부족했던지 촛불을 켜놓고 다시 술을 마셨다. 그러자 왕식이 말했다. "모두들 얼마든지 마시십시오. 제가 여기 있는데 그 역적들일랑 두려워 마십시오!" 16일, 왕식은 정덕을 교외의 먼 곳까지 환송하면서 또 한바탕 술을 마셨다. 그런 뒤 왕식은 군령을 정비했다. 과거에는 병환으로 인해 종일 침상에만 누워 있던 자들이 침상에서 나와 일을 하기 시작했다. 또한 과거에 군비 지급이 충분치 않다고 불평을 늘어놓던 자들과 출병 전에 먼저 승진을 요구했던 자들이 모두 침묵하게 되었다.

한편 구보의 군대에는 두 명의 작은 우두머리가 있었는데 홍사간洪師簡과 허회능許會能이라 불리는 인물이었다. 두 사람은 자기 부하를 이끌고 관군에 투항했다. 그러자 왕식이 그들에게 말했다. "아주 잘한 일이다. 이제 너희는 전공을 세워 역적들과 분명히 경계를 그어야 한다." 이윽고 왕식은 그들에게 기존의 부하들을 통솔해 구보의 군대를 공격하는 선봉군으로 나서라고 명령했다. 또한 전장에서 공을 세우는 자는 누구든 즉시 조정에 보고해 관직을 올려주겠다고 했다.

그전에 구보는 밀정을 몰래 월주에 침투시켰다. 하지만 월주의 관군은 그들을 잡아내지도 않았을 뿐더러 그들이 몸을 숨기도록 도와주고 밥과 물을 그들에게 제공했다. 월주 안의 다른 관리들도 암암리에 구보 군대와 결탁하여 역적이 성을 돌파했을 때 자신의 처자식의 목숨을 구하려고만 했다. 일부 관리들은 구보군의 장군이 관군의 상황을 정탐할 수 있도록 돕기 위해 거짓 투항에 협조하기까지 했다. 그래서 월주성 내부 관군의 기밀 계획과 암호를 구보 군대는 정확히 알고 있었다.

왕식은 암암리에 이런 상황을 전부 명확히 파악했고 적군과 결탁한 모든 문무 관리들을 잡아들여 처형했다. 그는 또 교활하고 독단적이며 포악한 관리들에 대해 엄벌을 내렸다. 더불어 출입금지령을 엄격히 지키도록 선포했다. 월주성으로 들어오려면 반드시 먼저 조사를 거치도록 했다. 그밖에도 엄격한 야간 순찰을 배치했다. 이렇게 해서 역적 구보는 다시 관군의 상황을 염탐하려고 했지만 하늘의 별 따기보다 더 힘들어졌다.

성 안의 백성들은 빈곤에 허덕이며 끼니를 거르기 일쑤였다. 그래서 왕식은 성 내 각 현의 곡식 창고에 저장해둔 식량을 내어 백성을 구휼하도록 명령했다. 그러자 누군가 왕식에게 권고했다. "이 양식은 백성들에게 내줄 수 없습니다. 역적 구보가 아직 섬멸되지 않아서 군대에 식량 확보가 시급합니다!" 그러자 왕식이 말했다. "모르는 소리다."

왕식이 그들에게 말했다. "아주 잘한 일이다.
이제 너희는 전공을 세워 역적들과 분명히
경계를 그어야 한다."

당나라의 관군 기마병의 수는 적은 편이었다. 왕식이 말했다. "우리는 이곳에서 토번과 회흘의 투항병과 포로를 징집할 수 있다. 그들 중 적지 않은 인원이 이곳에 유배당해 있다. 이들은 말 타기와 활쏘기 기술에 능숙하고 또 어려운 환경에서 살아남는 데 매우 익숙하다."

왕식은 정부의 명부를 살펴본 뒤 백여 명의 토번인과 회흘인을 징집했다. 그들은 모두 용맹스럽고 건장했다. 이 호인胡人들은 아주 오래전에 고향에서 멀리 떨어진 곳으로 귀양 보내졌다. 그리고 그들의 관할을 책임지는 관리들은 그들을 무척 엄격하게 대했다. 하지만 왕식에게 징집된 이후로 그들의 부모와 아내와 자식들은 구제되었다. 그런 이유로 그들은 왕식의 말을 고분고분 따랐고 그에게 감동하여 눈물을 흘릴 정도였다.

그런 그들을 왕식은 기마병으로 배치했고 그들을 통솔하는 인물은 기마병 대장 석종본石宗本이었다. 왕식은 이런 방법을 사용해 월주로 축출된 모든 토번인과 회흘인을 징집했다. 그런 뒤 조정에 2백 필의 좋은 말을 요청했다. 이렇게 해서 기마병은 갈수록 강력해졌다.

또 어떤 이는 봉화대를 설치하여 멀리서도 역적과의 거리나 역적의 수를 보고할 수 있도록 하자는 건의를 했다. 왕식은 그에 대한 가부를 결정하지 않고 그저 미소만 지었다. 이윽고 왕식은 군 내에서 겁이 많은 사람 몇 명을 뽑아 그들에게 약간의 무기를 들고 건장한 군마를 타고 정찰 기마병의 역할을 수행하도록 했다. 부하들은 그에게 왜 그렇게 하는지 물어볼 용기는 차마 내지 못하고 그저 마음속으로 신기해했을 뿐이다.

한편 왕식은 월주성 안의 병영을 순찰하러 나갔는데 그때 성 안에 있던 기존의 군대와 토단병土團兵*은 모두 4천 명이었다. 이들은 왕식의 배치로 몇 개의 대오로 나뉘어 관군을 안내하고 지원했고 역적을 토벌했다. 월주의 수비군을 강화하기 위해 왕식은 천 명의 토단병을 더 모집했다. 그 뒤로 왕식은 충무의 대장 유군초遊君楚, 의성 대장 백종건, 회남 대장 만린萬璘에게 각자의 군대를 이끌고 태주 군대와 연합해 남로군南路軍을 결성하라고 명령했다. 또한 절서 대장 능무정凌茂貞, 선흡 대장 백종白琮에게는 역시 각자의 군대를 통솔해 북방의 대장 한종정韓宗政 등이 통솔하는 토단병과 천명 규모의 대군으로 합병해 동로군東路軍이라 칭하도록 했다. 석종본이 통솔하는 기마병이 선봉을 맡아 상우현에서 봉화현으로 진군해 포위 공격을 받고 있는 상산象山을 구출했다.

이윽고 왕식은 또 명령을 내렸다. "각 군의 장병들은 이번 행군의 순탄 여하를 막론하고 절대 다른 이의 임무를 빼앗아서는 안 된다. 더 많은 수급을 얻고 더 큰 군공을 세우기 위해 백성을 죽여 머릿수를 채워서도 안 된다. 백성의 집에 불을 놓아서도 안 된다. 어쩔 수 없이 반군에 들어간 백성들에게는 투항을 권유하도록 하라. 너희가 반군에게서 얼마나 많은 재물을 얻었든 정부에서는 간섭하지 않겠다. 너희가 잡은 포로가 현지인이라면 각자의 집으로 돌아가도록 놓아주어라."

23일, 이렇게 해서 남로군은 구보의 옥주沃州 산채를 함락시켰고, 24일 또 반란군 장수 모응천毛應天을 격파했다. 또한 신창新昌 산채를 함락시킨 데 이어 당흥현을 함락시켰다.

---

* **토단병土團兵**: 당나라 후기 남방에 있던 현지인으로 구성된 무장 군대이다.

48장

장현임張玄稔이 지략으로 반란을 평정하다

반란군 수장 방훈의 부하 양비梁조라는 인물이 지시를 거치지 않고 요주姚周를 죽였다. 이 일로 화가 난 방훈龐勳*은 양비의 관직을 파면하고 기존의 서주徐州 진장鎭將 장현임에게 양비를 대신해 숙주宿州를 관리하도록 했다. 또한 부하 무관 장실張實과 장유張儒 등에게 숙주 성내의 수만 대군을 통솔해 관군과 전쟁을 시작하라고 명령했다. 장유 등은 더욱 안정적인 수비를 하기 위해 일부러 숙주성 밖의 강기슭에 여러 병영을 증설했다. 한편 당나라의 장군 강승훈康承訓은 장유의 군대를 겹겹이 포위했다. 그러자 장실은 부하들에게 명령을 내려 어둠을 틈타 겹겹의 포위를 뚫고 서신 한 통을 방훈에게 전달하라고 했다.

"오늘 관군이 숙주에 공격을 가했기 때문에 서쪽에는 필시 관군이 얼마 되지 않을 것입니다. 장군께서는 관군의 경계가 느슨해진 틈을 타서 군대를 이끌고 천 리 밖의 송주宋州와 박주亳州 교외로 진

---

* **방훈龐勳**: 당나라 말 계림桂林의 수비병 반란군의 수장이었다. 당나라 의종 함통咸通 9년, 방훈은 계림에서 수비를 보던 병사들을 이끌고 당나라 정부에 저항했다. 반란군은 강소江蘇, 안휘安徽, 산동山東, 하남河南 등지의 일부 지역을 공격했고 강회江淮 일대를 통제했으며 강남江南의 경제 통로를 차단했다. 양비와 요주는 방훈의 부하였는데 요주는 반란 과정에서 양비에게 죽임을 당했다.

격하십시오. 그러면 또 관군은 분명 서쪽으로 서둘러 지원을 갈 것입니다. 더 이상 숙주를 염두에 두지 못할 것입니다. 그러면 장군께서 관군 전방의 험준한 곳에서 매복하고 있으면 우리가 숙주의 군대를 이끌고 후방에서 공격을 가하겠습니다. 앞뒤로 포위 공세를 가하면 분명 관군을 격파할 수 있을 것입니다!"

그때 당나라 장군 주매朱玫는 대장 조상曹翔의 명령에 따라 풍현豐縣, 서성徐城, 하비下邳를 연달아 함락시켰고 수만 명의 반란군을 죽였다. 두려움에 떨면서 도주하려고 했던 방훈은 서신을 받고 이내 도주하려던 마음을 단념했다. 그는 곧장 장실의 계략을 실천에 옮겼다. 그는 군대를 통솔해 서쪽을 향해 진군함과 동시에 방거직龐擧直과 허길許佶에게 서주에 군대를 주둔시켜 지키라고 명령했다.

8월 27일, 강승훈은 숙주성 밖 반란군의 병영을 불태웠고 장유 등은 죽을 힘을 다해 숙주 외곽을 지켰다. 관군은 수천 명이 희생되었지만 숙주성을 함락시키지는 못했다. 강승훈은 성을 공격하기가 상당히 어려울 것이라 판단하고 말재간이 좋은 사람을 찾아 숙주성 밖으로 보내 큰 소리로 성 안에서 역적이 투항했다고 하도록 했다.

한편 장현임은 이전에 변방을 보위하여 큰 공을 세운 적이 있는 사람이었다. 그런 그가 이번 반란에 참여하게 된 것은 부득이한 상황 때문이었던 터라 역적과 합작하는 것이 그에게는 내심 몹시 슬프고 분한 일이었다. 그때 그는 군대를 통솔해 성 안을 지키고 있었는데, 밤이 되자 수십 명의 심복을 불러 몰래 조정에 투항할 방법을 강구했다. 그는 그 심복들에게 그들의 부하를 설득하도록 했고 적지 않은 인원이 투항을 원한다고 밝혔다.

장현임은 측근 장고張皐에게 어둠을 틈타 성 밖으로 서둘러 가서 강승훈과 만나 성 안의 상황을 알리도록 했다. 그러면서 시간을 정해 역적 우두머리를 죽인 뒤 전체 숙주를 인솔해 투항하겠다고 약속했다. 때가 되자 병사들이 걱정을 내려놓고 안심하고 투항할 수 있도록 하기 위해서는 해치지 않겠다는 관군의 징표가 필요했다. 그래서 관군에게 청색의 큰 깃발을 내걸어달라고 청했다. 일종의 신호인 셈이었다. 강승훈은 그 이야기를 듣고 기뻐하면서 곧장 승낙했다.

9월 3일, 반란군 장군 장유 등은 유계정柳溪亭에서 술을 마시고 있었다. 장현임은 자신의 부하 동후董厚 등에게 군대를 통솔해 정자의 서쪽에 매복해 있으라고 했다. 그리고 자신은 말을 타고 앞으로 질주하면서 큰 소리로 외쳤다. "방훈은 이미 강승훈의 병영에서 죽었다. 이제는 장유 너희 역적들 차례다!" 이윽고 용맹한 장병들은 장유를 포함한 수십 명을 죽였다. 숙주성은 즉각 아수라장이 되었고 백성들도 당황하여 정신이 없었다.

장현임은 병사들에게 자신이 조정에 투항할 계획이라는 사실을 알렸다. 황혼 무렵이 되자 백성들은 마침내 평화를 되찾았다. 이튿날, 장현임은 병사들을 이끌고 성 밖으로 나와 투항했다. 강승훈을 본 장현임은 땅에 무릎을 꿇고 자신의 가슴과 팔뚝을 드러내면서 펑펑 눈물을 쏟고 앞으로 기어갔다. 그리고 자신의 죄를 너그러이 용서해 달라고 강승훈에게 간청했다. 강승훈은 그와 다른 사람들을 위로한 뒤 의종의 뜻을 그들에게 알렸다. 장현임은 상을 넉넉히 받고 어사중승으로 봉해졌다.

뿐만 아니라 장현임은 강승훈을 도와 또다른 계책을 세웠다. "나머지 각지의 역적들은 모두 제가 조정에 투항한 사실을 모르고 있습니다. 그러니 제가 만일 숙주가 돌파당한 듯 가장하여 군을 통

반란군 장군 장유등은 유계정柳溪亭에서 술을
마시고 있었다. 장현임은 자신의 부하
동후董厚 등에게 군대를
통솔해 정자의 서쪽
에 매복해 있으
라고 했다.

그리고 자신은 말
을 타고 앞으로 질주
하면서 큰 소리로 외쳤다.

솔해 부리符離와 서주徐州로 서둘러 가면 아무런 의심을 하지 않을 것입니다. 그때 제가 기회를 틈타 그들을 전부 섬멸할 수 있을 것입니다!" 강승훈은 그의 의견을 받아들였다. 기존에 숙주의 장병은 도합 3만 명이었는데 강승훈이 또 수백 명의 기마병을 그들에게 배치해주었다. 장병들이 출전하기 전에 강승훈은 그들에게 술과 음식을 내려 격려해주었다.

장현임은 숙주로 돌아와 별 탈 없이 무사함을 알리는 봉화烽火인 평안화平安火를 올려 평상시와 다를 바 없이 행동했다. 그리고 다음 날 동틀 무렵에 그는 수천 묶음의 장작을 쌓아 거기에 불을 붙여 거짓으로 성이 적에게 함락되었음을 알린 뒤 군을 이끌고 부리로 도주했다. 부리의 반란군은 그들을 전혀 의심하지 않고 성 안으로 맞아들였다. 장현임은 성으로 들어간 뒤 대군을 통솔해 부리 반란군의 수비를 맡은 장수를 죽였다. 성 안의 장병과 백성들은 그 뒤로 그의 명령에 따르게 됐다. 그는 부리에서 만 명의 장병을 모집한 뒤 계속해서 북쪽을 향해 진군했다. 서주에 공격을 가할 생각이었던 것이다. 방거직과 허길은 장현임이 이미 조정에 투항했다는 말을 듣고 성 문을 굳게 닫아 필사적으로 서주성을 지켰다.

7일, 장현임은 서주성에 도착했다. 그의 명령에 따라 장병들은 서주성을 겹겹이 포위하고 성을 공격하기 전 수비병에게 알렸다. "조정은 좋은 사람은 죽이지 않는다. 오직 역적만 죽일 뿐이다. 너희는 어찌 역적들을 도우려는 것이냐? 너희가 만일 지금 조정에 투항하지 않는다면 머지않아 너희는 그 역적들과 함께 죽임을 당할 것이다!"

수비병들은 그 말을 듣고 잇따라 무기를 내려놓고 갑옷을 벗어 성루 아래로 뛰어 내려갔다. 방거직과 허길은 부하들을 이끌고 성

안으로 퇴각했고 황혼 무렵이 되자 다시 북문을 향해 도주했다. 장현임은 즉시 그들을 추격하도록 명령했다. 마침내 방거직과 허길은 모두 죽임을 당했다. 다른 역적들 대다수는 물속으로 뛰어들어 익사했다. 반란을 일으킨 장병들의 가족은 모두 장현임에게 체포되어 처형당했는데 모두 수천 명에 달했다. 그 뒤로 서주의 형세는 차츰 안정되어갔다.

이때 방훈은 2만 대군을 통솔해 석산에서 출발해 서쪽으로 진군하면서 도중에 사람을 죽이고 불을 지르고 재물을 약탈했다. 6일이 되자 강승훈은 방훈의 행적을 드디어 포착했다. 이윽고 주사적심朱邪赤心*에게 서쪽으로 방훈을 추격하라고 명령했다. 주사적심은 선봉부대를 맡은 수천 명의 기마병을 통솔했다. 또한 보병과 기마병으로 구성된 8만 대군을 이끌었다.

방훈은 송주宋州를 공격해 남쪽 성을 함락시켰다. 송주자사 정처충鄭處沖은 북쪽 성을 지키다가 죽었다. 방훈은 성 안의 관군이 사전에 이미 준비 작업을 끝내고 자신의 공격을 방어하고 있다는 사실을 알고는 더 이상 송주를 공격하지 않았다. 그러고는 변수汴水를 횡단해 남쪽의 박주亳州를 공격했다.

이때 사타沙陀의 기마병이 추격해오자 방훈은 군대를 이끌고 환수渙水를 따라 동쪽으로 도망치고는 팽성으로 돌아갈 준비를 했다. 사타의 기마병이 바짝 뒤쫓아 오자 방훈은 심지어 밤을 먹을 틈도

---

* **주사적심朱邪赤心**: 당나라 말기 흉노 부락 사타부의 우두머리로 성이 주사朱邪였다. 그는 강승훈을 따라 방훈의 반란을 진압하여 큰 공을 세우고 대동군절도사大同軍節度使로 봉해졌고 이씨 성과 국창이라는 이름을 하사받았다.

없을 지경이었다. 그 뒤로 방훈은 기현斬縣에 도착했고 강을 건너려고 했다. 이때 당나라 군대의 장군 이곤李袞도 전쟁을 시작할 준비를 마친 상태였다. 이윽고 전투 배치를 마친 뒤 강 위에 놓인 다리를 절단했다.

강을 건널 수 없는 상황이 되자 방훈 일행은 어디로 가야 할지 막막해졌다. 그들은 한 바퀴를 돌아 기현의 서쪽으로 왔지만 정보를 듣고 추격해온 관군에게 거의 만 명에 달하는 사람이 죽었다. 그밖의 천 명은 투항했고 나머지 사람들은 전부 강으로 뛰어들어 익사했다. 방훈도 예외는 아니었다. 관군조차도 실제로 방훈이 어떻게 생겼는지를 몰라 방훈의 시체는 며칠이 지난 뒤에야 찾을 수 있었다. 소현蕭縣은 당나라 장군 송위宋威에게 함락당했고 호주濠州는 함락당하지 않았다. 반란군 장군 오형吳逈이 그곳에서 필사적으로 막고 있었기 때문이다.

의종은 강승훈을 하동절도사와 동평장사로 임명했고 두도杜慆를 의성절도사로 임명했다. 또 주사적심을 대동군절도사大同軍節度使로 임명하고 성을 이 씨로 하고 이름을 국창國昌이라고 했다. 또한 그에게 많은 재물을 내려 그가 세운 군공을 치하했다. 의종은 또 신당辛讜을 박주자사로 임명했다. 신당은 사주泗州에 있을 때 성 밖의 군량을 성 안으로 운송하기 위해 열두 차례 겹겹의 포위망을 돌파했다. 그는 박주자사로 임명을 받은 뒤 상소를 올렸다. "이 모든 것은 두도杜慆의 공입니다!" 의종은 화주자사和州刺史 최옹崔雍에게 자결하도록 했고 그의 가족들은 강주康州로 추방했다. 최옹의 다섯 형제 역시나 파면되었고 외진 지역으로 추방당했다.

49장

남조南詔가 침범하다

당나라 의종 함통 11년기원후 870년, 남조南詔*가 신진新津에 쳐들어간
데 이어 정변定邊 북쪽의 변방에까지 쳐들어갔다. 사천절도사 노탐
盧耽은 부사副使 담봉사譚奉祀에게 명령하여 남조의 우두머리 두원충
杜元忠에게 당나라를 침범하려는 이유를 물어보라고 했다. 그러다
결국 담봉사는 두원충에게 억류되었다. 노탐은 조정에 이 사실을
보고하도록 명령하고 조정이 남조와 화해를 모색해 현재 변방의
위험을 완화시켜 달라고 청했다. 그러자 조정에서는 지상支詳을 선
유통화사宣諭通和使로 임명하고 성도成都로 급히 가라는 명을 내렸다.
이때 성도 안의 수비 상황은 기본적으로 완비되어 있었다. 이는 노
탐이 남조의 군대에 대해 공손한 태도를 보여 남조가 진격의 속도
를 늦추었기 때문이었다.

　11일, 이윽고 남조의 대군은 쉬지 않고 북쪽으로 진군해 쌍류雙流
를 점령했다. 17일, 노탐은 유柳씨 성을 지닌 절도부사節度副使에게
남조의 수장을 찾아가 만나도록 했다. 두원충은 서신을 써서 유씨
를 돌려보내면서 이렇게 말했다. "이후에 남조의 국왕과 당신들 절

---

* **남조南詔**: 중국 당나라의 서남부 정권으로 범위는 지금의 윈난 전 지역과 구이저우,
쓰촨, 티베트, 베트남, 미얀마의 일부 지역을 포함하고 있었다.

도사가 접견하는 의례는 모두 이 서신에 기록되어 있다." 그의 말은 상당히 무례했고 서신에 적힌 의례에는 두원충 자신을 국왕과 같이 대하라는 요구가 있었다. 그러면서 두원충은 남조의 국왕이 편안히 지낼 수 있도록 성도성 안의 촉왕청蜀王廳을 수리하라고 주장했다. 그밖에도 사람을 시켜 화려한 장막을 짓고는 성남城南으로 옮겼다.

20일, 조정에서는 정변의 군대를 해산시키고 사천절도사가 기존의 정변군에 속해 있던 7주를 관할하도록 했다.

남조군은 같은 날 성도의 성문 밖에까지 진군했다. 전날 노탐은 선봉을 맡고 있는 유혁사遊奕使 왕주王晝에게 한주漢州로 가서 지원을 청하라는 명령을 내렸다. 그때 한주漢州에는 이미 4천 명의 봉상병鳳翔兵과 6천 명의 홍원병興元兵이 모여 있었다. 같은 시간 당나라 장수 두방竇滂도 충무, 의성, 서숙徐宿의 군대를 통솔해 도합 4천 명이 한주를 향해 달려가 지원병과 만났다. 이렇게 스스로를 보호하고자 했다.

24일, 왕주는 홍원, 자주資州, 간주簡州의 3천 병사를 통솔해 비교毗橋를 공격했다. 이때 왕주는 남조 군대의 선봉대를 만나 적에게 패한 뒤 퇴각해 한주를 지켰다. 성도의 장병들과 백성들은 지원병이 속히 오기를 바랐다. 하지만 두방은 내심 사천이 함락되기를 원하고 있었다. 자신이 통솔한 변방군이 관할하는 곳이 이미 전부 함락된 상황이라 사천이 함락된다면 자신의 죄가 다소나마 경감될 것 같았기 때문이었다. 그래서 북쪽의 지원병이 오자 그는 서둘러 가서 이렇게 충고했다.

"남쪽 오랑캐의 병사 수가 관군보다 훨씬 많은 데다 관군은 여기까지 고생스럽게 먼 길을 오느라 이미 무척 피곤해 있다. 그러니 경솔하게 공격을 해서는 절대 안 된다. 그렇게 했다가 그 후과는 상상조차 할 수 없을 정도로 참혹할 것이다."

많은 지원병들은 그의 말을 듣고 더 이상 진군할 용기가 나지 않았다. 성도의 장수 이자효李自孝는 암암리에 남조의 군대와 결탁하고는 적군을 지원하기 위해 성도 동쪽의 곡식 창고를 불태우려고까지 했다. 그의 이런 의도는 성도의 장병과 백성들에게 발각되어 즉각 처결당했다. 남조의 군대는 며칠 뒤 서둘러 와서 성을 공격했다. 원래는 그들에게 지원하기로 했던 이자효가 아무런 기미를 보이지 않자 그들은 더 이상 기다리지 못하고 결국 퇴각할 수밖에 없었다.

또 며칠 뒤 남조의 군대는 성도를 겹겹이 포위하고는 긴 사다리와 충거沖車*를 이용해 공격을 감행했다. 성도의 수비군은 갈고리로 긴 사다리를 잡고는 뜨거운 기름을 아래로 뿌렸다. 그런 뒤 횃불을 떨어뜨려 성을 공격하는 남조의 군대 절반 이상을 태워 죽였다.

노탐의 호령에 양경복楊慶復과 이양李驤 두 명의 장군은 돌장突將**을 인솔해 성 밖으로 가서 남조군과 싸웠다. 그 과정에서 남조군의 사상자는 2천 명이 넘었다. 어둠의 장막이 드리우자 양경복 등은 성을 공격하는 데 사용하는 남조의 3천 여 개의 무기를 불태운 뒤 성으로 돌아왔다. 사천 사람들은 예로부터 지나치게 소심한 반면 돌장은 무척 용감했다. 그들은 모두 심혈을 기울여 선발된 용감하고 날랜 인물들로 그들이 받은 포상도 무척 많았다. 그들은 모두 적

---

* **충거沖車**: 성을 공격하는 핵심적 무기이다. 강력한 충돌의 힘으로 성벽이나 성문을 파괴했다.
** **돌장突將**: 돌격 부대를 뜻한다.

성도의 수비군은
갈고리로 긴 사다리를 잡고
는 뜨거운 기름을 아래로 뿌렸다. 그런 뒤 횃불을 떨어뜨
려 성을 공격하는 남조의 군대 절반 이상을 태워 죽였다.

극적으로 전투에 나섰다. 일부 사람들은 참전의 기회를 얻지 못해 안타까워하기도 했다.

남조 군대는 수일이 지난 뒤 성을 공격하는 방법을 바꾸었다. 물에 적신 대나무 울타리로 덮개를 만들어 장병들이 성을 공격할 때 대나무 덮개를 높이 들어 올려 엄호할 수 있도록 했다. 이렇게 해서 화살을 쏘든 불로 태우든 그들은 사상자를 내지 않게 됐다. 그렇게 해서 대나무 덮개의 엄호 아래 성 아래까지 도달해 성벽을 긁어내기 시작했다. 그러자 양경복은 쇠를 뜨겁게 끓인 쇳물을 성 아래로 붓도록 명령을 내렸다. 결국 남쪽 야만의 전군은 화를 입고 말았다.

같은 달 3일, 조정의 선유통화사 지상은 사신을 보내 남조와 화해를 모색하도록 했다. 5일, 남조는 더 이상 견디지 못하고 군대를 철수하고 강화를 맺을 수밖에 없었다. 6일, 남조는 사신을 보내 지상에게 와 달라는 청을 하려고 했다. 하지만 지상은 그에 응답하지 않았다. 당나라의 지원군이 빠르게 뒤쫓아 올 수 있어야 한다고 안경복顔慶復이 의견을 냈기 때문이다. 그래서 지상은 남조의 사신에게 말했다.

"폐하께서 나에게 정변에 와서 그대와 강화를 맺으라고 명령했다. 하지만 그대는 여전히 성도를 공격하고 있으니 내가 받은 명령과 일치하지 않는다. 조정에서는 그대가 성도에 대한 침범을 중단하면 그대와 강화를 맺을 생각이다. 지금 그대는 계속해서 성도를 공격하고 있으니 조금이라도 성의가 있는 것인가?"

강화가 성립되지 못하자 남조 군대는 8일 또다시 성도에 공격을 가했다. 성도의 군대는 이튿날 성을 나와 응전했고 남조 군대는 하는 수 없이 철수했다.

앞서 당나라 장수 위고韋皋는 토번을 공격하기 위해 남조군을 모았다. 이를 위해 그는 무기를 제조하는 장인을 남조로 보내 무기 제조 기술을 현지인들에게 전수하도록 했다. 그렇게 몇 년 만에 남조 사람들은 품질이 아주 좋은 무기를 만들어낼 수 있게 됐다. 동만東蠻의 저나시苴那時, 물등勿鄧, 몽충夢衝의 세 부락은 모두 위고가 토번을 공격하는 기간에 위고에게 도움을 주어 당나라에 군공을 세웠다. 하지만 안타깝게도 이후에 그들은 당나라 변방의 관리에게 약탈을 당하는 바람에 당나라를 극도로 혐오하고 남조를 따르게 됐다. 그들은 남조에 지원을 했고 남조가 당나라 변방에 공격을 가할 때면 늘 그들의 모습을 발견할 수 있었다. 그들에게 생포된 당나라 포로는 전부 참혹한 학대를 당한 뒤 죽임을 당했다.

조정은 두방竇滂을 강주사호康州司戶로 강등시키고 안경복은 동천절도사東川節度使로 임명해 각 지원군을 통솔하는 임무를 겸하도록 했다. 11일, 안경복은 군대를 통솔해 신도新都에 도착했고 남조군은 일부 장병을 신도로 급파해 안경복의 공격을 저지하도록 했다. 12일, 쌍방은 정면으로 맞붙었는데 안경복은 군대를 통솔해 남조군 2천여 명을 죽여 엄청난 승리를 거두었다. 수천 명의 사천 백성들은 당나라 군대를 응원하기 위해 손에 칼과 몽둥이 등의 무기를 들고 입으로는 끝없이 함성을 질러 엄청난 기세를 자랑했다.

13일이 되자 남조군은 또 수만에 달하는 보병과 기마병을 보내 도발했고 안경복은 각 군대를 통솔해 전투에 임했다. 당나라 장수 송위宋威도 충무군을 이끌고 즉시 도착해 지원했다. 결국 당나라 군대는 5천 명이 넘는 남조군을 죽여 또 한 번의 승리를 거두었다. 남조군은 성숙산星宿山으로 퇴각해 그곳을 지켰고 송위는 군대를 통솔해 타강역沱江驛으로 갔는데 그곳은 성도와 고작 삼십 리 떨어져 있었다. 이때 남조는 또 양정보楊定保를 보내 지상에게 화친을 요구했다. 그러자 남조가 얻은 대답은 남조군을 먼저 성도에서 철수하라는 것이었다. 양정보가 떠난 뒤 성도는 여전히 남조군의 포위망 속에 빠져 있었다. 성 안의 장병과 백성들은 당나라의 지원병이 이미 도착했음을 알지 못했다. 하지만 그들은 승리를 거두는 쪽은 분명 당나라의 지원군일 것이라고 추측했다. 그렇지 않고서야 남조가 이렇게 지속적으로 사신을 보내 강화를 맺으려 할 필요가 없을 테니 말이다.

16일, 남조는 또다시 사신을 보내 성도에서 여러 차례 화해를 모색했다. 하지만 내내 확실한 대답을 얻지 못했다. 남조군은 당나라의 지원군이 이미 성도에 바짝 접근해 있다는 사실을 알고는 성을 공격하는 데 더욱 박차를 가했고 수장 휘하의 장군들은 전부 직접 전장에 나서서 전투를 지휘했다. 18일, 당나라 송위의 군대가 성도에 도달해 남조군을 격파시켜 남조군이 점하고 있던 성도 북쪽의 승선교升仙橋를 차지하게 됐다. 남조 군대는 밤새도록 성을 공격하던 무기를 소각한 뒤 도망쳤다. 다음 날 아침이 되자 당나라 군대는 비로소 그들이 도망친 것을 확인했다.

처음에 조정은 안경복에게 성도를 지원하라고 명령을 내린 뒤 다시 송위에게 면주綿州와 한주에 주둔해 지키면서 수시로 전선 지원을 준비하도록 했다. 하지만 송위가 승리를 거둔 뒤 사기가 크게 진작되어 먼저 성도에 도착해 남조군을 격파하고 일등 공로를 세우자 안경복에게 시기심이 발동되었다. 송위가 병사들에게 가서 식사를 하도록 한 뒤 밤새 도주한 남조군을 잡아오도록 했다. 그러자 성도의 성 안에 있던 장병들도 송위 아래로 들어가고 싶어 했다. 그러자 안경복은 송위에게 서신을 써서 그에게 한주로 가서 지키게 하고는 그 기회를 이용해 그의 병권을 회수했다.

한편 남조군은 쌍류까지 퇴각했는데 물에 가로막히는 신세가 됐다. 그들은 다리를 놓으려고 했지만 그도 여의치가 않아 수많은 장병들은 한데 뒤엉켜 군 내부에 혼란이 일었다. 사흘이 지나자 그들은 마침내 다리를 만들어 성공적으로 강을 건널 수 있었다. 하지만 행군 도중에 그들은 적잖은 무기와 재물을 잃었다. 안경복과 송위가 남조군을 추격하지 못하자 사천 백성들은 불만이 이만저만이 아니었다.

한편 남조군은 공주邛州를 포위하고 공주에 공격을 퍼부었다. 여주자사黎州刺史 엄사본嚴師本은 수천의 흩어진 병사를 모아 공주성을 지켰다. 남조군은 이틀 동안 공격을 퍼부었으나 공주를 함락시키지 못해 하는 수 없이 병력을 철수했다.

안경복의 인솔 하에 사천의 백성들은 옹문성甕門城을 쌓기 시작했다. 성문 밖에는 높은 담장을 세워 성문을 지키도록 했고 수로를 파서 물로 도랑을 가득 채웠다. 이렇게 하고 나니 적군이 성문에 또 공격을 가하고 싶어도 방법이 없게 되었다. 그밖에도 백성들은 나뭇가지로 울타리를 만들어 성 밖의 빈 땅에 꽂아 놓았다. 그리고 성 안을 지키고 있는 군대를 몇 개의 병영으로 나누어 각각 수비하도록 했다. 남조 사람들은 성도의 수비가 삼엄해졌다는 점을 파악하고는 다시 공격할 엄두를 내지 못했다.

50장

황소黃巢가 수도로 진입하다

당나라 희종僖宗 광명廣明 원년기원후 880년 11월 25일, 장수 장승범張承範 등은 신책군 궁수를 이끌고 수도를 떠났다. 신책군 구성원은 전부 수도의 부호 출신으로 평상시에 화려한 옷차림을 하고 거침 없이 말을 달리며 거만하게 행동했다. 그들은 전장에 나서지 않고 그저 환관에게 뇌물을 주는 방식을 써서 군적에 이름을 올려 엄청 난 포상을 받았다. 조정에서 그들을 전선으로 보내려 한다는 정보를 입수하면 부모와 부둥켜안고 통곡했다. 그리고는 거액을 들여 가난한 백성을 고용해 자기 대신 참전하도록 했다. 하지만 대리인들은 대부분 행군하고 싸우는 법을 전혀 몰랐다.

그러던 어느 날 희종이 원정을 떠나는 장병들을 송별하자 장승범이 희종에게 말했다. "듣기로 황소黃巢*가 지금 수십 만의 대군을 이끌고 서쪽에서 이곳으로 진군해오고 있다고 합니다. 동관潼關 밖에서 제극량齊克讓이 1만여 병사를 이끌고 적군에 대항하고 있는데 밥조차 먹지 못하는 실정입니다. 폐하께서 지금 신에게 2천 병사를 이끌고 동관으로 가도록 명을 내렸습니다. 하지만 수많은 장병들에

---

* **황소黃巢**: 당나라 말기 농민 반란군의 수장이었다.

게 군량을 지급하는 문제에 대해서는 누구도 언급하지 않고 있습니다. 신은 참으로 상심을 금할 수가 없습니다. 청컨대 폐하께서 각지에서 정예부대를 징집해 시급히 우리를 지원해주십시오."

이에 희종이 말했다. "지원군은 신속히 올 것이다. 너희는 먼저 떠나도록 하라!" 27일, 이윽고 장승범 등은 군대를 통솔해 화주華州에 도착했다. 당시 화주자사가 마침 선흡관찰사宣歙觀察使로 부임해 가자 성 안의 군대와 백성들은 화산華山으로 도망친 상태였다. 그래서 화주성은 거의 빈 성과 다름이 없었고 정부의 곡식 창고도 먼지와 쥐가 출몰한 흔적만 남아 있을 뿐이었다. 그래도 곡식 창고에 쌀이 조금 남아 있어 참으로 다행이었다. 병사들이 길을 떠날 때 가져가면 족히 사흘은 먹을 수 있는 양이었다.

12월 1일, 장병들은 드디어 동관에 도착했다. 그들은 우거진 풀숲에서 적잖은 백성을 찾아냈는데 백여 명 정도 되었다. 그들은 백성들에게 돌과 물을 운반하도록 명령해 성을 굳건히 지키도록 준비를 시켰다. 당시 장승범과 제극량이 통솔한 군대는 전체적으로 사기가 저하되어 있었는데 두 군대의 식량 공급이 이미 차단됐기 때문이다. 그런가 하면 황소의 선봉 부대는 당일 동관 성 밖에 도착해 백기白旗*를 잇따라 꽂아두었다. 제극량은 군대를 이끌고 전투에 임해 소소한 승리를 거두었다. 그러자 황소의 대군은 그 뒤를 바짝 쫓아오면서 일거에 엄청난 함성을 내질렀다. 제극량이 이끄는 군대는 오시午時**부터 전쟁을 시작했는데 유시酉時***가 되어서도 끝나지

---

* **백기白旗**: 황소가 백기를 좋아했다.
** **오시午時**: 옛날 오전 11시부터 오후 1시까지를 이름.
*** **유시酉時**: 옛날 오후 5시부터 7시까지를 이름.

않았다. 굶주림에 지친 장병들은 그 와중에도 함성을 지르면서 병영을 불태우고 각자 도망쳤다.

이윽고 제극량은 군대를 통솔해 동관으로 들어갔다. 동관 부근에 '금갱禁坑'이라 불리는 산골짜기가 있었는데 평상시에는 상업세를 징수하기 위해 백성들의 출입을 엄격히 통제했다. 제극량의 군대는 사전에 황소의 대군이 서둘러 올 것을 미처 생각지 못해 결국 참패를 당하고 금갱으로 도주했다.

장승범은 군대 안의 재물과 자신의 재물을 전부 장병들에게 나누어준 뒤 사람을 불러 시급히 조정에 보고하라는 명령을 내렸다. "엿새 전 신은 군대를 통솔해 수도에서 출발했습니다. 그런데 지금까지도 여전히 지원군이나 심지어는 지급품 그림자조차도 보지 못했습니다. 아군이 동관에 도착한 당일 황소는 60만 대군을 이끌고 성까지 도착했습니다. 저는 2천여 명의 병사를 이끌고 그들에게 대항했고 제극량이 통솔한 군대는 참패하여 금갱으로 도주해 화를 피하고 있습니다. 상황이 이렇게 된 것은 그들이 굶주림을 도저히 견딜 수 없었기 때문입니다. 만일 동관이 적군의 수중에 떨어진다면 저를 기름 솥에 던져주소서. 그렇게 되면 조정의 수많은 재상과 대신들이 부끄러워하지 않겠습니까? 저는 폐하께서 사천으로 피난을 떠날 준비를 하고 있다고 들었습니다. 폐하께서 취하시는 아주 미미한 행동이 전체 조정의 붕괴를 초래할 수도 있습니다. 신은 이제 곧 전쟁터에서 죽을 것입니다. 그 전에 신은 목숨을 내걸고 간청드립니다. 폐하와 수많은 재상과 대신들이 진지하게 고려하시어 즉각 지원병을 동관으로 보내주기를 청합니다. 만일 동관을 지켜낸다면 안록산安祿山을 섬멸한 뒤 다시금 황소를 섬멸할 수 있을 것입니다. 고조 황제와 태종 황제께서 세운 당나라의 기반을 지킬 수 있습니다. 이렇게 하면 신은 전장에서 전사하더라도 가서한哥舒翰*보다 더욱 완강히 싸울 수 있을 것입니다!"

12월 2일, 황소의 대군이 동관을 맹렬히 공격하기 시작했다. 그러자 장승범은 군대를 통솔해 필사적으로 동관을 지켰다. 동관의 화살을 전부 쏜 다음 관군은 또 돌로 황소의 대군을 내리치기 시작했다. 그러자 황소의 대군은 천여 명의 백성들에게 흙을 파내도록 강요하여 동관 성 밖의 수로를 메웠다. 수로를 신속히 평평하게 메워 황소의 군대는 수로를 순조롭게 지나갔다. 그리고 그날 밤 관루關樓**에 불을 놓아 모조리 태워버렸다. 장승범은 왕사회王師會에게 8백 명의 병사들을 이끌고 금갱을 지키라고 했다. 하지만 왕사회가 금갱에 도착하기 전에 황소의 대군은 이미 그곳을 지나가버렸다.

3일 아침, 황소의 군대는 동관에 포위 공격의 형세를 취하고 공격을 가했다. 그렇게 왕사회는 자결했고 동관의 수비군은 뿔뿔이 달아났다. 장승범은 옷을 갈아입고 남은 장병들을 이끌고 수도를 향해 도망쳤다. 야호천野狐泉까지 도망쳤을 때 봉천奉天에서 달려오고 있는 2천 명의 지원군을 만났다. 그러자 장승범이 지원군에게 이미 늦었다고 말했다.

봉상鳳翔과 박야博野의 두 군대는 퇴각해 위교渭橋를 지키다가 환관 전령자田令孜가 모집한 신병들이 모두 새로 만든 가죽옷을 입고 있는 것을 보고는 노여움을 참을 수가 없었다. "이들은 세운 공이 하나도 없는데 입은 옷이 너무 좋구나. 그런데 우리는 굶주리고 헐

---

* **가서한哥舒翰**: 당나라의 명장으로 안사의 난 와중에 안록산의 포로가 되어 죽임을 당했다.
** **관루關樓**: 성 위에서 멀리 바라볼 수 있는 용도로 세워진 작은 건물이다.

봉상鳳翔과 박야博野의 두 군대는 퇴각해
위교渭橋를 지키다가 환관 전령자田令孜가
모집한 신병들이 모두 새로 만든 가죽옷을
입고 있는 것을 보고는 노여움을 참
을 수가 없었다.

벗은 채로 필사적으로 싸우고 있다!" 이윽고 그들은 신병들이 가진 것을 약탈하다가 또 황소 군대의 길잡이가 되어 황소의 군대를 이끌고 장안으로 진군했다.

황소의 군대가 동관을 공격할 때 조정은 경조윤京兆尹 소름蕭廩을 동도전운양료사東道轉運糧料使로 임명했다. 소름은 그 직책을 감당할 자신이 없어 병을 핑계로 사직하여 고향으로 내려갈 수 있도록 해달라고 조정에 청했다. 하지만 생각지도 못하게 결국 그는 하주사호賀州司戶로 강등되고 말았다.

황소는 군대를 이끌고 화주성을 함락해 부관 교검喬鈐에게 성 안에서 주둔하여 지키도록 했다. 한편 당나라 조정의 하중유후河中留後 왕중영王重榮이 황소에게 항복을 청했다. 같은 달 4일, 희종은 조서를 내려 황소를 천평절도사天平節度使로 임명했다.

5일, 희종은 한림학사승지翰林學士承旨이자 상서좌승尚書左丞 왕휘王徽를 호부시랑 겸 동평장사로 임명했다. 또한 한림학사이자 동부시랑인 배철裴澈을 공부시랑工部侍郎 겸 동평장사로 임명했다. 그밖에도 희종은 노휴盧攜의 재상 관직을 박탈하고 동궁의 속관을 지내게 했다. 전령자는 황소의 군대가 이미 관중에 도착했다는 정보를 입수하고 자신이 백성들의 눈엣가시가 될까 두려워 노휴를 비난하면서 그를 희생양으로 삼았다. 또한 왕휘와 배철을 신임 재상으로 추천했다. 그날 황혼 무렵 노휴는 독약을 먹고 자결했다.

역적이 장안에 쳐들어왔다는 정보를 접한 뒤 많은 관리들은 조당에서 나와 사방으로 숨을 곳을 찾아 나섰다. 이때 전령자는 5백 명의 신책군을 인솔해 희종을 보호해 금광문金光門을 통해 도망쳐 성을 나섰다. 그렇게 되자 관리들은 황제의 행방을 전혀 몰랐다. 황제와 함께 도망친 사람은 복왕福王, 목왕穆王, 택왕澤王, 수왕壽王 등

네 명의 왕 이외에는 몇 명의 비빈이 고작이었다. 희종이 밤낮으로 길을 재촉하면서 도망을 치니 대부분의 수행원들은 뒤처졌다. 희종의 수레와 수행원이 수도를 떠나자 성 안의 장병들과 백성들은 곧장 황궁의 보물 창고로 쳐들어가 그곳의 금은보화를 훔치기 시작했다.

황혼 무렵이 가까워오자 황소의 선봉대 부관 시존柴存이 수도로 진입했다. 당나라의 금오대장군金吾大將軍 장직방張直方은 수십 명의 관리를 이끌고 파상으로 와서 황소의 수도 진입을 공손하게 맞이했다. 이때 황소가 앉아 있던 가마의 몸체는 황금으로 만든 장신구로 장식이 되어 있었다. 뒤를 따르는 부관들은 모두 머리를 풀어헤치고 있었고 붉은색 도안이 수놓아진 비단옷을 입고 손에는 무기를 들고 있었다. 수도로 들어서는 길은 재물과 수레와 말들로 빽빽했고 갑옷을 입은 기마병이 길게 늘어서 있었다.

전체 대오는 무려 수천 리가 될 정도였다. 수도의 백성들이 길가에서 구경을 하자 상양尚讓*이 그들에게 말했다. "다들 놀라지 말라. 각자의 생활을 꾸려가면 된다. 우리 황왕이 봉기를 일으킨 것은 본래 백성들의 행복을 도모하기 위함이다. 그분은 백성을 전혀 아끼지 않은 이李씨 당나라 황제처럼 하지 않을 것이다!" 황소는 전령자의 집에 머물렀다. 그리고 황소의 부유한 부관들은 모두 빈곤한 백성들에게 돈을 베풀었다.

---

* **상양**尚讓: 황소 반란군의 이인자다.

51장

전령자田令孜가 나라에 해를 끼치다

당나라 희종 중화中和 원년기원후 881년, 희종은 사천 성도에 도착해 촉중군蜀中軍*의 모든 장병들에게 상을 내렸다. 하지만 전령자가 행재도지휘처치사行在都指揮處置使가 된 뒤로 각지에서 희종에게 재물을 진상하면 희종을 수행해 성도로 온 장병들은 모두 상을 받은 반면 촉군에게는 상응한 대가가 주어지지 않아 원성이 그치지 않았다.

전령자는 어느 날 연회를 열어 현지의 촉군 도두都頭**와 외부에서 온 군대의 도두를 초대했다. 전령자는 도두들이 사용하는 술잔을 모두 금으로 된 잔으로 마련해 그들에게 금잔을 주니 대다수의 도두가 실례가 될까 차마 거절하지 못했다. 하지만 유독 사천 황두군黃頭軍의 장수 곽기郭琪만이 거절했다. 그는 몸을 일으키면서 말했다. "이 자리에 있는 분들이 매달 받는 높은 봉록으로도 한 집안을 먹여 살리기 충분합니다. 여러분께서는 이렇게 갚을 길이 없을 정도의 후한 은혜를 늘 염두에 두어야 합니다. 이 금잔을 모두들 받아서는 안 됩니다. 이 금잔은 탐욕을 부를 것입니다. 저는 촉군이 외지의 군대와 함께 수비의 책임을 맡은 것을 보았습니다. 그에 반해

---

* 촉蜀은 예로부터 사천 지방을 이르는 말이었다. —편집자 주
** **도두都頭**: 당나라 때 군관의 명칭.

촉군이 받은 상은 형편없이 적었습니다. 그래서 그들이 그토록 원망을 하는 것입니다. 만일 자칫 잘못해 소동이 일면 다시 평정하기가 무척 어려울 것입니다. 저는 전군용田軍容께서 여기 앉은 모든 분들에게 주신 특별 하사품을 거둔 뒤 촉군에게 균등히 나누어주고 촉군과 외지의 군대에게 동등한 대우를 해주시기를 청합니다. 그렇게 하는 것은 모든 장병들에게 있어서 참으로 기쁜 일이 될 것입니다!"

그 말을 듣고 전령자는 침묵만 지킬 뿐이었다. 한참 시간이 지난 뒤에 그는 곽기에게 어떤 전공을 세웠는지 물었다. 곽기가 대답했다. "저는 사천 사람이 아닙니다. 저의 고향은 효산 동쪽입니다. 저는 일찍이 변방에서 군대를 통솔해 거란과 십여 차례 교전을 벌였고 당항黨項과는 열일곱 차례 교전을 벌여 온몸에 부상을 입었습니다. 또한 토욕혼을 토벌한 바 있는데 그때 복부에 부상을 입어 창자가 흘러나와 실로 간단히 봉합한 뒤에 다시 전장에 나섰습니다."

전령자는 거기까지 말을 듣고 직접 또 다른 술잔을 찾아와 잔 가득 술을 따라 그에게 내렸다. 곽기는 술 안에 독이 들었다는 사실을 알았다. 하지만 그 술은 전령자가 하사한 것이었기에 그는 독이 든 술을 마실 수밖에 없었다. 곽기는 집으로 돌아온 뒤 계집종 한 명을 죽여 계집종의 피를 들이마셔 해독했다. 그런 다음 토해낸 검은색 독은 족히 몇 되나 될 정도였다.

그 뒤로 그는 자신의 부관을 데리고 반역을 도모하기 시작했다. 군대를 인솔해 성도에서 마구 약탈하고 불을 질러 성도는 난장판이 되었다. 희종은 전령자의 수행으로 동쪽 성으로 가서 성문을 굳게 닫고 성루에 올라 각 군대에 명령을 내려 곽기가 통솔하는 반란군을 공격하라고 했다. 포위 공격을 받은 곽기는 군을 이끌고 자신

곽기는 집으로 돌아온 뒤 계집종 한
명을 죽여 계집종의 피를 들이마셔
해독했다. 그런 다음 토해낸 검은색
독은 족히 몇 되나 될 정도였다.

의 병영으로 돌아왔다. 관군 진경陳敬의 명령 하에 도압아都押牙 안금산安金山은 곽기의 병영을 포위하고 공격을 감행했다. 그러자 곽기는 밤을 틈타 포위망을 뚫고 군부軍府의 청리廳吏 한 명만 데리고 광도廣都 방향으로 도망쳤다. 다른 부하들은 모두 사방으로 흩어져 도주했다. 곽기는 청리를 데리고 강둑에서 휴식을 취했다.

그때 곽기가 청리에게 말했다. "진경은 이번 일이 우리 잘못이 아니라는 사실을 잘 알고 있네. 하지만 그는 반드시 나를 제거해야 한다네. 나로 인해 놀란 관부를 그가 진정시켜야 하기 때문이지. 이제 나는 자네가 오랫동안 나를 떠나지도 않고 포기하지도 않았던 데 대해 보답을 할 수 있겠네. 자네는 내 직인과 보검을 가지고 가서 진경에게 말하게. 내가 강을 건너려는 것을 보고는 칼을 휘둘러 나를 강물 속으로 빠뜨렸고 급류가 내 시체를 흔적도 없이 집어삼켰다고 말일세. 그래서 나의 직인과 보검을 가지고 왔다고 말일세. 자네가 이것들을 진경에게 넘기면 진경은 분명 그것을 성도의 번화가에 걸어두고 포고를 붙여 사람들이 더 이상 근심하지 않도록 할 것이네. 그리고 자네는 큰 포상을 받을 것이고 내 가솔들의 목숨도 보호할 수 있겠지. 나는 광릉의 회남절도사 고변高駢에게 의탁할 생각이네. 자네는 일단 며칠 기다렸다가 몰래 내 가족들에게 사정을 알려주게."

그는 직인과 보검을 청리에게 건네준 뒤 강물의 흐름에 몸을 맡기고 서쪽으로 향했다. 그의 분부대로 청리는 직인과 보검을 진경에게 넘겨주었다. 그렇게 해서 곽기의 가솔들은 사면되었고 모든 것이 곽기의 예상대로 진행되었다.

희종은 온종일 환관들과 함께 있으면서 정무 처리도 전부 환관들과 상의했다. 그렇게 하고 있으니 대신들과의 관계는 갈수록 소원해졌고 대신들에 대한 대우도 하루가 다르게 나빠졌다.

24일, 이윽고 좌습유左拾遺 맹소도孟昭圖가 희종에게 상소를 올렸다.

"안팎의 대신들은 일치단결하여 모두 나아가야 할 때는 나아가고, 물러서야 할 때는 물러서야 합니다. 나라가 평안할 때이든 재난이 빈번하게 일어날 때이든 모두 마찬가지입니다. 폐하께서 작년 겨울 서쪽에서 피난하실 때 사전에 남사南司의 재상이나 대신들에게 통지하지 않으셔서 재상과 대신 휘하의 수많은 관리들이 모두 황소 역적의 손에 죽었습니다. 북사北司의 환관들을 돌이켜보면 그들은 전혀 손실을 보지 않았습니다. 신하들이 함께 나아가고 물러서는 데에는 한 가지 중요한 이유가 있습니다. 바로 이곳에 와서 폐하를 섬기기 위함입니다. 그들은 모두 필사적으로 나서고 있고 그 과정은 순탄치 않습니다. 하지만 그제 황혼 무렵 군대가 반란을 일으켰을 때 저는 폐하께서 오직 전령자, 진경, 그리고 환관들과 성문을 굳게 닫고 성루에 몸을 숨기는 것을 보았습니다. 재상 왕탁王鐸을 부르지도 않으시고 또 대신들에게 성 안에 오도록 하지도 않았습니다. 이튿날이 되어서도 폐하께서는 재상을 부르지 않고 문무백관들에게 위로의 말 한 마디도 없었습니다.

간관諫官으로서 신은 지금에 이르기까지 폐하의 옥체가 평안하고 강건한지 확신할 수 없습니다. 수많은 신하들이 폐하의 안위를 완벽히 파악하지 못하는 것은 매우 엄중한 죄입니다. 하지만 폐하께서 신하들의 그런 입장을 전혀 헤아려주지 않는 것도 마찬가지로 이치에 맞지 않습니다. 당나라의 기반은 고조 황제와 태종 황제께서 세웠습니다. 북하의 환관들이 아니었습니다. 당나라의 황제는 온 천하 백성들의 황제이지 북하의 환관들의 황제가 아닙니다. 남하의 관리들이 능력 있는 인재가 아닐 수도 있습니다. 그러나 북하의 환관들도 신뢰할 만하지 않습니다. 지금 폐하께서는 재상이나 대신들과 전혀 접촉하지 않고 있습니다. 어찌 그러실 수 있습니까? 이런 상태가 지속되다 보면 이제 언제 수도를 수복할지 폐하께서 스스로 고심하셔야 합니다. 환관들은 하루 종일 아무 일도 하지 않으면서 도리어 온갖 부귀영화를 누리고 있습니다. 신이 간관이 될 수 있었던 것은 폐하께서 저를 신뢰해 주신 은혜를 입었기 때문입니다. 그러므로 신의 책임은 폐하께 나라를 널리 이롭게 할 간언을 올리는 것입니다. 간관으로서 저는 직무와 책임을 다하지 못했습니다. 하지만 저의 후임자가 계속해서 이 책임을 이행할 것입니다.”

전령자는 상소문을 압수하여 희종이 보지 못하게 했다. 25일, 전령자는 희종의 명령이라고 가장하고 맹소도를 가주사호嘉州司戶로 강등시켰다. 그런 뒤 전령자는 또 맹소도를 강물에 던져 산 채로 익사시켰다. 대신들은 이 일을 알고 분개했지만 누구도 항의할 용기를 내지 못했다.

52장

도술에 깊이 빠진 고변高駢

회남절도사 고변高駢은 도술에 관심이 많은 인물이었다.

어느 날 여용지呂用之라는 도사가 요당妖黨 사건과 관련되어 도망쳤는데 고변은 그를 받아들였을 뿐만 아니라 군 안에서 그에게 직책 하나를 마련해주면서 그에게 상당히 후한 대우를 해주었다. 여용지의 부친은 파양鄱陽에서 차를 파는 상인이었다. 여러 해 전에 여용지는 광릉에 갔다가 광릉의 지방 특색과 풍습을 꽤 많이 알게 됐다. 고변에게 위탁한 그는 단약丹藥*을 만들면서 종종 고변과 공적이고 사적인 것에 대한 이해득실에 대해 토론을 벌였다. 그러면서 고변은 그에 대한 신뢰가 점차 커져갔다. 평상시에 고변은 자신의 옛 부하인 양찬梁纘, 진공陳琪, 풍수馮綏, 동근董瑾, 유공초俞公楚, 요귀례姚歸禮 등에게 잘 대우해주었다. 하지만 여용지는 계략을 써서 이들을 모조리 밀어내어 고변의 총애를 독차지하게 됐다. 그러자 양찬은 병권을 잃었고, 진공은 멸족을 당했으며, 풍수, 동근, 유공초, 요귀례 역시 고변에게 냉대를 받는 신세로 전락했다.

또한 여용지는 고변에게 자신의 패거리인 장수일張守一과 제갈

---

* **단약丹藥**: 불로장생의 약.

은諸葛殷을 천거했다. 이렇게 세 사람이 함께 도술을 이용해 고변을 미혹했다. 장수일은 원래는 농부에 불과한 인물로 창주滄州와 경주景州 일대에 살았다. 어느 날 그는 자신이 부리는 도술을 가지고 고변을 만나게 됐다. 하지만 고변이 그의 재능을 썩 내켜하지 않자 되레 곤경에 처하게 됐다. 그러자 여용지가 그에게 말했다. "자네가 만일 나와 같은 마음이라면 부귀영화는 식은 죽 먹기로 얻을 수 있을 걸세." 이윽고 여용지는 고변에게 장수일을 천거했고 고변은 장수일을 총애하게 됐다. 또한 그에게 여용지 다음가는 지위를 내주기까지 했다.

그런가 하면 제갈은은 파양에서 온 사람이었다. 그가 이곳에 오기 전 여용지는 고변에게 이렇게 말했다. "옥황상제께서는 공의 직무가 너무 번잡하고 바빠 일부러 신선 한 명을 선택해 공을 도우러 보내셨습니다. 공께서는 그를 후하게 대하고 또 그에게 높은 벼슬과 많은 녹봉을 주어 인간 세상에 남게 하십시오. 원하신다면 말입니다."

다음 날 제갈은이 와서 고변을 만났다. 고변은 얼토당토않지만 익살스럽고 재미있는 제갈의 이야기를 듣고는 그를 소금과 철을 담당하는 요직에 앉혔다. 고변은 무척 깔끔한 사람이어서 자신이 앉는 자리는 설령 자신의 가족이라도 앉을 수 없게 했다. 그런데 한번은 제갈은의 몸에 수포가 나서 참기 힘들 정도로 가려워했다. 어느 날은 하루 종일 쉬지 않고 긁어서 제갈은의 손에 피고름이 묻어 있었는데도 고변은 그와 같은 탁자에 앉아 음식을 먹고 술을 마셨다. 게다가 직접 그에게 술잔을 건네기까지 했다. 고변의 근신들은 그렇게 하지 말라고 만류를 했지만 그 말을 전혀 듣지 않았다. 또한 고변은 몇 마리의 개를 키우고 있었는데 제갈은의 몸에서 나는 구린 냄새를 개가 맡아 개가 제갈은에게 달려갔다. 어떻게 된 상황인지도 모르는 고변에게 제갈은이 웃으면서 말했다. "생각지도 못했는데 이 녀석들이 오늘 저를 기억해내지 뭡니까. 제가 일전에 이 녀석들과 만난 적이 있었지요. 수백 년 전 옥황상제께서 계신 그곳이었답니다."

그런가 하면 고변은 정전鄭畋이라는 관리와 늘 사이가 좋지 않았다. 그러자 여용지가 고변에게 말했다. "어떤 사람이 검객을 구해 두었는데 오늘 밤 그 검객이 공을 죽이러 올 것입니다." 그러자 고변은 놀라서 어떻게 해야 하는지 물었다. 여용지가 대답했다. "장수일이 공을 도와 검객을 막을 것입니다. 그는 검객에게 맞서는 술법을 배운 적이 있습니다." 고변은 이내 장수일에게 가서 자신을 도와달라고 했고 장수일도 이내 승낙했다. 장수일은 고변에게 여자 복장을 하게 한 뒤 다른 방으로 가서 몸을 숨기도록 했다. 자신이 고변 대신 고변의 침상에서 자겠다는 것이었다.

깊은 밤 인기척 없이 조용한 때에 장수일은 구리 그릇을 계단에 던져 소리가 나게 해서 방 밖에 있던 사람까지도 그 소리를 들을 수 있게 했다. 또한 그는 사전에 돼지 피 한 자루를 준비해 대청에 몰래 뿌려놓았는데 검객과 한 바탕 격투를 벌인 것처럼 가장한 것이다. 이튿날 아침 그는 웃으면서 고변에게 말했다. "검객이 하마터면 저를 해할 뻔했지 뭡니까?" 고변은 감격하여 눈물까지 흘리고는 그에게 상당량의 재물을 주었다.

또한 소승蕭勝이라는 사람이 있었는데 염성현감鹽城縣監 자리를 차지하기 위해 여용지에게 적잖은 호의를 베풀었다. 하지만 고변은 차일피일 미루면서 그 직책을 소승에게 내어주려고 하지 않았다. 그러자 여용지가 상황을 보면서 말했다. "최근 저는 선서仙書 한

권을 얻었는데 그 책에 이르기를 염성에 우물 하나가 있는데 거기에 보검 한 자루가 있다고 합니다. 보검을 가져오는 임무는 영험한 관리만이 할 수 있다고 합니다. 소승이 바로 그에 적합한 인물입니다. 제가 그를 돕기 위해 하는 말이 아닙니다. 그가 본디 신선을 섬기는 사람이기 때문입니다."

그 말에 고변은 즉각 소승에게 염성으로 가서 관직을 지내도록 분부했다. 그로부터 몇 개월이 지나 고변은 소승이 보낸 구리로 된 비수를 받았다. 그러자 여용지는 능청스럽게도 그 비수에 참배했다. "이전에 이것은 북제北帝*의 것이었습니다. 이 비수는 백 리 안의 각종 무기를 막아낼 수 있습니다." 고변은 진주와 옥을 비수에 상감하여 장식하고 평상시에 늘 그것을 자신이 앉은 자리 한 켠에 두고 스스로를 보호했다. 여용지는 자신이 계진군溪真君이고 장수일은 적송자赤松子, 제갈은은 갈장군葛將軍, 소승은 진목공秦穆公**의 사위라고 말했다. 다시 말해 그들 네 명을 두고 모두 신선이라 자처한 것이다.

또한 여용지는 근신近臣들에게 '옥황상제께서 고변에게 준다'라고 기괴한 문구를 새긴 푸른빛이 감도는 돌을 몰래 사원 안의 향로를 올려둔 탁자에 진열하게 했다. 고변은 신기한 돌을 보고는 기뻐 어쩔 줄 몰랐다. 그러자 여용지가 말했다. "옥황상제께서 공이 애써 수양하는 모습을 훌륭하게 여기시어 공을 신선神仙으로 세우려고 하십니다. 공을 영접할 난조鸞鳥***가 조만간 올 것입니다. 저와 장수

---

* **북제北帝**: 북방천제를 뜻함.
** **진목공秦穆公**: 춘추시대 진나라의 왕으로 춘추오패 중 하나였다.
*** **난조鸞鳥**: 봉황과 비슷한 상상의 새.

여용지가 말했다. "옥황상제께서 공이 애써 수
양하는 모습을 훌륭하게 여기시어 공을 신선
으로 세우려고 하십니다. 공을 영접할 난조鸞
鳥가 조만간 올 것입니다."

일, 제갈은은 모두 신선인데 인간 세상에 와서 이렇게 오랫동안 머물렀으니 이제 기한이 얼마 남지 않았습니다. 이제 공과 함께 하늘로 올라가야 합니다!"

그런 뒤에 고변은 나무로 대단히 큰 학 한 마리를 만들어 사원 안에 놓았다. 또 삼사 일에 한 번씩 새의 깃털로 만든 옷을 입고 학 위에 올라탔다. 신선이 되기 위해 그는 밤낮을 가리지 않고 끊임없이 재계齋戒*하고 거액을 들여 단약을 만들었다.

여용지는 중용되기 전 강양현江陽縣의 도교 사당에서 지냈다. 그래서 무슨 일을 하든 모두 먼저 기도를 한 뒤 그 일을 했다. 고변의 중용을 받은 뒤 그는 고변에게 강남의 장인을 불러 강남의 건축자재를 이용해 도교 사당을 증축하라고 설득했다. 그러고는 군 내부에 무슨 일이 발생하든 가축으로 제사를 지내고 하늘에 기도하도록 했다. 여용지는 또 고변에게 영선루迎仙樓를 짓도록 하고 거액의 자금을 들여 무려 여덟 장丈이나 되는 연화각延和閣을 짓도록 설득했다. 그가 이렇게 고변을 설득한 이유는 오로지 신선이 누대에 거처하는 것을 좋아한다는 것 때문이었다.

그리고 여용지는 고변 앞에서 걸핏하면 신들린 척 농간을 부렸고 고개를 들어 하늘을 바라보면서 예를 갖춰 말하기를 구름 속에 신선이 지나가고 있다고 했다. 그 말을 들은 고변은 즉각 무릎을 꿇고 신선에게 참배했다. 한편 여용지는 고변의 근신들에게 상당히 후한 대접을 해주어 그들이 자신을 도와 몰래 고변의 일거수일투족에 주의를 기울일 수 있도록 하고 그들과 한패가 되어 고변을 속

---

* **재계齋戒**: 음주가무, 고기, 여색 등을 피하는 것.

였다. 이렇게 고변은 처음부터 끝까지 여용지를 둘러싼 작은 변화조차 감지하지 못했다. 그런 상황에 대해 많은 이들이 분노에 치를 떨었다. 하지만 사실을 말할 엄두를 내지 못했다. 고변 주변에 있는 누구라도 일단 신선을 비판하면 여용지에게 쥐도 새도 모르게 살해당하기 때문이었다. 고변은 여용지를 자신의 심복으로 여겨 아예 자신을 대신해 여용지가 모든 일을 처리하게 했다. 그렇게 해서 여용지는 어질고 능력 있는 사람을 강등시키고 악인을 육성했다. 결국 상벌이 불분명해 회남의 정무는 혼란에 빠지고 말았다.

여용지는 관내의 모든 사람들이 자신에 대해 극도의 증오심을 갖고 있다는 사실을 정확히 알고 있었다. 그래서 누군가 자신을 몰래 고발하는 것을 미연에 막기 위해 고변에게 순찰사巡察使라는 직책을 세울 것을 간청했다. 그러자 고변은 즉시 관련 직무를 그에게 이관했다. 이윽고 여용지는 '찰자察子'라고 불리는 수백 명의 정탐자들을 모았는데 그들은 하나같이 간사하기 이를 데 없었다. 그들은 광릉성 곳곳을 돌아다니면서 정보를 파악했다. 어느 백성이 자신의 부인을 욕하는 것까지도 모두 파악하고 있었다. 여용지는 여성과 민간의 재물을 강탈하기를 즐겼다. 일단 그가 목표를 세우면 신속하게 강탈했다. 상대방이 역적이라고 중상모략하면서 혹독한 고문을 가해 자백을 강요한 것이다. 그러다가 결국 상대방의 재물이나 아름다운 여성을 자기의 것으로 만들었다. 이는 광릉의 수백 호 집안을 풍비박산냈고 성 안의 인심은 흉흉해졌다.

뿐만 아니라 여용지는 무력으로 회남의 각 장수를 자신에게 굴복시키려는 계획을 세웠다. 고변에게 군대 내에서 두 명의 용맹한 장수를 뽑아 각각 좌우막사도左右莫邪都로 책봉하자는 제안을 한 것이다. 그렇게 해서 우막사도의 직함은 여용지 자신이 차지하고 좌막사도는 그의 패거리인 장수일이 맡았다. 그들 두 사람은 장수를 마음대로 임명했다. 절도사의 역할과 별 차이가 나지 않았다. 그 뒤로부터 두 사람은 관내에 출입할 때마다 천여 명을 수행하고 다녔을 뿐만 아니라 복장도 화려하고 정결했으며 이들이 사용하는 무기 장비도 무척 훌륭했다.

여용지의 시중을 드는 첩은 무려 수백 명에 달했고 사치가 너무 심해 봉록이 부족할 지경이었다. 그는 부족을 메우기 위해 늘 호부戶部, 탁지度支, 염철鹽鐵 삼사에서 조정에 내는 지역 특산품과 군부세軍賦稅*를 횡령했다.

이렇듯 여용지는 시종일관 속임수를 쓰면서 자신의 음모가 발각될까 몹시 두려웠다. 그래서 그는 고변에게 이렇게 말했다. "도술을 배우는 것은 무척 어렵습니다. 그런데 도술을 배운 사람이 속세와 모든 인연을 끊을 수 없다면 신선은 강림하지 않습니다." 그 말을 들은 고변은 손님과의 만남을 모두 끊고 민간의 사소한 일에도 더 이상 신경 쓰지 않게 됐다. 혹시나 누군가 그를 꼭 만나야 한다면 만나기 전에 상대방은 반드시 먼저 목욕재계하고 몸에 묻은 악취를 깨끗이 제거한 뒤에야 그나마 고변과 아주 잠깐 만날 수 있었다. 이렇게 해서 여용지는 고변의 총애를 독점할 수 있었다.

---

* **군부세軍賦稅**: 군용으로 바치는 세금이나 부역.

53장

고인후高仁厚의 지략

천능阡能*의 세력이 날로 강해지자 그는 병사들을 이끌고 촉주蜀州를
공격하면서 도중에 사람을 죽이고 불을 지르는 등 온갖 나쁜 짓을
저질렀다. 당나라 장수 양행천楊行遷이 오랫동안 군공을 세우지 못
하자 진경陳敬은 압아押牙 고인후를 초토지휘사招討指揮使로 임명하고
5백 명의 병사를 이끌고 가서 양행천을 대신하도록 했다.

출정 전날, 국수를 파는 장사꾼이 병영에 몇 차례 드나드는 모
습이 포착되어 나졸들이 장사꾼을 체포해 심문했다. 아니나 다를까
그 장사꾼은 밀정이었다. 고인후가 밀정을 묶은 줄을 풀게 하고 밀
정에게 친절한 어투로 묻자 그는 자신이 어느 마을의 백성인지 신
분을 실토했다. 가족들이 전부 천능에게 체포되고 옥에 수감되어
있어 어쩔 수 없이 천능을 도와 밀정 노릇을 했다는 것이었다. 그가
실제 관군의 정황을 알아내기만 하면 가족들은 전부 석방될 수 있
었다. 그러자 고인후가 그에게 이렇게 말했다.

"자네가 한 말을 믿네. 자네를 죽이자니 실로 마음이 아프네! 하
지만 자네가 만일 내 분부대로 해준다면 자네를 즉시 풀어주고 자

---

* **천능阡能**: 당나라 말기 성도 농민 반란군의 수장이다.

고인후가 밀정을 묶은 줄
을 풀게 하고 밀정에게 친절한 어투로
묻자 그는 자신이 어느 마을의 백성인
지 신분을 실토했다.

네의 가족도 구할 수 있도록 해주겠네. 일단 자네는 가서 천능에게 이렇게 말하게. '내일 고인후는 5백 명밖에 되지 않는 군대를 통솔해 출정할 것입니다.' 그렇게 해서 자네 가족의 목숨을 지킬 수 있다면 어디까지나 내 덕이니 자네는 나를 도와주게. 역적 병영 안의 장병에게 이렇게 말하면 되네. '진경 대신은 당신들에 대해 깊은 동정심을 갖고 있다. 그분은 당신들이 역적의 속박을 받고 있는 것이 어쩔 수 없는 상황이라는 점을 잘 알고 있다. 고인후 상서尚書는 당신들을 구해 당신들의 쌓이고 쌓인 억울함을 풀어줄 것이다. 그러니 고 상서가 오면 당신들은 무기를 내버리고 그에게 투항하면 된다. 그러면 그는 당신들의 등에 '항복'이라는 글자를 써서 당신들이 고향으로 돌아갈 수 있도록 풀어주라는 명령을 내릴 것이다. 일반 백성들은 이 상황에 연루시키지 않을 것이다. 조정에서 처벌하려는 자는 딱 다섯 명뿐이다. 그들은 바로 천능, 나혼경羅渾擎, 구호승句胡僧, 나부자羅夫子, 한구韓求이다.'"

그러자 밀정이 말했다. "백성들이 무엇을 바라고 있는지 상서께서 정확히 알고 계십니다. 상서께서 백성을 너그럽고 후하게 대하시니 백성들은 공의 명령을 기꺼이 따를 것입니다. 그들 모두 사방으로 흩어져 공의 말을 전할 것이고 백성들은 공을 보면 분명 공에게 투항할 것입니다!" 고인후는 그 말을 듣고 즉시 그를 돌려보냈다.

다음 날 고인후가 군을 통솔해 쌍류로 도착하자 파절사把截使 백문현白文現이 나와 그를 맞이했다. 그는 현지의 참호와 울타리를 살펴보고 노여워하며 말했다. "너희 한 부府의 군대는 일 년의 시간을 들였는데도 천능의 농부 무리를 잡지 못했구나. 너희는 참호와 울타리를 이렇게 견고하게 쌓았으니 이제 이곳에서 아무 걱정할 것 없이 있다가 역적들을 잘 양성해 때가 되어 조정에 공을 세우기만

하면 되겠구나!"말을 마친 뒤 고인후는 명령을 내려 백문현을 처형하려고 했지만 감군이 한사코 만류하자 백문현의 목숨은 살려주었다. 고인후는 명령을 내려 울타리와 참호를 전부 부수어 평지로 만들게 한 뒤 현지의 장병들 대다수를 데려가고 5백 명의 수비군만 남도록 했다.

이 소식을 접한 천능은 고인후가 곧 들이닥칠 것이라면서 나혼경에게 쌍류 서쪽에서 다섯 개의 병영을 구축하도록 했다. 그런 다음 천여 명의 장병을 통솔해 야교정野橋箐 부근에서 매복해 있다가 관군이 계속해서 전진할 수 없도록 하라고 명령했다. 고인후 역시 그 정보를 접한 뒤 군대를 통솔해 나혼경의 병영을 포위했다. 그러고는 사람을 시켜 군복을 벗고 몰래 적진으로 잠입해 들어가 고인후가 어제 밀정에게 한 말을 전하도록 했다. 그러자 수많은 역적들은 기뻐 날뛰면서 환호하고 무기를 내버렸다. 또한 갑옷을 벗어버리고 무릎을 꿇은 채 투항했다.

고인후는 투항한 병사들을 위로하고 달래면서 그들의 등에 '항복'이라는 글자를 적었다. 그리고 그들에게 돌아가서 그 일을 다른 장병들에게 상세하게 알리라고 했다. 병영에 남아 있던 장병들도 잇따라 달려와 고인후에게 투항했다. 나혼경은 상황을 보고는 그저 참호를 넘어 황급히 도주했지만 그의 부하가 도주하던 그를 생포해 고인후 앞에 데려다 놓았다. 그러자 고인후가 말했다. "이렇게 어리석은 자에게는 장황하게 말할 필요도 없다." 이윽고 나혼경에게 형틀을 씌운 뒤 관청으로 호송했다. 역적의 다섯 개 병영과 무기와 갑옷은 모두 고인후가 불태워버렸다. 유일하게 남은 것은 역적의 깃발뿐이었다. 이렇게 해서 투항한 역적은 모두 4천여 명이나 됐다.

삼일 째 되는 날 고인후는 이른 아침 투항자들을 불러 모았다. "나는 본래 너희를 바로 풀어주려고 했다. 하지만 전방에 있는 각지의 백성들이 아직 나의 마음을 알지 못하니 너희가 앞서 가면서 천구穿口와 신진채新津寨 등지를 지날 때 현지의 백성들이 너희 등에 적힌 '항복'이라는 글자를 볼 수 있도록 하라. 너희가 조정에 투항한 전후 과정을 그들에게 알려주었으면 한다. 연공延貢까지 행진하고 나면 너희가 집으로 돌아가도록 하겠다."

투항한 이들은 오십 명으로 구성된 여러 조로 나뉘어 역적의 깃발을 거꾸로 매달고 큰 소리로 외쳤다. "당나라 군대가 왔다. 나혼경의 군대는 이미 생포돼 관청으로 호송됐다! 병영에 있는 자들은 나와서 항복하라. 너희도 우리처럼 조정의 백성이 될 수 있다!"

그 뒤로 관군이 천구에 도착하자 구호승이 통솔하던 열한 개 병영의 역적들이 전부 앞다투어 뛰쳐나와 관군에 투항했다. 두려움에 떨던 구호승은 검을 뽑아 저지하려고 했지만 많은 이들이 땅에 있던 벽돌과 기와를 들어 그를 흠씬 두들겨 패고는 한패가 되어 그를 생포하고 고인후 앞에 데려다 놓았다. 이렇게 해서 그의 5천 명 부하들 전부가 조정에 투항했다.

사일 째 아침이 되자 고인후는 역적의 병영을 불태워버렸다. 쌍류에서 출병할 때와 마찬가지로 투항한 이들에게 손에 깃발을 들고 앞서서 길을 가라고 분부했다. 신진에 도착하자 한구의 열세 개 병영의 장병들 모두 뛰쳐나와 조정에 투항하려고 했다. 그러자 한구는 더욱 깊은 참호로 달아났다. 그의 부하들이 갈고리로 그를 끌어올렸지만 그는 이미 죽은 상태였다. 그의 부하가 상황을 보고는 그의 머리를 베어 고인후에게 바쳤다. 관군들이 병영을 소각하려고 했지만 고인후가 저지했다. 먼저 병영에 있는 재물과 식량을 옮긴

다음 소각해도 늦지 않고 이제 갓 투항한 이들은 밥도 제대로 먹지 못했다는 것이다. 갓 투항한 사람들은 불을 피우고 밥을 지으면서 그들에게 투항할 것을 설득한 사람들과 함께 밥을 먹었다. 그렇게 그들 모두 이야기꽃을 피우면서 하룻밤을 보냈다.

다섯째 되는 날 고인후는 쌍류와 천구 두 지역의 투항자들을 집으로 돌려보냈다. 또한 신진의 투항자들에게는 깃발을 들고 길을 나서라고 명령했다. 그는 투항자들에게 말했다. "공주끼州에 도착하면 너희들이 집으로 돌아가도록 풀어주겠다." 연공 지역에는 나부자가 세운 아홉 개의 병영이 있었다. 그의 부하들은 전날 저녁부터 당황하고 있었다. 신진에 난 큰 불을 그들 모두 보았던 것이다. 신진의 투항자들이 도착하자 그들도 전부 투항했다. 나부자는 천능이 있는 병영으로 도망칠 수밖에 없었다.

이튿날 나부자는 천능의 병영에 도착했고 두 사람은 모든 병력을 이끌고 관군과 최후의 결전을 벌일 것에 대한 상의를 나누었다. 그들은 황혼 무렵까지 내내 상의를 했지만 결과를 내지 못했다. 이때 고인후는 이미 연공의 투항자들을 이끌고 추격하고 있었다. 천능과 나부자는 병력을 보내 응전에 나설 생각이었다. 그래서 두 사람은 말을 타고 병영을 두루 살피면서 적합한 인물을 뽑으려고 했지만 그들의 분부를 따르고자 하는 사람을 찾지 못했다. 고인후는 군을 통솔해 그들이 있는 곳 부근에 다다르고 있었다.

다음 날 아침이 되자 각 병영의 장병들은 관군이 곧 도착한다는 소식을 듣고 모두 환호를 지르며 밖으로 뛰쳐나왔다. 일부 장병들은 천능을 잡아 큰 공을 세우고 싶어 천능을 잡으러 갔다. 이제 빠져나갈 구멍이 없는 천능은 그저 우물 속으로 뛰어들어 도망치려다가 역시 생포되었다. 그 밖의 일부 사람들은 나부자를 체포하러 갔고 재난을 피할 수 없었던 나부자는 자결했다. 그러자 사람들은 그의 목을 자르고 천능을 줄로 묶어 천능을 앞세우고 관군을 맞이하러 갔다. 모두들 고인후의 말을 겹겹이 에워싸고는 울면서 호소했다.

"오랫동안 백성들은 억울하게 모욕을 당하면서도 참아왔지만 어디에도 호소할 수 없었습니다. 그 뒤로 밀정이 우리에게 공의 말을 전달해주니 우리는 밤낮으로 간절히 바랐습니다. 관군이 속히 오기를 말이지요. 지금 공이 결국 왔으니 모두 더 이상은 고생을 할 필요가 없어졌습니다."

도처의 백성들도 그 말에 환호성을 질렀다. 고인후는 또 여러 장군을 보내 다른 지역 병영의 역적들에게 투항을 권유하도록 했다. 출병한 지 고작 육 일만에 고인후는 다섯 명의 역적을 전부 토벌했다. 그는 지역을 함락할 때마다 현지에 진알사鎭遏使를 세우고 백성들을 위로했다.

진경은 한구와 나부자의 머리를 시장 거리에 매달았다. 또 천능, 나혼경, 구호승은 성 서쪽으로 보내 칠 일 동안 조리돌림을 한 뒤 능지처참에 처했다. 장영張榮이라고 하는 천능의 책사는 본래 진사進士였는데 여러 차례 과거 시험에 응시했지만 내내 관직에 임용되지 못하다가 천능에게 의탁했다. 그는 시를 지어 고인후에게 자신을 풀어 달라 간청했지만 결국 고인후에게 처형되었다.

12월, 조정에서는 고인후를 미주방어사眉州防禦使로 임명했다.

공주 경내에 진경은 공고문을 붙여 천능 등의 친족과 패거리에게 죄를 묻지 않겠다고 밝혔다. 그러자 얼마 지나지 않아 공주자사가 보고하기를 천능의 숙부 천행전阡行全 일가 삼십오 명을 체포했다고 했다. 그는 지금 그들을 감옥에 구금해두었고 조정이 그들을 처결해달라고 청했다. 진경은 문서를 주관하는 관리인 당계唐溪에게 어떻게 하면 좋을지 물었고 당계가 대답했다.

"천능의 친척과 벗 전부의 죄를 사하겠다는 공고가 이미 붙었습니다. 그런데 공주자사가 천행전 일가를 체포했습니다. 아마 거기에는 무슨 특별한 이유가 있을 것입니다. 어쨌든 지금 공이 만일 천행전 일가를 처벌한다면 백성들에게 한 약속을 어기게 될 뿐만 아니라 천능 패거리가 다시 재기하는 빌미를 만들게 될 것입니다!"

진경은 그 말이 옳다고 여기고 관리 한 명을 공주로 보내 현지 백성들을 모은 뒤 대중들 앞에서 천행전 일가를 풀어주고 그 기회를 빌려 자사에게 왜 그들을 체포했는지 물었다. 원래 천행전 일가의 토지가 비옥하여 자사가 그 토지를 사려고 했는데 천행전이 절대 팔려고 하지 않자 자사와 원한지간이 된 것이었다. 그러자 진경은 공주자사를 처벌하려고 그를 데려오라고 명령했는데 자사는 겁에 질려 죽고 말았다.

천행전은 그 뒤로 그들 일가가 사면될 수 있었던 것은 순전히 당계의 공로였음을 알고는 몰래 당계에게 돈을 보냈다. 그러자 당계가 불같이 화를 냈다. "네가 이렇게 하는 것은 나에게 화를 입히려는 것과 같다! 이 일은 나와 아무런 관련이 없다. 어디까지나 진경 태사께서 어질고 현명한 분이었기 때문이다." 그는 천행전의 돈을 전부 돌려보내고 돈을 건네려고 온 사람도 전부 쫓아냈다.

54장

왕선성王先成이 백성을 복종시키다

당나라 소종昭宗 경복景福 원년기원후892년, 왕건王建*이 팽주를 포위 공격할 때 공격의 기세가 상당히 맹렬했지만 함락시키지는 못했다. 팽주의 백성들은 잇따라 깊은 산으로 도망쳐 들어가 전쟁의 화를 피했다. 매일 왕건의 부하들이 밖에서 재물을 약탈하자 그들은 '도노淘虜'라 불리게 됐다. 그들은 백성들에게서 약탈한 재물을 먼저 장군이 골라 가져가게 한 뒤 다시 병사들이 나누어 가졌다.

이때 왕선성王先成이라는 사람이 있었는데 원래는 학자였지만 난세에 태어나 군에 들어온 것이었다. 그는 모든 장군들 사이에서 북쪽 병영의 왕종간王宗侃이 가장 현명하고 능력 있는 사람이라고 생각해 왕종간에게 가서 설득했다.

"원래 팽주는 서천西川에 속한 곳으로 진경과 전령자는 양성楊晟이 자신들과 함께 조정에 대항하도록 하기 위해 네 개의 주를 양성에게 분할해주었습니다. 양성에게 그곳의 관찰사를 맡도록 한 것입니다. 지금 진경과 전령자는 모두 조정에 섬멸당했고 유일하게 양성만 팽주에서 권력을 쥐고 있습니다. 팽주의 백성들은 팽주가 서

---

* **왕건王建**: 오대십국 시대의 전촉前蜀의 개국 황제이다.

그는 모든 장군들 사이에서 북쪽 병영의 왕종간
王宗侃이 가장 현명하고 능력 있는 사람이라고
생각해 왕종간에게 가서 설득했다.

천에 예속돼 있고 왕건만이 그들의 지휘자라고 알고 있습니다. 그래서 왕건이 군을 통솔해 행주 부근에 도달했을 때 백성들은 성 안에서 양성에게 투항하지 않고 산 깊숙이 숨었던 것입니다. 그들은 왕건이 오기를 기다렸다가 투항하려고 한 것이지요. 왕건의 대군이 팽주에 도착한 지 아주 오랜 시간이 흘렀지만 투항 명령을 내리지 않고 있습니다. 뿐만 아니라 그는 자신의 부하들이 성 안에서 함부로 백성들의 재물을 약탈하도록 방조하고 있습니다. 그래서 지금 백성들은 혈육 간에 서로 헤어지고 온갖 고통을 겪어 원망과 분노에 휩싸여 있습니다. 이는 강도와도 같은 행위입니다. 애초에 양성에게 투항하기 원치 않았던 백성들이 양성에게로 마음을 돌릴까 두렵습니다."

이 말에 왕종간은 깊이 상심하여 왕선성에게 할 말을 계속 하도록 했다. "이보다 더 위험한 상황도 있습니다. 지금 각 병영은 매일 아침 육칠백 명의 병사들을 깊은 산으로 보내 그곳의 백성들을 착취하다가 어둠이 내리면 그제야 돌아옵니다. 방비할 생각은 전혀 없습니다. 그들이 이렇게 행동하는 것은 전부 팽주에서 능력이 뛰어난 인물을 찾지 못했기 때문입니다. 만일 능력 있는 인물이 나타난다면 양성을 도와 계책을 마련하고 말 것입니다. 가령 양성에게 먼저 성문 안에 천 명의 정예병을 매복시킨 뒤 성루에 서서 왕건의 병영을 멀리 지켜보다가 병영 안의 병사들이 병영과 거리가 먼 곳으로 이동하면 백 명의 궁수와 백 명의 포수를 보내 병영의 한쪽 측면을 공격하도록 하는 것입니다. 그런 뒤에 다시 곧장 5백 명의 역부에게 땔나무와 흙과 돌을 짊어지고 가서 참호를 평평하게 메우도록 합니다. 그렇게 길을 깔아 정예병이 뒤를 바짝 쫓아가면서 전력으로 공격을 퍼붓고 동시에 불을 질러 왕건의 병영을 불태워

없애는 것입니다. 또한 팽주의 남은 세 방향을 급습하고 지원군을 증파해 지속적으로 성을 공격하면 각 병영은 스스로도 돌아볼 틈이 없어지고 자연히 다른 이들도 돕지 못할 것입니다. 그렇게 왕건은 결국 대패하게 될 것입니다!"

왕종간은 그 말을 들은 뒤 황급히 물었다. "너에게 무슨 대책이 있느냐?"

왕선성은 자신이 조목조목 문장文狀*을 써서 왕건에게 보고하겠다고 했다. 왕종간은 즉시 그에게 문장의 초안을 작성하도록 했다. 문장의 내용은 대체로 다음과 같았다.

"저 왕종간은 오직 북쪽 병영을 통솔하는 책임만을 지고 있습니다. 하지만 제가 지금 보고하려는 일은 왕종유王宗裕, 화홍華洪, 왕종요王宗瑤가 맡은 세 곳의 병영이 저와 함께해야 합니다. 사천군의 사아使兒를 인솔해 그렇게 하도록 재촉해주십시오.

하나, 깊은 산에 숨에 있는 백성들을 불러들여 안정시키도록 해주십시오.

둘, 각 병영의 병사들이 나가서 백성들을 약탈하지 않도록 금해주십시오. 각 병영 주변 지역에 비석을 세워 만일 방목을 하거나 장작을 패려면 주변 7리 범위 안에서만 가능하도록 해주십시오. 비석의 범위를 넘어서는 사람은 반드시 엄중한 처벌을 받도록 해주십시오.

셋, 불러들인 백성들이 편안히 쉴 수 있도록 수천 명을 수용할 수 있는 산채山寨를 설치해야 합니다. 부하 무관들 중 신중하고 또

---

* **문장文狀**: 중국 고대에 상관에게 보고하는 문서이다.

현명한 사람을 한 명 뽑아 장령將領을 맡게 하고 밤낮으로 지키도록 해야 합니다.

넷, 백성들을 불러들이는 일에는 반드시 한 명의 총책임자가 있어야 합니다. 현재 백성들을 불러들이는 공고가 이미 발포되었으니 각 병영은 백성들을 불러 모으기 위해 반드시 각자 병사를 보내 깊은 산으로 들어가야 합니다. 현지에 숨어 있는 백성들은 그 상황을 보고 분명 두려워해 절대 스스로 자신을 드러내거나 투항하지 않으려 할 것입니다. 그들을 불러 모으려면 반드시 적합한 방법이 있어야 합니다. 청컨대 공고를 발포해 그 일을 제가 주관하도록 해주십시오.

다섯, 4면 병영의 지휘관이 전선에서 강탈해온 팽주 백성을 전부 병영 마당으로 내보내 자신의 친족을 찾아 서로 만나 산채로 보내도록 엄하게 명령을 내려주십시오. 감히 백성을 숨기는 자가 있다면 곧장 처결하여 주십시오. 단 한 명의 백성을 숨기더라도 같이 처결하여 주십시오. 그밖에도 성도의 각 병영에서도 전선에서 잡은 백성들을 산채로 보내도록 명령을 내려 주시고 그 전에 식량과 돈을 백성들에게 내려주시기 바랍니다.

여섯, 산채 내부에 구농행현九隴行縣을 설치하여 현령은 이전의 남정현령南鄭縣令 왕비王조가 임시 대행하도록 해주십시오. 백성을 적절히 배치하기 위해 조국曹局*을 설치하여 주십시오. 백성들 사이에서 건장한 사람을 뽑아 그들이 공고문을 가지고 깊은 산으로 들어가 각자의 친척을 불러 모으게 해 주십시오.

---

* **조국曹局**: 관청.

일곱, 팽주 현지의 토지는 삼을 재배하기 적당합니다. 팽주의 백성들은 깊은 산에 숨기 전에 많은 삼을 숨겨 두었습니다. 상업의 부흥을 진작시키기 위해 삼을 캐내 판 뒤에 식량과 돈으로 바꿀 수 있다고 현령이 백성들에게 알리도록 해주십시오."

왕건은 이 문장을 본 뒤 기뻐하면서 즉시 실천에 옮기도록 명령을 내렸다. 이튿날 장병들은 그가 발포한 공문을 보고 엄격한 군령에 누구도 불복하지 못했다. 깊은 산속에 숨은 백성들은 3일째 되는 날 앞다투어 산채로 몰려들었고 사람들로 비좁아진 산채를 확장할 수밖에 없었다. 그렇게 점차 무역 시장이 등장해 백성들은 숨겨둔 삼을 캐내 시장으로 가지고 와서 팔았다. 아무도 자신의 마을을 함부로 약탈하지 않는다는 점을 본 산채 안의 백성들은 잇따라 구농행현 현령과 작별을 고하고 각자의 터전으로 돌아가 본업에 복귀했다. 고작 한 달여 만에 산채는 거의 텅 비었다.

55장

당소종唐昭宗의 퇴위

당나라 소종 광화光化 3년기원후 900년, 소종과 재상 최윤崔胤*은 몰래 계획을 세우고 모든 환관들을 죽이려고 했다. 그 뒤로 송도필宋道弼 과 경무수景務脩 두 명의 환관은 그들의 손에 죽었다. 이 일로 인해 환관들은 더욱 두려움에 떨 수밖에 없었다. 소종은 화주에서 장안 으로 돌아온 뒤부터 기분이 가라앉고 수시로 화를 내어 걸핏하면 술을 마시고 몹시 취해 주변 시종들을 불안하게 만들었다. 좌군중 위左軍中尉 유계술劉季述, 우군중위右軍中尉 왕중선王仲先, 추밀사樞密使 왕언범王彦範, 설제薛齊 등은 몰래 상의를 했다.

"폐하의 기분을 종잡을 수 없고 또 모든 정무를 재상에게 맡겨 처리하도록 하시니 언젠가 폐하께서 우리를 죽일 수도 있습니다. 상황이 이런 지경에 이르렀으니 폐하를 태상황으로 모시고 태자의 등극을 보좌해야 하지 않겠습니까? 기주岐州의 이무정李茂貞과 화주 의 한건韓建에게 군대를 이끌고 서둘러 와서 우리를 지원하도록 하 고 모든 번진을 장악하기만 하면 누구도 두려워할 필요가 없어질 것입니다!"

---

* **최윤崔胤**: 당나라 말기의 재상으로 시종일관 환관을 제거하고자 했다.

11일이 되자 소종은 금원禁苑에서 사냥을 하다가 밤에 곤드레만드레 취해 궁으로 돌아왔다. 그날 밤 몇 명의 환관과 궁녀가 소종의 손에 죽었다. 다음 날 아침 진시가 되자 궁문이 닫혔다. 유계술은 중서성으로 와서 최윤에게 말했다. "궁 안에 분명 무슨 일이 생긴 것 같습니다. 제가 가서 한 번 살펴보겠습니다. 저는 내신內臣의 신분으로 상황에 따라 스스로 행동을 취할 권한이 있습니다."

그래서 그는 천 명의 금군을 데리고 문을 부수고 들어가 상황을 파악하게 됐다. 돌아와서 그는 최윤에게 말했다. "과연 이런 황제가 나라를 다스릴 수 있겠습니까? 예로부터 지금까지 아둔한 황제를 폐위하고 현명한 황제를 옹립하는 전통이 있었습니다. 이는 온 천하를 위한 생각이므로 결코 반란을 도모한 것이 아닙니다." 그 말을 들은 최윤은 자신의 목숨이 위태로워질 것을 걱정해 반대 의견을 차마 내지 못했다.

11월 6일, 유계술은 모든 관리를 모아 조당에서 군대를 배치하고 호위를 맡았다. 그리고 연명서의 초안을 작성했는데 최윤 등이 태자가 황제를 대신해 정무를 주관하도록 청하는 내용이었다. 그는 관리들에게 연명서를 보여주고 그들에게 서명하도록 했다. 관리들은 거기에 서명할 수밖에 없었다. 그때 소종은 걸교루乞巧樓에 있었다. 유계술과 왕중선은 밖에 천 명의 병사를 매복시켰는데 병사들은 모두 완전 무장을 하고 있었다. 그런 뒤 유계술과 왕중선 두 사람은 정암程岩 등 십여 명의 관리들과 함께 들어가서 황제와 상의해야 할 일이 있다고 말했다.

유계술과 왕중선이 대전에 들어선 뒤 매복한 병사들은 곧이어 선화문宣化門으로 들이닥쳐 사정전思政殿 앞으로 몰려들었다. 소종은 그들이 들이닥치는 모습을 보고 크게 놀라 침상에서 아래로 떨어졌다가 벌떡 일어나 밖으로 도망치려고 했다. 유계술과 왕중선은 소종을 부축해 억지로 앉혔다.

그때 한 궁녀가 서둘러 하황후何皇后에게 상황을 알렸고 황후는 분주히 쫓아와 유계술 등에게 간청했다. "폐하를 놀라게 하지 마세요. 그분께 할 말이 있다면 천천히 말씀드리면 됩니다." 유계술 등은 관리들이 이미 서명한 연명서를 꺼내어 소종에게 말했다. "폐하께서 일찍이 황제라는 직책을 권태롭게 대하시고 대신들은 이를 잘 알고 있습니다. 그러니 청컨대 폐하께서는 동궁으로 가시어 몸과 마음을 보양하여 천수를 누리시기 바랍니다. 그리고 태자께서 폐하를 대신하여 정무를 처리하시면 됩니다."

그러자 소종이 말했다. "이것이 무슨 일이냐? 너희는 어제 짐과 함께 거나하게 술을 마시지 않았느냐?" 유계술 등이 대답했다. "남사의 모든 관리들이 이렇게 하기를 절실히 원하여 연명서에 서명을 하게 된 것입니다. 폐하께서는 먼저 동궁으로 가셨다가 상황이 안정되면 다시 돌아오소서." 그러자 하황후가 나서서 소종에게 옥새를 꺼내 유계술에게 넘겨주고 유계술의 말대로 하라고 설득했다.

환관들은 소종을 부축하여 마차에 올라 소양원少陽院으로 향했다. 동행하는 이는 하황후와 후궁들과 십여 명의 근신들이었다. 유계술은 소종에게 이렇게 질책했다. "폐하께는 죄목이 하나 있습니다. 그것은 바로 언제 어디서든 신의 의견대로 행하지 않은 것입니다." 그는 잇따라 열 가지의 죄목을 열거했는데도 다 끝나지 않았다. 그런 뒤 그는 직접 소양원의 대문을 잠그고 열쇠에 녹인 쇳물을 채워 넣었다. 그는 좌군부사左軍副使 이사건李師虔에게 군대를 통솔해 소양원을 에워싸라고 명령했다. 소종이 무엇을 하든 모두 와서 자신에게 고하라고도 했다. 안에 있는 사람들에게 음식을 주기 위

소종이 말했다.
"이것이 무슨 일
이냐? 너희는 어찌 짐과 함께 거나하게 술을
마시지 않았
느냐?"

해 그는 담장에 구멍을 뚫도록 했다. 하지만 무기, 바늘, 칼과 같은 물건은 전부 안으로 들이지 못하게 했고 또한 소종이 원하는 돈이나 종이와 붓도 들이지 못하도록 했다. 날씨가 몹시 추워졌는데 후궁들이 입을 옷도 없고 덮을 이불도 없어 추위를 견디지 못하고 큰 소리를 내며 울 수밖에 없었다. 유계술 등은 소종의 명령인 척 가장해 태자를 영접해 궁에서 정무를 주관하도록 했다. 7일, 유계술 등은 다시 소종인 척 가장해 태자에게 황위를 물려주라고 하고 동시에 태자를 이진李縝으로 고쳐 불렀다. 이렇게 해서 소종은 태상황太上皇*이 되었고 하황후는 황태후가 되었다. 10일, 태자는 황제로 등극해 소양원을 문안궁聞安宮으로 바꿔 불렀다.

사람들의 지지를 널리 얻기 위해 유계술은 관리들과 이 일에 동참한 모든 장병들에게 상을 내렸다. 그는 또 목왕睦王 이의李倚를 죽이고 소종이 총애하는 궁녀, 대신, 도사, 승려를 때려 죽였다. 매일 밤마다 그는 열 대의 수레에 그날 밤 죽인 사람을 실어 나르면서 사람들에게 위협을 가했다.

유계술은 또 사천감司天監** 호수림胡秀林을 제거하려고 했다. 하지만 호수림은 조금도 두려워하는 기색이 없었다. "네가 폐하를 가둔 것은 그렇다 치더라도 지금 또 무고한 사람을 마구잡이로 죽이려고 하느냐?" 그 말을 들은 유계술은 섣불리 그를 건드리지 못했다. 유계술은 최윤도 죽이지 못했다. 주전충朱全忠***을 두려워했기 때문이다. 결국 최윤의 직책인 탁지염철전운사度支鹽鐵轉運使의 관직

---

* **태상황太上皇**: 황제의 아버지에 대한 칭호.
** **사천감司天監**: 옛날 천문과 역법을 주관했던 기관이다.
*** **주전충朱全忠**: 본래 이름은 주온朱溫으로 후량後梁의 수립자다. 최윤을 무척 신임했다.

만 파직했다.

원래 좌복야左仆射를 맡고 있던 장준張浚은 이미 관직에서 물러나 외지에 머무르고 있었다. 그는 낙양으로 가서 장전의張全義에게 소종이 다시 정무를 맡아야 한다고 설득하고 또 각 번진에도 서신을 보내 설득했다. 그때 이우李愚라는 진사가 고향을 떠나 화주에 머무르고 있었다. 그가 한건에게 이런 말을 했다.

"저는 서책에서 누군가 대역무도한 일을 저질렀다는 내용을 볼 때마다 그를 죽이고 싶고 시체를 큰길에 내다버리고 싶습니다. 공은 동관潼關 부근의 군사 요충지를 지키고 있으니 환관들이 이미 폐하를 한 달이 넘도록 감금하고 있다는 사실을 알면서도 병력을 보내 돕지 않고 있습니다. 악인들이 나쁜 짓을 저지르는 것을 방관하는 것입니다. 참으로 이해할 수 없는 일입니다. 제가 추측해보건대 수도의 수많은 대신들에게는 나라에 충성할 마음이 없나 봅니다. 지금 당나라가 의지할 것은 이제 충심이 지극한 한 공뿐입니다. 지난 몇 년 동안 폐하께서 타지를 떠돌 때 공은 무척 상심했습니다. 그래서 폐하를 화주로 맞이하여 여러 해 동안 모셨고 또 종묘를 재건하고 조정을 재정비했습니다. 지금 사람들은 그 일을 두고 공을 칭찬하고 있습니다. 이제 한공은 고위 장수이자 재상으로 대권을 손에 쥐고 있습니다. 상황은 이전과 전혀 다릅니다. 궁에 변고가 생긴 지 이미 열흘이 되었습니다. 공이 더 이상 주저하다가 산동의 제후들이 협력해 서쪽으로 진격하기라도 하는 날에는 공은 더 이상 평탄한 생활을 누릴 수 없게 될 것입니다. 기왕 이렇게 되었으니 즉시 각지에 공고를 발표해 어떻게 하는 것이 조정을 따르는 것이고 또 어떻게 하는 것이 대역무도한 일인지 알리십시오. 이렇게 하면 공의 군대의 위세가 더욱 강력해져 악인들이 두려움에 떨 것입니다. 유계술과 왕중선은 빠르게 자신들이 받아 마땅한 처벌을 받게 될 것입니다. 이것이 바로 최선의 계책입니다."

한건은 이우에 대해 특별한 대우를 해주고 있었지만 그의 의견은 수용하지 않았다. 그러자 이우는 뒤도 돌아보지 않고 그를 떠나 버렸다.

당시 주전충은 정주 병영을 순찰하고 있다가 수도에 변고가 생겼다는 정보를 접했다. 23일, 그는 남쪽의 대량大梁으로 돌아가서 다음 날 도착했다. 유계술은 자신의 양자 유희도劉希度에게 대량으로 서둘러 가서 주전충을 만나 당나라를 주전충에게 넘겨 주전충이 통치하도록 한다는 약속을 하도록 했다. 또한 공봉관供奉官 이봉본李奉本에게는 주전충에게 소종의 고서誥書*를 보이도록 했다. 주전충은 마음을 정하지 못하고 자신의 요좌僚佐**를 불러들여 함께 상의했다. 그들 중 일부는 조정의 중요한 일이니만큼 번진이 개입할 필요가 없다고 생각했다. 그러나 유일하게 천평절도부사天平節度副使 이진李振은 달리 생각했다.

"황실이 큰 재난에 빠졌으니 이는 때마침 공이 대업을 세울 기회입니다. 지금 공은 조정의 유일한 의지처입니다. 환관인 유계술은 신분은 미천하나 대범하게도 조정에 대항해 반역을 도모했습니다. 만일 제후들이 공에게 복종하게 만들고 싶다면 반드시 먼저 유계술을 토벌해야 합니다! 일단 태자께서 등극하시면 도지태아倒持泰阿***와 마찬가지가 됩니다. 당나라가 환관들의 천하가 돼버리는

---

* **고서誥書**: 황제가 관리를 책봉하거나 상을 내릴 때 사용하는 전용 문서이다.
** **요좌僚佐**: 관청에서 업무를 보좌하는 관리를 뜻한다.
*** **도지태아倒持泰阿**: 태아泰阿는 춘추전국시대의 보검으로 초나라의 나라를 지키는 보

것입니다!"

이 말에 주전충은 정신이 퍼뜩 들었다. 그는 이윽고 유희도와 이봉본을 옥에 가두고 이진에게 수도로 서둘러 가서 상황을 파악해오라는 명령을 내렸다. 이윽고 이진이 대량으로 돌아간 뒤 주전충은 또 관리 장현휘蔣玄暉를 경사京師로 보내 최윤과 은밀히 모의하도록 했다. 그러고는 선무진주관宣武進奏官 정암程巖을 대량으로 전근보냈다.

물이었다. 도지태아는 검을 거꾸로 잡아 검의 손잡이를 다른 사람이 잡게 한다는 뜻이다. 즉 큰 권한을 다른 사람에게 넘겨주어 자신이 위협을 당하는 상황을 뜻한다.

56장

민제閔帝가 도망치다

후당後唐 청태淸泰 원년기원후 934년 3월 23일, 민제閔帝는 강의성康義誠을 봉상행영도초토사鳳翔行營都招討使로 임명하고 왕사동王思同을 강의성의 조수로 삼았다.

20일, 노왕潞王 이종가李從珂는 화주를 공격하여 약언조藥彦稠를 생포하고 그를 옥에 가두었다. 25일, 노왕의 대군이 문향閿鄉에 도착했다. 조정에서 보낸 각 군대가 모두 봉상군鳳翔軍을 두려워한 나머지 투항하고 말았다.

26일, 강의성은 황제의 신변을 호위하는 숙위병宿衛兵을 이끌고 낙양에서 출정했다. 한편 시위지휘사侍衛指揮使 안종진安從進은 민제에게 수도의 순시를 명 받았다. 노왕은 이전에 사람을 시켜 밀서를 안종진에게 보낸 바 있었다. 그래서 안종진은 암암리에 자신의 심복들에게 사전에 준비를 잘해두도록 명령해두었다.

노왕이 영보靈寶에 도착하자 광국절도사匡國節度使 안중패安重霸와 호국절도사護國節度使 안언위安彦威는 모두 투항을 선택했다. 하지만 유일하게 보의절도사保義節度使 강사립康思立만이 죽음을 무릅쓰고 섬성陝城을 지켰고 그곳에서 강의성을 기다렸다. 이때 섬서陝西는 5백 명의 봉성군捧聖軍 기마병이 지키고 있었다. 이윽고 금군이 섬성 문 밖으로 와서 성루의 수비군에게 큰 소리로 외치기 시작했다. "십만 금군은 이미 새로운 황제를 옹립시킬 결심을 했다. 그런데 너희 얼마 되지 않은 자들은 온 성의 백성들을 연루시켜 억울하게 죽게 하고도 또 무슨 작당을 벌이려는 것이냐?" 그 말을 듣고 봉성군은 맞서 싸울 용기를 잃고 앞다투어 투항했다. 그들을 저지할 힘이 없던 강사립도 하는 수 없이 성을 나서서 투항했다.

27일, 노왕은 또 섬주陝州에 도착했다. 그때 참모 장수가 그에게 말했다. "이제 곧 수도에 도착합니다. 폐하께서 이미 수도를 떠났다고 합니다. 그러니 잠시 이곳에서 기다리면서 수도의 백관들을 위로하는 공고를 발표하십시오. 급히 수도로 들어갈 필요가 없습니다." 노왕은 그 말에 일리가 있다 여기고 수도의 백관들에게 공고를 발표해 그들을 위로했다. 주홍소朱弘昭와 풍빈馮贇 두 사람의 가족들에게만 죄를 물을 것이고 다른 이들은 관련시키지 않겠다고 한 것이다.

강의성은 군대를 이끌고 신안新安에 도착해 노왕에 투항했다. 강의성이 간호幹壕에 도착했을 때 주변에는 수십 명의 부하 무관만 남아 있었다. 도중에 그는 노왕의 수십 명의 기마병을 만나 지니고 있던 활과 검을 내어주고 노왕에게 투항했고 기마병은 앞에서 길을 안내했다.

28일, 민제는 노왕이 이미 섬주에 도착했고 강의성도 투항했다는 정보를 접했다. 민제는 그 소식에 놀라 어쩔 줄 몰라 하면서 급하게 주홍소를 불러 대책을 논의했다. 그러자 주홍소가 말했다. "이는 저를 압박하여 죽이려는 것 아니겠습니까?" 그러면서 주홍소는 물에 빠져 자결했다.

안종진은 주홍소가 이미 죽었다는 소식을 듣고 풍빈의 집으로 가서 풍빈과 가족들을 전부 죽였다. 그 뒤로 그는 주홍소와 풍빈의 머리를 노왕에게 바쳤다. 민제는 위급한 상황에서 위주魏州로 피난 갈 준비를 하고는 맹한경孟漢瓊에게 먼저 가서 미리 준비해두도록 했다. 결국 맹한경은 혼자 말을 타고 섬주로 도망쳤다.

이전에 민제가 번진을 지킬 때 모용천慕容遷이라는 아장牙將을 무척 신임했다. 그 뒤로 민제는 등극하여 모용천을 공학지휘사控鶴指揮使로 임명했다. 민제는 모용천과 은밀히 상의해 모용천에게 자신의 부하를 이끌고 현무문玄武門을 지켜 민제가 황하를 건너 북쪽의 위주로 도주하는 데 도움을 주도록 했다. 그날 밤 민제는 오십 명의 기마병을 이끌고 현무문을 통해 도망치면서 모용천에게 말했다. "짐은 즉각 위주로 가야 하니 너는 말을 가지고 있는 공학군의 장병들을 모두 모아 나를 따르도록 하라. 다시 제위에 오르는 일은 이후에 다시 상의하자."

그러자 모용천이 말했다. "폐하께서 어디에 계시든 신은 함께하겠습니다. 결코 두 마음을 품지 않겠습니다."

하지만 그는 민제의 뒤를 따르는 척하고는 민제가 성을 나서자 이내 발걸음을 멈추고 성문 안에 머물렀다.

27일, 풍도馮道 등 대신들은 입궁해 단문端門에 도착했다가 주홍소와 풍빈이 이미 죽었고 민제는 벌써 북쪽으로 도망쳤다는 소식을 접했다. 풍도 등이 돌아갈 준비를 하자 이우가 말했다. "신하된 자로서 우리는 응당 폐하가 도주할 수 있도록 도와야 합니다. 하지만 우리는 그렇게 할 수 없습니다. 지금 태후께서 궁 안에 계시니 우리는 집으로 돌아가기 전에 먼저 중서성中書省으로 가서 태감을 찾아 태후께서 무슨 계획을 갖고 계신지 물어봐야 합니다."

그러자 풍도가 입을 열었다. "폐하는 더 이상 천하의 주인이 아닙니다. 우리도 의지할 분을 잃었습니다. 우리는 폐하가 궁을 나선

그날 밤 민제는 오십 명의 기마병을 이끌고 현무문을 통해
도망치면서 모용천에게 말했다. "짐은 즉각 위주로 가야 하
니 너는 말을 가지고 있는 공학군의 장병들을 모두 모
아 나를 따르도록 하라. 다시 제위에 오르는
일은 이후에 다시 상의하자."

상황에서 입궁할 것이 아니라 돌아가서 노왕이 우리에게 명령을 내리기를 기다려야 합니다. 그는 이미 각처에 공문을 붙이도록 명령을 내렸습니다."

이렇게 풍도는 말을 마치고 그 자리를 떠서 천궁사天宮寺에 도착해 안종진의 부하를 만났다. 부하는 그에게 이렇게 말했다. "얼마 지나지 않아 노왕이 올 것입니다. 관리들을 인솔해 성 밖에서 그분을 맞이하셔야 합니다."

그러자 풍도는 천궁사로 들어갔고 관리들에게 그곳으로 모이도록 했다. 풍도가 중서사인中書舍人 노도盧導를 보자 이렇게 말했다. "오셨구려. 서둘러 권진勸進*의 문서 초안을 작성하시오. 시급한 일입니다."

이에 노도가 대답했다. "조정의 관리로서 우리는 그저 노왕이 입궁하는 것을 공손히 맞이할 뿐입니다. 경솔히 권진을 하는 것은 적절하지 않습니다. 이런 일은 응당 태후께서 생각을 정하셔야지요!"

풍도가 다시 말을 이었다. "일처리는 실제 상황에 근거해야 합니다. 지금의 상황은 우리의 행동을 요구하고 있습니다."

노도가 대답했다. "신하가 군주를 속이고 다른 사람에게 권진을 하는 것을 어찌 행할 수 있겠습니까? 만일 노왕이 우리의 불충을 비판하면서 제위에 오르기를 원하지 않는다면 우리는 또 어떻게 대응해야 합니까? 지금 가장 좋은 방법은 공이 관리들을 이끌고 입궁하여 태후께 이 일을 결정해 주십사 청하는 것입니다."

풍도가 다시 입을 열려고 하자 안종진 쪽 사람이 와서 풍도를

---

* **권진勸進**: 이미 정권을 잡고 있으면서 황제가 되고자 하는 사람에게 제위에 오를 것을 설득하는 것을 말한다.

재촉했다. "문무 대신들은 모두 어디 있습니까? 노왕이 이미 도착
했습니다. 태후와 태비太妃께서는 벌써 사신을 보냈고 사신은 궁을
나서서 영접하러 갔습니다!" 그 말을 듣고 풍도 등 관리들은 제각
기 흩어졌다.

풍도, 유구劉昫, 이우 세 명의 재상은 빠르게 상양문上陽門 밖으로
갔고 노도는 그들 바로 가까이서 걷고 있었다. 그때 풍도가 그를 불
러 또다시 그에게 권진과 관련된 일을 언급했다. 하지만 노도의 반
응은 이전과 같았다. 그러자 이우가 말했다. "중서사인노도의 말이
모두 옳습니다. 우리 몇몇 사람들은 큰 잘못을 저질렀습니다."

강의성은 섬주에 도착해 노왕이 자신을 처벌하기를 기다리고
있었다. 이윽고 노왕이 그를 질책했다. "선황께서 붕어하실 때 너희
들의 주군으로 폐하를 등극시켰다. 지금 폐하는 선황의 상중에 계
시니 너희는 정무를 처리해야 마땅하다. 그런데 너희는 도중에 마
음을 바꿔 내 아우를 이런 지경에까지 전락시켰다. 도대체 왜 이렇
게 한 것이냐?"

강의성이 두려워하면서 노왕에게 머리를 조아리며 자신을 죽여
달라 청했다. 강의성에 대해 심한 반감을 가지고 있었던 노왕이었
지만 그를 죽이고 싶지는 않았기 때문에 먼저 그를 풀어주었다. 당
시 조정의 대규모 군대는 이미 노왕에게 투항했고, 노왕은 태후에
게 상소를 올려 자신이 이후에 어떻게 해야 할지 태후의 의견을 밝
혀달라고 청했다. 그런 이유로 그는 섬주에서 동쪽을 향해 진군하
기 시작했다.

한편 민제는 황급히 도망쳐 위주衛州 동쪽 몇 리쯤 지점에 이르
렀는데 마침 석경당石敬瑭도 그곳에 있었다. 석경당을 만난 민제는
기뻐 어쩔 줄 몰라 했다. 석경당이 민제에게 물었다. "폐하께서 왜

이곳에 오셨습니까? 강의성이 이미 군대를 통솔해 서쪽으로 정벌을 떠났다고 들었습니다. 결과가 어찌 되었습니까?" 그러자 민제는 강의성이 자신을 배신한 일을 석경당에게 알려주었다.

석경당은 그 말에 탄식했다. "제가 위주자사衛州刺史 왕홍지王弘贄의 의견을 물어보겠습니다. 그는 견문이 넓은 자이니 그가 어떻게 말하는지 들어보겠습니다."

이윽고 석경당이 왕홍지에게 묻자 왕홍지가 대답했다. "과거에도 도망친 군주가 꽤 있었습니다. 하지만 그들 모두에게는 추종자가 많았고 재물도 꽤 있었습니다. 추종자들은 도망친 군주들에게서 희망을 보고 믿음을 세웠습니다. 하지만 지금의 폐하는 오십 명의 기마병을 빼고는 아무것도 없습니다. 우리처럼 그분에게 충성을 다하려는 대신들도 충심을 다할 방법을 찾기가 어렵습니다!"

석경당이 왕홍지의 말을 민제에게 전했다. 그러자 궁전고사弓箭庫使 분홍진奔洪進과 사수영沙守榮이 화가 나서는 흥분해서 석경당을 꾸짖었다. "공은 명종明宗의 사위이니 응당 조정과 동고동락해야 합니다. 지금 폐하께서 이곳에 오셔서 제위에 복귀할 희망을 전부 공에게 걸고 있습니다. 그런데 공이 이렇게 회피하고 있으니 이는 폐하께 큰 무례를 범한 것입니다!"

사수영은 말을 마치고 칼을 뽑아 석경당을 찌르려고 했다. 하지만 마침 석경당의 심복 진휘陳暉가 재빨리 나서서 석경당을 구했다. 사수영과 진휘가 싸우는 와중에 두 사람 모두 목숨을 잃었고 분홍진도 자결했다. 그러고 나자 석경당의 아내지휘사牙內指揮使인 유지원劉知遠이 군을 이끌고 민제의 추종자들을 모조리 죽여 민제만 홀로 남게 됐다. 그런 뒤 목에 힘을 주면서 그 자리를 떠났고 민제는 본체만체했다. 이윽고 석경당은 군대를 이끌고 낙양으로 출발했다.

같은 날, 태후는 조정의 관리들에게 간호로 가서 노왕을 영접해 수도로 모셔오라고 명령했다. 노왕은 그들을 보고는 즉시 전부 돌려보냈다.

앞서 노왕은 관직에서 파면되어 하중河中에서 낙양의 사가로 되돌아갔었다. 그때 왕숙비王淑妃는 여러 차례 맹한경孟漢卿을 그의 사저로 보내 그를 위로했다. 맹한경은 이를 두고 자신이 그의 은인이라고 여겼다. 그래서 민지澠池의 서쪽으로 가서 그를 만났다. 두 사람이 만난 뒤 맹한경은 마치 무슨 할 말이 있는 듯 목 놓아 울었다. 그러자 노왕이 그에게 말했다. "말할 필요 없다. 많은 일들을 나는 이미 알고 있다." 맹한경은 노왕이 자신을 신뢰한다고 생각해 노왕을 추종하는 관리 대열에 합류했다. 하지만 결국 노왕은 명령을 내려 그를 길가에서 죽였다.

57장

석경당石敬瑭이 반역을 일으키다

후진後晉 천복天福 원년기원후 936년, 석경당은 여러 차례 말제末帝*에게
상소문을 올려 말제의 반응을 떠보려고 했다. 자신은 병약하니 더
이상 하동절도사의 직책을 맡기 어렵다면서 조정에서 자신의 병
권을 회수하고 다른 곳으로 보내 그곳을 지키도록 요청한 것이다.
대신들과 상의한 뒤 말제는 석경당의 요구를 받아들이고 그를 운
주鄆州로 보내 그곳을 지키게 했다. 방고房暠, 이숭李崧, 여기呂琦 등
대신들은 매우 부당한 처사라고 여기고 필사적으로 저지했다. 말제
는 갈피를 잡지 못하고 이리저리 흔들리다가 오랫동안 마음을 결
정하지 못했다.

5월 2일 밤, 이숭이 급한 일이 생겨 휴가를 내고 외지로 떠나자
설문우薛文遇 혼자 숙직을 서게 되었다. 이때 말제가 와서 설문우에
게 하동과 관련된 일을 언급했다. 그러자 설문우가 이렇게 말했다.
"속담에 '길 한가운데에 집을 지으면 삼 년이 되어도 다 짓지 못한
다'고 했습니다. 길에 집을 한 채 짓는 데 지나가는 나그네들의 말
에 따라 지었다 허물었다를 반복하는 통에 삼 년이 되어도 집을

---

* **말제末帝**: 이종가李從珂를 뜻한다. 후당의 마지막 황제로 분신자살했다. 역사가들은
　그를 말제라 불렀다.

다 완성하지 못한다는 것입니다. 그러니 이런 일은 오로지 폐하 홀로 정하셔야 합니다. 조정의 신하들이 하는 말은 잠시 보류해두십시오. 그들이 진정으로 마음을 쓰고 있는 것은 그들 자신뿐입니다! 신의 생각에 하동에서는 조만간 반란이 일어날 것입니다. 석경당을 다른 지역으로 보낸다고 해서 상황이 달라지지는 않을 것입니다. 이런 마당에 폐하께서는 어찌 지금 그를 제거하지 않으십니까?"

이전에 어느 도사가 올해에 한 명의 현자가 나타나 나라의 사직을 보위하여 나라를 안정시킬 것이라고 말한 적이 있었다. 말제는 설문우가 바로 그 현자일 것이라고 생각하고는 기뻐하며 그에게 말했다. "나에게 일찌감치 생각이 있었다. 이제 그대로 인해 내가 결정을 내릴 수 있게 되었구나."

그렇게 말제는 설문우에게 관리를 임명하는 문서의 초안을 작성하도록 명령했다. 석경당을 천평절도사로 임명하고 하동절도사는 마군도지휘사馬軍都指揮使이자 하양절도사인 송심건宋審虔이 맡도록 했다. 관리들은 임명 문서에 '석경당' 세 글자가 언급돼 있는 것을 듣고는 다들 질겁하여 안색이 변할 지경이었다.

6일, 말제는 건웅절도사建雄節度使 장경달張敬達을 서북번한마보도부서西北蕃漢馬步都部署로 임명하고 석경당에게는 서둘러 운주鄆州로 가서 부임하라고 재촉했다. 석경당은 의구심이 잔뜩 들었지만 어떻게 대응해야 할지 몰라 자신의 부하 무관과 상의했다.

"이전에 내가 두 번째로 하동에 부임했을 때 폐하는 나에게 직접 약조했다. 더 이상 다른 사람이 나를 대신하지 않게 하겠다고 말이다. 하지만 지금 폐하는 돌연 생각을 바꿨다! 만일 내가 반란을 일으키지 않고 이렇게 폐하의 임명을 받아들이고 주도권을 폐하의 수중에 넘겨버린다면 나는 필시 죽음을 면할 수 없을 것이다.

이런 상황에서 내가 어찌 가만히 앉아서 죽음을 기다리고만 있을 수 있겠느냐? 폐하의 마음을 확인하기 위해 나는 상소를 올려 병에 걸렸다고 할 것이다. 폐하께서 만일 나를 너그럽게 대하신다면 나는 앞으로도 계속 그분의 신하일 것이다. 하지만 그분이 만일 군대를 보내 나를 내친다면 나는 기필코 그분께 대항할 것이다."

석경당의 막료인 단희요段希堯는 강력한 반대 입장을 내비쳤다. 석경당은 그가 솔직담백한 사람이라는 것을 알고 있어서 그를 원망하지는 않았다. 절도판관節度判官 조형趙瑩은 석경당에게 황명을 따르라고 권고했다. 관찰판관觀察判官 설융薛融은 이렇게 말했다. "저는 학자입니다. 군인이 행군을 하고 전투를 벌이는 것에 대해서는 아무것도 모릅니다."

그러자 도압아都押牙 유지원劉知遠이 나섰다. "장병들이 공을 따른 지는 여러 해가 됐습니다. 그들은 공이 내린 모든 조처에 대해 전력으로 지원하고 있습니다. 공은 부디 황명 때문에 자신의 목숨을 내버리지 말아 주십시오! 지금 공은 이미 유리한 고지를 점하고 있음을 명심하시기 바랍니다. 공이 만일 병력을 일으켜 반란을 꾀하고 공문을 발표해 각 절도사들에게 공에게 호응하기를 호소한다면 빠르게 천하를 통일하여 황제에 등극할 수 있습니다!"

장서기掌書記 상유한桑維翰이 말했다. "폐하께서 등극하실 때 공은 나서서 축하를 드렸습니다. 교룡蛟龍을 큰 바다에 놓아두어서는 안 된다는 이치를 폐하는 분명 알고 있었습니다. 하지만 폐하는 공에게 다시 하동을 주관하도록 했습니다. 이는 분명 하늘도 공을 돕는 것입니다. 선황께서 붕어하시고 폐하가 제위에 오르실 적에 문무백관과 백성들은 폐하께 신복하지 않았습니다. 폐하는 서자에 불과했기 때문입니다. 공은 명종의 사위인지라 이제 폐하께서는 공을 역적으로 간주하고 계십니다. 그러니 이제 공은 스스로를 보호해야 합니다. 공의 힘에 의지할 수밖에 없습니다. 폐하는 공이 복종한다고 해서 공을 용서하실 리 없습니다. 거란과 명종의 관계는 줄곧 좋았습니다. 이제 거란 부락은 이곳 부근의 운주雲州와 웅주應州에 있으니 공이 그들을 섬긴다면 그들은 위급한 순간에 신속하게 와서 공을 도울 것입니다. 공은 대업을 이루기 어려울 것을 걱정할 필요가 없습니다." 이렇게 해서 석경당은 결심을 하고 승부수를 띄워 반란을 도모하기로 했다.

일찍이 조정에서는 석경당에 대해 의심을 품고 있던 터라 양언순楊彦詢을 북경北京과 태원太原의 부유수副留守로 임명해 두었다. 그런 양언순에게 석경당은 자신이 반란을 꾀하고 있다는 사실을 알려주었다. 그러자 양언순이 말했다. "하동의 병마와 군량과 마초는 조정에 대적하기 충분한 것입니까?" 그 말을 듣고 석경당의 부하가 분노하면서 그를 죽이자고 했다. 하지만 석경당의 생각은 달랐다. "그런 소리 마라. 나는 그에게 해를 입힐 생각이 없다."

이윽고 석경당은 상소를 올렸다. "폐하께서 황위를 허왕許王 이종익李從益에게 양위하시기를 청합니다. 폐하께서는 명종의 양자이므로 황위를 계승할 자격이 없습니다."

그러자 말제는 상소문을 갈기갈기 찢어 땅에 던져버렸다. 그런 뒤 석경당에게 회신했다. "그대는 악왕鄂王 이종후李從厚와 무척 가까운 사이다. 하지만 당시 위주衛州에서 발생한 일을 모두가 알고 있다. 그러니 허왕이 내린 명령을 과연 누가 따르려고 할 것인가!"

악왕은 민제인데 여기에서 위주에서 발생한 일은 바로 석경당이 민제의 수행원을 다 죽이고 민제 홀로 위주에 두었던 일을 말한다.

14일, 말제는 석경당의 신분을 서민으로 강등시키기에 이른다.

그 말을 듣고 쁵경당의 부하가 분노하면
서 그를 죽이자고 했다. 하지만 쁵경당
의 생각은 달랐다. "그런 소리 마라.
나는 그에게 해를 입힐
생각이 없다."

그리고 17일부터 19일까지 말제는 명령을 내려 장경달, 안심기安審琦, 장언기張彦琪, 무정한武廷翰, 상리금相里金, 양광원楊光遠, 고행주高行周를 군의 요직에 임명했다.

장경달은 3만 대군을 이끌고 진안향晋安鄉에 도착해 주둔했다. 29일, 장경달은 안심신安審信이 배신해 진양晋陽으로 가서 석경당에게 투항했다고 보고했다. 안심신과 석경당의 왕래는 이미 오래되었다. 이전에 응의도지휘사雄義都指揮使 안원신安元信이 6백여 명을 이끌고 대주代州로 와서 주둔할 때 대주자사 장랑張朗이 그를 보살펴준 적이 있었다. 그 은혜에 보답하기 위해 안원신은 몰래 장랑을 설득했다. "석경당이 반란을 꾀한다면 분명 성공을 거둘 것입니다. 스스로를 보호하고자 한다면 몰래 사람을 시켜 그에게 투항하면 됩니다." 하지만 장랑이 그 말을 듣지 않으면서 두 사람 사이에 의심이 싹트기 시작했다.

그 뒤로 안원신은 장랑을 죽이려는 계획이 실패하자 부하들을 이끌고 안심신에게 의탁하게 됐다. 안심신은 수백 명의 기마병을 이끌고 안원신과 함께 백정百井에서 한바탕 재물을 약탈하고는 진양으로 서둘러 갔다. 석경당이 안원신에게 물었다. "그대가 강한 조정을 포기하고 약한 나에게 와서 의탁하려는 이유가 무엇인가?"

안원신이 대답했다. "저는 도술사처럼 천문을 관측할 줄은 모릅니다. 저는 그저 시류를 보고 움직일 뿐입니다. 군주가 천하를 통치하는 것은 마땅히 신의가 기본이 돼야 합니다. 공은 폐하의 가까운 친족이자 신분이 고귀한 분입니다. 하지만 폐하는 공마저도 믿지 않으니 그분과 가깝지도 않고 신분이 미천한 나를 어찌 믿겠습니까? 그래서 폐하가 계신 곳이 아무리 강하다 할지라도 얼마 지나지 않아 그분은 전복될 것입니다!"

그 말을 들은 석경당은 무척 기뻐하면서 그를 군대의 요직에 앉혔다. 대북代北을 지키던 안중영安重榮도 소식을 듣고 5백 명의 기마병을 이끌고 진양의 석경당에게 찾아가 의탁했다.

58장

후주後周의 세종世宗이 북한北漢을 쳐부수다

후주後周 태조太祖 현덕顯德 원년기원후 954년 3월 9일, 후주의 세종世宗 시영柴英은 풍도에게 명령을 내려 태조太祖*의 관을 산릉山陵으로 옮기도록 하고 정인회鄭仁誨는 남아서 동경東京**을 수비하도록 했다.

11일, 후주 세종은 대량에서 출발해 16일 회주懷州에 도착했다. 세종은 행군 속도를 높일 생각에 밤에도 쉬지 않았다. 공학도지휘사控鶴都指揮使 조조趙晁는 몰래 통사사인通事舍人*** 정호겸鄭好謙에게 말했다. "역적을 공격하려면 신중하게 서서히 진행해야 한다. 지금은 역적의 기세가 너무 드높아졌다." 정호겸이 이 말을 세종에게 건네자 세종이 화를 냈다. "네가 이런 말을 하다니 누군가 뒤에서 너에게 그렇게 말한 것이 분명하다. 그 말을 한 사람이 누구인지 짐에게 고하라. 고하지 않는다면 너를 죽일 것이다." 정호겸이 조조의 이름을 발설하자 세종은 그들 둘을 회주 감옥에 가두었다.

18일, 세종은 택주澤州에 도착해 성 동북쪽에서 머물렀다. 북한北漢

---

* **태조太祖**: 후주의 태조이다. 오대五代 후주後周의 건립자 곽위郭威로 시영의 양부다.
** **동경東京**: 지금의 허난성 카이펑시로 변경汴京이라고도 불렸다.
*** **통사사인通事舍人**: 의례를 주관하는 관리다.

의 세조世祖*는 노주潞州를 지날 때 세종이 이미 도착했다는 사실을 몰라 공격하지 않았다. 세종은 그렇게 곧장 남쪽으로 진군해 당일 밤 고평高平 월남城南에 주둔했다.

19일, 후주의 선봉 부대는 북한의 군대를 만나 싸웠고 북한군은 잇따라 패해 달아났다. 세종은 이 기세를 몰아 각 군대에게 필사적으로 앞을 향해 돌진하라고 명령을 내렸다. 후주의 장병들은 그 명령을 듣고 상당히 당황스러워했다. 당시 그들에게는 지원군이 없었기 때문이다. 하지만 세종은 더욱 결심을 굳히고 번애능樊愛能과 하휘何徽에게 우로군右路軍을 거느리고 동쪽으로 가도록 했다. 또한 백중진白重進과 이중진李重進에게는 좌로군左路軍을 이끌고 서쪽으로 향하도록 했다. 상훈向訓과 사언초史彥超에게는 기마병 가운데 정예병을 이끌고 중앙에 있도록 했다. 전전도지휘사殿前都指揮使 장영덕張永德에게는 금병禁兵을 통솔해 가까이서 세종을 호위하도록 했다. 세종은 갑옷을 입힌 말을 타고 직접 전장으로 나가 전투를 독려했다.

북한의 세조는 후주의 병력이 얼마 되지 않은 상황을 보고는 승리를 확신했다. 전쟁을 치르기 전에 그는 거란군을 불러 돕도록 했다. 이때 또 후회를 하면서 장수들에게 말했다. "거란군은 참으로 쓸모가 없다. 나 혼자 북한군을 이끌고도 충분히 적군을 격파할 수 있다! 오늘 우리는 후주의 군대를 격파하고 북한군의 위엄을 높일 수 있을 뿐만 아니라 거란군 앞에서 아군이 얼마나 강력한지를 선보일 수 있겠구나."

그러자 장수들은 전부 환호를 지르며 동감을 표했다. 한편 지원

---

* **북한北漢의 세조世祖**: 북한은 오대십국 시기의 십국 중 하나다. 북한의 세조는 북한의 건립자 유숭劉崇을 뜻한다.

을 온 거란의 양곤楊袞이 말을 타고 앞으로 가서 후주 군대의 동정을 살피고 돌아와 세조에게 보고했다. "경솔히 출병해서는 안 됩니다. 지금 후주의 군대는 쉽사리 대응할 수 있는 대상이 아닙니다!"

하지만 세조는 그 말을 들으려 하지 않았다. "반드시 출병할 터이니 그런 소리 말라. 이런 좋은 기회를 놓칠 수 없다!"

이때 문득 강한 동북풍이 불더니 얼마 지나지 않아 풍향이 바뀌어 남풍으로 변했다. 그러자 북한의 추밀부사樞密副使 왕연사王延嗣는 하늘도 북한을 도와 풍향이 변한 것이라고 잘못 생각했다. 이윽고 그는 사천감司天監 이의李義를 시켜 세조에게 이렇게 말하도록 했다. "지금이 바로 출병의 적기입니다."

그 말에 세조가 움직이려는데 그의 군마를 추밀직학사樞密直學士 왕득중王得中이 붙잡고는 세조를 저지했다. 그러자 세조가 말했다. "나는 이미 결정을 내렸다. 네가 죽고 싶지 않다면 더 이상 허튼 소리는 하지 마라!" 그는 먼저 동쪽 군대를 출병시키고는 장원휘張元徽에게 천 명의 기마병을 인솔해 앞으로 나아가서 후주의 우로군을 공격하도록 했다.

전쟁이 시작되자 후주의 번애능과 하휘는 기마병을 인솔해 나섰다가 싸움에 패해 뿔뿔이 도망쳤고 수천 명의 보병은 허겁지겁 달아나 북한을 향해 만세를 외치면서 투항했다. 후주의 세종은 상황의 긴박함을 파악하고 호위병을 이끌고 직접 전장에서 사기를 북돋았다. 이때 송태조宋太祖 조광윤趙匡胤은 후주 군대의 장수였는데 그가 동료에게 이렇게 말했다. "폐하께서 목숨을 돌보지 않고 직접 전투를 독려하고 계시니 우리가 더욱 용맹하게 임해야겠습니다!"

그러고는 또 장영덕에게 말했다. "적군이 이렇듯 완강하지만 그들을 격퇴시키는 것이 어려운 일은 결코 아닙니다. 공이 이끌고 있는 병사들 중 적잖은 이들이 왼손으로 활을 쏠 수 있습니다. 그러니 공은 그들을 이끌고 높은 곳으로 올라가 좌익에서 아래를 공격하십시오. 제 군대는 우익에 있으니 우리가 양쪽 방향에서 적군에게 이중의 공격을 가하면 분명 적군을 대패시킬 수 있습니다."

장영덕과 조광윤은 이렇게 각각 2천의 군대를 이끌고 조광윤의 계획대로 적군에 공격을 가했다. 조광윤은 전장에서 용맹스러운 활약을 펼쳤고 병사들은 그의 격려에 힘입어 목숨도 아까워하지 않고 싸웠다. 그렇게 결국 북한군은 전쟁에서 패하고 줄행랑을 쳤다.

북한의 세조는 세종이 직접 전장에 나가 전투를 독려했다는 말을 듣고는 이윽고 장원휘에게 두둑한 상을 내리고 그에게 어서 출병하라고 명령했다. 결국 장원휘는 말에 올랐다가 부주의하여 떨어졌고 후주의 병사들이 그 틈에 그를 죽여 버렸다. 북한군은 그의 죽음으로 사기를 잃었다. 이윽고 남풍이 더욱 거세게 불자 북한의 세조는 붉은 깃발을 들고 직접 출전하여 군대를 규합했지만 아무 효과가 없었다. 후주 군대에 대한 두려움 때문에 거란의 양곤은 북한의 세조를 지원하지 못했다. 게다가 세조가 자꾸 허장성세를 일삼으니 양곤은 불만을 품고 아예 군대를 이끌고 철수해버렸다.

번애능과 하휘는 기마병 수천 명을 이끌고 남쪽으로 도주하던 도중에 군에 필요한 물자를 확보하기 위해 노략질을 했다. 그러자 군용 물자를 수송하던 이들이 제각기 도망쳤고 적잖은 이들이 도주하면서 목숨을 잃었다.

한편 번애능 일행은 중도에 유사劉詞를 만났다. 그들은 유사에게 북쪽으로 진군하지 말라고 권유했지만 유사는 받아들이지 않았다. 북한 세조의 군대는 고작 만여 명밖에 남지 않았다. 그들은 산속의 강줄기 뒤편에 몸을 숨기고 진영을 정비했다. 유사가 황혼 무렵 도착하자 나머지 군대와 함께 북한군을 향해 공격을 가해 북한군을 또다시 격파하고 왕연사王延嗣를 죽였다. 후주군은 북한군을 끝까지 추격해 고평에 도달하자 비로소 멈추었는데 북한군의 시체가 전체 산골짜기를 뒤덮을 정도였다.

후주의 세종은 그날 저녁 교외에 막사를 세우고 적에게 투항했던 모든 보병을 죽였다. 후주군이 완승을 거두었다는 소식이 번애능 등에게 전해지자 그들은 잇따라 군을 이끌고 복귀했다.

이튿날 아침, 후주 세종은 고평에서 군대를 정비하고 투항한 북한 병사들 중에서 수천 명을 뽑아 효순지휘군效順指揮軍을 조직했다. 장수 당경唐景에게 이들을 통솔해 회상淮上을 지키게 했고 2천여 명의 남은 투항병은 풀어주었다. 23일, 세종은 노주에 도착했다.

북한 세조는 고평에서 광목 적삼으로 옷을 갈아입고 머리에는 갓을 쓰고는 거란에서 받은 황류마黃騮馬를 타고 백여 명의 기마병을 이끌고 도주했다. 밤중에 도주하다가 그들은 방향을 잃어 진주晉州 방향으로 백여 리 정도 간 뒤에야 방향을 파악했다. 북한 세조는 북쪽을 향해 도망치면서 밤낮을 가리지 않았고 편안히 먹을 수도 없이 며칠 동안 말을 달려 비로소 진양에 도착했다.

한편 군대를 정비하기 위해 세종은 번애능 등을 죽일 생각이었지만 망설이면서 결단을 내리지 못했다. 15일, 세종은 행궁의 장막 안에서 누워 쉬면서 옆에서 수행하던 장영덕에게 그들을 어떻게 처리할 것인지 물었다.

그러자 장영덕이 대답했다. "번애능 등은 장수의 신분으로 아무런 공도 세우지 않았습니다. 적을 보고는 또 앞서서 도망쳤으니 죽여 마땅합니다. 게다가 폐하의 군대가 아무리 용맹스럽고 거대하더라도 엄격하고 공정한 군법이 없으면 폐하께서 각지를 통일할 수 북한 세조는 고평에서 광목 적삼으로 옷을 갈아입고 머리에는 갓을 쓰고는 거란에서 받은 황류마黃驑馬를 타고 백여 명의 기마병을 이끌고 도주했다.

없습니다."

그 말에 세종은 곧장 번애능과 하휘 및 부하 무관들 중 군사軍使 이상의 군관을 잡아들이도록 명령을 내렸고 체포된 이들은 모두 칠십여 명이었다. 세종은 그들을 꾸짖었다. "너희는 이토록 오랫동안 장수로서 살아왔으니 전투는 너희들에게 있어서 어려운 일이 아니다. 너희가 유숭에게 짐을 팔아넘길 생각이 아니라면 어떻게 전장에서 도망칠 수 있단 말이냐?" 그렇게 말하고 세종은 그들을 모두 처형했다.

이전에 하휘는 진주를 수비하면서 군공을 세웠던 터라 세종은 그에게 살아남을 길을 마련해주고 싶었다. 하지만 이미 세운 엄격한 군법을 깨뜨릴 수 없어 역시 그도 사형에 처했다. 그 일이 있은 뒤 세종은 그에게 관을 하사하고 그를 고향으로 보내 묻도록 했다. 그러자 군대 안의 오만한 장수와 나태한 병사들도 두려움에 떨게 되었고 제멋대로 굴던 장병들의 행동도 그때부터 종적을 감추게 되었다.

그 뒤로 세종은 고평의 대전에 함께했던 공신들에게 상을 내렸다. 그중 조광윤은 지혜와 용맹함을 두루 갖춰 장영덕의 칭찬을 받아 전전도우후殿前都虞候와 엄주자사嚴州刺史로 발탁되었다. 조조도 감옥에서 석방되었다.

한 권으로 읽는 자치통감

1판 1쇄 발행 2019년 4월 22일
1판 4쇄 발행 2024년 6월 1일

지은이 사마광
옮긴이 나진희
발행인 박명곤 **CEO** 박지성 **CFO** 김영은
기획편집1팀 채대광, 김준원, 이승미, 이상지
기획편집2팀 박일귀, 이은빈, 강민형, 이지은, 박고은
디자인팀 구경표, 구혜민, 임지선
마케팅팀 임우열, 김은지, 전상미, 이호, 최고은

펴낸곳 (주)현대지성
출판등록 제406-2014-000124호
전화 070-7791-2136 **팩스** 0303-3444-2136
주소 서울시 강서구 마곡중앙6로 40, 장흥빌딩 10층
홈페이지 www.hdjisung.com **이메일** support@hdjisung.com
제작처 영신사

© 현대지성 2019

"Curious and Creative people make Inspiring Contents"
현대지성은 여러분의 의견 하나하나를 소중히 받고 있습니다.
원고 투고, 오탈자 제보, 제휴 제안은 support@hdjisung.com으로 보내 주세요.

현대지성 홈페이지